高等学校汽车类专业系列教材
高等学校“十三五”规划教材

汽车构造（上）（第二版）

主　编◎钱叶剑
参　编◎程晓章　刘勇强　章　炜
汪春梅　徐晓东　张　保
孙齐虎

合肥工业大学出版社

内容简介

全书共分12章，包括汽车总论和发动机构造两大部分，分别介绍了发动机的机体组件、曲柄连杆机构、配气机构、汽油机燃料供给系统、柴油机燃料供给系统、汽油机点火系统、润滑冷却系统、启动系统、进排气系统及增压技术的结构和工作原理等。

本书通过对典型实例的分析，系统阐述了现代车用发动机的结构特点，突出介绍了现代汽车电子控制汽油喷射、可变配气正时、可变进气和柴油机高压共轨喷射等技术，同时还介绍了较为典型的现代发动机的新结构、新工艺、新材料和新标准。

本书可作为高等学校车辆工程专业和热能动力工程专业(内燃机方向)的教材，还可供汽车工业部门及汽车运输、检测、维修等部门的工程技术人员使用和参考。

图书在版编目(CIP)数据

汽车构造．上/钱叶剑主编．—2版．—合肥：合肥工业大学出版社，2018.5
ISBN 978-7-5650-3930-0

Ⅰ.①汽…　Ⅱ.①钱…　Ⅲ.①汽车—构造—高等学校—教材　Ⅳ.①U463

中国版本图书馆CIP数据核字(2018)第096382号

汽车构造(上)
(第二版)

主编　钱叶剑　　　　责任编辑　汤礼广

出　版	合肥工业大学出版社	版　次	2011年3月第1版
地　址	合肥市屯溪路193号		2018年5月第2版
邮　编	230009	印　次	2018年6月第5次印刷
电　话	理工编辑部：0551-62903087	开　本	787毫米×1092毫米　1/16
	市场营销部：0551-62903198	印　张	18.75　字　数　456千字
网　址	www.hfutpress.com.cn	印　刷	安徽联众印刷有限公司
E-mail	hfutpress@163.com	发　行	全国新华书店

ISBN 978-7-5650-3930-0　　　　定价：42.00元

前　言

近年来，我国汽车产业发展迅速，急需大量的汽车设计、制造和商务类人才。发动机构造是汽车类各专业必修的专业基础课程，是学习后续专业课程的基础。本书是在教育部高等学校特色专业建设项目的支持下，参考多所本科学校汽车类专业的教学大纲，结合编者多年的教学经验编写而成。

汽车用发动机历经百年发展，其总体构造和工作原理没有太大变化。因此，本书通过采用大量结构图、实物图及简图，对传统发动机及其组成系统、零部件的构造和工作原理进行了系统的分析、阐述，使学生能掌握传统发动机的一般结构规律，获得必备和系统的专业理论知识。

当前，随着电子技术的飞速发展，电子技术在发动机上的应用日益广泛。本书在阐述传统发动机结构和工作原理的基础上，突出介绍了各种发动机电子控制技术，如电控汽油喷射、电控柴油喷射、微机控制点火系、可变配气技术和可变进气技术等。随着发动机污染物排放法规的日益严格，发动机排放控制已经成为发动机工业的重要问题，因此，本书还介绍了发动机排放控制技术，如三元催化器、微粒过滤器、曲轴箱强制通风技术等。另外，还结合实例，对现代发动机中一些新结构、新工艺、新材料和新标准进行了介绍，力争使教材内容跟上发动机工业的发展，以开阔学生视野，使学生获得更多的实用知识，并兼顾专业人员专业水平继续提高的需要。

为了便于读者学习和自学，本书还在各章前面还分别增加了一个“内容提要”栏目，提纲挈领地介绍各章的主要内容。

本书文字准确、简练、符合规范，内容阐述循序渐进并富有启发性。

本书由合肥工业大学钱叶剑担任主编。参加本书编写的有：钱叶剑(第一章、第二章、第三章),程晓章(第五章),刘勇强(第六章),章炜(第十章),汪春梅(第四章),徐晓东(第七章、第十二章),张保(第八章、第九章),孙齐虎(第十一章)。

由于编者水平有限,书中难免存在疏漏之处,恳请广大读者批评指正。

编　者

目　　录

第一章　总　论

本章介绍了世界汽车工业的发展简史和我国汽车工业概况以及现代汽车的类型及国产汽车型号编制规则，并分析了车辆识别代码的用途和内容，最后阐述了汽车的总体构造、主要特征参数和汽车行驶的基本原理。

一、汽车工业的发展简史

1. 世界汽车工业的发展

1886 年德国人卡尔·弗里德里希·奔驰(Carl Friedrich Benz)制造出世界上第一辆单缸汽油机三轮车，同年 1 月 29 日获得汽车制造专利权，这一天被公认为世界首辆汽车诞生日。同年，德国人戈特利布·戴姆勒(Gottlieb Daimler)将一辆四轮马车改装成世界上第一辆由汽油机驱动的四轮汽车。奔驰和戴姆勒也因此被誉为“汽车之父”。

汽车的诞生，改变了人们的日常生活，有效地提高了劳动生产率，引起了众多国家的重视，汽车工业随之迅速崛起。

继奔驰和戴姆勒之后，福特、通用等 20 余家汽车公司相继成立。汽车生产组织形式也由家庭作坊式生产过渡到大规模、标准化和流水线生产。1913 年，福特公司首次采用流水线生产 T 型车，到 1920 年，实现了每分钟生产一辆汽车的速度。该车经济实用，当时深受人们的欢迎，生产量达 1546 万辆，创下当时汽车单产世界纪录。从 1908 年到 1920 年，全世界汽车保有量的 50%是 T 型车。通用公司采用合作兼并等方法，先后兼并了别克、雪佛兰等 30 多个汽车公司，进行集团化生产，到 1927 年成为世界上最大的汽车公司。在这个时期，欧洲忙于战乱，美国工业发展迅速，人民收入提高，加上政府的政策支持，使美国的汽车工业得以快速发展，处于世界领先地位。在汽车产量提高的同时，汽车技术也有很大进步。高速汽油机、柴油机、艾克曼式的转向机构、等速万向节、弧齿锥齿轮和双曲面准齿轮传动、带同步器的变速器、四轮制动、液压减震器、充气轮胎和发电机-蓄电池-启动马达系统等都是在这个时期发明的。

20 世纪 40 年代，特别是第二次世界大战结束后，欧洲各国也大力发展汽车工业，西欧汽车产量由战前的 80 万辆猛增到 750 多万辆，增长了近 10 倍。德国大众的“甲壳虫”汽车，采用流线型设计，减少了风阻和车尾气体涡流，风靡全球。从 1936 年到 1973 年共生产 2150 万辆，创下了单产世界纪录。日本在这个时期也迅速崛起，在引进、消化的基础上，产量从 1963 年的 100 多万辆迅速增加到 1970 年的 400 余万辆。这个时期汽车技术主要是向高速、方便、舒适方向发展，流线型车身、前轮独立悬架、液力自动变速器、动力转向、动力制动、全轮驱动、低压轮胎、子午线轮胎等相继出现。

20 世纪 70 年代以后，世界汽车产量稳定在 4000 万～5000 万辆。由于发达国家汽车保有量趋于饱和，产能过剩，市场竞争激烈。各大公司通过参股、控股、转让、兼并，加速了汽车工业国际化和高度垄断。1998 年德国最大的汽车工业集团戴姆勒-奔驰公司和美国第三大汽车公司克莱斯勒公司合并。而亚洲的韩国，却在激烈的竞争中崛起，汽车工业从 20 世纪 60 年代起步，沿着"KD 装配—零部件国产化—自主开发"的发展道路，成功地实现了技术跨越。至 1997 年，汽车总产量、出口量均居全球第 5 位，产品覆盖北美、西欧等 40 多个国家和地区，成为世界汽车产业重要的生产基地。这个时期汽车技术的主要发展方向是提高汽车的安全性和降低排气污染，如各种防抱死制动系统、电子控制点火、三元催化转化系统、电动汽车等。

围绕轿车的安全、环保、节能和防盗等重要问题，汽车电子控制、智能化等新技术应用越来越广泛。在 20 世纪 80 年代初，电子设备只占汽车成本的 2%，而目前已经达到 15%～20%。电控燃油喷射(EFI)、无分电器电子点火(DLI)、防抱死制动系统(ABS)、电子驱动力调节系统(ETS)、电子差速锁(EDS)、驱动防滑装置(ASR)、智能悬架、速度感应式转向系统(SSS)、三元催化转化系统、故障自诊断系统和各种报警装置几乎都成为现代汽车常见装置，全球定位系统(GPS)、车载蓝牙技术和多路传输系统(CAN)等新技术也被一些汽车采用。同时，汽车新结构(如可变配气正时和气门升程电子控制装置、可变压缩比、可变几何形状增压器和双级式涡轮增压器)、新材料(工程塑料、玻璃钢、铝镁合金复合材料)、新工艺和新机型等不断涌现。汽车的设计和制造也广泛采用计算机辅助设计(CAD)、计算机辅助工程分析(CAE)、计算机辅助试验(CAT)、计算机辅助造型(CAS)、计算机辅助制造(CAM)、计算机辅助集成制造系统(CIMS)和计算机虚拟现实系统(VR)等先进技术。

根据发达国家的研究结果，未来汽车的技术发展将主要集中在汽车设计技术和控制手段电子化、汽车驱动形式多样化、汽车生产制造柔性化、汽车材料轻量化和汽车生产组织全球化等方面，利用这些技术可以开发出更安全、舒适、无污染和节能型、智能化汽车。

2. 中国汽车工业的发展

新中国成立后，我国的汽车工业从无到有，由弱到强，至 2009 年汽车产量已突破 1300 万辆，位居世界第一。

1953 年到 1981 年，在计划经济指导下，国家集中资金，创建了第一汽车制造厂和第二汽车制造厂，奠定了中国汽车工业基础。在此期间，全国先后形成了两次"汽车热"，许多地区都办起了汽车厂，全国汽车企业达到 2000 余家，除部分基础较好的汽车厂(南汽、上汽、北汽、济汽等)外，大多数是产品重复、"小而全"、质量差。产品类型主要是中型货车，出现"缺重少轻、轿车基本空白"的局面。至 1981 年，我国汽车年产量才达到 17.6 万辆。

1982 年中国汽车工业公司成立。1985 年，中央在"七五"规划中，把汽车工业列为国家支柱产业。1987 年，我国政府确定了重点发展轿车工业的战略决策。在国家一系列正确方针的指引下，汽车工业一方面进行内部调整，实现产品改型换代，另一方面积极改革开放。1984 年，我国汽车行业第一个合资企业——北京吉普汽车有限公司成立(与美国克莱斯勒公司合资)。其后，长安机器厂与日本铃木汽车工业公司、南京汽车公司与依维柯汽车有限公司、上海汽车集团与德国大众汽车公司、广州汽车厂与法国标致汽车公司、天津汽车公司与日本大发工业株式会社、第一汽车制造厂与德国大众汽车公司、第二汽车制造厂与法国雪铁龙汽车公司等纷纷进行合作和合资。先后引进先进技术 100 多项，其中整车项目10多项，取得显著成效。1993年底，我国汽车产量达到129.7万辆，跃居世界第12位。

1994年，国务院颁布《汽车工业产业政策》，提出“增强企业开发能力，提高产品质量和技术装备水平，促进产业组织的合理化，实现规模经济，到2010年成为国民经济的支柱产业”的奋斗目标。随着我国改革开放进一步深入，各个主要汽车集团都与国外大汽车公司“联姻”。国内汽车企业进一步兼并重组，初步形成了“3+6”格局，即一汽、东风、上海三大汽车集团，加上广州本田、重庆长安、安徽奇瑞、沈阳华晨、南京菲亚特、浙江吉利六个独立骨干轿车企业。

进入21世纪，国内外环境发生了深刻变化，中国汽车工业既有良好的发展机遇，又面临着严峻挑战，同时一些深层次的矛盾和问题也逐渐暴露。为了促进汽车工业的健康发展，国务院于2004年颁布新的《汽车产业发展政策》，提出“要培育以私人消费为主体的汽车市场，改善汽车使用环境”。受金融危机的影响，2009年美国汽车产销量大幅下降，而我国的汽车产销量则跃居世界第一。截至2016年底，我国汽车保有量已达到1.94亿辆。随着我国人均GDP水平的提高，我国汽车保有量将会进一步增加。

但是，应该看到，我国汽车品牌基本都来自国外，自主开发能力较弱。我国汽车工业的发展亟待加强，以便使我国尽快从一个汽车大国变为汽车强国。

二、汽车的分类

国家标准GB/T 3730.1—2001规定了汽车和挂车的类型。它将汽车定义为由动力驱动，具有四个或四个以上车轮的非轨道承载的车辆，主要用于载运人员和货物或具有特殊用途，也可用于牵引载运人员和货物的车辆。该标准还将连接电线的车辆(如无轨电车)和整车整备质量超过400kg的三轮车辆归类为汽车。

汽车的种类繁多，分类方法也比较多，通常有以下几种分类方法。

1. 按汽车用途分类

根据国家标准GB/T 3730.1—2001的规定，按用途不同汽车可以分为乘用车和商用车两大类。

(1)乘用车

乘用车主要用于载运乘客及其随身行李物品，包括驾驶员在内最多不超过9个座位。按不同的结构形式可分为：

① 普通乘用车　车身为封闭式；车顶为固定式、硬顶；4个或4个以上座位，至少两排，后座可折叠或移动，以形成装载空间；2个或4个侧门，可有一后开启门。

② 活顶乘用车　车身为具有固定侧围框架、可开启式；车顶为硬顶或软顶；4个或4个以上座位，至少两排；2个或4个侧门；4个或4个以上车窗。

③ 高级乘用车　车身为封闭式；车顶为固定式，硬顶；4个或4个以上座位，至少两排，后排座椅前可安排折叠式座椅；4个或6个侧门，可有一后开启门；6个或6个以上车窗。

④ 小型乘用车　车身为封闭式，后部空间较小；车顶为固定式、硬顶；两个或两个以上座位，至少一排；2个侧门；2个或两个以上车窗。

⑤ 敞篷车　车身为可开启式；车顶为软顶或硬顶；两个或两个以上座位，至少一排；2个或4个侧门；两个或两个以上侧窗。

⑥ 仓背乘用车　车身为封闭式；车顶为固定式、硬顶；4 个或 4 个以上座位，至少两排；两个或 4 个侧门，车身后部有一仓门。

上述 6 类乘用车俗称轿车。另外，乘用车还可分为旅行车、多用途乘用车、短头乘用车、越野乘用车、专用乘用车(包括旅居车、防弹车、救护车和殡仪车)等。

(2)商用车

在设计和技术特性上用于运送人员和货物的汽车，并且可以牵引挂车。商用车可分为：

① 客车　包括驾驶员座位在内座位数超过 9 座，有单层和双层之分，也可以是牵引挂车。它又可细分为小型客车、城市客车、长途客车、旅游客车、铰接客车、无轨电车、越野客车和专用客车。

② 半挂牵引车　装备有特殊装置用于牵引半挂车的商用车辆。

③ 货车　主要为载运货物而设计和装备的商用车辆，可细分为普通货车、多用途货车、全挂牵引车、越野货车、专用作业车(如消防车、救险车、垃圾车、应急车、街道清洗车、扫雪车等)和专用货车(如罐式车、集装箱运输车和乘用车运输车等)。

国家标准 GB/T 3730.1—2001 没有按照汽车的主要特征参数或容量对各类汽车进一步分级。因此，我国汽车行业和许多企业仍沿用旧标准 GB/T 3730.1—1988 的规定，把汽车分为普通运输汽车、专用汽车和特种汽车等。

(1)普通运输汽车

普通运输汽车分为轿车、客车和货车，并按照汽车的主要特征参数分类。

① 轿车　轿车是指载送 2～9 名乘员，主要供私人使用的汽车。按照发动机的排量，轿车分为微型轿车(排量≤1.0L)、普及型轿车(1.0L＜排量≤1.6L)、中级轿车(1.6L＜排量≤2.5L)、中高级轿车(2.5L＜排量≤4.0L)和高级轿车(排量＞4.0L)。

② 客车　客车是指载送 9 名以上乘员，供公共服务用的汽车。按照车身总长度，客车分为微型客车(长度≤3.5m)、轻型客车(3.5m＜长度≤7.0m)、中型客车(7.0m＜长度≤10.0m)、大型客车(10.0m＜长度≤12.0m)和特大型客车(铰接式客车与双层客车)。

③ 货车　货车是指载运货物的运输汽车。按照汽车的总质量，货车可以分为微型货车(总质量≤1.8t)、轻型货车(1.8t＜总质量≤6.0t)、中型货车(6.0t＜总质量≤14.0t)和重型货车(总质量＞14.0t)。

(2)专用汽车

专用汽车是在基本车型的基础上，装上专用设备或装置，用于完成某种专门作业任务的汽车，如消防车、救护车、电视转播车等。还有一种是运输专用汽车，只是车身经过专门改装后用来运输专门的货物，如冷藏车、水泥搅拌车和半挂车等。

(3)特种用途汽车

特种用途汽车根据特殊要求设计或改装而成，主要执行运输以外的任务(军用作战车辆不属于此类)，包括竞赛汽车、娱乐汽车等。

2. 按汽车装备的动力装置分类

(1)往复活塞式发动机汽车

现代汽车上广泛使用往复活塞式发动机作为动力装置。按照使用燃料的不同，可以分为汽油机汽车、柴油机汽车和代用燃料汽车。目前的代用燃料主要有合成液体石油、液化石油气、压缩天然气、醇类等。

(2)燃气轮机汽车

与活塞式发动机相比,燃气轮机功率大、质量小、转矩特性好,对燃油无严格限制,但耗油量大、噪声高和制造成本高。

(3)电动汽车

电动汽车是指以电动机为驱动机械并以蓄电池为能源的车辆(不包括依靠架线供电行驶的车辆),包括蓄电池式电动汽车、燃料电池式电动汽车和装有内燃机-发电机组以及蓄电池的混合动力汽车。电动汽车的主要优点是不需要石油燃料、零排放以及可在特殊环境工作。由于蓄电池的比能量低、充电时间长、寿命短,因此电动汽车的车速和续驶里程等性能短时间内还无法与装有传统动力装置的汽车相媲美。

3. 按汽车行驶道路条件分类

(1)公路用车

适用于公路和城市道路上行驶的汽车称为公路用车。它的外廓尺寸和单轴负荷等均受交通法规限制。

(2)非公路用车

非公路用车分为两类:一类是其外廓尺寸和单轴负荷等参数超过公路用车法规的限制,只能在矿山、机场、工地、专用道路等非公路地区使用的汽车;另一类是能在无路地面上行驶的高通过性汽车,称为越野汽车。越野汽车可以是轿车、客车或其他用途的汽车。根据国家标准GB/T 3730.1—1988的规定,越野汽车按总质量分为轻型越野车(总质量≤5t)、中型越野车(5t<总质量≤13t)和重型越野车(总质量>13t)。

4. 按汽车行驶机构的特征分类

(1)轮式汽车

可以按照驱动形式将轮式汽车分为非全轮驱动和全轮驱动两种类型。汽车的驱动形式常用汽车的全部轮数 n 乘以驱动轮数 m 表示,其中的车轮数按轮毂数计。普通汽车一般只有两个后轮驱动,如东风 EQ1141G(4×2)汽车,全部车轮为 4 个,驱动车轮为 2 个。

(2)其他类型行驶机构的车辆

这类车辆包括履带式车辆、雪橇式车辆以及水陆两用式车辆等。

三、国产汽车产品型号编制规则

按照 GB 9417—1988 的规定,国产汽车型号应能表明其厂牌、类型和主要特征参数等。该型号由拼音字母和阿拉伯数字组成,包括首部、中部和尾部等三个部分。

首部由两个拼音字母组成,表示企业代号。例如:“CA”代表第一汽车制造厂,“EQ”代表第二汽车厂,“BH”代表北京现代汽车公司,“SGM”代表上海通用汽车公司。

中部由 4 位阿拉伯数字组成。左起首位数字表示汽车类型,中间两位数字是汽车的主要特征参数,末位数字为产品的生产序号,见表 1－1 所列。

尾部分为两部分:前部分由汉语拼音字母组成,表示专用汽车分类代号,例如,X 代表厢式汽车,G 代表罐式汽车,C 代表仓栅式汽车等。后部分为企业自定代号。当同一种汽车结构略有变化需加以区别时,可以用汉语拼音或数字表示,位数由企业自定。基本型汽车一般没有尾部代码。

表 1-1　汽车型号中 4 位阿拉伯数字代号的含义

<table>
<tr><th colspan="2">首位数字表示汽车类型</th><th>中间两位数字表示各类汽车的主要特征参数</th><th>末位数字表示企业自定产品序号</th></tr>
<tr><td>载货汽车</td><td>1</td><td rowspan="5">表示汽车总质量(单位为 t)的数值。当汽车总质量小于 10t 时，前面以“0”占位；当汽车总质量大于 100t 时，允许用 3 位数字</td><td rowspan="9">以 0,1,2,…依次排列</td></tr>
<tr><td>越野汽车</td><td>2</td></tr>
<tr><td>自卸汽车</td><td>3</td></tr>
<tr><td>牵引汽车</td><td>4</td></tr>
<tr><td>专用汽车</td><td>5</td></tr>
<tr><td>客车</td><td>6</td><td>表示汽车的总长度 0.1m 的数值；当汽车总长度大于 10m 时，计算单位为 m</td></tr>
<tr><td>轿车</td><td>7</td><td>表示汽车发动机的工作容积 0.1L 的数值</td></tr>
<tr><td>(暂缺)</td><td>8</td><td></td></tr>
<tr><td>半挂车及专用半挂车</td><td>9</td><td>表示汽车总质量(单位为 t)。当汽车总质量小于 10t 时，前面以“0”占位；当汽车总质量大于 100t 时，允许用 3 位数字</td></tr>
</table>

四、车辆识别代码

1. 用途

现在世界各国汽车公司生产的汽车大部分都使用 VIN(vehicle identification number)车辆识别代号编码。VIN 车辆识别代号编码由一组字母和阿拉伯数字组成，共 17 位，又称 17 位识别代号编码。

VIN 的每位代码代表着汽车的某一方面信息参数。按照识别代号编码顺序，从 VIN 中可以识别该车的生产国别、制造公司或生产厂家、车辆类型、品牌名称、车型系列、车身形式、发动机型号、车型年款、安全防护装置型号、检验数字、装配工厂名称和出厂顺序号码等。

17 位代号编码的排列组合结果可以使车型在 30 年之内不会发生重号现象，故又被称为汽车身份证。各国机动车辆管理部门办理牌照时可以将其输入计算机存储，以备需要时调用，例如，处理交通事故、保险索赔、查获被盗车辆、报案等。

另外，汽车修理时可在各测试仪表和维修设备中存储 17 位识别代号编码 VIN 的数据，作为修理的依据。17 位识别代号编码在汽车配件经营管理上也起着重要作用，在查找零件目录中的汽车零件号之前，首先要确认 17 位识别代号编码的车型年款，避免产生误购、错装等现象。

2. 基本内容

我国原机械工业部于 1996 年 12 月 25 日发布的《车辆识别代号(VIN)管理规则》中规定：“1999 年 1 月 1 日后，适用范围内的所有新生产汽车必须使用车辆识别代号”。

车辆识别代号由三个部分组成：第一部分是世界制造厂识别代号(WMI)；第二部分是

车辆说明部分(VDS),第三部分是车辆指示部分,如图 1-1 所示。

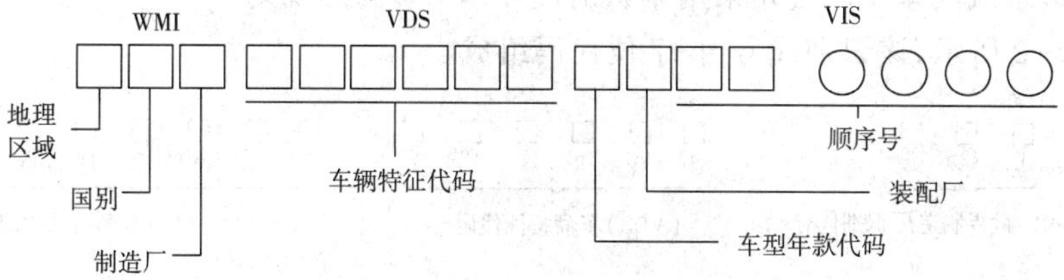

图 1-1 车辆识别代号示意图

□-字母或数字;○-数字

(1)世界制造厂识别代号

这部分必须经过申请、批准和备案后方能使用。

① 世界制造厂识别代号的第 1 位字码是标明一个地理区域的字母数字;第 2 位是标明一个特定地区内一个国家的字母或数字。第 1、2 位字码的组合将能保证国家识别标志的唯一性,第 3 位字码是标明某个特定制造厂的字母或数字。3 位字码的组合能保证制造厂识别标志的唯一性。

② 对于年产量不足 500 辆的制造厂,世界制造厂识别代号的第 3 位字码必须为数字 9。此时车辆指示部分的第 3~5 位字码将与第一部分的 3 位字码作为世界制造厂识别代号。

(2)车辆说明部分

这部分由 6 位字码组成,应能识别车辆的一般特性,其代号顺序由制造厂决定。

(3)车辆指示部分

这部分由 8 位字码组成,最后 4 位字码应是数字。其中:

① 第 1 位字码指示年份,按表 1-2 中的规定使用。

② 第 2 位字码可以用来指示装配厂,若无装配厂,制造厂可以规定其他内容。

③ 如果制造厂生产的某种类型的车辆年产量不少于 500 辆,则第 3~8 位字码表示生产序号。

表 1-2 标示年份的字码

年份	代码	年份	代码	年份	代码	年份	代码
1971	1	1981	B	1991	M	2001	1
1972	2	1982	C	1992	N	2002	2
1973	3	1983	D	1993	P	2003	3
1974	4	1984	E	1994	R	2004	4
1975	5	1985	F	1995	S	2005	5
1976	6	1986	G	1996	T	2006	6
1977	7	1987	H	1997	V	2007	7
1978	8	1988	J	1998	W	2008	8
1979	9	1989	K	1999	X	2009	9
1980	A	1990	L	2000	Y	2010	A

3. 举例

(1)中国东风汽车有限公司乘用车识别代号(VIN)编码规则

如图 1-2 所示,该识别代号由 17 位代码组成。

□ □ □ ① ② ③ (WMI)世界制造厂识别代号

□ □ □ □ □ □ ④ ⑤ ⑥ ⑦ ⑧ ⑨ (VDS)车辆特征代码

□ □ □ □ □ □ □ □ ⑩ ⑪ ⑫ ⑬ ⑭ ⑮ ⑯ ⑰ (VIS)车辆指示代码

图 1-2 东风汽车公司乘用车识别代号编码规则

第 1~3 位是世界汽车制造厂识别代号。其中,LGB 表示东风汽车公司开发且在东风汽车公司(含东风实业开发公司)生产的乘用车车辆识别代号。

第 4 位是车辆品牌代码。例如,C 表示风神蓝鸟;S 表示神宇。

第 5 位是车身类型代码。其中,1 表示四门三厢车身;2 表示四门二厢车身;3 表示五门二厢车身;4 表示三门二厢车身。

第 6 位是汽车发动机类型代码。其中,A 表示 2.0 升 L4 汽油机;B 表示 1.8 升 L4 汽油机;C 表示 1.0 升 L3 汽油机;E 表示 1.3 升 L4 汽油机;1 表示燃料电池。

第 7 位是轿车的约束安全系统类型代码。其中,A 表示手动安全带;B 表示自动锁紧安全带;C 表示手动安全带单气囊;D 表示自动锁紧安全带单气囊;E 表示手动安全带双气囊;F 表示自动锁紧安全带双气囊。

第 8 位是车辆类别、变速器型式代码,见表 1-3 所列。

第 9 位是检验位代码,用 0~9 或 X 表示。

第 10 位是汽车生产年份代码,见表 1-2 所列。

第 11 位是东风汽车公司装配单位代码,见表 1-4 所列。

第 12~17 位是汽车生产顺序号代码。

表 1-3 车辆类别、变速器代码

代　码	车辆识别	变速器型式
0	普通乘用车	自动变速器
2		手动变速器
1	越野乘用车	自动变速器
3		手动变速器
4	专用乘用车	自动变速器
5		手动变速器

表 1-4 东风汽车公司装配单位代码

代　码	装配单位	代　码	装配单位
C	东风轻型客车厂	R	风神汽车有限公司一线
D	技术中心试制部	W	神龙实业发展公司
E	东风微型汽车厂	Y	风神汽车有限公司二线
G	东风农用车有限公司		

五、汽车的总体构造

汽车通常由发动机、底盘、车身和电气设备四部分组成。如图 1-3 所示为典型轿车的总体构造。

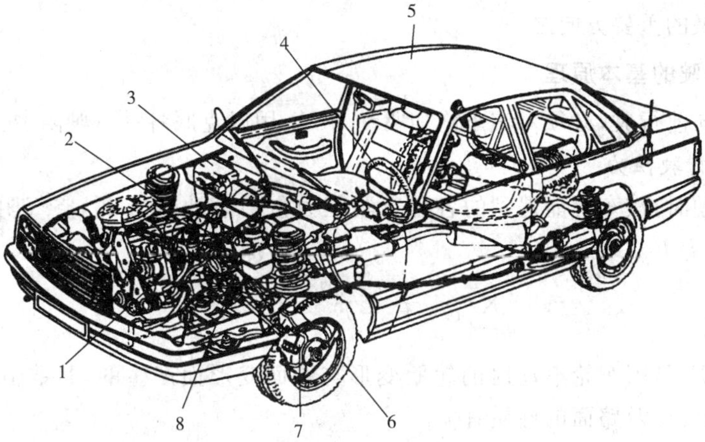

图 1-3 汽车的总体构造

1—发动机；2—悬架；3—空调装置；4—转向盘；5—车身；6—转向驱动轮；7—制动器；8—变速器

1. 发动机

发动机是汽车的动力装置，它的作用是使供入其中的燃料燃烧而产生动力。一般汽车都采用往复活塞式内燃机。它由机体、曲柄连杆机构、配气机构、燃料供给系统、冷却系、润滑系、点火系（汽油发动机用）和启动系组成。

2. 底盘

底盘由传动系、行驶系、转向系和制动系组成。

(1)传动系接收发动机的动力，并将其传到驱动车轮。它包括离合器、变速器、万向传动装置和驱动桥等。

(2)行驶系使汽车各总成及部件安装在适当位置，并对全车起支承作用，以保证汽车正常行驶。它包括车架、车桥、悬架和车轮等。

(3)转向系使汽车按驾驶员给定的方向行驶。它包括带转向盘的转向操纵机构、转向器和转向传动机构，有的汽车还有动力转向装置、转向减震器等。

(4)制动系使汽车减速或停车，并保证驾驶员离开汽车后汽车仍能可靠地驻留原地。它包括制动器和制动传动机构。

3. 车身

车身是驾驶员和乘客乘坐空间的装置，也是存放行李及其他物品的部件。对车身的要求是既要为驾驶员提供方便的操作条件，又要为乘客提供舒适的乘坐环境；既要保护全体乘员的安全，又要保证货物完好无损。车身既是保安部件也是承载部件。在现代汽车中，车身又是技术与艺术有机结合的艺术品。轿车车身由本体、内外装饰和车身附件等组成。

4. 电气设备

电气设备是汽车的重要组成部分，由电源、发动机点火系（汽油机）和启动系、照明和信号装置、空调仪表和报警系统以及辅助电器等组成。

对于高级轿车，更多地应用现代技术，尤其是电子技术，如微处理机、中央计算机系统及各种人工智能装置等，能显著地提高汽车的性能。

技术人员已将网际网络、无线连接、个人通信电子装置、娱乐设备等整合到汽车内部，与动力系统相结合，为乘客提供了前所未有的便利。而这一切都有赖于汽车网络技术，它是汽车电子技术发展的重要方向之一。

六、汽车行驶的基本原理

欲使汽车向前行驶，必须对汽车施加驱动力 F_t，用以克服各种行驶阻力。

1. 汽车的行驶阻力

当汽车行驶时，汽车可能遇到的各种行驶阻力包括滚动阻力 F_f，空气阻力 F_w，坡道阻力 F_i 和加速阻力 F_j。

$$\sum F = F_f + F_w + F_i + F_j$$

滚动阻力 F_f 是因车轮滚动时的轮胎变形与路面变形而产生的，其数值与汽车的总重力、轮胎结构与气压及路面的性质有关。

空气阻力 F_w 的数值与汽车表面形状、汽车行驶时的迎风面积以及汽车与空气的相对速度的平方成正比。

坡道阻力 F_i 是汽车重力沿路面方向的分力，其数值取决于汽车的总重力与路面的纵向坡度。坡道阻力只在汽车上坡时存在，在汽车下坡时其势能转换成汽车的动能，促使汽车加速行驶。

加速阻力 F_j 与汽车的质量及加速度的大小有关。

2. 汽车的驱动力

汽车的驱动力来自汽车发动机。发动机飞轮输出的转矩经汽车传动系施加给驱动车轮的驱动力矩为 M_t，力图使驱动轮旋转。在驱动力矩 M_t 的作用下，驱动轮在与地面接触处对地面施加作用力 F_0，其方向与汽车行驶方向相反，数值为 M_t 与车轮滚动半径 r 之比，即

$$F_0 = M_t / r$$

在车轮向地面施加力 F_0 的同时，地面向车轮施加一个大小相等、方向相反的反作用力 F_t，这就是促使汽车行驶的驱动力。为便于理解，如图 1－4 所示特意将两力画在不同的受力物体上，实际上它们应在同一条直线上。

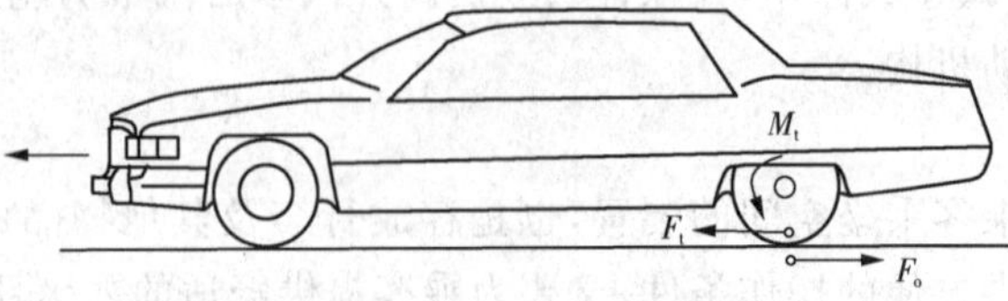

图 1－4　汽车驱动力示意图

3. 驱动力与行驶阻力的关系

当驱动力与行驶阻力相等时，汽车匀速行驶；当驱动力大于行驶阻力时，汽车加速行驶，总的行驶阻力也随着空气阻力的增加而增加，在某个较高的车速趋于新的平衡，之后又处于匀速行驶；当驱动力小于行驶阻力时，汽车将减速行驶直至停车，此时若想维持原车速行驶，

应加大节气门开度或将变速器挂入低挡以相应地增大驱动力。

汽车能否发挥其驱动力，还受到轮胎与路面附着作用的限制。在平整的干硬路面上，车轮和路面能产生附着作用是由于轮胎与路面存在着摩擦力。这个摩擦力阻碍车轮滑动，使车轮能够正常地向前滚动并承受路面的驱动力。若驱动力大于摩擦力，车轮与路面之间就发生滑动。汽车在松软地面上行驶时，除了轮胎与路面的摩擦阻碍车轮滑动外，还受到嵌入轮胎花纹凹处的松软路面凸起部分所起的抗滑作用的影响。由附着作用所决定的阻碍车轮打滑的路面反力的最大值称为附着力，用 F_{φ} 表示。附着力与驱动轮所承受垂直于地面的法向力 G 成正比，即

$$F_{\varphi}=G\Phi$$

式中 Φ 为附着系数，其数值与轮胎的类型及地面的性质有关；G 的数值是汽车重力 G_0 分配到驱动车轮上的那部分重力。

由此可见，附着力限制了驱动力的发挥，即在冰雪、泥泞路面上，因雪和泥的抗剪切强度很低，且轮胎花纹凹坑处又被剪切下的雪和泥填平，因此它们之间的摩擦力很小。由于附着力很小，汽车的驱动力受到附着力的限制而不能克服较大的行驶阻力，导致汽车减速甚至不能前进。此时，即使加大节气门开度或换入低速挡，车轮也只会滑转而驱动力不能增大。因此，普通载货汽车在冰雪路面上行驶时，往往在驱动车轮上绕装防滑链，以增大附着系数和附着力。全轮驱动的越野汽车为了提高附着系数，采用特殊花纹轮胎、镶钉轮胎。另外，普通载货汽车的附着力只是分配到驱动轮上的那部分汽车重力；而全轮驱动的越野汽车，其附着力则是全车的总重力，因此其附着力要比普通载货汽车大很多。

七、汽车主要技术参数

汽车常用的结构参数有车长、车宽、车高、轴距和轮距等，图 1－5 显示了部分常用的结构参数。

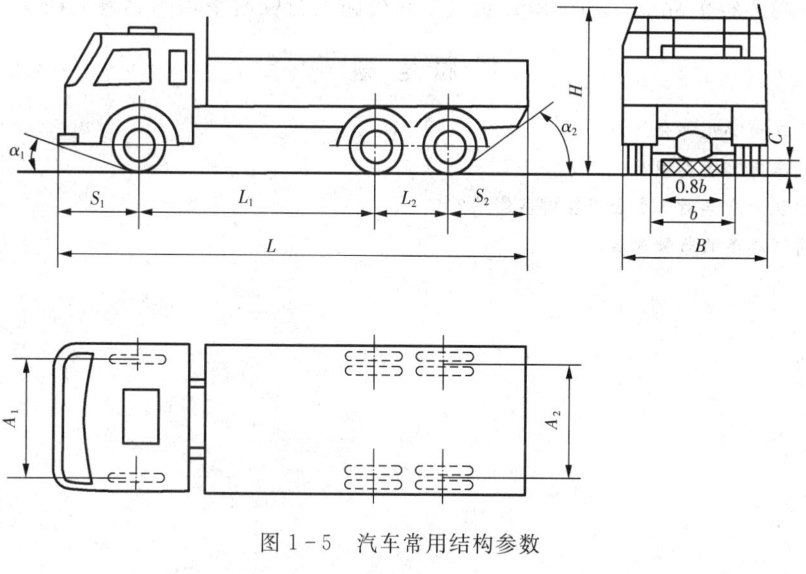

图 1－5 汽车常用结构参数

(1)整车整备质量(kg) 汽车完全装备好的质量。除了整车质量外，还包括燃料、润滑油、冷却液、随车工具、备用车胎及备用品等的质量，但不包括人员和货物。

(2)最大总质量(kg)　汽车满载时的总质量。

(3)最大装载质量(kg)　最大总质量和整车整备质量之差。

(4)最大轴载质量(kg)　汽车单轴所承载的最大总质量。

(5)车长 L(mm)　垂直于车辆纵向对称平面并分别抵靠在汽车前、后最外端突出部位的两垂直面间的距离。

(6)车宽 B(mm)　平行于车辆纵向对称平面并分别抵靠在车辆两侧固定突出部位(除后视镜、侧面标志灯、方位灯、转向指示灯等)的两平面之间的距离。

(7)车高 H(mm)　车辆支承平面与车辆最高突出部位相抵靠的水平面之间的距离。

(8)轴距 L_1、L_2(mm)　汽车直线行驶位置时,同侧相邻两轴的车轮落地中心点到车辆纵向对称平面的两条垂线间的距离。

(9)轮距 A_1、A_2(mm)　在支承平面上,同轴左右车轮两轨迹中心间的距离(轴两端为双轮时,为左右两条轨迹的中线间的距离)。

(10)前悬 S_1(mm)　在直线行驶位置时,汽车前端刚性固定件的最前点到通过两前轮轴线的垂面间的距离。

(11)后悬 S_2(mm)　汽车后端刚性固定件的最后点到通过最后车轮轴线的垂面间的距离。

(12)最小离地间隙 C(mm)　满载时,车辆支承平面与车辆最低点之间的距离。

(13)接近角 α_1　汽车前端突出点向前轮引得切线与地面的夹角。

(14)离去角 α_2　汽车后端突出点向后轮引得切线与地面的夹角。

(15)转弯直径(mm)　外转向轮(转向盘转到极限位置)的中心平面在车辆支承平面上的轨迹圆直径。

(16)最高车速(km/h)　汽车在平坦公路上行驶时能达到的最高速度。

(17)最大爬坡度(°或%)　汽车满载时的最大爬坡能力。

(18)平均燃料消耗量(L/100km)　汽车在公路上行驶时平均的燃料消耗量。

思考题

1-1　汽车由哪几部分组成?

1-2　汽车有哪些类型?

1-3　你认为汽车对人类会产生哪些影响?

1-4　简述汽车的行驶原理。

第二章　发动机的工作原理与总体构造

本章主要介绍发动机的类型，发动机的基本结构和术语，四冲程汽油机工作原理、四冲程柴油机工作原理、汽油机和柴油机的比较，二冲程汽油机工作原理、二冲程柴油机工作原理，发动机总体构造和内燃机型号编制规则。

第一节　汽车发动机的类型

发动机是汽车的动力源。目前，除电动汽车外，汽车发动机都是热能动力装置（简称热机）。热机是借助工质的状态变化将燃料燃烧产生的热能转变为机械能。热机分内燃机和外燃机两种。直接以燃料燃烧所生成的燃烧产物为工质的热机称为内燃机，反之则为外燃机。内燃机包括活塞式内燃机和燃气轮机。外燃机则包括蒸汽机、汽轮机和斯特林发动机等。与外燃机相比，内燃机具有结构紧凑、体积小、重量轻和容易启动等许多优点。因此，内燃机尤其是活塞式内燃机被广泛地用作汽车动力源。

活塞式内燃机可按不同方法进行分类。

1. 按活塞运动方式分类

按活塞运动方式的不同，活塞式内燃机可分为往复活塞式和旋转活塞式两种。前者活塞在汽缸内做往复直线运动，后者活塞在汽缸内做旋转运动。

2. 按所用燃料种类分类

按所用燃料种类的不同，活塞式内燃机可分为汽油机、柴油机和气体燃料发动机三类。以汽油和柴油为燃料的活塞式内燃机分别称作汽油机和柴油机。使用天然气、液化石油气和其他气体燃料的活塞式内燃机称作气体燃料发动机。

3. 按冷却方式分类

按冷却方式的不同，活塞式内燃机可分为水冷式和风冷式两种。以水或冷却液为冷却介质的称作水冷式内燃机，而以空气为冷却介质的则称作风冷式内燃机。

4. 按行程分类

按行程的不同，活塞式内燃机可分为四冲程和二冲程内燃机。四冲程内燃机是指曲轴旋转两圈，活塞在汽缸内上下往复四个行程完成一个工作循环的内燃机；而曲轴旋转一圈，活塞在汽缸内上下往复运动两个行程完成一个工作循环的内燃机称为二冲程内燃机。

5. 按进气状态分类

按进气状态的不同，活塞式内燃机可以分为增压和非增压两种。若进气是在接近大气状态下进行的,则为非增压或自然吸气式内燃机;若利用增压器将进气压力增高,进气密度增大,则为增压内燃机。增压可以提高内燃机的功率。

另外,还可以根据某些特征对活塞式内燃机进行分类,例如汽缸排列方式、汽缸数目等。

目前,应用最广、数量最多的汽车发动机为水冷、四冲程往复活塞式内燃机,其中汽油机多用于轿车和轻型客、货车上,而大客车和中、重型货车发动机多为柴油机。少数轿车和轻型客、货车也采用柴油机。以风冷或二冲程活塞式内燃机为动力的汽车为数不多,特别是从 20 世纪 80 年代起,在世界范围内,就不再有以二冲程活塞式内燃机为动力的轿车了。

第二节　往复活塞式内燃机的基本结构及基本术语

一、基本结构

一般称内燃机的工作腔为汽缸,汽缸内表面为圆柱形。连杆的一端通过活塞销与汽缸内做往复运动的活塞铰接,另一端则与曲轴相连,构成曲柄连杆机构。当活塞在汽缸内做往复运动时,连杆推动曲轴旋转。同时汽缸容积也在不断地由最小变到最大,再由最大变到最小,不断循环。

汽缸盖起封闭汽缸的作用。汽缸盖上设有进气门和排气门,通过进、排气门的开闭实现向汽缸内引入新鲜空气和向汽缸外排出燃烧废气。进、排气门的开闭由凸轮轴控制。凸轮轴由曲轴通过齿形带或齿轮或链条驱动。进、排气门和凸轮轴以及其他一些零件共同组成配气机构。

往复活塞式内燃机的基本结构如图 2－1 所示。

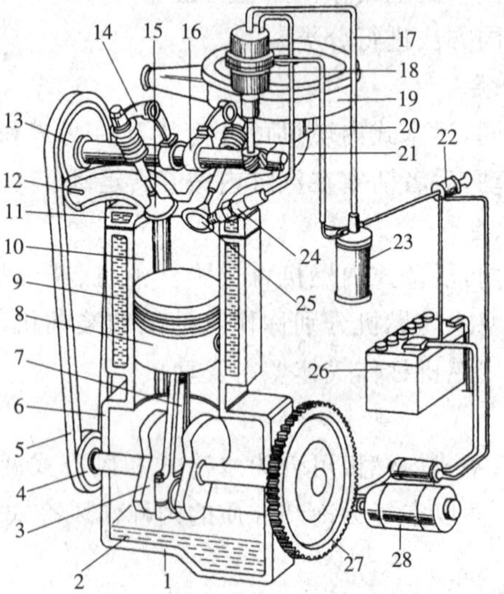

图 2－1　往复活塞式内燃机的基本结构

1－油底壳;2－机油;3－曲轴;4－曲轴同步带轮;5－同步带;6－曲轴箱;7－连杆
8－活塞;9－水套;10－汽缸;11－汽缸盖;12－排气管;13－凸轮轴同步带轮;14－摇臂
15－排气门;16－凸轮轴;17－高压线;18－分电器;19－空气滤清器;20－化油器;21－进气管
22－点火开关;23－点火线圈;24－火花塞;25－进气门;26－蓄电池;27－飞轮;28－启动机

二、基本术语

往复活塞式内燃机的基本术语有(如图 2-2 所示):

1. 工作循环

工作循环是由进气、压缩、做功和排气等四个工作过程组成的封闭过程,每完成这四个过程就完成了一个工作循环。

2. 上止点

活塞上行至离曲轴回转中心最远处时,活塞顶在汽缸中所处的位置为上止点。

3. 下止点

活塞下行至离曲轴回转中心最近处时,活塞顶在汽缸中所处的位置为下止点。

4. 活塞行程

上、下止点间的距离 s 称为活塞行程。

5. 汽缸工作容积

上、下止点间所包容的汽缸容积称为汽缸工作容积,记作 V_s。

6. 内燃机排量

多缸发动机全部汽缸工作容积的总和,称为内燃机排量,记作 V_L。

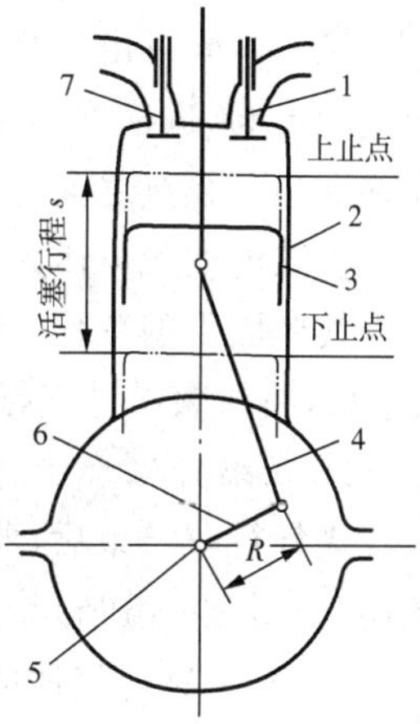

图 2-2　往复活塞式内燃机示意图

1—排气门;2—汽缸;3—活塞;4—连杆;5—曲轴中心;6—曲柄;7—进气门

7. 燃烧室容积

活塞在上止点时,活塞顶与汽缸盖之间的容积,称为燃烧室容积,也叫压缩容积,记作 V_c。

8. 汽缸总容积

活塞在下止点时,活塞顶上方的全部容积,称为汽缸总容积,也就是汽缸工作容积与燃烧室容积之和,记作 V_a。

9. 压缩比

汽缸总容积与燃烧室容积之比称为压缩比,记作 ε。压缩比越大,压缩终了时汽缸内的气体压力和温度就越高。

10. 工况

内燃机在某一时刻的运行状况简称工况,一般用发动机的转速和负荷来表示。

第三节　往复活塞式内燃机工作原理

一、四冲程汽油机工作原理

四冲程汽油机每完成一个工作循环,需要经历进气、压缩、燃烧膨胀(做功)和排气四个过程,这四个工作过程在四个活塞行程内完成。

1. 进气行程

活塞由上止点向下止点移动。此时排气门关闭,进气门开启,如图 2-3a 所示。在活塞移动过程中,汽缸容积逐渐增大,汽缸内形成一定的真空度。可燃混合气通过进气门被吸入汽缸,并在汽缸内进一步混合,直至活塞运动到下止点。在进气过程中,受空气滤清器、进气管道、进气门阻力的影响,进气终了时汽缸内的气体压力低于大气压力,约为 0.075～0.09MPa。同时由于受到气门、汽缸壁、活塞等高温零件及前一个循环残留在汽缸内的高温废气的影响,进气终了时汽缸内的气体温度可达 320～380K。实际上,汽油机的进气门是在活塞到达上止点之前打开,并延迟到下止点之后关闭,以吸入更多的可燃混合气。

汽缸内的气体压力随汽缸容积或曲轴转角的变化关系称作示功图,它能直观地显示汽缸内气体压力的变化。在示功图上,进气行程从进气行程上止点 r 开始至进气行程下止点 a 结束,曲线表示进气行程中汽缸内气体压力的变化,如图 2－4a 所示。

2. 压缩行程

进气行程结束后,曲轴继续旋转,带动活塞由下止点向上止点运动。这时,进、排气门均关闭,如图 2－3b 所示。随着活塞上行,汽缸内混合气被压缩,其压力和温度同时升高。压缩终了时,汽缸内气体的压力约为 0.8～1.5MPa,温度约为 600～750K。这与汽油机的压缩比有关。汽油机压缩行程有利于混合气的迅速燃烧并可提高汽油机的有效热效率。一般压缩比在 7～10,太大容易发生爆燃和表面点火等不正常燃烧现象。

压缩行程的示功图如图 2－4b 所示,c 点为压缩行程终点,也是压缩行程上止点。

3. 做功行程

在做功行程中,进、排气门仍关闭,如图 2－3c 所示。当活塞在压缩行程接近上止点时,安装在汽缸盖上的火花塞产生电火花,点燃汽缸内的可燃混合气。可燃混合气燃烧后,放出大量热能,使气体的体积膨胀,压力和温度迅速升高。高压气体推动活塞由上止点移至下止点,并通过连杆推动曲轴旋转做功,输出机械能。

在做功行程中,燃烧气体的最大压力可达 3.0～6.5MPa,最高温度可达 2200～2800K。随着活塞向下止点移动,汽缸容积不断增大,气体压力和温度逐渐降低。在做功行程结束时,压力约为 0.35～0.5MPa,温度约为 1200～1500K。

在示功图(图 2－4c)上的曲线 czb 表示做功行程中汽缸内气体压力的变化情况。

4. 排气行程

排气行程开始时,进气门关闭,排气门开启,活塞从下止点向上止点运动,缸内废气在其自身剩余压力和活塞的推动下,经排气门排出。当活塞到达上止点时,排气行程结束,排气门关闭,如图 2－3d 所示。

排气行程结束时,燃烧室内会残留少量废气,称为残余废气。因为排气系统有阻力,所以残余废气的压力比大气压力略高,约为 0.105～0.12MPa,温度约为 900～1200K。

在示功图(图 2－4d)上的曲线 br 代表排气行程。

至此,四冲程汽油机经过进气、压缩、做功和排气等四个行程而完成一个工作循环。这期间活塞在上、下止点间往复运动四个行程,曲轴旋转两周,即每一个行程有 180°曲轴转角。不过,在实际进气过程中,为了增加进入汽缸内的混合气量和减少进气过程所消耗的功,进气门早于上止点开启,迟于下止点关闭。在排气过程中,为了减少汽缸内的残余废气量和排气过程消耗的功,排气门早于下止点开启,迟于上止点关闭。即进、排气过程所占的曲轴转角均超过 180°。

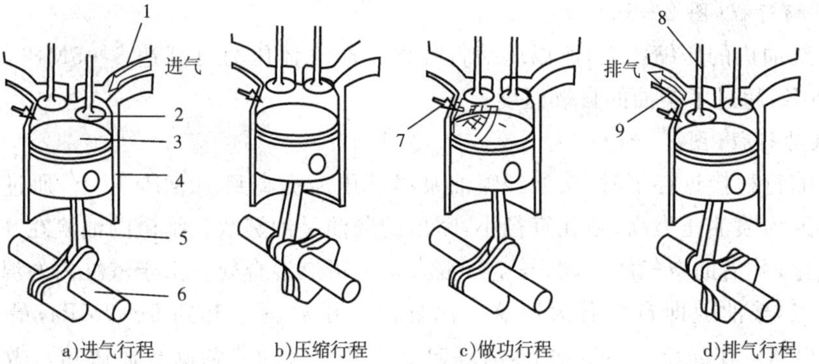

图 2-3　四冲程汽油机工作原理示意图

1—进气管；2—进气门；3—活塞；4—汽缸；5—连杆；6—曲轴；7—火花塞；8—排气门；9—排气管

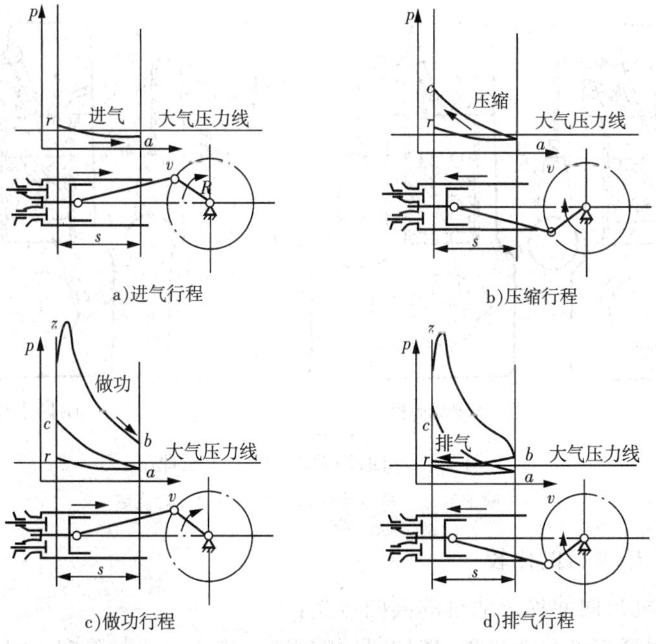

图 2-4　四冲程汽油机的示功图

二、四冲程柴油机工作原理

四冲程柴油机和四冲程汽油机的工作过程相同，每个工作循环也经历进气、压缩、做功和排气四个过程，在各个活塞行程中，进、排气门的开闭和曲柄连杆机构的运动与汽油机完全相同。由于柴油的黏度比汽油黏度大、不易蒸发，且自燃温度又比汽油低，因此在可燃混合气形成及着火方式上不同于汽油机。

1. 进气行程(图 2-5a)

进气行程吸入汽缸的是纯空气。由于柴油机进气系统阻力较小，残余废气温度较低，因此进气行程结束时汽缸内气体的压力较高，约为 0.085～0.095MPa，温度较低，约为 310～340K。

2. 压缩行程(图 2-5b)

因为柴油机的压缩比大，所以压缩行程终了时气体压力可高达 3～5MPa，温度可高达 750～1000K，超过了柴油的自燃温度。

3. 做功行程(图 2-5c)

在压缩行程接近终了时，柴油经喷油泵将其压力提高到 10MPa 以上，通过喷油器喷入燃烧室。因为喷油压力高，喷孔直径小，喷出的柴油呈细雾状。细微的油滴在高温空气中迅速蒸发汽化，并借助空气的运动，与空气混合形成可燃混合气。由于汽缸内的温度远高于柴油的自燃点，柴油随即自行着火燃烧。汽缸内气压急剧上升到 6～9MPa，最高温度可达 1800～2200K。在高压气体推动下，活塞向下运动并带动曲轴旋转而做功。做功行程结束时，压力约为 0.2～0.5MPa，温度约为 1000～1200K。

4. 排气行程(图 2-5d)

排气终了时汽缸内残余废气的压力约为 0.10～0.12MPa，温度约为 700～900K。

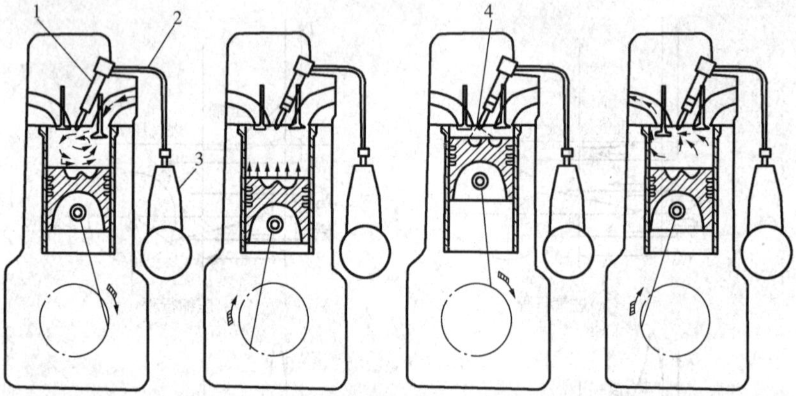

a)进气行程　　b)压缩行程　　c)作功行程　　d)排气行程

图 2-5　四冲程柴油机工作原理

1—喷油器；2—高压油管；3—喷油泵；4—燃烧室

三、汽油机与柴油机的比较

四冲程汽油机与四冲程柴油机的共同点是：

(1)每个工作循环都包含进气、压缩、做功和排气等四个活塞行程，曲轴每旋转两周完成一个工作循环。

(2)四个活塞行程中，只有一个做功行程，其余三个是耗功行程。在做功行程中曲轴旋转的角速度要比其他三个行程大得多，即在一个工作循环内曲轴的角速度是不均匀的。为了改善曲轴旋转的不均匀性，可在曲轴上安装转动惯量较大的飞轮或采用多缸内燃机并使其按一定的顺序依次工作。

两者不同之处是：

(1)汽油机的可燃混合气用电火花点燃，柴油机则是自燃，因此又称汽油机为点燃式内燃机，称柴油机为压燃式内燃机。

(2)与汽油机相比，柴油机的压缩比高，燃油消耗率低，燃油经济性好，没有点火系统的故障，排气污染少，排放性好。但柴油机转速比汽油机低，质量大，制造和维修费用高(因为喷油泵和喷油器加工精度要求高)，噪声大，振动大。

(3)汽油机具有转速高(目前轿车用汽油机的最高转速达 7000～8000r/min)、质量小、工作噪声小、启动容易、工作稳定、操作省力、制造和维修费用低等特点，在轿车和中、小型载货汽车上得到广泛的应用。但汽油机燃油消耗率较高，经济性差。

四、二冲程汽油机工作原理

二冲程内燃机的工作循环是在两个活塞行程即曲轴旋转一周的时间内完成的。二冲程内燃机工作循环与四冲程内燃机的不同之处主要在于换气过程。在四冲程内燃机中，常把排气过程和进气过程合称为换气过程。在二冲程内燃机中换气过程是指废气从汽缸内被新气扫除并取代的过程。

如图 2-6 所示为曲轴箱换气式二冲程汽油机的工作原理示意图。由图可见，曲轴箱换气式二冲程汽油机没有进、排气门，只在汽缸的下部开设 3 个孔：进气孔、排气孔和扫气孔，并由活塞来控制三个孔的开闭，实现换气过程。

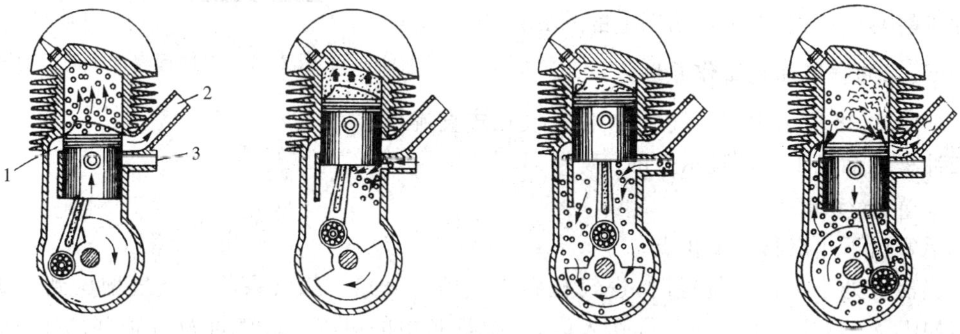

图 2-6 二冲程汽油机工作原理示意图

1—扫气孔；2—排气孔；3—进气孔

1. 第一行程

活塞在曲轴带动下由下止点向上止点运动。

当活塞处于下止点时，进气孔被活塞关闭，排气孔和扫气孔开启。这时曲轴箱内的可燃混合气经扫气孔进入汽缸，扫除其中废气。随着活塞向上止点运动，活塞头部首先将扫气孔关闭，扫气终止。但此时排气孔仍未关闭，仍有部分废气和可燃混合气经排气孔继续排出，称其为额外排气。当活塞将排气孔也关闭之后，汽缸内的可燃混合气开始被压缩(如图 2-6a 所示)。直至活塞到达上止点，压缩过程结束。

在活塞到达上止点之前，随着活塞上移，曲轴箱的容积增大，曲轴箱内形成一定的真空度。当活塞裙部离开进气孔时，空气和汽油的混合物被吸入曲轴箱，开始进气(如图 2-6b 所示)，空气和汽油在曲轴箱内进一步混合形成可燃混合气。

2. 第二行程

活塞由上止点向下止点运动。

在压缩过程终了时，火花塞产生电火花，将汽缸内的可燃混合气点燃(如图 2-6c 所示)。燃烧气体膨胀，推动活塞下行。此时排气孔和扫气孔均被活塞关闭，进气孔仍然开启。空气和汽油经进气孔继续流入曲轴箱，直至活塞裙部关闭进气孔为止。随着活塞继续向下止点运动,曲轴箱容积不断缩小,箱内混合气被预压缩。此后,活塞头部先将排气孔开启,缸内废气经排气孔排出。至此,做功过程结束,开始先期排气过程。随后扫气孔开启,经过预压缩的可燃混合气从曲轴箱经扫气孔进入汽缸(如图 2-6d 所示)扫除其中的废气,开始扫气过程。这一过程将持续到下一个活塞行程中扫气孔被关闭时为止。

如图 2-7 所示为二冲程汽油机的示功图。图中点 a 表示排气孔关闭,曲线 ac 为压缩过程。曲线 czb 为做功过程。在 b 点排气孔开启,bf 为先期的排气阶段。在 f 点扫气孔开启,fdh 段为扫气过程。在 h 点扫气孔关闭,ha 段为额外排气阶段。从排气孔开始打开到完全关闭,约占 130°～150°曲轴转角,此为二冲程汽油机的换气过程,即为示功图上的 bda 曲线。

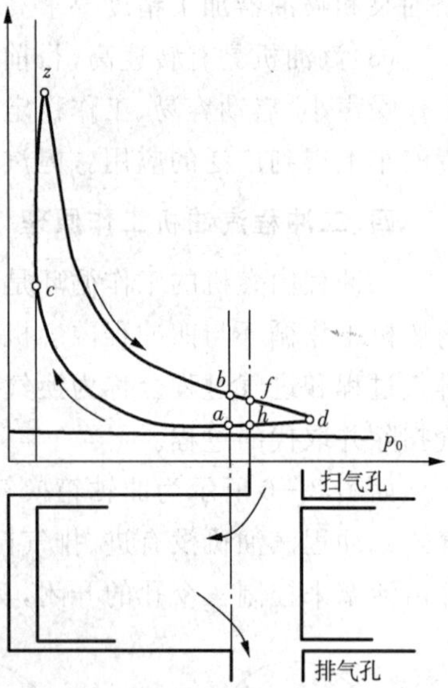

图 2-7　二冲程汽油机的示功图

五、二冲程柴油机工作原理

如图 2-8 所示为带扫气泵的气门-气孔式直流扫气二冲程柴油机工作原理示意图。

1. 第一行程

活塞由下止点移至上止点。

当活塞处于下止点位置时,进气孔和排气门已开启。扫气泵将纯空气增压到 0.12～0.14MPa 后,经空气室和进气孔送入汽缸,扫除其中的废气。废气经汽缸顶部的排气门排出(如图 2-8a 所示)当活塞上移将进气孔关闭的同时,排气门也关闭,进入汽缸内的空气开始被压缩(如图 2-8b 所示)。活塞运动至上止点,压缩过程结束。

2. 第二行程

活塞由上止点移至下止点。

当压缩过程终了时,高压柴油经喷油器喷入汽缸,并自行着火燃烧(如图 2-8c 所示),高温高压的燃烧气体推动活塞做功。当活塞下移 2/3 行程时,排气门开启,废气经排气门排出(如图 2-8d 所示)。活塞继续下移,进气孔开启,来自扫气泵的空气经进气孔进入汽缸进行扫气。扫气过程将持续到活塞上移时将进气孔关闭为止。

二冲程内燃机与四冲程内燃机相比具有下列一些特点:

(1)曲轴每转一周完成一个工作循环,做功一次。当曲轴转速相同时,二冲程内燃机单位时间的做功次数是四冲程内燃机的两倍。由于曲轴每转一周做功一次,因此曲轴旋转的角速度比较均匀。

(2)二冲程内燃机的换气过程时间短,仅为四冲程内燃机的 1/3 左右。另外,进、排气过程几乎同时进行,利用新气扫除废气,新气可能流失,废气也不易清除干净。因此,二冲程内燃机的换气质量较差。

(3)曲轴箱换气式二冲程内燃机没有进、排气门,结构大为简化。

为了叙述上的方便和适应习惯上的称谓,本书如不特别说明,则将四冲程往复活塞式内燃机简称为发动机。

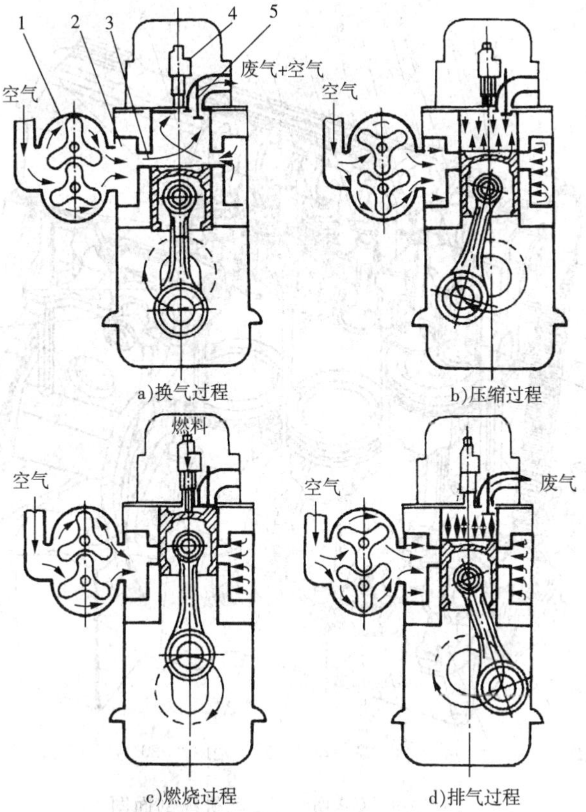

图 2-8　二冲程柴油机工作原理示意图

1—扫气泵；2—空气室；3—进气孔；4—喷油器；5—排气门

第四节　发动机的总体构造

发动机是极为复杂的机器，由许多机构和系统组成。不同类型的发动机，其具体结构各不相同，但总体构造相似。通常，汽油机由曲柄连杆机构、配气机构等两大机构及燃料供给系统、冷却系统、润滑系统、启动系统和点火系统等五大系统组成；柴油机则由两大机构、四大系统组成(没有点火系统)。

1. 机体组与曲柄连杆机构

CA488 型发动机的机体组包括汽缸盖、汽缸盖罩盖、汽缸体、油底壳等。汽缸盖和汽缸体的内壁组成燃烧室的一部分，是承受高温、高压的部件。机体不但是发动机各机构、各系统的装配基体，自身的某些部分还是曲柄连杆机构、燃料供给系统、冷却系统和润滑系统的组成部分。在进行结构分析时，通常把机体列为曲柄连杆机构。有的发动机把汽缸体分成上下两部分，上部称为汽缸体，下部称为曲轴箱。

曲柄连杆机构由活塞、连杆总成、带飞轮齿圈的曲轴等组成，可将活塞的往复直线运动转变为曲轴的旋转运动。其功用是将燃油燃烧产生的热能传递转换为曲轴旋转的机械能，是发动机的动力输出机构。

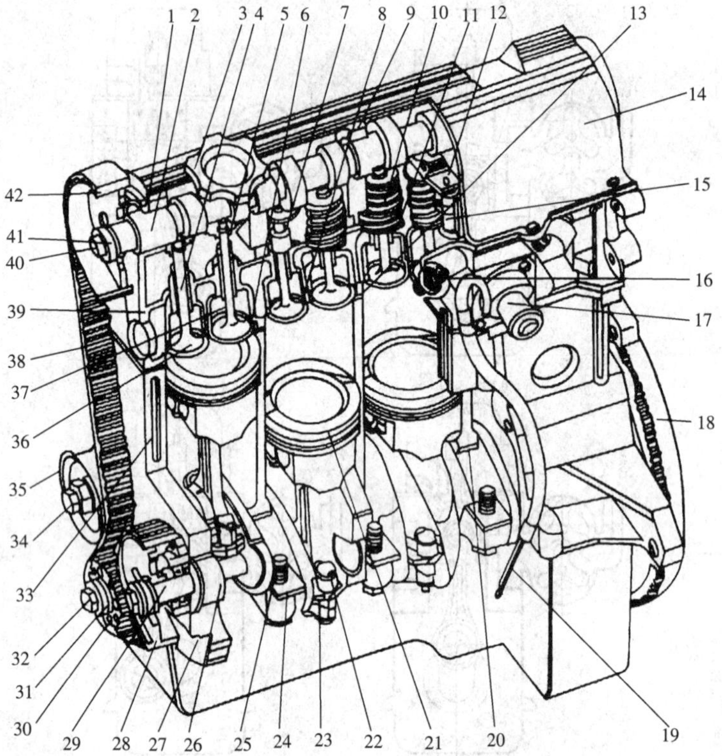

图 2-9　CA488 型发动机纵剖面图

1—前油封；2—凸轮轴；3—加机油盖；4—排气门；5—气门弹簧座；6—进气门座；7—油封；8—排气门座；9—轴承盖(凸轮轴)；10—气门弹簧；11—气门弹簧座片；12—气门摇臂；13—汽缸垫；14—汽缸盖罩盖；15—气门间隙调节器；16—火花塞；17—管接头(节温器出水口)；18—飞轮；19—油标尺；20—轴瓦(曲轴主轴承)；21—活塞；22—连杆螺栓；23—连杆总成；24—主轴承盖；25—主轴承螺栓；26—前轴套；27—曲轴；28—正时带轮(中间轴)；29—中间轴；30—正时带轮(曲轴)；31—垫圈(曲轴正时带轮螺栓)；32—螺栓(曲轴正时带轮)；33—汽缸体；34—组合螺栓(张紧轮)；35—张紧轮；36—排气门；37—进气门；38—正时齿轮；39—汽缸盖总成；40—垫圈；41—螺栓；42—曲轴正时带轮

2. 配气机构

配气机构由进气门、排气门、气门弹簧、摇臂、凸轮轴、凸轮轴正时齿轮、气门间隙调节器等组成。凸轮轴正时齿轮是由曲轴正时齿轮驱动。其功用是将可燃混合气及时充入汽缸，并在排气行程及时排出汽缸内废气。

3. 燃料供给系统

燃料供给系统由汽油箱、汽油泵、汽油滤清器、油管、空气滤清器、电控喷射装置等组成。其作用是根据发动机工况的需要，向汽缸提供燃料或可燃混合气。

4. 冷却系统

冷却系统由水泵、散热器、节温器、冷却水套、风扇等部件组成。其功用是传递和散发受热机件的热量，保证发动机在适宜温度下工作。

5. 润滑系统

润滑系统由油底壳、机油滤清器、机油泵、润滑油道、油管等组成。其功用是降低发动机各配合副的摩擦阻力，减少运动件的磨损量。

6. 启动系统

启动系统由启动电机及其附属装置组成，其功用是使静止的发动机启动并转入自行运转状态。

7. 点火系统

点火系统由蓄电池、发电机、分电器、点火线圈、火花塞等组成。其功用是根据发动机的需要，准确、可靠地点燃汽缸内可燃混合气。

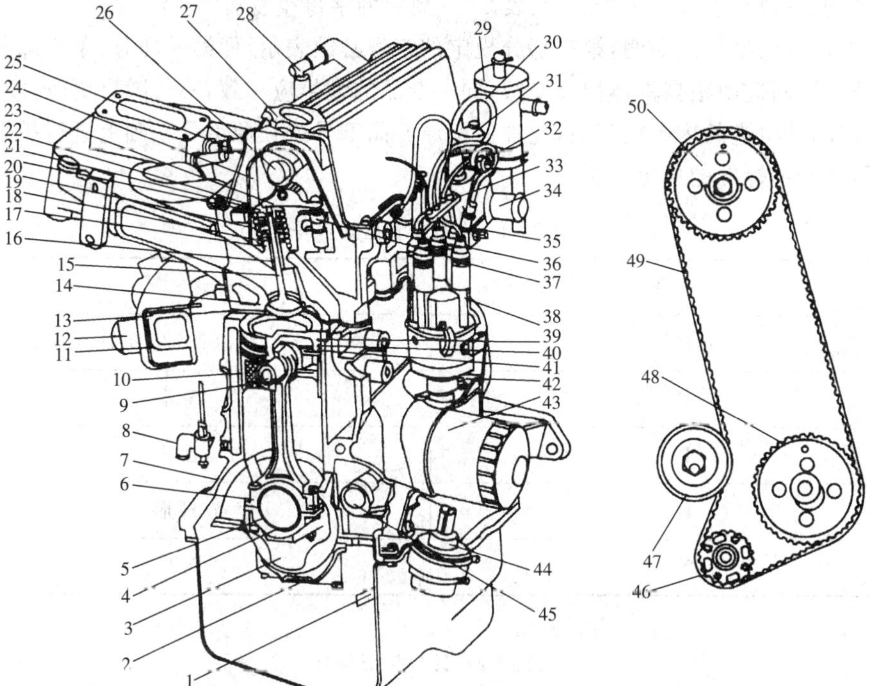

图 2-10　CA488 型发动机横剖面图

1—机油收集器；2—主轴承座；3—曲轴；4—连杆大头盖；5—连杆轴瓦；6—连杆；7—汽缸体；8—放水龙头；9—活塞销；10—活塞；11—排气支管；12—进气预热罩；13—汽缸垫；14—进气门座；15—进气门；16—气门导管；17—气门弹簧垫片；18—气门弹簧；19—气门导管油封；20—气门锁块；21—气门弹簧管；22—缸盖螺栓；23—摇臂；24—挡油罩；25—汽缸盖罩盖；26—凸轮轴；27—加机油盖；28—PCV 阀；29—油气分离器；30—高压线；31—放气阀；32—机油标尺；33—高压线夹；34—节温器座；35—缸盖；36—汽缸盖罩盖垫；37—气门间隙；38—分电器；39—第一道气环；40—第二道气环；41—油环；42—分电器压板；43—汽油滤清器；44—汽油泵；45—中间轴；46—曲轴正时带轮；47—张紧轮；48—中间轴正时带轮；49—正时齿轮；50—凸轮轴正时带轮

第五节　内燃机型号编制规则

一、国产内燃机编号规则

为了便于内燃机的生产管理和使用，我国对内燃机的名称和型号编制方法进行了审定，并颁布了国家标准(GB/T 725—2008)，该标准适用于往复式内燃机，其他型式内燃机可参照使用。标准的主要内容如下：

1. 内燃机产品名称应符合国家标准 GB/T 1883.1—2005 的规定,按所采用的燃料命名,例如柴油机、汽油机、天然气机。

2. 型号编制总则

(1)内燃机的型号由阿拉伯数字(以下简称数字)、汉语拼音字母或国际通用的英文缩略字母(以下简称字母)组成。

(2)型号编制优先选用表 2-1、表 2-2、表 2-3 规定的字母,允许制造商根据需要选用其他字母,但不得与表 2-1、表 2-2、表 2-3 规定的字母重复。

(3)内燃机的型号应简明,第二部分规定的符号必须表示,但第一部分、第三部分及第四部分符号允许制造商根据具体情况增减,同一产品的型号应一致,不得随意更改。

(4)由国外引进的内燃机产品,允许保留原产品型号或在原型号基础上进行扩展。国产化的产品宜按本标准的规定编制。

表 2-1　汽缸布置型式符号

符　号	含　义
无符号	多缸直列及单缸
V	V 形
P	卧式
H	H 形
X	X 形

表 2-2　结构特征符号

符　号	结构特征
无符号	冷却液冷却
F	风冷
N	凝气冷却
S	十字头式
Z	增压
ZL	增压中冷
DZ	可倒转

表 2-3　用途特征符号

符　号	用　途
无符号	通用型及固定动力(或制造商自定)
T	拖拉机

（续表）

符　号	用　途
M	摩托车
G	工程机械
Q	汽车
J	铁路机车
D	发电机组
C	船用主机、右机基本型
CZ	船用主机、左机基本型
Y	农用三轮车（或其他农用车）
L	林业机械

注：内燃机左机和右机的定义按国家标准 GB/T 726—1994 的规定。

3. 型号组成

内燃机型号由四部分内容组成，表示方法如图 2－11 所示。

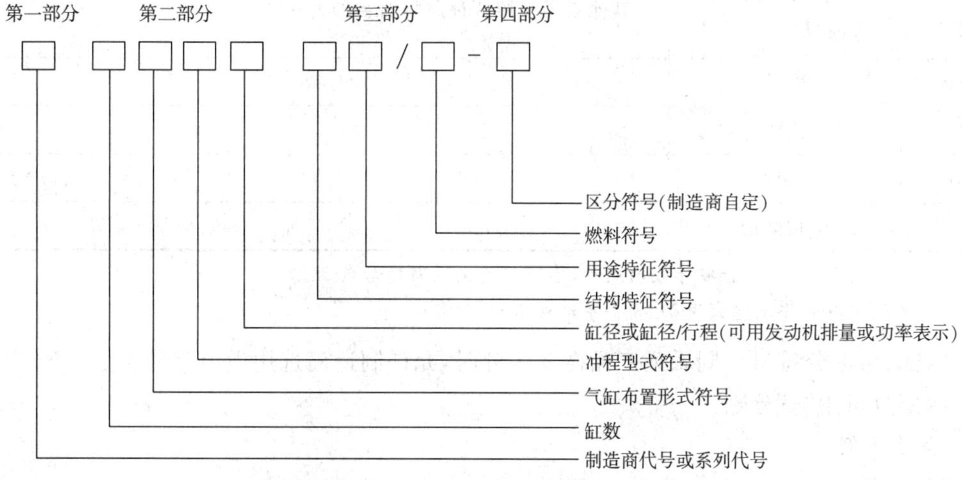

图 2－11　国产内燃机型号表示方法

第一部分：由制造商代号或系列符号组成。制造商根据需要选择相应 1～3 位字母表示。

第二部分：由汽缸数、汽缸布置型式符号、冲程型式符号、缸径符号组成。汽缸数用 1～2 位数字表示；汽缸布置型式符号按表 2－1 规定；冲程型式为四冲程时符号省略，二冲程用 E 表示；缸径符号一般用缸径/行程数字表示，亦可用发动机排量或功率数表示，其单位由制造商自定。

第三部分：由结构特征符号、用途特征符号组成。其符号分别按表 2－2、表 2－3 的规定，燃料符号见表 2－4 所列。

表 2-4　燃料符号

符　号	燃料名称	备　注
无符号	柴油	
P	汽油	
T	天然气(煤层气)	管道天然气
CNG	压缩天然气	
LNG	液化天然气	
LPG	液化石油气	
Z	沼气	各类工业化沼气(农业有机废弃物、工业有机废水物、城市污水处理、城市有机垃圾)允许用 1～2 个字母的形式表示。如 ZN 表示农业有机废弃物产生的沼气
W	煤矿瓦斯	浓度不同的瓦斯允许用 1 个小写字母表示。如 Wd 表示低浓度瓦斯
M	煤气	各类工业化煤气如焦煤煤气、高炉煤气等。允许在 M 后加 1 个字母区分煤气的类型
S SCZ	柴油/天然气双燃料 柴油/沼气双燃料	其他双燃料用两种燃料的字母表示
M	甲醇	
E	乙醇	
DME	二甲醇	
FME	生物柴油	

注:(1)一般用 1～3 个拼音字母表示燃料,亦可用英文缩写字母表示。

(2)其他燃料允许制造商用 1～3 个字母表示。

第四部分:区分符号。同系列产品需要区分时,允许制造商选用适当符号表示。第三部分或第四部分可用“-”分隔。

4. 型号示例

(1)汽油机

IE65F/P——单缸,二冲程,缸径 65mm,风冷,通用型;

492Q/P-A——四缸,直列,四冲程,缸径 92mm,冷却液冷却,汽车用(A 为区分符号)。

(2)柴油机

G12V190ZLD——12 缸,V 型,四冲程,缸径 190mm,冷却液冷却,增压中冷,发电用(G 为系列代号);

R175A——单缸,四冲程,缸径 75mm,冷却液冷却(R 为系列代号、A 为区分符号)。

(3)双燃料发动机

G12V190ZLS——12 缸,V 型,缸径 190mm,冷却液冷却,增压中冷,燃料为柴油或天然气双燃料(G 为系列代号);

12V26/32ZL/SCZ——12缸、V型、缸径260mm、行程320mm、冷却液冷却、增压中冷、燃料为柴油/沼气双燃料。

二、国外内燃机编号规则

国外汽车生产企业发动机型号多为自定标准。

1. 本田公司

总体特征信息(字母):C表示V6发动机;B、F、H、ZC分别表示不同结构的四缸发动机。

动力特征信息(数字):例如,16、20、32分别表示发动机排量为1.6L、2.0L、3.2L。

同类产品级别(字母):A表示第一代产品,B表示第二代产品,等等。

2. 康明斯发动机公司

康明斯柴油机的型号由6个部分组成:

(1)柴油机系列:用字母B、C、N、V、K等表示。其中,B、C系列前需加数字,表示缸数,如4B、6C。

(2)柴油机吸气方式:用字母组表示。例如:T——增压,TA——增压并中冷,TT——两级增压,无字母组者表示自然吸气式。

(3)发动机工作容积(排量):用数字表示,单位为L。

(4)用途符号:用字母表示。例如:A——农业,B——公共汽车,C——工程,F——消防,G——发电机组,L——机车,N——船舶,P——发电站。

(5)额定功率:用数字表示,单位为马力或千瓦。

(6)特殊符号:用字母表示特殊汽车的特征。例如,NTA-855-C360型发动机,其中N表示发动机系列,TA表示涡轮增压并中冷,855表示发动机排量为14L,C表示工程机械用,360表示发动机额定功率为360公制马力(296kW)。

思考题

2-1　汽车发动机有哪些类型?

2-2　四冲程往复活塞式内燃机通常由哪些机构与系统组成?它们各有什么功用?

2-3　四冲程汽油机和柴油机在基本工作原理上有何异同?

2-4　简述四冲程内燃机和二冲程内燃机的不同之处。

2-5　内燃机产品型号包括几个部分,其含义是什么?

2-6　CA488型四冲程汽油机有4个汽缸,汽缸直径87.5mm,活塞行程92mm,压缩比为8.1,试计算其汽缸工作容积、燃烧室容积和发动机排量。

第三章 曲柄连杆机构

本章主要介绍曲柄连杆机构的功用与组成、工作条件及受力分析，机体组中缸体的结构形式、冷却方式、排列形式以及缸套的种类，汽油机、柴油机燃烧室的结构以及缸盖的冷却，活塞结构和冷却方式，气环和油环的种类及工作原理，活塞销结构及连接方式，连杆和曲轴的结构，发动机的平衡结构。

第一节 概 述

曲柄连杆机构是发动机实现工作循环，完成能量转换的重要工作机构。其功用是把燃气作用在活塞顶面上的压力转变为曲轴的转矩，并向工作机械输出机械能。

曲柄连杆机构由机体组、活塞连杆组和曲轴飞轮组等组成，如图 3-1 所示。

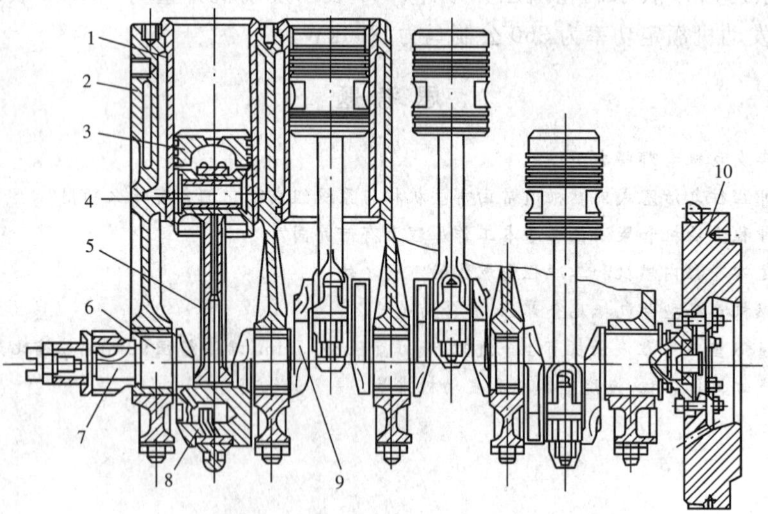

图 3-1 活塞连杆组及曲轴飞轮组

1—汽缸套；2—汽缸体；3—活塞；4—连杆；5—连杆；6—曲轴主轴颈；7—曲轴；8—连杆轴颈；9—曲柄；10—飞轮

曲柄连杆机构可视为由往复运动质量和旋转运动质量组成的当量系统。往复运动质量包括活塞组零件质量和连杆小头集中质量，它沿汽缸轴线做往复变速直线运动，产生往复惯性力；旋转运动质量包括曲柄质量和连杆大头集中质量，它绕曲轴轴线旋转，产生惯性力，也称离心力。往复惯性力和旋转惯性力通过主轴承和机体传给发动机支承。

曲柄连杆机构在工作中受力情况非常复杂。例如，在汽缸中做往复直线运动的活塞会受到气体压力、往复惯性力的作用，曲轴飞轮等要受到旋转惯性力的作用；相对运动的部件要受到摩擦力的作用等。这些力作用在曲柄连杆机构上，会使各传动件受到拉伸、压缩和弯扭等不同载荷，通过活塞作用在汽缸壁上的侧压力不但会加剧磨损，还会使发动机机体有翻倒的倾向。由于发动机工作循环的周期性和曲柄连杆机构运动的周期性，上述各力都随曲轴转角呈周期性变化，会引起发动机振动，从而降低汽车行驶的平顺性和舒适性。为了改善这种状况，应该尽量减小曲柄连杆机构运动件的质量以减小惯性力，并在曲轴上加平衡重和设置平衡机构来平衡惯性力。

第二节　机体组

机体组是发动机的骨架，是发动机各机构和系统的装配基体。机体组主要由汽缸体、汽缸盖、汽缸套和油底壳等组成，如图 3 - 2 所示。

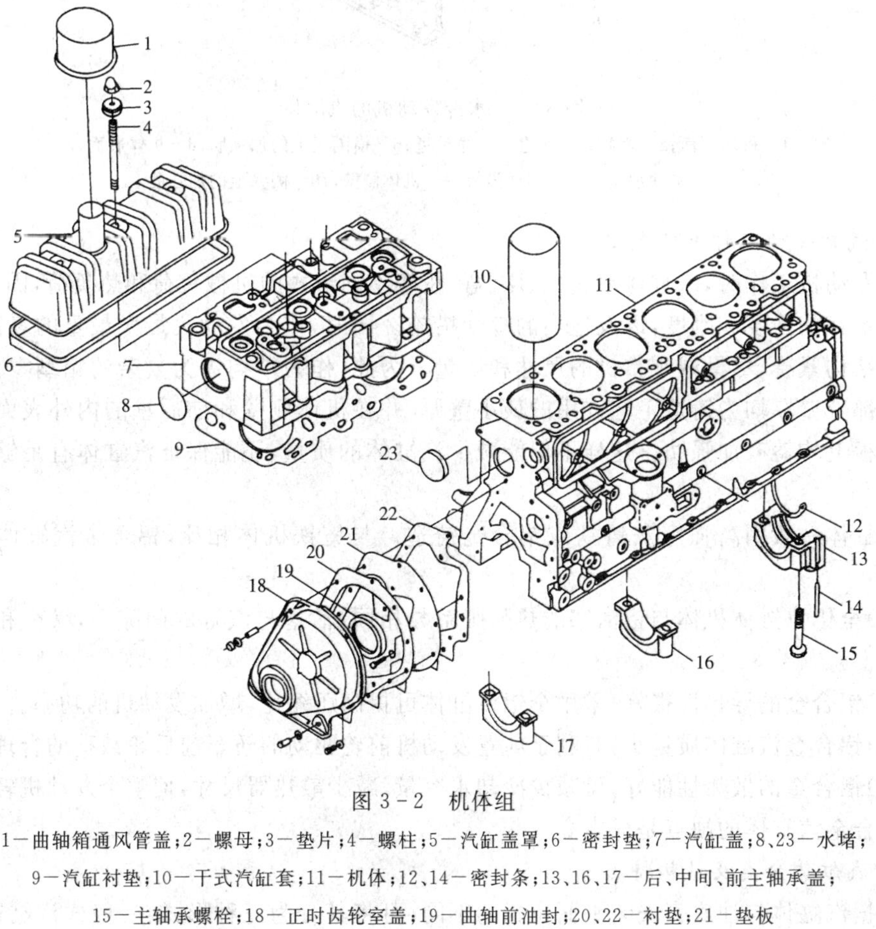

图 3 - 2　机体组

1—曲轴箱通风管盖；2—螺母；3—垫片；4—螺柱；5—汽缸盖罩；6—密封垫；7—汽缸盖；8、23—水堵；9—汽缸衬垫；10—干式汽缸套；11—机体；12、14—密封条；13、16、17—后、中间、前主轴承盖；15—主轴承螺栓；18—正时齿轮室盖；19—曲轴前油封；20、22—衬垫；21—垫板

一、汽缸体

车用发动机多为水冷发动机,其汽缸体与曲轴箱常铸在一起。汽缸体上部有一个或若干个圆柱形空腔,称为汽缸;下部为支承曲轴的曲轴箱。汽缸体的前后壁和缸间横隔板上铸有支承曲轴的主轴承座或主轴承座孔,汽缸体内部铸有满足润滑需要的纵、横油道,水冷发动机还有水套,以增强散热,结构如图 3-3 所示。

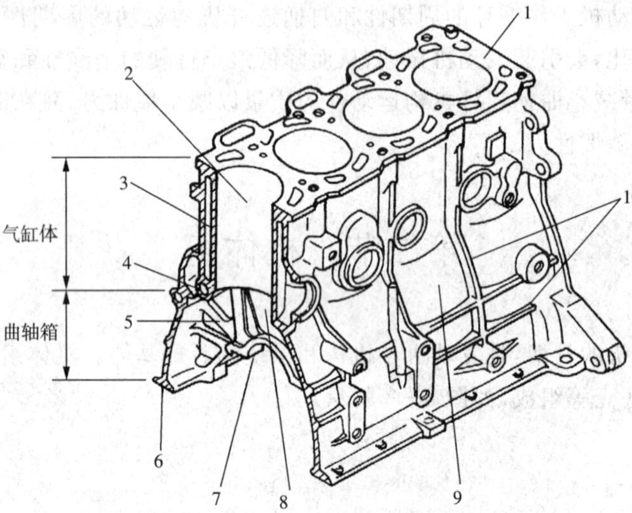

图 3-3　水冷发动机的汽缸体

1—机体顶面;2—汽缸;3—水套;4—主油道;5—横隔板上的加强肋;6—机体底面;
7—主轴承座;8—缸间横隔板;9—机体侧壁;10—侧壁上的加强肋

1. 汽缸体的工作条件及要求

在发动机工作时,汽缸体承受拉、压、弯、扭等不同形式的机械负荷和热负荷,因此,机体应具有足够的强度和刚度,以及适当的冷却措施。同时,作为发动机最大最重的零部件,应该要求结构紧凑,尽量减小整机的尺寸和质量。为此,作为结构极为复杂的箱型零件,汽缸体的大部分壁厚均为铸造工艺许用的最小壁厚,并在机体侧壁和前后壁的内外表面以及缸间横隔板上均铸有加强肋。这样不但能减少汽缸体的质量,还能保证汽缸体有足够的强度和刚度。

汽缸体一般用高强度灰铸铁或铝合金铸造。与铸铁机体相比,铝合金汽缸体有下列优点:

(1)全铝汽缸体机体与铝活塞的热膨胀系数相同,活塞与汽缸的间隙小,噪声和机油消耗量低。

(2)铝合金的导热性很好,采用全铝汽缸体可提高压缩比,增加发动机的功率。

(3)铝合金汽缸体质量小,有利于前置发动机前轮驱动的轿车前后轮载荷的合理分配。

(4)铝合金的散热性能好,可减少冷却水容量,减少散热器尺寸,使整个发动机轻量化。

铝合金汽缸体的缺点是成本高。

2. 汽缸体分类及结构特点

根据汽缸体与油底壳安装平面位置的不同,可将其分为三种形式:一般式汽缸体、龙门式汽缸体和隧道式汽缸体。

一般式汽缸体的安装油底壳的加工面与曲轴旋转中心轴线齐平(如图 3－4a 所示)。这种汽缸体加工方便,机体高度小,曲轴拆装方便;但刚度较差,且前后端呈半圆形,与油底壳接合处的密封较为困难,多用于中小型发动机。例如,BJ492Q 和 CA488－3 等型汽油机的机体即为此种结构。

龙门式汽缸体是指汽缸体安装油底壳的加工面低于曲轴旋转中心线(如图 3－4b 所示)。汽缸体底平面到曲轴轴线的距离称作龙门高度。这种汽缸体的强度和刚度较大,油底壳前后端为一平面,其密封简单可靠;但其工艺性差,结构复杂,加工较困难,多用于大中型发动机。如解放 CA6102、东风 EQ6100－1 等货车发动机以及上海桑塔纳 JV、富康 TU 等国产轿车发动机均采用龙门式机体。

隧道式汽缸体的主轴承座孔为整体式(如图 3－4c 所示),装用滚动轴承。这种汽缸体的结构刚度最大,主轴承的同轴度很容易保证;但拆装不便,工艺性差,加工精度高。它主要用在负荷较大的柴油机上,如黄河 JN1181C13 型汽车 6135Q 型发动机。

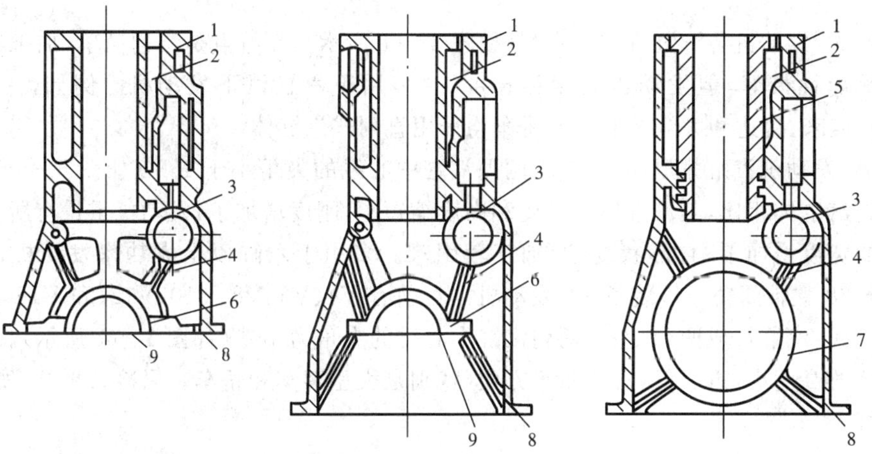

a)一般式　　b)龙门式　　c)隧道式

图 3－4　汽缸体结构形式示意图

1—汽缸体;2—水套;3—凸轮轴座孔;4—加强肋;5—湿式汽缸套;6—主轴承座;7—主轴承座孔;8—安装油底壳的加工面;9—安装主轴承盖的加工面

3. 汽缸体的冷却

由于汽缸壁面与高温燃气直接接触,热负荷很大,应对汽缸体进行冷却,以免缸体损坏和变形。通常有两种冷却方式:水冷和风冷。

车用发动机多用水冷方式,水冷式发动机的汽缸体结构如图 3－5a 所示。水冷式发动机的汽缸体中,布置有许多水套。冷却水在其中循环流动,带走多余热量,保证发动机能连续正常工作。汽缸体的水套与汽缸盖中的水套相通,形成循环水路。

风冷式汽缸体的结构如图 3－5b 所示。风冷发动机的汽缸体多与曲轴箱分开铸造。由于金属对空气的换热系数仅是金属对水的换热系数的 1/33。因此必须在汽缸体和汽缸盖的外表面铸制许多散热片,以增加散热面积,提高发动机的散热强度。

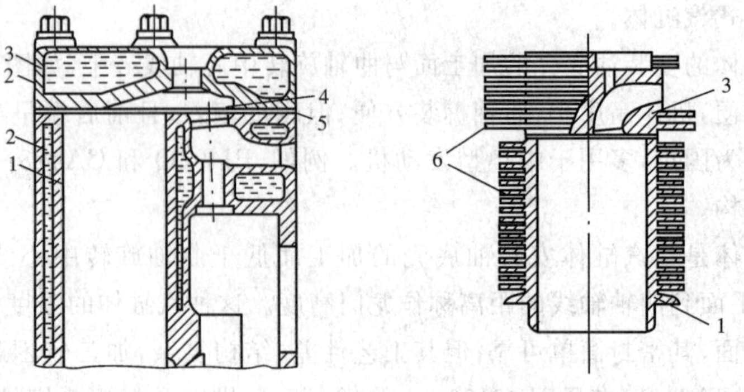

a)水冷发动机的气缸体　　b)风冷式发动机的气缸体

图 3-5　汽缸体的冷却

1—汽缸体;2—水套;3—汽缸盖;4—燃烧室;5—汽缸垫;6—散热片

4. 汽缸的排列方式

车用发动机汽缸的排列方式基本上有三种形式:直列式、V 形和对置式,如图 3-6 所示。

直列式:发动机各汽缸排成一直列(如图 3-6a 所示),其特点是结构简单,加工容易,发动机的平衡性最好,但发动机高度和长度大,多用于六缸以下发动机。例如,一汽红旗 CA7220、宝来、捷达和大众波罗等型轿车均采用直列式汽缸体。

V 形:发动机汽缸排成两列,左右两列汽缸中心线的夹角小于 180°(如图 3-6b 所示)。与直列式汽缸体相比,其汽缸体的长度和高度缩短了,刚度增加了,发动机重量有所减轻;但发动机的宽度增加了,且形状复杂,加工较困难。多用于六缸以上大功率发动机,如奥迪 A6、广州 08 款雅阁轿车均装备 V6 发动机。目前有 V4、V6、V8、V10、V12、和 V16 等机型。

对置式:汽缸排成两列,左右两列汽缸中心线的夹角为 180°(如图 3-6c 所示)。其优点是汽缸体的高度小,重心低,总体布置方便(特别是大型客车和轿车),风冷效果好,发动机平衡性较好。

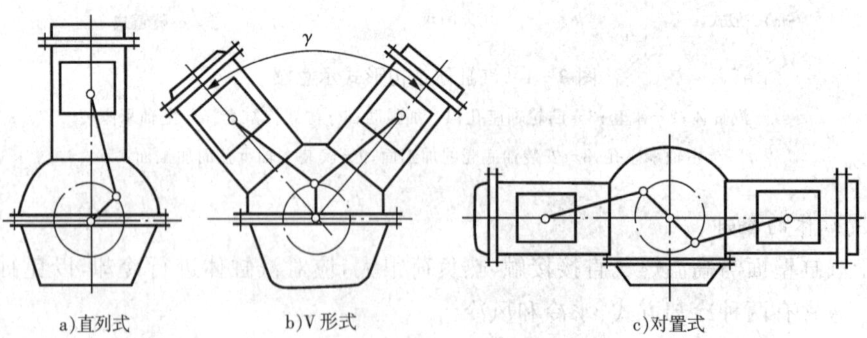

a)直列式　　b)V 形式　　c)对置式

图 3-6　多缸发动机汽缸排列方式

二、汽缸套

汽缸内表面由于受高温高压燃气的作用,并与高速运动的活塞接触因而极易磨损。为了提高汽缸的耐磨性和延长汽缸的使用寿命,有些汽缸体采用表面处理,如表面淬火、镀铬等,有的则采用优质材料,但成本高。目前广泛应用的是在汽缸体镶入汽缸套,形成汽缸工作表面。这样，汽缸套可用耐磨性较好的合金铸铁或合金钢制造，以延长使用寿命，而汽缸体则可用普通铸铁或铝合金等材料制造。采用铝合金汽缸体时，必须镶以汽缸套。根据是否与冷却水相接触，汽缸套分为干式和湿式两种。

干式汽缸套：汽缸套的外表面不直接与冷却水接触，结构如图 3－7a 所示。用合金铸铁离心铸造的干式汽缸套壁厚为 2～3mm，精密拉伸的钢制汽缸套壁厚仅为 1.0～1.5mm。为了获得与缸体间足够的实际接触面积，保证缸套的散热和定位，缸套的外表面和与其配合的汽缸体的缸套座孔内表面必须精加工，两者一般采用过盈配合。干式缸套的优点是不易漏气、漏水，缸体结构刚度大，缸心距小，质量轻。缺点是冷却效果较差，温度分布不均匀，容易发生局部变形。

湿式汽缸套：汽缸套外表面直接与冷却水接触，其壁厚可达 5～9mm，结构如图 3－7b 所示。通常以缸套外表面凸出圆环带 A 和 B 实现径向定位，轴向定位是利用缸套上部凸缘与机体顶部相应的支承面 C。缸套轴向定位支承面可以设在机体的不同高度上，而且支承面越低对缸套上部和活塞的冷却越有利。为防止漏水，缸套下部用 1～2 道耐热耐油的橡胶密封圈进行密封。密封圈既可装在汽缸套下定位环带上的环形槽内，也可装在机体上导向定位孔的环形槽内。缸套装入机体后，其顶面一般高出汽缸体上平面 0.05～0.15mm，这样在紧固汽缸盖螺栓时，可将汽缸垫压得更紧，保证汽缸的密封性，防止汽缸内高压气体窜入水套或水套中冷却水渗入汽缸。湿式缸套的优点是汽缸体上没有封闭的水套，铸造方便，冷却效果好，容易拆卸更换。缺点是强度和刚度差，容易漏气、漏水。

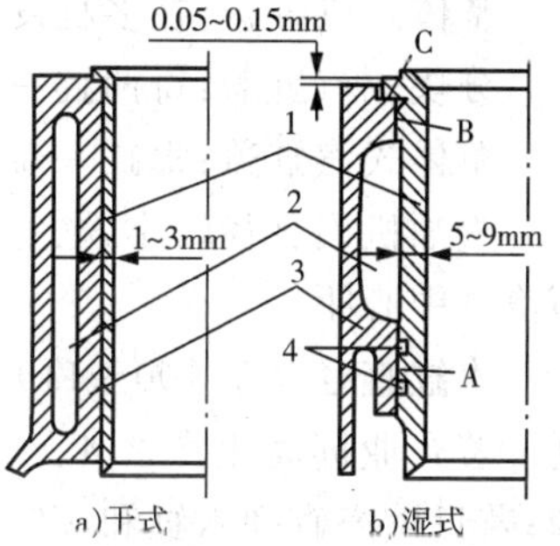

图 3－7　汽缸套

1—汽缸套；2—水套；3—汽缸体；4—密封圈

三、汽缸盖

汽缸盖用来封闭汽缸的上部，并与活塞顶、汽缸壁等共同构成燃烧室。它是发动机上部零部件的安装基础。

1. 汽缸盖工作条件及要求

汽缸盖承受气体的作用力和紧固汽缸盖螺栓所造成的机械负荷，同时还由于与高温燃气接触而承受很高的热负荷。为了保证汽缸的良好密封，汽缸盖既不能损坏，也不能变形。因此，汽缸盖应具有足够的强度和刚度。汽缸盖的温度分布应尽可能地均匀，避免进、排气门座之间发生热裂纹，需对汽缸盖进行冷却。

汽缸盖一般都用优质灰铸铁或合金铸铁铸造，轿车用汽油机则多采用铝合金汽缸盖。铝合金导热性好，利于提高发动机的压缩比，而且铸造性能优异，适于浇铸结构复杂的零件。需要注意的是，铝合金汽缸盖底平面的冷却温度应在 300℃以下，以防止底平面因过热产生塑性变形而翘曲。目前国产轿车发动机均采用铝合金汽缸盖。

2. 汽缸盖结构

汽缸盖的结构取决于发动机的冷却方式、燃烧室形状以及配气机构的布置形式等因素。

汽缸盖内有进排气道、燃烧室或燃烧室的一部分、火花塞安装孔（汽油机）或喷油器安装孔（柴油机）。水冷式发动机还有与汽缸体相通的冷却水套。若凸轮轴安装在汽缸盖上，则汽缸盖上还加工有凸轮轴轴承孔或凸轮轴轴承座及其润滑油道，如图 3－8 所示。

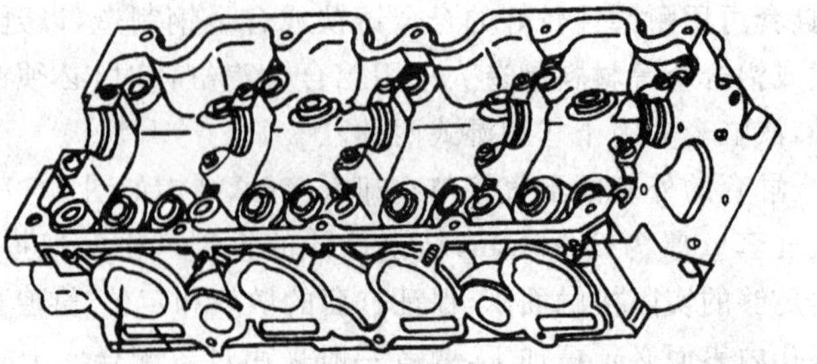

图 3-8 汽缸盖

水冷发动机的汽缸盖有整体式、分块式和单体式三种结构形式。

整体式汽缸盖:在多缸发动机中,全部汽缸共有一个汽缸盖;

分块式汽缸盖:每两缸一盖或三缸一盖;

单体式汽缸盖:每缸一盖。风冷发动机均为单体式汽缸盖。

汽油机因缸径较小,缸盖负荷轻,多采用整体式汽缸盖。整体式汽缸盖结构紧凑,可缩短汽缸中心距。

汽缸直径介于 100～140mm 之间时,采用何种形式的汽缸盖要看工厂的传统和产品系列。若企业同时生产 2、4、6、8、12 缸发动机系列,则采用两缸一盖的分块式汽缸盖比较合理;若只生产直列六缸和 V6、V12 缸发动机,则采用三缸一盖更为合适,因为这样可以提高汽缸盖的适用性并能扩大生产批量。单体式汽缸盖刚度大,且在备件储存、修理及制造等方面都比较优越。但是采用单体式汽缸盖在缩小汽缸中心距方面受到一定的限制,同时汽缸盖冷却液的回流需装设专门的回水管,使结构复杂。一般汽缸直径≥140mm 的发动机采用单体式汽缸盖。

3. 燃烧室

汽油机的燃烧室由活塞顶部和汽缸盖上相应的凹坑组成。柴油机的分隔式燃烧室中,主燃烧室在活塞顶部,副燃烧室铸在汽缸盖中。燃烧室结构对燃烧质量和发动机性能有重要影响。不论是汽油机还是柴油机的燃烧室,对其基本要求有:一是结构紧凑,面容比(燃烧室表面积与其容积之比)小,减少热损失;二是增大进气门直径或进气道通过面积,提高充气效率;三是产生适当的涡流,保证混合气及时、充分地混合燃烧。此外,汽油机燃烧室还应保证火焰传播距离短,防止发生不正常燃烧。柴油机燃烧室形状还应与燃油喷射、空气涡流运动进行良好的配合等。

汽油机常见的燃烧室类型有:

(1)盆形燃烧室(如图 3-9a 所示) 盆形燃烧室的气门平行于汽缸轴线,进气道弯度较大,气门尺寸受限,进排气阻力大,充气效率低,能产生挤气涡流,结构简单,制造工艺好,便于维修。一汽奥迪 100、东风 EQ6100-1、捷达 EA827 及北京 BJ492QG2 型等发动机均采用这种燃烧室。

(2)楔形燃烧室(如图 3-9b 所示) 楔形燃烧室的气门斜置,气道导流性好,充气效率高,能产生强烈的挤气涡流,结构较简单、紧凑,散热面积小,热量损失少。北京切诺基汽车发动机采用这种燃烧室。

(3)半球形燃烧室(如图 3-9c 所示) 半球形燃烧室的气门成横向 V 形排列,气门直径较大,充气效率高,火花塞多位于燃烧室中部,火焰行程短,燃烧速度快,抗爆性好,动力性、经济性较好，但配气机构复杂。半球形燃烧室多用于高速发动机，应用较为普遍，二汽富康TU型和上海桑塔纳轿车发动机采用这种燃烧室。

a)盆形　b)楔形　c)半球形

图 3－9　汽油机燃烧室

柴油机的分隔式燃烧室有两种类型：

(1)涡流室燃烧室(如图 3－10a 所示)　其主、副燃烧室之间的连接通道与副燃烧室切向连接，在压缩行程中，空气从主燃烧室经连接通道进入副燃烧室，在其中形成强烈的有组织的压缩涡流，因此称副燃烧室为涡流室，燃油顺气流方向喷射。涡流室燃烧室因其高速性能好而多用于轿车和轻型汽车的柴油机上，如依维柯 8140 型、五铃 4FBI 型柴油机均为涡流室燃烧室，后者曾用作雪佛兰轿车发动机。

(2)预燃室燃烧室(如图 3　10b 所示)　其主、副燃烧室之间的连接通道不与副燃烧室切向连接，且截面积较小。在压缩行程中，空气在副燃烧室内形成强烈的无组织的紊流。燃油迎着气流方向喷射，并在副燃烧室顶部预先发火燃烧，故称副燃烧室为预燃室。

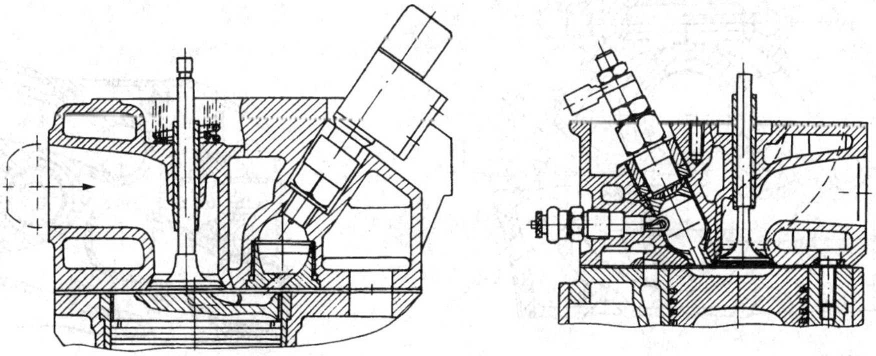

a)涡流室式　b)预燃室式

图 3－10　柴油机分隔式燃烧室

4. 汽缸盖的冷却

汽缸盖的热负荷较大，特别是汽油机汽缸盖的进、排气门座之间的"鼻梁区"和挤气面，以及柴油机汽缸盖的进、排气门座和喷油器安装孔间的"三角区"，这些部位的冷却措施十分重要，如果冷却不良则会发生如汽油机的不正常燃烧、柴油机喷油器过热、汽缸盖开裂、进排气门座变形烧损等现象。

如图 3－11 所示为汽缸盖冷却的实例。在汽油机汽缸盖内铸出导流板，将来自机体的冷却液导向鼻梁区(如图 3－11a 所示)。柴油机汽缸盖多采用分水管或分水孔将冷却液直接喷向三角区(如图 3－11b、c 所示)。

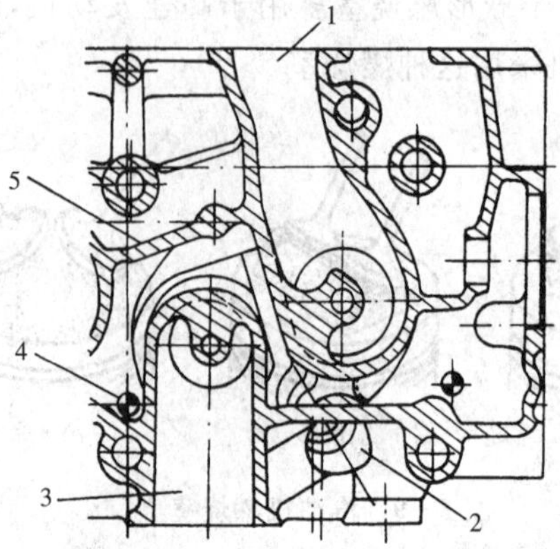

a)汽油机气缸盖

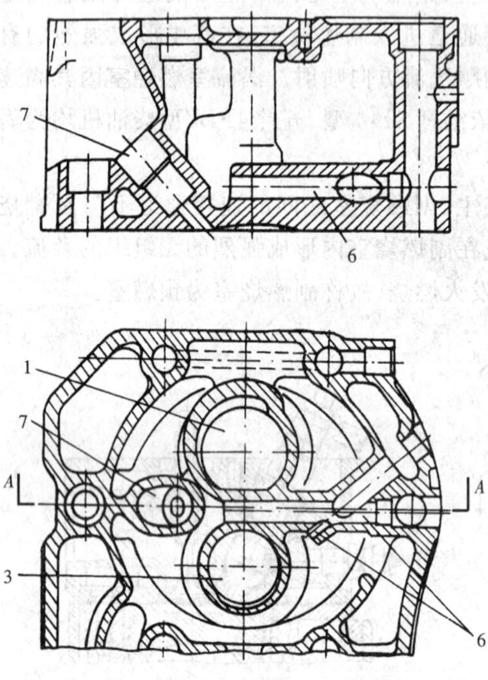

b)直喷式柴油机气缸盖

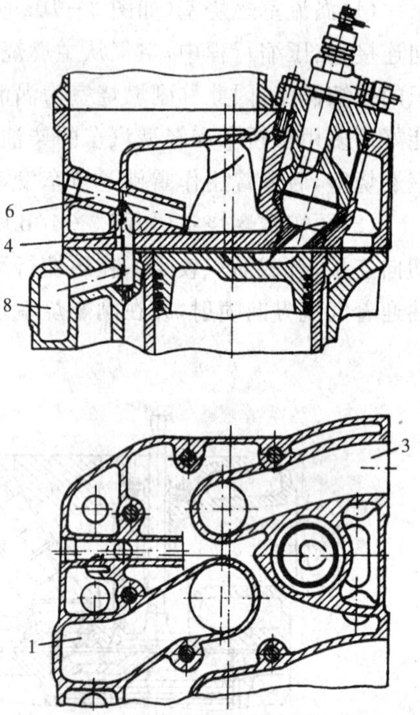

c)分隔式燃烧室柴油机气缸盖

图 3-11 汽缸盖的冷却

1—进气道;2—火花塞安装孔;3—排气道;4—进水孔;5—导流板;6—分水孔;7—喷油器安装孔;8—分水室

汽缸盖的上部一般还罩有汽缸盖罩,起封闭和防尘作用。汽缸盖罩一般由薄钢板冲压而成,设有注油孔。

汽缸盖和汽缸体用缸盖螺栓连接,缸盖螺栓为标准件。拧紧螺栓时,必须按由中央对称地向四周扩散的顺序分 2~3 次进行,最后一次使用扭力扳手按工序规定的拧紧力矩值拧紧,以免损坏汽缸垫,使汽缸盖变形而发生漏水现象。拧松与拧紧顺序相反。如果汽缸盖由铝合金制成,则最后必须在发动机冷却的状态下拧紧,这样热机状态可以增加密封的可靠性。

装配缸盖螺栓时,必须注意保护燃油系统的输油管和回油管,同时放空冷却水。

四、汽缸垫

汽缸垫用来保证汽缸体与汽缸盖接合面间的密封，防止漏气、漏水和漏油。

1. 汽缸垫的工作条件及要求

汽缸垫承受拧紧汽缸盖螺栓时造成的压力，并受到汽缸内燃烧气体高温、高压的作用以及机油和冷却水的腐蚀，应具有足够的强度，并且要耐压、耐热和耐腐蚀。另外，汽缸垫应有一定的弹性，以补偿汽缸体顶面和汽缸盖底面的粗糙度和不平度。

2. 汽缸垫的分类及结构

按所用材料的不同，汽缸垫可分为金属-石棉衬垫、金属-复合材料衬垫和全金属衬垫等多种。

(1)金属-石棉衬垫

石棉中间夹有金属丝或金属屑，外覆铜皮或钢皮(如图 3 - 12a 所示)，且在汽缸孔、冷却水孔、机油孔周围用金属板包边加强，这种衬垫具有很好的弹性和耐热性，能重复使用，但厚度和质量的均一性较差。另一种金属-石棉衬垫是以金属网或带孔钢板为骨架，两面用石棉及橡胶黏结剂压制而成(如图 3 - 12b 所示)，只在冷却水孔和机油孔处用金属片包边，这种衬垫的弹性更好，但易黏结，一般只能用一次。若将金属-石棉衬垫的石棉板在耐热的黏合剂中浸渍，可增加衬垫的强度。

(2)金属-复合材料衬垫

在钢板的两面黏覆耐热、耐压和耐腐蚀的新型复合材料，在汽缸孔、冷却水孔和机油孔处用不锈钢皮包边。全金属衬垫强度高，抗腐蚀能力强，多用于强化程度较高的发动机。图 3 - 12d 为优质铝板汽缸垫，冷却水孔用橡胶环密封。如图 3 - 12e 所示表示不锈钢叠片式汽缸衬垫的结构，冷却水孔也用橡胶环密封。

(3)纯金属衬垫

一些强化发动机采用纯金属汽缸垫，它由单层或多层金属片(铜、铝或低碳钢)制成。为了加强密封，在汽缸孔、冷却水孔和机油孔处，冲有弹性凸筋。

(4)无石棉汽缸垫

采用五层薄钢板制成，并设计成圆形，无石棉夹层，可消除衬垫中气囊的产生，也减少了工业污染。在机油孔和冷却水孔周围均包有钢圈以提高密封性。解放 CA1091 型汽车的 6102 型发动机就采用了这种较先进的无石棉汽缸垫。

除上述类型汽缸垫外，国内外还对其他材料的汽缸垫进行研究。例如，我国正在试验用膨胀石墨作为汽缸垫材料，德国 Elring 公司开发了 FW(钢板-软材料)汽缸垫，软材料由纤维、填料、黏结介质和疏水掺和剂等制成，还开发了 MLC(金属-涂层)汽缸垫和 ME(金属-弹性体)汽缸垫等。

另外，近年来国外一些发动机开始使用耐热密封胶取代传统的汽缸垫，但要求汽缸盖和汽缸体的接合面有较高的加工精度。

五、油底壳

油底壳的主要功用是储存机油并封闭曲轴箱。油底壳一般用薄钢板冲压而成，有的用带散热片的铝合金铸造而成，以加强散热效果。油底壳形状取决于发动机的总体布置和润滑油的容量要求。结构如图 3 - 13 所示。

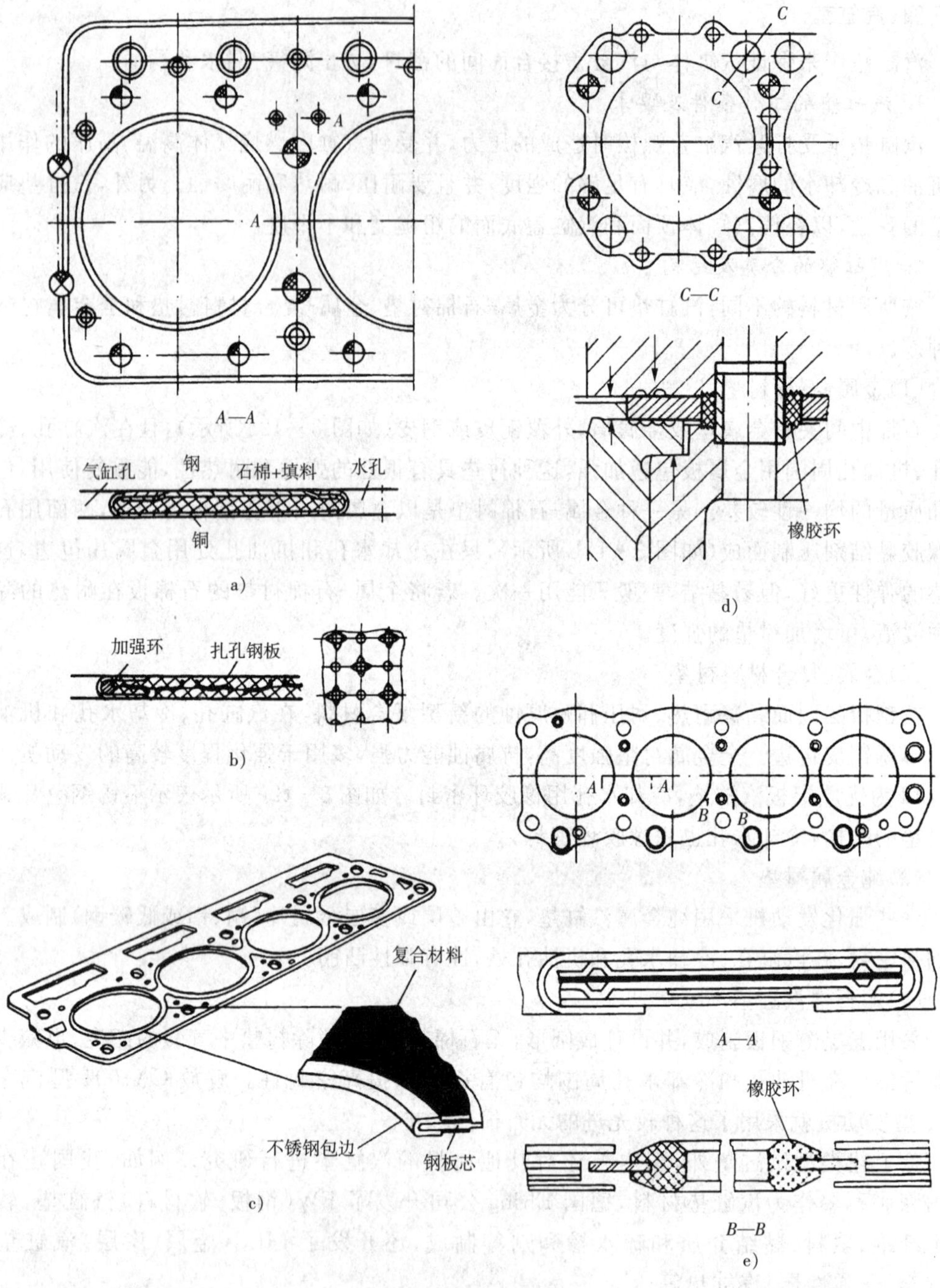

图 3-12　汽缸垫的种类及结构

为了保证汽车在纵向倾斜时机油泵能正常吸到机油，油底壳中部或后部做得较深。油底壳内还设有挡油板，防止汽车颠簸时油面波动太大。油底壳底部装有磁性放油螺栓，可吸附机油中的铁屑，减少发动机运动件的磨损。

为了保证油底壳与曲轴箱之间的密封，两者之间用软木衬垫或密封胶密封。油底壳的密封凸缘应具有一定的刚度，用薄钢板冲压的油底壳密封凸缘应有特殊的断面形状。

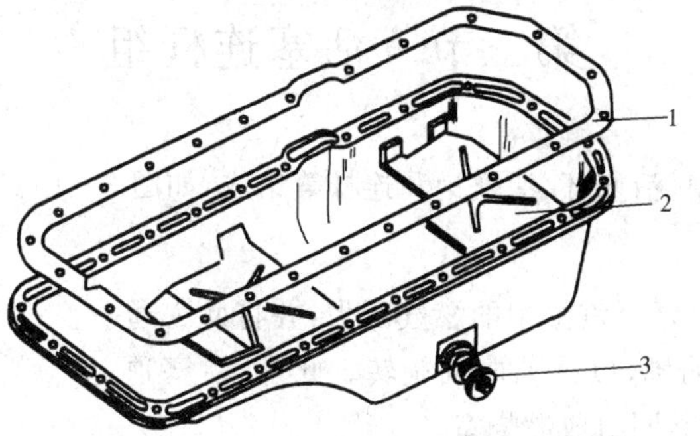

图 3-13　油底壳示意图

1—垫片;2—油底壳;3—放油螺栓

六、**发动机的支承**

发动机一般采用三点支承和四点支承两种方式,通过机体和飞轮壳或变速器壳体上的支承支撑在车架上,如图 3-14 所示。

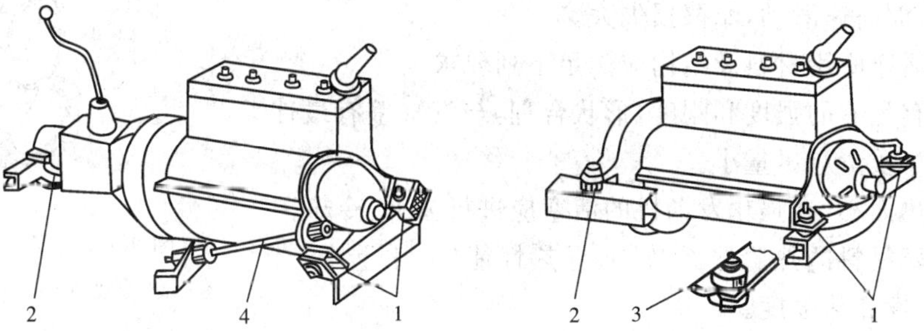

a)三点支承　　b)四点支承

图 3-14　发动机的支承

1—前支承;2—后支承;3—橡胶支承;4—纵向拉杆

三点支承可布置成一前二后或二前一后。例如,解放 CA6102 型和东风 EQ6100Q-I 型汽车发动机的支承即为前一后二的支承法;北京 492QA 型发动机的支承则是前面两个支撑点位于曲轴箱的支承上,后面一个支撑点在变速器壳体上。

四点支承则前后各有两个支撑点,跃进 NJI061A 型汽车发动机的支承即属于这种形式。

为消除汽车行驶中车架的扭转变形对发动机的影响,发动机在车架上的支承是弹性的,这样也能减少发动机传给底盘和乘员的振动和噪声。为防止汽车制动或加速时由于弹性元件变形而产生发动机的纵向位移,一般还设纵向拉杆,纵向拉杆的一端与车架纵梁相连,另一端与发动机连接,两端连接处有橡胶垫。

弹性支承的发动机在工作不稳定(如低转速或超负荷)时,可能会发生横向角振动,因此与发动机相连的各种管件一般都采用软管连接。

第三节　活塞连杆组

活塞连杆组由活塞、活塞环、活塞销和连杆等组成，如图 3－15 所示。

一、活塞

活塞的主要功用是承受汽缸中的燃气压力，并将此力通过活塞销和连杆传给曲轴，以推动曲轴旋转。此外，活塞顶部还与汽缸盖、汽缸壁共同组成燃烧室。

1. 活塞的工作条件及要求

活塞的工作条件非常恶劣。作用在活塞上的力有周期性变化的气体压力和往复惯性力，且幅值很大，会引起活塞变形、活塞销座开裂等问题。活塞顶部与高温、具有腐蚀性的燃气直接接触，高温会使活塞强度下降，热膨胀量增大，从而破坏活塞与相关零件的正确配合。活塞各部的温差较大，产生的热应力会使活塞顶表面开裂。活塞在侧压力的作用下沿汽缸壁面高速滑动，摩擦损失大。

因此，活塞所用材料及结构应满足下列要求：

(1)具有足够的强度和刚度，形状合理，与汽缸壁有最佳的配合间隙，质量应尽量小。

(2)受热面小，高强化发动机的活塞应进行去火、冷却。

(3)活塞材料的热膨胀系数小、导热性能好、比重小，有较好的耐磨性和热强度。

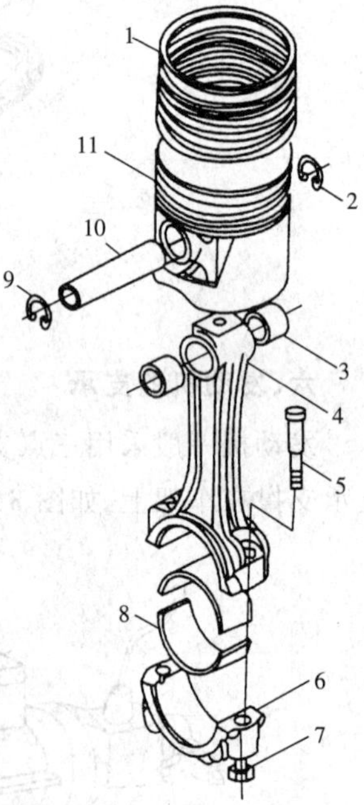

图 3－15　活塞连杆组

1—活塞环；2—S－卡环；3—连杆小头衬套；4—连杆；5—连杆螺栓；6—连杆盖；7—连杆大头锁紧螺母；8—连杆轴承；9—弹簧垫片；10—活塞销；11—活塞

2. 活塞材料

汽油机活塞常用材料是铝合金，铝合金活塞质量小，导热性能好，但热膨胀系数大，高温下机械强度和硬度下降较快，这些缺点可通过结构设计、机械加工和热处理等措施加以弥补。目前铝合金活塞多用含硅 12％左右的共晶铝硅合金和含硅 18％～23％的过共晶铝硅合金制造。除在铝合金中增加硅含量提高活塞表面的耐磨性外，也可添加镍和铜以提高热稳定性和高温力学性能。

铝合金活塞的成形方法有铸造、锻造和液态模锻等。铸造铝活塞制造成本低，但在高温下强度下降很大，容易出现各种气孔、缩松等铸造缺陷。锻造铝活塞的强度好，导热性能高，适用于强化发动机，但制造成本高。液态模锻制得的活塞组织细密，无铸造缺陷，可以实现少切削或无切削加工，使金属利用率大为提高。解放 CA6102 型发动机活塞的毛坯成形就是采用液态模锻方法。

柴油机因其活塞需承受高温、高机械负荷，多采用合金铸铁和耐热钢作为活塞材料。

强化发动机活塞为达到高强度、耐热性好的要求，一般用高级铸铁和耐热钢作为活塞材料。

近年来，一些新材料正不断应用于活塞中。美国汽车公司研制出发泡石墨活塞，日本丰田汽车公司广泛采用铝基复合材料制作活塞。另外，金属陶瓷耐高温性好，也可作为活塞新材料。

3. 活塞结构

活塞的基本结构可以分为活塞顶、活塞头和活塞裙三个部分，如图 3－16 所示。

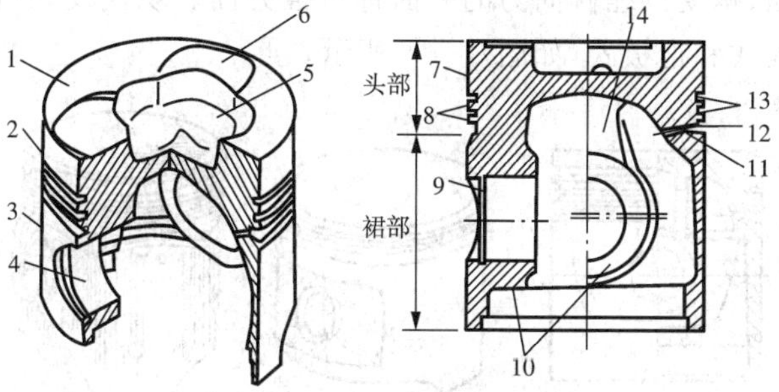

图 3－16　活塞基本结构

1—活塞顶；2—活塞头部；3—活塞裙部；4—活塞销部；5—燃烧室凹坑；6—气门凹坑；7—活塞顶岸；8—活塞环岸；9—挡圈槽；10—活塞销座；11—回油孔；12—油环槽；13—气环槽；14—加强肋

(1)活塞顶

活塞顶是燃烧室的组成部分，常制成不同的形状。汽油机活塞多采用平顶(如图3－17a 所示)或凹顶(如图 3－17b 所示)，优点是结构简单，加工容易，受热面积小。凸顶活塞(如图 3－17c 所示)多用于二冲程汽油机。柴油机活塞顶形状取决于混合气形成方式和燃烧室形状，一般都制成各种凹坑。

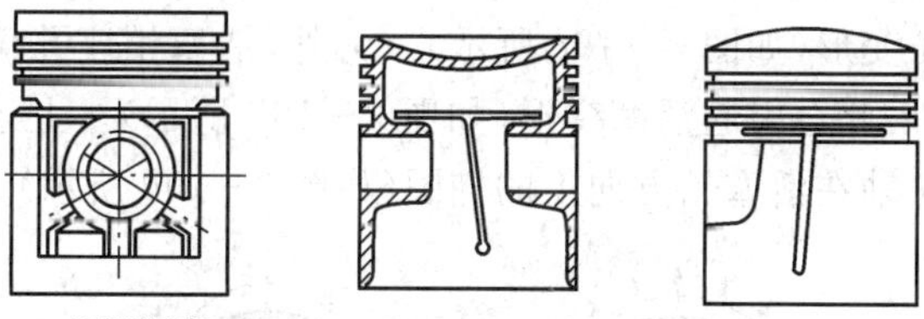

a)平顶活塞　　b)凹顶活塞　　c)凸顶活塞

图 3－17　活塞顶形状

除燃烧室凹坑外，为避免气门和活塞顶碰撞，有的活塞顶还加工有气门凹坑。

(2)活塞头

活塞头部是指由活塞顶至最下面一道活塞环槽之间的部分(如图 3－16 所示)。其作用是承受气体压力，防止漏气，并将活塞顶吸收的热量通过活塞环传给汽缸壁。活塞头部加工有用来安装活塞环的环槽。为减少发动机摩擦损耗，环槽不应太多，一般为 3～4 道。上面的环槽安置气环，下面的环槽安置油环。油环槽底部有若干径向回油孔，油环从汽缸壁上刮下来的多余机油可经此小孔流回油底壳。

活塞头部在工作时，接近活塞顶的环槽所受的热负荷最大。一般将第一道环槽设置得离活塞顶较远些，同时在第一道环槽部位镶入耐热材料制造的环槽护圈。

为了尽量减缓高温燃气对第一环槽的热传递，有的发动机活塞在第一环槽上面切出一道较环槽窄的隔热槽，以减轻第一道活塞环的热负荷，改善其工作条件，防止活塞环黏结。

(3)活塞裙部

活塞裙部是指最后一道活塞环槽下缘到活塞底面的部分(如图 3－16 所示)，其作用是引导活塞在汽缸中做往复运动并承受侧压力。

活塞裙部的形状应保证活塞在汽缸内得到良好的导向，在任何工况下与汽缸之间有均匀、适宜的间隙。此外，裙部应有足够的承压面积，以承受侧向力。活塞裙部承受膨胀侧向力的一面称主推力面，承受压缩侧向力的一面称次推力面。现代发动机活塞裙部有三种类型，即全裙式、半拖板式和拖板式，如图 3-18 所示。

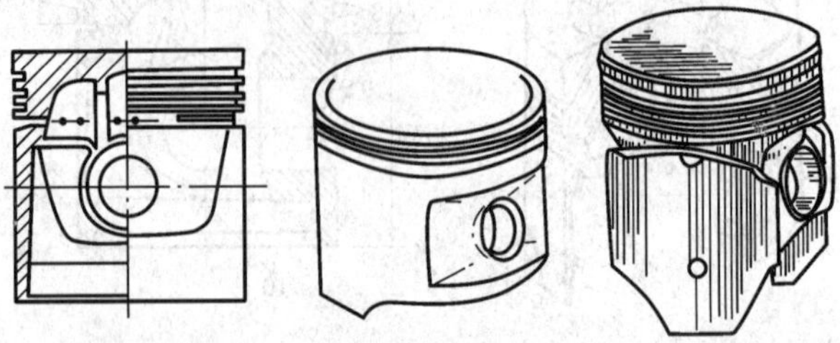

a)全裙式活塞　　b)半拖板式活塞　　c)拖板式活塞

图 3-18　活塞裙部的类型

裙部的基本形状为薄壁圆筒，裙部完整的称为全裙式活塞。在保证裙部有足够承压面积的条件下，将不受侧向力作用的两侧(沿销座孔轴线方向)裙部完全去掉或部分去掉的活塞称为拖板式或半拖板式活塞。现代轿车发动机广泛采用拖板式或半拖板式活塞。拖板式活塞的质量小，裙部具有一定的弹性，运动中不会与曲轴平衡块产生干涉，并且能减短连杆长度，降低发动机高度。对于一些重型发动机，为保证活塞的强度，一般采用全裙式活塞。

发动机工作时，活塞在缸内气体压力作用下，会发生弯曲变形(如图 3-19a 所示)；在侧压力作用下会发生挤压变形(如图 3-19c 所示)。另外，活塞销座孔位置的金属量多，受热后产生的膨胀量最大，由此会引起活塞变形(如图 3-19b 所示)。上述变形的综合结果，使得活塞裙部断面变成长轴在活塞销方向上的椭圆(如图 3-19d 所示)。

a)弯曲变形　　b)销座热膨胀变形　　c)挤压变形　　d)裙部综合变形

图 3-19　活塞裙部的椭圆变形

此外，活塞沿轴线方向的温度和质量分布不均匀，活塞的热膨胀量是上大下小。为此，在制作时将活塞裙部的横断面加工成椭圆形，椭圆的长轴与活塞销孔轴线垂直(如图 3-20 所示)，同时将销座孔外端面铸造时凹陷 0.5～1mm。活塞还应制成上小下大的圆锥形。这样活塞在工作过程中，受力受热膨胀会变形成正圆柱形，可使活塞在各种工况下均能与汽缸壁间保持均匀的配合间隙。

另外，还可采取以下一些措施来预防和控制裙部的椭圆变形。

(1)在裙部开设Ⅱ形槽或 T 形槽，如图 3-21 所示。其中横槽叫隔热槽，一般开在活塞头部最下面环槽中或裙部上边沿，减少活塞头部的热量向裙部传导；纵槽称为膨胀槽，一般不开到底，可使裙部具有弹性和热态补偿作用，保证活塞膨胀时不卡缸，达到“横槽隔热，纵槽防胀”的目的。不过，活塞裙部开槽削弱了其强度和刚度，只适用于负荷不大的汽油机。

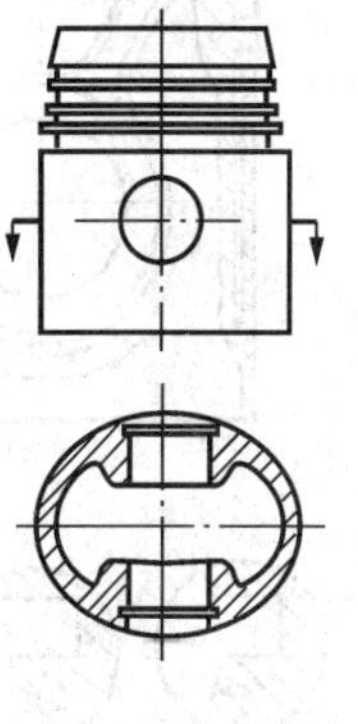

图 3-20 活塞的椭圆结构

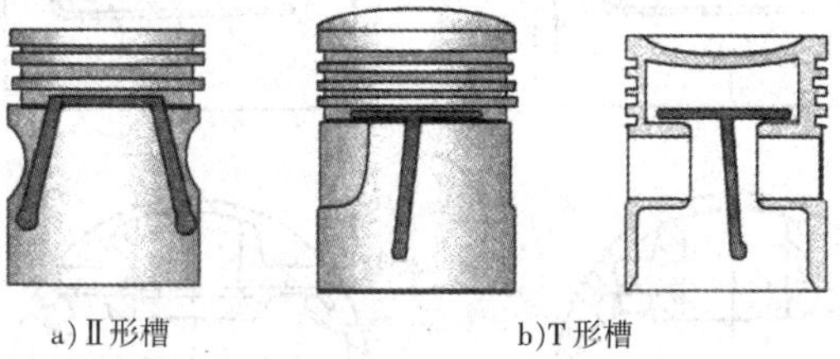

a)Ⅱ形槽　　b)T形槽

图 3-21 活塞的开槽

(2)采用双金属活塞，即在活塞裙部或销座内嵌入钢片，限制活塞的变形量。这是国内外广泛采用的一种措施。双金属活塞由于结构和作用原理不同，可分为恒范钢片式、自动调节式和筒形钢片式等。

① 恒范钢片式　恒范钢是含镍 33%～36%的低碳合金钢，热膨胀系数只有铝合金的1/10 左右，活塞销座通过恒范钢片与裙部相连，这样销座的膨胀对裙部无直接影响。此外，裙部在膨胀时侧压力受恒范钢片的牵制，裙部在活塞销孔轴线方向的热膨胀量很小。

② 自动调节式　将较小膨胀系数的低碳钢片铸在销座铝合金层内侧，不仅利用了钢片的牵制作用，更利用了双金属效应原理减小裙部侧压力方向的膨胀量。由于双金属效应对膨胀的控制作用随温度升高而增大，所以称这种活塞为热膨胀自动调节式活塞或热补偿式活塞。此类结构在高速汽油机中广泛使用。

③ 筒形钢片式　浇铸这种活塞时，钢筒夹在铝合金中间(如图 3-22 所示)。冷凝时，铝合金的收缩量比钢大得多，因此钢筒外侧的铝合金层紧固在钢筒上，并使铝合金层产生拉应力，钢筒产生压应力。钢筒内侧的铝合金层与钢筒没有结合，就无阻碍地向里收缩，两者之间形成一道“收缩缝隙”。发动机工作时，随着活塞温度的升高，首先要消除钢筒与内侧铝合金层间的收缩缝隙和钢筒与外侧铝合金层的残余应力，然后才向外侧膨胀，结果使整个活塞裙部的热膨胀量相应减少。另外，钢筒形状特殊，销座部分为平面形，膨胀时产生圆环效应，力图使平面外鼓将筒变圆，从而使侧压力面膨胀更小。此类结构多用于柴油机。

活塞销座孔中心线通常与活塞中心线垂直相交，当活塞在上止点改变运动方向时，侧向力瞬间转向，使活塞由次推力面贴紧汽缸壁转为由主推力面贴紧汽缸壁，活塞与汽缸发生“拍击”，增加了发动机的噪声(如图 3-23 所示)。因此，高速发动机将活塞销座向主推力面一侧偏移 1～2mm，以消减活塞对汽缸的“拍击”现象，减小噪声，改善发动机工作的平顺性。需要注意的是，这种活塞销偏置的结构，会使活塞裙部两端的尖角负荷增大，容易刮伤汽缸壁。这种活塞一般都铸有标记，安装时方向不能搞错。

活塞销座处的机械负荷很大，通常在销座处设置有肋片与活塞顶内壁相连，以提高活塞销座处的强度和刚度。

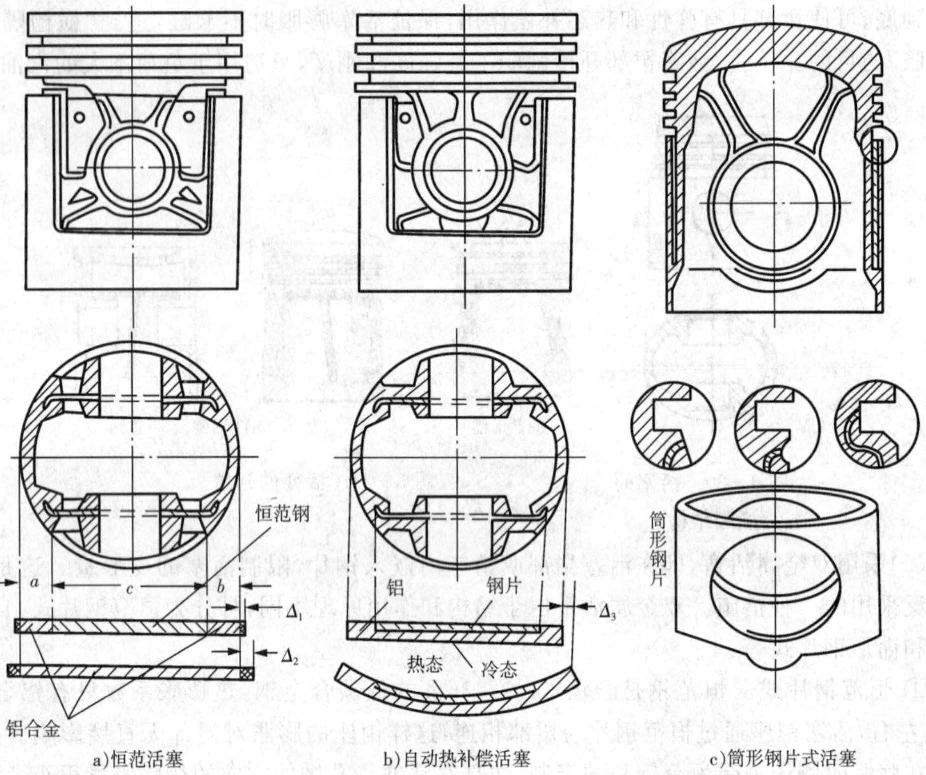

图 3-22 恒范活塞、自动补偿活塞及筒形钢片活塞

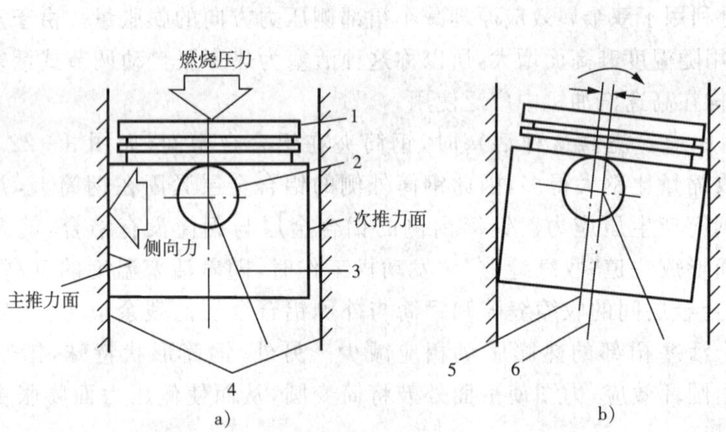

图 3-23 小孔位置对侧向力变向时活塞运动的影响

1—活塞;2—活塞销孔;3—连杆;4—汽缸壁;5—销孔轴线;6—活塞轴线

4. 活塞的冷却

通常活塞的热量会通过活塞环和裙部,经汽缸壁传给冷却水。但对于高强化发动机和增压发动机,为降低活塞顶部的热负荷,会有专门油道进行润滑油循环冷却。机油冷却活塞的方法有:

(1)自由喷射冷却法 从连杆小头上的喷油孔或从安装在机体上喷油嘴向活塞顶内壁喷射机油(如图 3-24a、b 所示)。

(2)振荡冷却法　从连杆小头上喷油孔将机油喷入活塞内壁的环形油槽中，由于活塞的运动使机油在槽中产生振荡而冷却活塞(如图 3 - 24c 所示)。

(3)强制冷却法　在活塞头部铸出冷却油道或铸入冷却油管，使机油在其中强制流动来冷却活塞(如图 3 - 24d 所示)。强制冷却法被增压发动机广为采用。

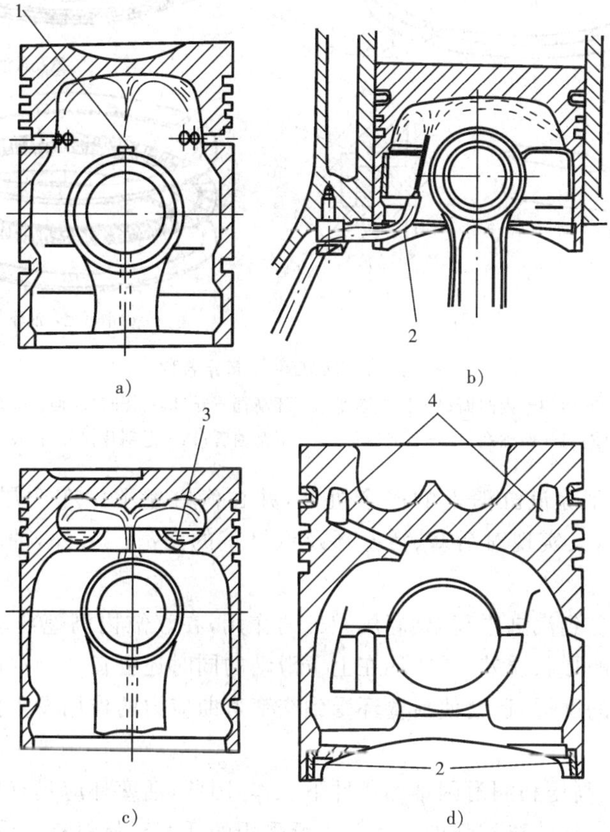

图 3 - 24　油冷活塞

1—喷油孔；2—喷油嘴；3—环形油槽；4—冷却油道

5. 活塞的表面处理

活塞表面应进行一定的处理，以提高其表面的各项性能，表面处理方法有：

(1)活塞顶的硬模阳极氧化处理，形成高硬度的耐热层，增大热阻，减少活塞顶部的吸热量。

(2)活塞裙部镀锡、镀锌或涂石墨保护层，以改善铝合金活塞的磨合性。

二、活塞环

1. 活塞环的功用及工作条件

按功用的不同可将活塞环分为气环和油环两种，其各部名称如图 3 - 25 所示。

气环的功用是密封汽缸中的高温燃气，防止其漏入曲轴箱，并将活塞顶部接受的热量传递给汽缸壁，避免活塞过热。其中，密封是主要作用。如果密封不良，不但会使发动机性能下降，机油快速老化变质，同时活塞的传热过程也会受到破坏，导致活塞及活塞环烧坏，环与汽缸壁之间的磨损加剧。

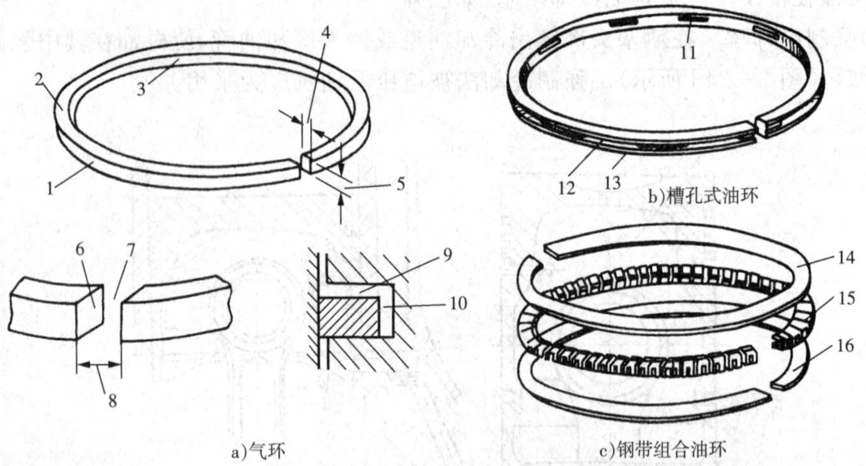

图 3-25　活塞环各部分名称

1—外圆面;2—侧面;3—内圆面;4—径向厚度;5—环高;6—开口;7—开口端面;8—端隙;9—侧隙;10—径向间隙;11—回油孔;12—上刮油唇;13—下刮油唇;14—上刮片;15—撑簧;16—下刮片

油环的作用是刮除汽缸壁上的多余机油,并在汽缸壁上涂布一层均匀的油膜,既防止机油窜入燃烧室,又实现对活塞、活塞环及汽缸壁的润滑。另外,油环还能辅助气环进行密封。

活塞环工作时受到汽缸中高温、高压燃气的作用,在汽缸内高速滑动,并且润滑条件不良。由于汽缸壁面的形状误差,活塞环在上下滑动的同时还会在环槽内产生径向移动,这不仅加重了环与环槽的磨损,还会使活塞环受到交变弯曲应力的作用发生折断。

2. 活塞环材料

活塞环在高温、高压和润滑困难的条件下工作,因此,活塞环应具有良好的耐磨性、导热性、耐热性、弹性和足够的机械强度。目前广泛采用的活塞环材料有优质灰铸铁、球墨铸铁、合金铸铁和钢带等。

第一道活塞环外圈面通常进行镀铬或喷钼处理。多孔性铬层硬度高,并能储存少量机油,可以改善润滑、减轻磨损,喷钼可以提高活塞环的耐磨性。其他各道活塞环大都采用镀锡或磷化处理,以改善其磨合性。

3. 气环

(1)气环密封原理

气环在自由状态下不是正圆形,外径略大于汽缸直径。随活塞装入汽缸后,在自身弹力作用下紧贴汽缸壁,形成第一密封面,使缸内高压气体不能从气环外圆面与汽缸壁之间通过。不过,高压气体还会窜入气环的侧隙和背隙,如图 3-26 所示。窜入侧隙的气体会使气环下侧面与环槽的下侧面紧贴,形成第二密封面,使气环密封性能显著提高。窜入背隙的气体,产生背压力,作用在气环的背面,大大加强了第一密封面的密封作用。这时漏气的唯一通道就是气环的开口间隙。由于侧隙和背隙的空间小,燃气流动阻力大,每道气环漏出来的少量燃气,其压力和流速会有所降低。因此,只要将几道气环的切口相互错开而形成“迷宫式”封气装置,就能对汽缸中的高压燃气进行有效密封。

由上所述，第一、二密封面必须贴合严密，才能实现密封。因此环的外圆面与汽缸壁面、环与环槽的侧面都必须形状正确，形状误差和表面粗糙度要小。气环的开口端隙大小要适中，一般为 0.2～0.9 mm，过大则会增加漏气量，过小则会因受热膨胀而卡死甚至折断。

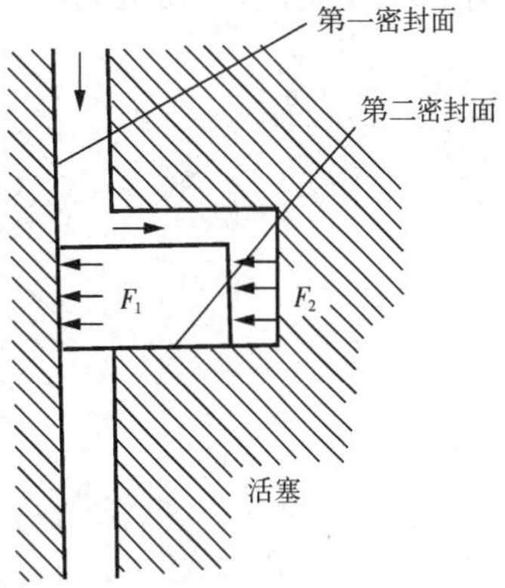

图 3-26　气环的密封原理

(2)气环开口形状

气环的开口形状对漏气量有一定影响，气环有直切口、斜切口、阶梯形切口和封闭切口四种切口形状，结构如图 3-27 所示。其中直切口的工艺性好，但密封性差；阶梯形切口的密封性好，但工艺性差；斜切口的密封性和工艺性介于前两者之间，斜角一般为 30°或 45°。封闭切口主要用于二冲程汽油机，压配在活塞环槽中的销钉可防止气环在工作中绕活塞中心线转动。

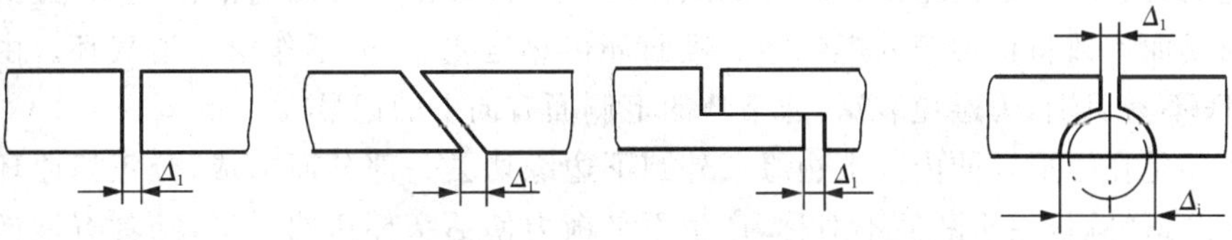

a)直切口　b)斜切口　c)阶梯切口　d)封闭切口

图 3-27　气环的切口形状

(3)气环的断面形状

气环的断面形状多种多样，根据发动机的结构特点和强化程度，选择不同断面形状的气环组合，可以得到最好的密封效果和使用性能。常见的气环断面形状如图 3-28 所示。

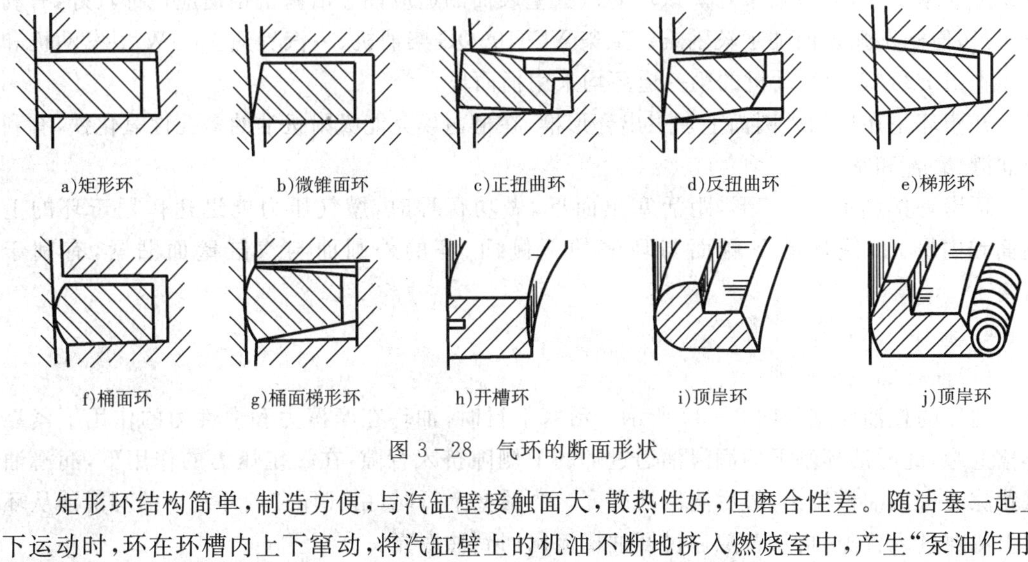

a)矩形环　b)微锥面环　c)正扭曲环　d)反扭曲环　e)梯形环

f)桶面环　g)桶面梯形环　h)开槽环　i)顶岸环　j)顶岸环

图 3-28　气环的断面形状

矩形环结构简单，制造方便，与汽缸壁接触面大，散热性好，但磨合性差。随活塞一起上下运动时，环在环槽内上下窜动，将汽缸壁上的机油不断地挤入燃烧室中，产生“泵油作用”

(如图 3－29 所示),使机油消耗增加,活塞顶及燃烧室壁面产生积炭。

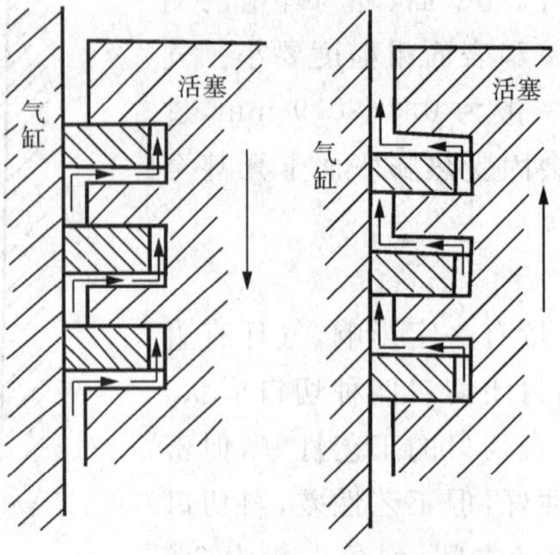

图 3－29　矩形断面环泵油原理

锥面环的外圆面为锥角很小的锥面,与汽缸壁为线接触,增大了接触压力和对汽缸壁形状的适应能力。该环在活塞下行时有刮油作用;上行时,由于锥面的油楔作用,能滑越过汽缸壁上油膜而不致将机油带入燃烧室。锥面环传热性差,一般不作第一道气环。由于锥角很小,一般不易识别,为避免装错,通常环的上侧面有向上的记号。

扭曲环是在矩形环的内圆上边缘或外圆下边缘切去一部分而形成,分正扭曲环和反扭曲环。装入汽缸后,由于断面不对称,产生不平衡力使活塞环扭曲变形,除具有锥面环的优点外,扭曲环的上下侧面与环槽的上下侧面相接触,不会在环槽内上下窜动,消除了泵油现象,还能减轻磨损、提高散热能力。目前在发动机上得到广泛应用。

梯形环能将沉积在环槽中的结焦挤出,避免了活塞环被黏结在环槽中而被折断,该环的密封作用强,使用寿命长,但上、下两面的精磨工艺复杂,加工困难。梯形环多用作柴油机第一道环。

桶面环的外圆面为外凸圆弧形,在汽缸内上下运动时均能与汽缸壁形成楔形空间,机油容易进入摩擦面,润滑效果好。该环对汽缸壁表面的适应性和活塞偏摆适应性都较好,有利于密封,但凸圆弧表面加工较困难。玉柴 YC6105QC 柴油机、一汽奥迪 100JW 型发动机和广州本田 F23A3 型发动机的第一道环均采用桶面环。

开槽环是在环的外圆面上加工出环形槽,在槽内填充能吸附机油的多孔性氧化铁,有利于润滑、磨合和密封。

顶岸环的断面为“L”形,距活塞顶面近,做功行程时,燃气压力能迅速作用于环的上侧面和内圆面,使环的下侧面与环槽的下侧面、环的外圆面与汽缸壁面贴紧,有利于密封。

4. 油环

(1)油环的控油原理

油环的控油原理如图 3－30 所示。活塞下行时,油环在摩擦力和惯性力的作用下紧靠环槽上缘,此时油环刮下的润滑油通过环的下侧隙挤入背隙,在一定压力的作用下,润滑油从背隙通过回油槽流出,最后滴回油底壳。当活塞上行时,由气环和油环刮下的润滑油从环的上侧隙进入背隙,再从背隙通过回油槽流出回到油底壳。

(2)油环的种类

油环有整体式油环和组合式油环两种。

整体式油环的外圆柱面中间加工有凹槽,槽中钻有小孔或窄槽,以增强刮油效果(如图 3－25 所示)。有的油环还在外侧上边倒角,使环在上行时形成油楔,下行刮油能力强,减少机油上窜现象。这种环结构简单,加工容易,早期发动机采用较多。但是,该环的刮油效果差,寿命短,轿车发动机中已很少使用。

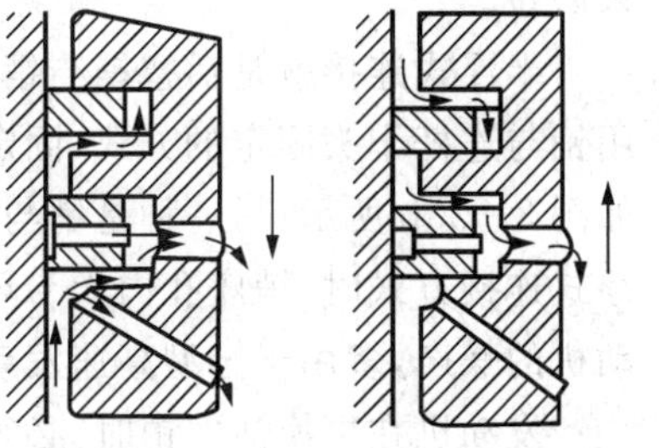

图 3－30　油环的控油原理

组合式油环主要有相互独立的两个刮油钢片和一个弹性衬簧组成,衬簧不仅使钢片与汽缸壁贴紧,而且还使钢片与环槽侧面贴紧(如图 3－31 所示)。优点是刮油作用强,对汽缸失圆和活塞变形的适应能力强,回油通路大,应用广泛。缺点是需用优质钢制造,成本高。

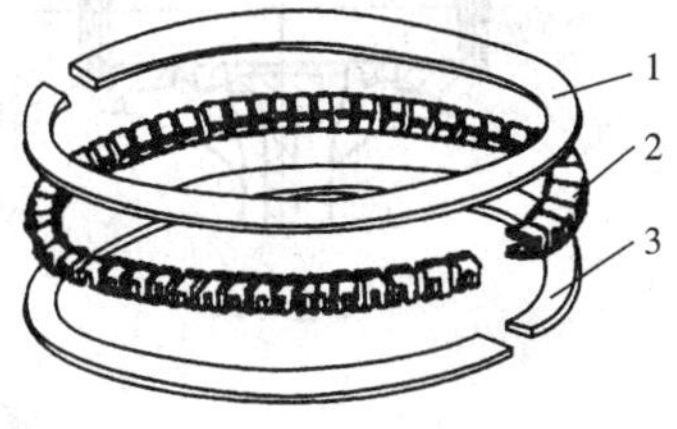

图 3－31　组合油环

1—上刮片　2—衬环　3—下刮片

三、活塞销

1. 活塞销的功用及工作条件

活塞销的功用是连接活塞和连杆,将活塞所承受的气体压力传给连杆。

活塞销工作时,在高温条件下承受很大的周期性冲击载荷,并且活塞销在销孔内摆动角度小,难以形成润滑油膜,润滑条件较差。因此,活塞销必须有足够的刚度、强度和耐磨性,质量尽可能小。

2. 活塞销材料及结构

活塞销的材料一般为低碳钢或低碳合金钢,如 20、20Mn、15Cr、20Cr 或 20MnV 等,外表面进行渗碳淬硬,再经精磨和抛光等精加工,以提高表面硬度和耐磨性,保证有较高的强度和冲击韧性。高负荷发动机可以采用渗氮钢。

活塞销的结构形状简单,为在最小质量下获得最大刚度,一般做成中空形,如图 3－32 所示。其中圆柱形孔结构简单,加工容易,但活塞销的质量较大;组合形的两端为锥形,中间为圆柱形,接近于等强度梁,结构合理,质量较小;两段截锥形也是以接近等强度梁设计,但锥孔加工较难。

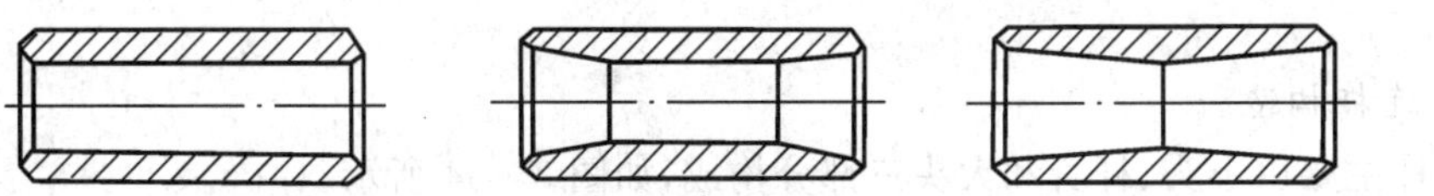

图 3－32　活塞销的结构

活塞销与销座、连杆小头的连接主要有全浮式和半浮式两种类型,结构如图 3－33 所示。现代发动机多采用全浮式连接,即在发动机工作时,活塞销能在连杆小头衬套孔和活塞销座孔内做自由转动。这样不仅能增加活塞销的实际活动接触面,还能减少磨损且使磨损均匀。为防止全浮式活塞销轴向窜动而刮伤汽缸壁,活塞销座两端装有弹性卡环来限位。

半浮式连接就是活塞销与销座孔和连杆小头两处，一处固定，一处浮动。其中大部分采用销与连杆小头固定的方式，固定方式有两种：一种是用螺栓将活塞销夹紧在连杆小头内，如图 3－33b 所示；另一种是销与小头孔以过盈配合的方式固定，如图 3－33c 所示。采用半浮式连接方式时，销座孔内无卡环，连杆小头处无衬套，减轻了往复运动件的质量，降低了发动机的噪声，多用于轻型高速发动机。

发动机在更换活塞销时，必须一起更换连杆衬套，以保持它们之间的正常配合。

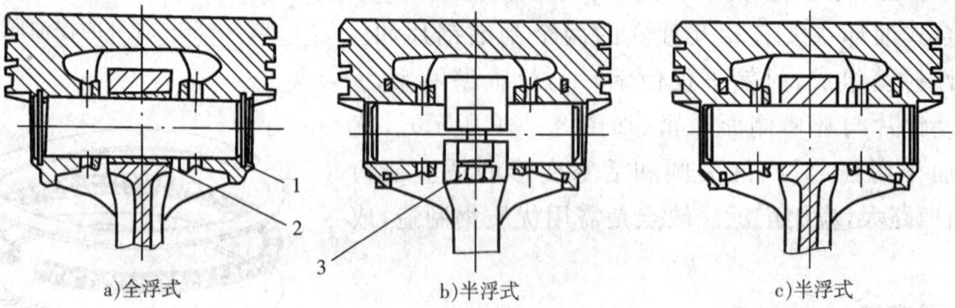

图 3－33　连杆小头与活塞销的连接

1—活塞销挡圈；2—连杆衬套；3—小头紧固螺栓

四、连杆

1. 连杆的功用及工作条件

连杆的主要功用是将活塞承受的力传给曲轴，并将活塞的往复运动转变为曲轴的旋转运动。

连杆在运动时主要承受活塞销传来的气体作用力及活塞往复运动时的惯性力，力的大小和方向呈周期性变化。因此，要求连杆在质量尽可能小的条件下，具有足够的抗疲劳强度和结构刚度。

2. 连杆材料

连杆一般采用优质中碳钢或碳合金钢(如 45、40Cr、42CrMo 或 40MnB 等)模锻或辊锻而成，也有少数用球墨铸铁制成。为提高疲劳强度，一般要进行表面喷丸处理。小型发动机的连杆常用高强度铝合金制造。另外，纤维增强铝合金连杆以其质量小、综合性能好而备受注目，在相同强度和刚度的情况下，纤维增强铝合金连杆比用传统材料制造的连杆要轻 30%。

3. 连杆构造

连杆主要由小头、杆身和大头三部分构成，如图 3－34 所示。

(1)连杆小头

连杆小头通过活塞销与活塞相连接。在全浮式连接的连杆小头孔内，以一定的过盈量压入减磨青铜衬套或铁基粉末冶金衬套。在连杆小头和衬套上一般铣有集油孔和集油槽，用来收集飞溅上来的机油以润滑活塞销和连杆衬套，此种润滑方式称为飞溅润滑。有的连杆小头采用压力润滑，在连杆杆身上钻有纵向油道(如图 3－35b 所示)，机油经此油道到达连杆小头，不但可以润滑活塞销和衬套，还能冷却活塞(如图 3－36 所示)。

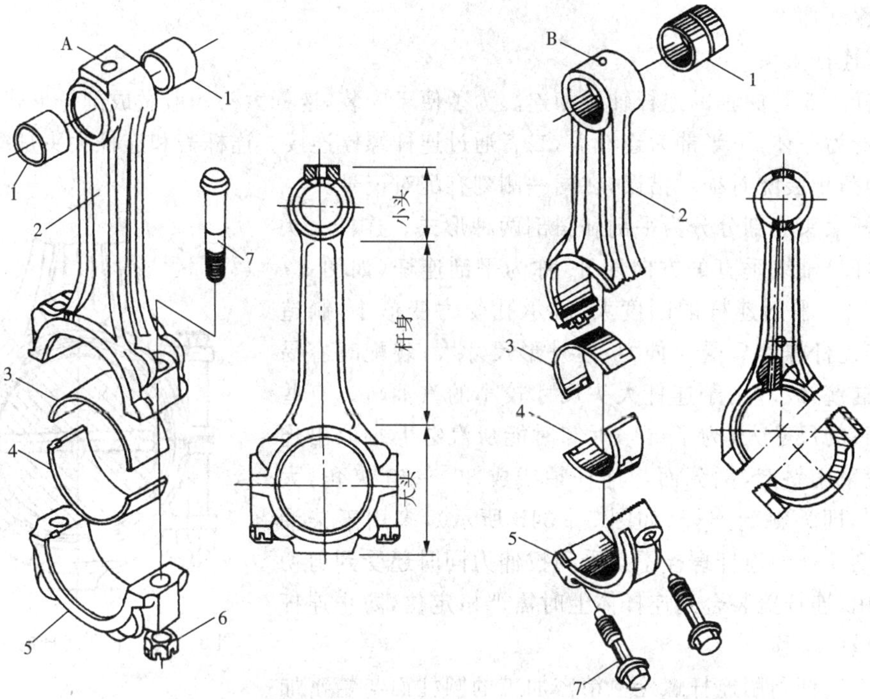

a)平切口连杆　　　　b)斜切口连杆

图 3-34　连杆组及其各部名称

1—连杆衬套；2—连杆体；3—连杆轴承上轴瓦；4—连杆轴承下轴瓦；5—连杆盖；6—螺母；7—连杆螺栓；A—集油孔；B—喷油孔

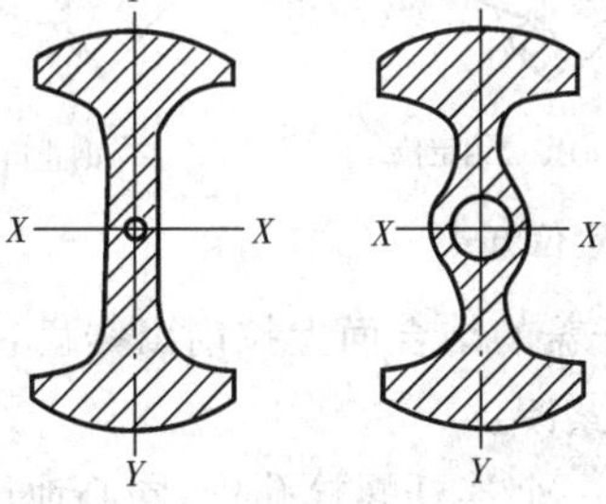

a)　　　　b)

图 3-35　杆身的工字形断面

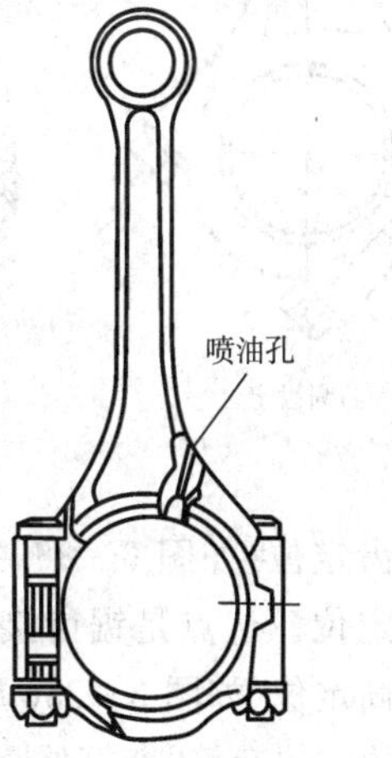

图 3-36　钻有喷油孔的连杆

在连杆小头顶部设有凸起，以此用来调整连杆质量或改变连杆重心的位置。

(2)连杆杆身

连杆杆身承受交变载荷的作用，要求其强度和刚度必须达到要求，因此，连杆杆身多采用工字形断面，以求在满足强度和刚度的要求下减小质量。工字形断面的 Y—Y 轴(如图3-35 所示)在连杆运动平面内。为使连杆从小头到大头的传力均匀，一般将杆身断面从小头到大头逐渐加大。

(3)连杆大头

连杆大头与曲轴的连杆轴颈相连。为了便于安装,连杆大头一般做成剖分形式,上半部分与杆身为一体,下半部分为连杆盖,二者通过连杆螺栓连接。连杆盖和连杆大头是配对后加工的,为防止装配时配对错误,在同一侧刻有配对记号。

连杆大头的剖分分为平剖和斜剖两种形式。连杆大头沿着与杆身轴线垂直的方向切开,称为平剖连杆(如图 3-34a 所示)。平剖连杆的刚度大,轴承孔受力变形小,制造费用低,连杆螺栓只受拉伸力;但外形尺寸大,装配时容易碰伤汽缸壁,故多用于连杆大头尺寸较小的汽油机。有些连杆大头的尺寸大,为了维修拆卸时能从汽缸上端取出连杆,一般采用斜剖,剖分面与连杆轴线成 30°~60°夹角,大多为 45°,即为斜剖连杆(如图 3-34b 所示),多用于柴油机。斜剖连杆的连杆螺栓不仅受到拉伸力同时还受到剪切力的作用,连杆盖装合到连杆体上时需严格定位,防止连杆盖产生横向位移。

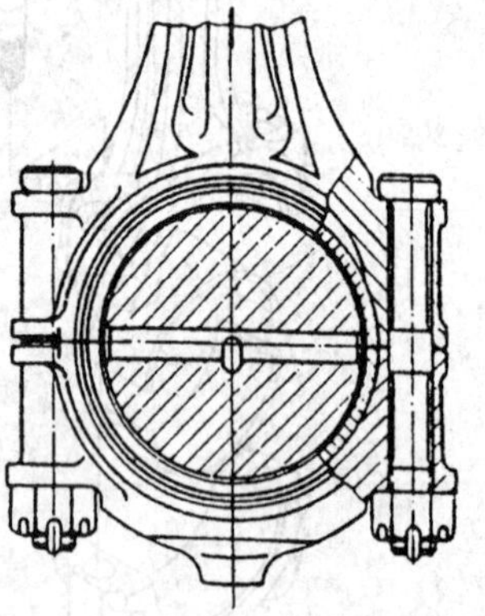

图 3-37 平剖连杆的定位方式

平剖连杆利用连杆螺栓上精密加工的圆柱面与精密加工的螺栓孔来实现连杆盖的定位(如图 3-37 所示)。斜剖连杆的连杆螺栓还要受到剪切力的作用,因此应该采用能够承受横向力的定位方法,如锯齿定位、套筒(或销)定位和止口定位等,如图 3-38 所示。

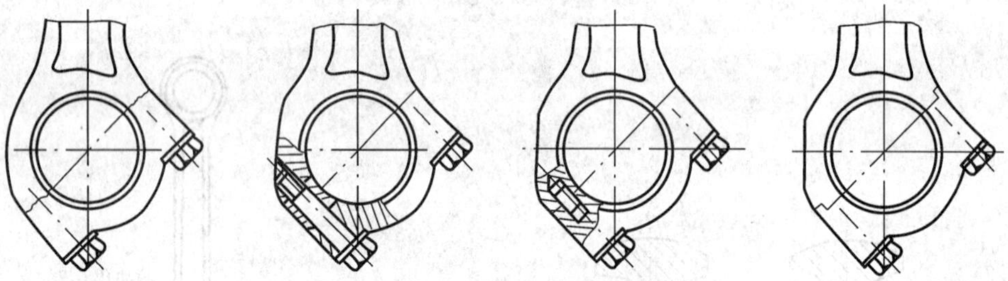

a)锯齿定位　b)套筒定位　c)定位销定位　d)止口定位

图 3-38 斜剖连杆的定位方式

锯齿定位(如图 3-38a 所示)是在连杆体与连杆盖的结合面上拉削出锯齿,依靠齿面实现横向定位。优点是锯齿接触面大,定位可靠,结构紧凑。

套筒定位(如图 3-38b 所示)是在连杆盖上的每一个连杆螺栓孔中,同心地压入刚度大、抗剪切的定位套筒,套筒外圆与连杆体大头的定位孔为高精度配合。优点是多向定位,定位可靠;缺点是工艺要求高,容易发生过定位而引起连杆大头孔失圆,大头孔的横向尺寸较大。

定位销定位(如图 3-38c 所示)与套筒定位的原理及优缺点基本相同。

止口定位(如图 3-38d 所示)是利用连杆盖与连杆体大头的止口进行定位。优点是工艺简单,成本低;缺点是只能实现单向定位,连杆大头外形尺寸大。

连杆大头孔是在连杆体与连杆盖组合之后镗削的,在连杆体和连杆盖的同一侧刻有配对记号,在拆卸之后重新装配时必须“对号入座”。大头孔表面粗糙度和形状误差很小,以保证能与连杆轴瓦紧密贴合。

(4)连杆螺栓

连杆螺栓将连杆大头的两部分紧固在一起,工作时连杆螺栓承受了很大的交变载荷。因此在结构上应尽量增大连杆螺栓的弹性,而在加工工艺上要精细加工过渡圆角,消除应力集中,以提高抗疲劳强度。

如图 3-39a、b 所示为用于平切口连杆的连杆螺栓,螺栓头部相对的两面铣平,当将其安装在连杆体大头相应的凹槽内时,可以防止拧紧螺母时螺栓随动。如图 3-39c、d 所示则是用在斜切口连杆上的连杆螺栓,其非定位圆柱面的直径通常小于螺纹内径,目的是增大螺栓的弹性。

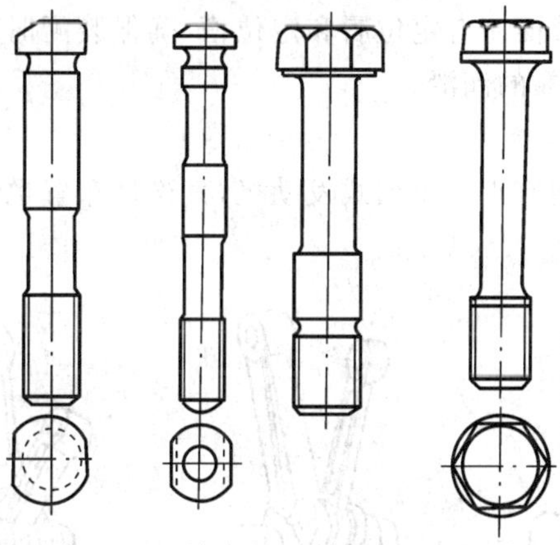

图 3-39　连杆螺栓

连杆螺栓常用优质合金钢制造,经调质后滚压螺纹,表面进行防锈处理。连杆螺栓在屈服极限以内工作,螺纹加工精确并正确拧紧后,一般不需要锁紧装置,但为了更可靠,有些发动机还是采用了锁紧装置,如开口销、双螺母、自锁螺母等。连杆螺栓装配时,必须按规定的拧紧力矩分几次拧紧,以使螺栓具有足够的预紧力矩。

4. 连杆轴承

连杆轴承也称连杆轴瓦,装在连杆大头孔内,与曲轴上的连杆轴颈装合在一起,是发动机中最重要的配合副之一。现代车用发动机的连杆轴承是由钢背和减磨层组成的分开式薄壁轴承,如图 3-40 所示。钢背由厚 1～3mm 的低碳钢制成,是轴承的基体,既有足够的强度以承受近似冲击性的载荷,又有一定的刚度以便于轴承孔良好贴合。减磨层由浇铸在钢背上厚为 0.3～0.7mm 的耐磨合金组成,减磨层有保持油膜、减小摩擦阻力和加速磨合的作用。目前,汽车发动机采用的减磨合金主要有巴氏合金、铜铅合金和高锡铅合金等。

巴氏合金的减磨性好,但机械强度低,耐热性较差,常用于负荷不大的汽油机。

高锡铅合金具有较好的力学性能和减磨性,广泛用于各类汽车的柴油机上。

铜铅合金的机械强度高,承载能力大,耐热性较好,但减磨性能差。为此,常在其表面电镀一层厚度为 0.02～0.03 mm 的软金属(如锡),多用于轿车汽油机和柴油机。

连杆轴承的背面应有很小的粗糙度值。在自由状态下,轴承的曲率半径和周长都略大于连杆大头孔的曲率半径和周长,装入后,靠自身产生的张紧力紧贴座孔,以利于散热和防止润滑油流失。

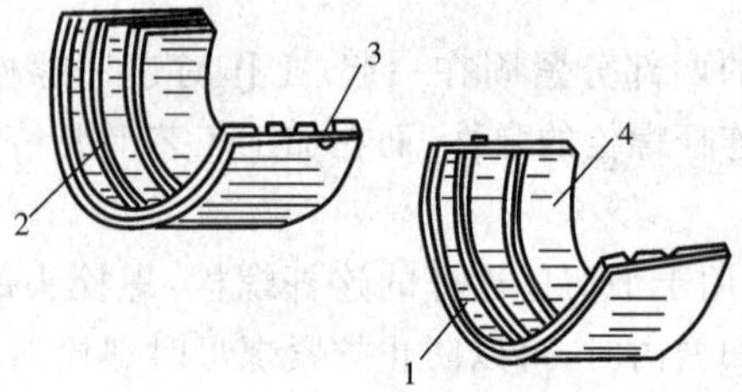

图 3-40 连杆轴承(小瓦)

1—钢背;2—油槽;3—定位凸键;4—减磨合金层

轴承和连杆大头的结合面制有定位唇和定位槽,确保装配时准确定位。轴承内表面加工有油槽用以储油,保证可靠的润滑。

5. V 型发动机连杆

V 型发动机的汽缸排列有别于单列式发动机,其连杆布置也不相同,主要有三种形式,如图 3-41 所示。

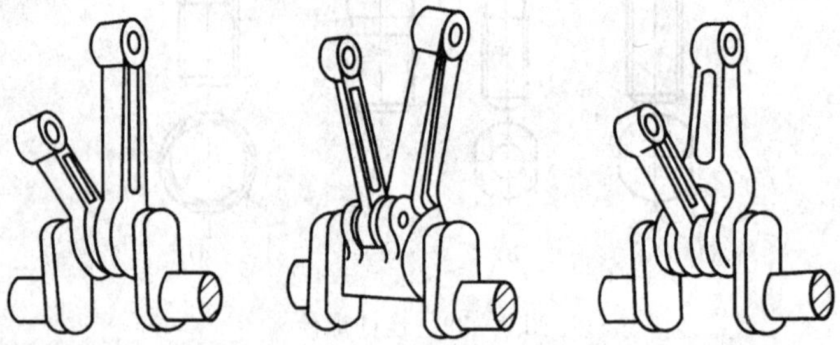

a)并列连杆　　b)主副连杆　　c)叉形连杆

图 3-41 V 型发动机连杆

(1)并列式连杆　两个相同的连杆一前一后并列安装在曲柄销上,结构与单列式发动机的连杆相同,可以通用,两个连杆的运动规律相同。这种布置方式需要两列汽缸轴向错开一段距离,曲轴的长度增加,刚度降低。

(2)主副连杆式　一列汽缸装主连杆,其大头安装在连杆轴颈上;另一列汽缸装副连杆,其大头与对应的主连杆大头或连杆盖铰接在一起。两列汽缸的活塞连杆组的运动规律不同,主副连杆不能互换。因两列汽缸互不错开,发动机的轴向长度没有增加。

(3)叉形连杆式　左右两列汽缸对应的两个连杆中,一个做成叉形,一个做成薄片形,叉形连杆的大头装在片形连杆大头的两端。叉形连杆的优点是两列汽缸中活塞的运动规律相同,两列汽缸无须错开;缺点是叉形连杆大头结构复杂,制造比较困难,维修也不方便,且大头刚度较差。

第四节　曲轴飞轮组

曲轴飞轮组主要由曲轴、飞轮、曲轴正时齿轮、皮带轮及曲轴扭转减震器等组成,如图 3-42所示。

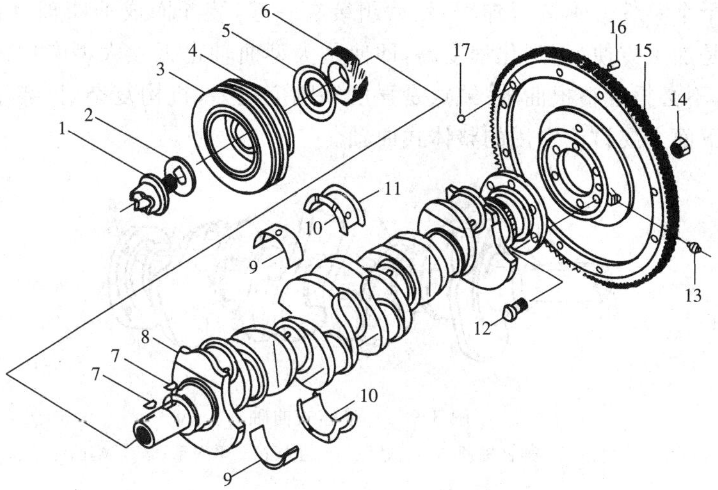

图 3-42　曲轴飞轮组结构

1—启动爪;2—皮带盘;3—扭转减震器;4—皮带轮;5—挡油片;6—正时齿轮;
7—半圆键;8—曲轴;9、10—主轴承;11—推力片;12—飞轮螺栓;13—滑脂嘴;14—螺母;
15—飞轮;16—离合器盖定位销;17—上止点记号用钢球

一、曲轴

1. 曲轴的功用及工作条件

曲轴的功用是把活塞连杆组传来的气体压力转变为转矩,一部分通过汽车传动系驱动汽车行驶,另一部分驱动发动机的配气机构以及其他辅助装置。

曲轴工作时,要承受周期性变化的气体压力、往复惯性力和离心力及其力矩的共同作用。曲轴是个形状复杂、高速运转的细长件,在上述工作条件下容易产生弯曲变形、疲劳破坏和轴颈磨损等,因此,曲轴应有足够的强度、刚度和一定的耐磨性。另外,曲轴需要很好的动平衡性和润滑条件,曲轴的质量应尽量小。

2. 曲轴材料

目前,曲轴多采用 45、40Cr、35Mn2、50MnB 等优质中碳钢或合金钢锻造而成。为降低成本,近年来也常用高强度球墨铸铁来铸造曲轴,如一汽奥迪 100、捷达 EA827、富康 TU 和切诺基等汽油机,以及 6120、YC6105Q 等柴油机均采用球墨铸铁曲轴。球墨铸铁不仅价格便宜,耐磨性能好,而且金属消耗量少,机械加工量也少。上海大众及江西五十铃 4JB1 发动机曲轴采用 49MnVS 材料代替 40Cr,以改善材料的切削性能,提高曲轴的韧性。国外汽车厂如德国奔驰、日本丰田、意大利菲亚特的部分发动机还广泛采用微合金非调质钢曲轴。

曲轴轴颈表面要经高频淬火或氮化处理,最后进行精加工,以提高轴颈的表面硬度并降低表面粗糙度。为提高曲轴的疲劳强度,消除应力集中,轴颈表面应进行喷丸处理,圆角处要经滚压处理。

3. 曲轴结构

曲轴分为整体式和组合式两种结构形式。

整体式曲轴是将曲轴锻制或铸造成一个整体零件,如图 3-43 所示。其优点是具有较高的强度和刚度、结构紧凑、质量小,加工面少,目前发动机多采用这种形式。组合式曲轴是将曲轴分成若干个零件分别进行加工,然后组装在一起,装配而成的曲轴,结构如图 3-44 所示。其优点是加工方便,系列化程度高,即使是大型曲轴也无须大型专用制造设备,可更换损坏的部件,不必报废整根曲轴;缺点是强度和刚度较差,机构复杂,拆装不便,汽缸体必须是隧道式。下面主要讨论常用的整体式曲轴。

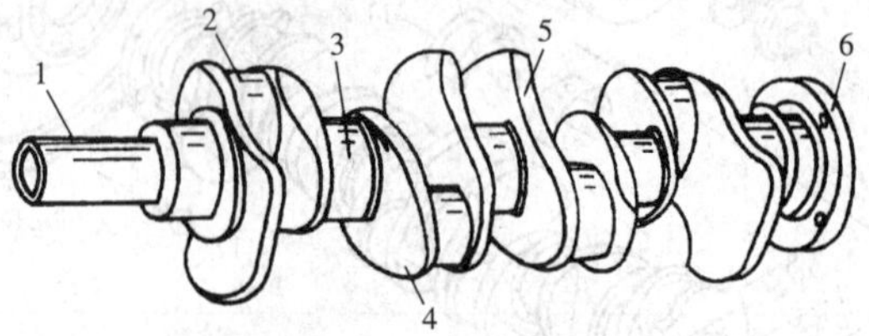

图 3-43　整体式曲轴

1—前端轴;2—连杆轴颈;3—主轴颈;4—曲柄;5—平衡重;6—后端凸缘

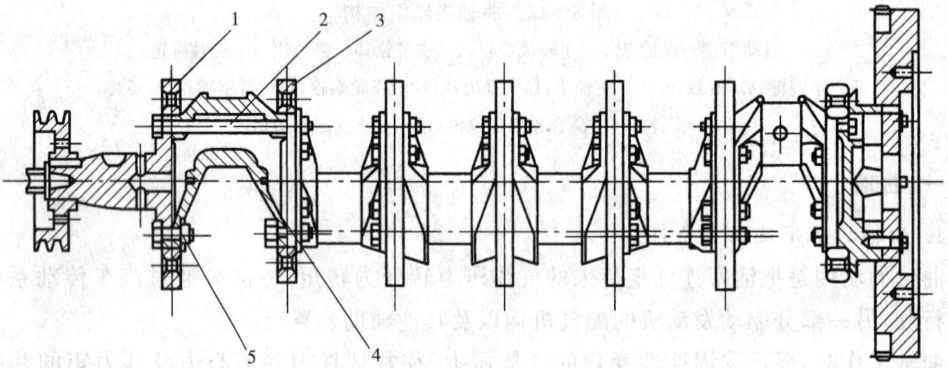

图 3-44　组合式曲轴

1、3—滚动轴承;2—连接螺栓;4—曲轴;5—定位螺栓

曲轴一般由前端轴、主轴颈、连杆轴颈、曲柄、平衡重和后端凸缘等组成。曲轴各部分名称如图 3-45 所示。一个连杆轴颈(曲柄销)和其两端的曲柄以及相邻两个主轴颈构成一个曲拐。曲拐的数目取决于发动机的汽缸数和排列方式。直列式发动机的曲拐数等于汽缸数,V 型发动机的曲拐数等于汽缸数的一半。

(1)前端轴

前端轴是第一道主轴颈之前的部分,通过键槽和螺栓安装驱动配气凸轮轴的正时齿轮、驱动风扇和水泵的带轮、甩油盘、橡胶油封以及止推片等。甩油盘和橡胶油封实现对曲轴前端润滑油的密封。有的轿车发动机上,前端轴上装有减震器以减少曲轴扭振。中小型发动机的曲轴前端装有启动爪(如图 3-46 所示)。

(2)主轴颈

主轴颈是曲轴的支承部分。根据主轴颈的数目,曲轴可分为全支承曲轴和非全支承曲轴,结构如图 3-47 所示。全支承曲轴在相邻两个曲拐间都有主轴颈,故主轴颈数要比连杆轴颈数多一个。其优点是抗弯曲能力强,可减轻主轴承的载荷;但加工表面多,曲轴和机体相应较长。现代汽车发动机多采用全支承曲轴。非全支承曲轴的主轴颈数等于或少于连杆轴颈数。其优点是结构紧凑,但曲轴的刚度和弯曲强度较弱,只适合中小负荷发动机。

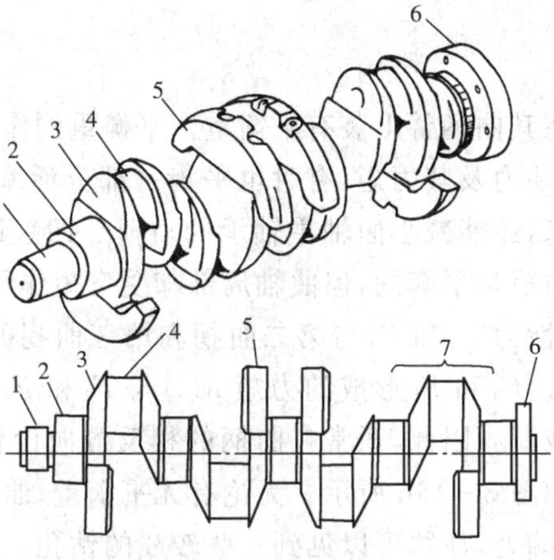

图 3-45　曲轴各部名称

1—曲轴前端；2—主轴颈；3—曲柄；4—曲柄销；5—平衡重；6—曲轴后端；7—单元曲拐

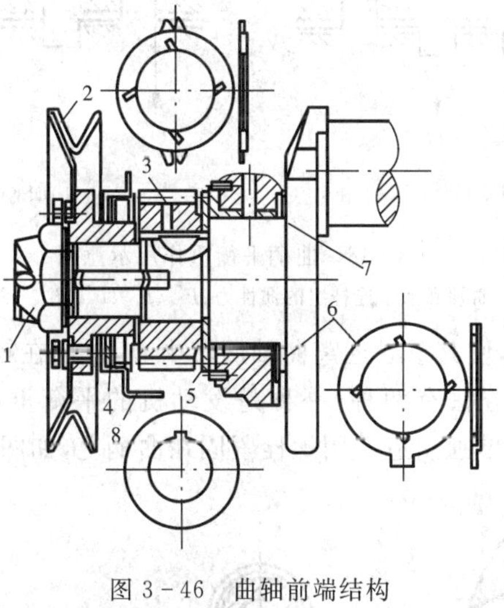

图 3-46　曲轴前端结构

1—启动爪；2—带轮；3—正时齿轮；4—油封；5—止推垫片；6、7—滑动推力轴承；8—甩油盘

(3)连杆轴颈

连杆轴颈也叫曲柄销，与连杆大头装配在一起。主轴颈和连杆轴颈均属发动机中最关键的滑动配合副，需要良好润滑。曲轴上钻有贯穿主轴颈和连杆轴颈的油道，以使润滑油能够润滑主轴颈和连杆轴颈。油道口要倒角，以免刮伤轴承。

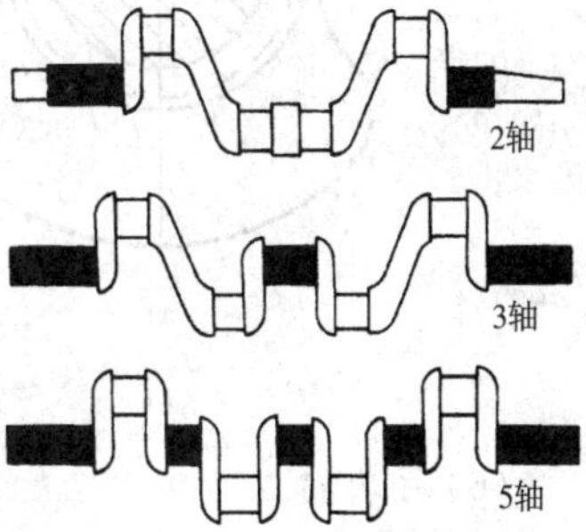

图 3-47　四缸曲轴的全支承和非全支承布置

(4)曲柄

曲柄是连接主轴颈和连杆轴颈的部分。现代高速发动机的曲柄形状大多采用有较高弯曲刚度和扭转刚度的椭圆形。曲柄的重心应尽可能靠近曲轴的旋转中心。在非全支承曲轴中，连接两个曲柄销的中间曲柄臂形状复

杂,一般不进行机械加工。

(5)平衡重

多数发动机的曲轴,在其曲柄臂上装有平衡重。平衡重的作用是平衡连杆大头、连杆轴颈和曲柄等产生的离心惯性力及其力矩,有时也平衡一部分活塞连杆组的往复惯性力及其力矩,以便发动机运转平稳,还能减小曲轴主轴承的负荷。四缸以上的直列发动机,虽然从整体来说,其惯性力及其力矩是平衡的,但曲轴局部却受弯矩作用。如图 3-48a 所示,第一曲拐和第四曲拐的旋转惯性力 F_1 和 F_4 与第二曲拐和第三曲拐的旋转惯性力 F_2 和 F_3 大小相等、方向相反、互相平衡。F_1 和 F_2 形成的力矩 M_{1-2} 与 F_3 和 F_4 形成的力矩 M_{3-4} 也相互平衡,但给曲轴造成了弯曲载荷。因此,通常在曲柄的相反方向设置平衡重,使其产生的力矩与上述惯性力矩相平衡,如图 3-48b 所示。无论有无平衡重,曲轴必须经过动平衡校验,因此在平衡重外端或曲柄两端处,往往可以见到一些较浅的钻孔。

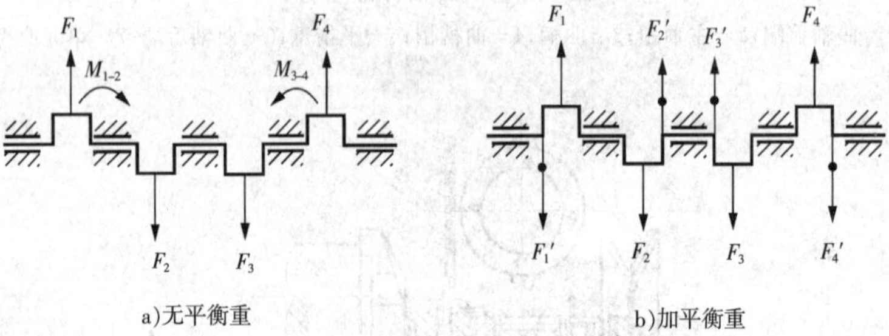

图 3-48　曲柄平衡重作用示意图

F_1、F_2、F_3、F_4—曲拐和活塞连杆组的惯性力;F'_1、F'_2、F'_3、F'_4—平衡重的离心力

平衡重形状多成扇形,使其重心远离曲轴回转中心,以期在较小的质量下获得较大的旋转惯性力。平衡重的安装方法有两种:一种是发动机的平衡重和曲柄制成一体,如图 3-49a 所示;另一种是平衡重单独制造并用螺栓紧固在曲柄上,如图 3-49b、c 所示。

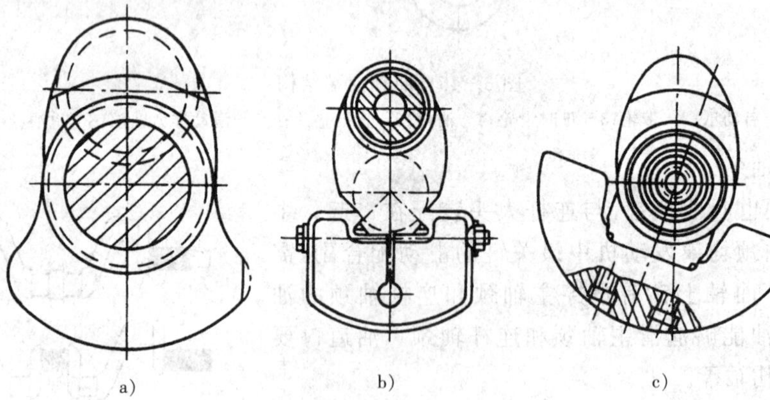

图 3-49　平衡重形状及安装方法

(6)后端轴

曲轴后端是指最后一道主轴颈之后的部分,一般在其后端为安装飞轮的曲轴凸缘盘。

4. 曲轴前后端的密封

曲轴的前后端都伸出曲轴箱,为防止润滑油漏失,都设有防漏装置。常用的防漏装置有甩油盘、填料油封、自紧油封和回油螺纹等。一般发动机都采用两种或两种以上的防漏装置组成复合式防漏结构。

如图 3-50 所示为曲轴前端的一种复合式防漏结构。甩油盘随曲轴旋转,当飞溅的润滑油落在甩油盘上时,因离心力的作用被甩到齿轮室的壁面,再沿壁面流回油底壳。即使有少量机油落到甩油盘前面的曲轴上,也会被装在齿轮室盖上的自紧油封挡住,从而达到防漏的目的。

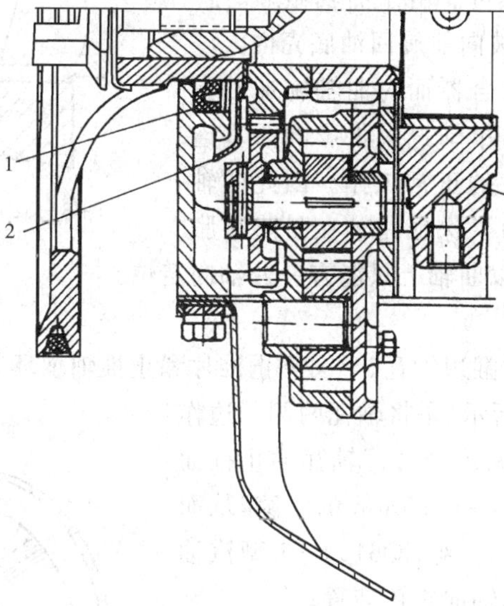

图 3-50　曲轴前端的密封

1—自紧式橡胶油封;2—甩油盘;3—第一主轴承盖

曲轴后端的复合防漏结构有多种形式,如图 3-51 所示。

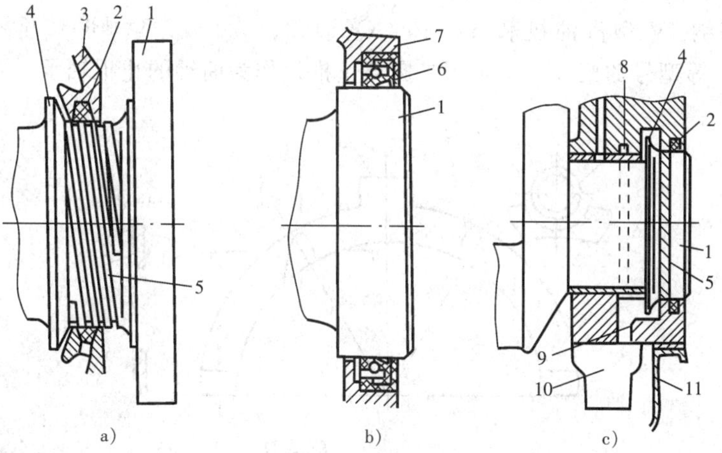

图 3-51　曲轴后端的密封

1—曲轴后端;2—密封填料;3—填料座;4—挡油凸缘;5—回油螺纹;6—自紧式橡胶油封;7—油封座;8—卸压槽;9—回油孔;10—主轴承盖;11—油底壳

从主轴承缝隙中流向后端的润滑油主要被挡油盘甩入轴承座孔后面的凹槽内,并经轴承盖上的回油孔流回油底壳,少量润滑油流到回油螺纹区,被回油螺纹推回到挡油盘再被甩回油底壳,还有少量润滑油流到回油螺纹以外,由填料油封密封,保证了防漏效果。

回油螺纹是车制的矩形或梯形右旋螺纹。其回油原理是(如图 3-52 所示):当润滑油流到回油螺纹区的轴与孔之间的缝隙时,由于孔壁对油的黏附作用,使油层的转速低于轴的转速,这时可将润滑油看成是套在螺纹上不旋转的螺母。由于曲轴做顺时针旋转(从前向后看),油层就被向前旋回油底壳内。

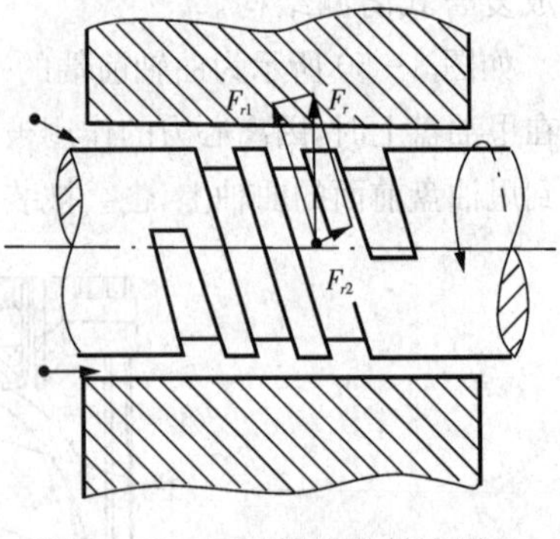

图 3-52 回油螺纹的封油原理

汽车行驶时由于踩踏离合器而对曲轴施加轴向推力,使曲轴发生轴向窜动,窜动过大将影响活塞连杆组的正常运动和其他机件的正常工作。因此曲轴必须有轴向定位装置。但为了保证曲轴在受热膨胀时有一定的自由伸长量,所以曲轴上只能有一处轴向定位。

5. 曲轴的轴向定位

曲轴的轴向定位可通过翻边轴瓦、半圆环止推片和止推轴承环等止推装置实现。

翻边轴瓦(如图 3-53 所示)是将轴瓦两侧翻边作为止推面,在止推面上浇铸减磨合金。轴瓦的止推面与曲轴止推面之间留有 0.06~0.25mm 的间隙,从而限制了曲轴的轴向窜动量。东风 EQ6100-1 型汽油机即采用翻边轴瓦作为曲轴轴向定位装置。

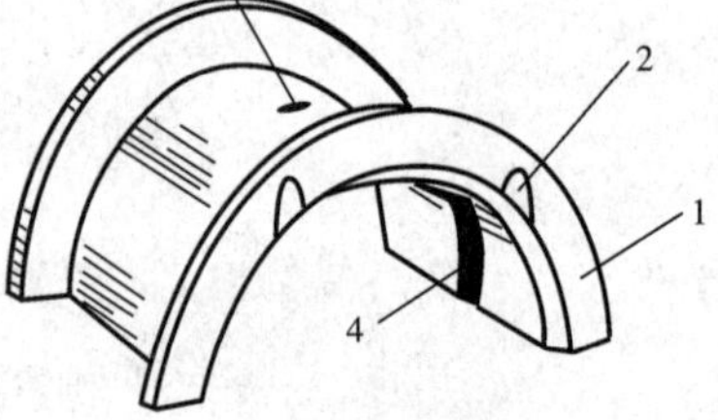

图 3-53 翻边轴瓦

1—止推面;2—储油槽;3—油孔;4—环形油槽

半圆环止推片(如图 3-54 所示)一般为四片,上下各两片,分别安装在机体和主轴承盖上的浅槽中,用定位舌或定位销定位,防止其转动。装配时,须将有减磨合金层的止推面朝向曲轴的止推面,不能装反。上海桑塔纳 JV 型汽油机和 YC6105、QC6102、Q6110 和 6120 等型号的柴油机均采用半圆环止推片作为曲轴的止推轴承。

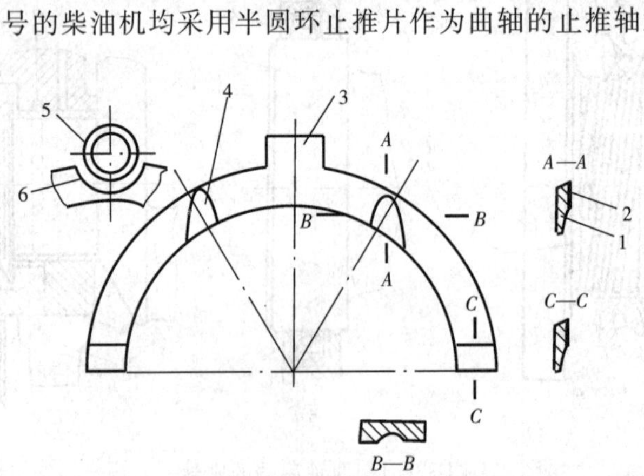

图 3-54 半圆环止推片

1—钢背;2—减磨合金层(止推面);3—定位舌;4—储油槽;5—定位销;6—定位销槽

止推轴承环(如图 3-55 所示)为两片止推圆环,分别安装在第一主轴承盖的两侧。解放 CA6102 型发动机即采用这种曲轴止推轴承。

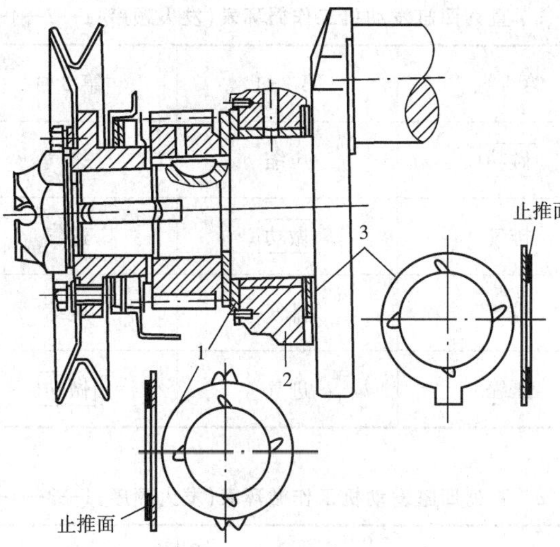

图 3-55　止推轴承环及其安装位置

1、3—止推轴承环；2—第一主轴承盖

6. 曲拐布置与多缸发动机的工作顺序

曲轴的形状和曲拐之间的相对位置取决于汽缸数、汽缸排列方式和做功顺序。做功顺序是指发动机各缸交替做功的次序。在安排各缸的工作顺序时，应遵循以下原则：

(1)连续做功的两缸距离应尽可能地远一些，以减轻主轴承的负荷，同时避免相邻汽缸进气门同时开启出现“抢气”而影响充气效率。

(2)各汽缸的做功间隔应尽量均衡。在一个工作循环内，每个汽缸都应做功一次。对于汽缸数为 i 的四冲程发动机，其发火间隔角应为 $720°/i$。

(3)V 型发动机左右两列汽缸应交替做功。

7. 几种不同汽缸数的发动机的工作顺序及其曲拐布置形式

(1)四冲程直列四缸发动机的发火间隔角为 $720°/4=180°$。采用全支承曲轴时，4 个曲拐在同一平面内，具有良好的平衡性。发动机工作顺序为 1—2—4—3 或 1—3—4—2(如图 3-56 所示)，其工作循环见表 3-1 和表 3-2 所列。

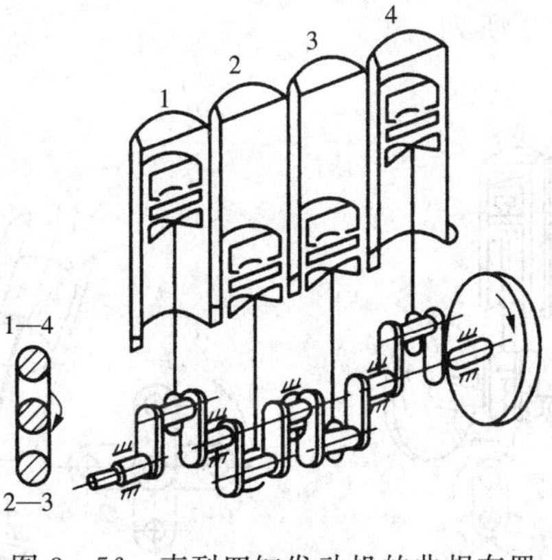

图 3-56　直列四缸发动机的曲拐布置

表 3-1　直列四缸发动机工作循环表(发火顺序:1—2—4—3)

曲轴转角/(°)	第 1 缸	第 2 缸	第 3 缸	第 4 缸
0～180	做功	压缩	排气	进气
180～360	排气	做功	进气	压缩
360～540	进气	排气	压缩	做功
540～720	压缩	进气	做功	排气

表 3-2　直列四缸发动机工作循环表(发火顺序:1—3—4—2)

曲轴转角/(°)	第 1 缸	第 2 缸	第 3 缸	第 4 缸
0～180	做功	排气	压缩	进气
180～360	排气	进气	做功	压缩
360～540	进气	压缩	排气	做功
540～720	压缩	做功	进气	排气

(2)四冲程直列六缸发动机的发火间隔角为 720°/6=120°,曲拐均匀布置在互成 120°的三个平面内。常用的发火顺序为 1—5—3—6—2—4,曲拐布置如图 3-57 所示,工作循环见表 3-3 所列。

(3)V 型八缸四冲程发动机的发火间隔角为 720°/8=90°。因 V 型发动机左右两列相对应的一对连杆共用一个曲拐,它只有四个曲拐,为使发动机的平衡性更好,通常将其布置在两个相互错开 90°的平面内(如图 3-58 所示)。常用的发火顺序为 1—8—4—3—6—5—7—2,其工作循环表见表 3-4 所列。

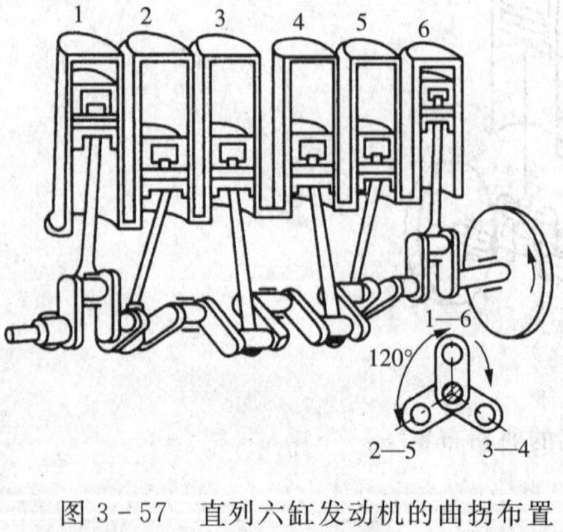

图 3-57　直列六缸发动机的曲拐布置

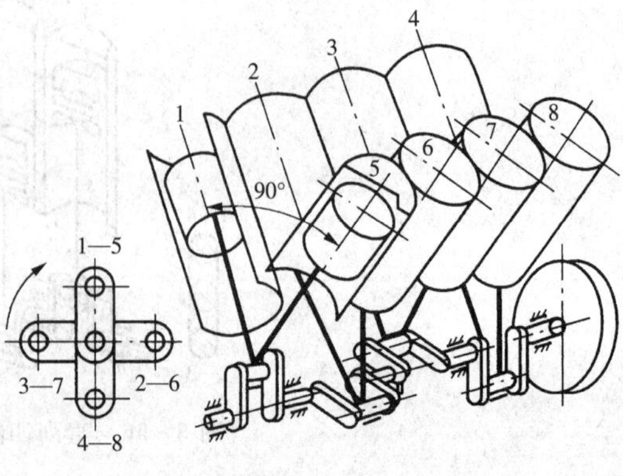

图 3-58　V 型八缸发动机的曲拐布置

表 3-3　直列六缸发动机工作循环表(发火顺序:1—5—3—6—2—4)

<table>
<tr><th colspan="2">曲轴转角/(°)</th><th>第1缸</th><th>第2缸</th><th>第3缸</th><th>第4缸</th><th>第5缸</th><th>第6缸</th></tr>
<tr><td rowspan="3">0～180</td><td>0～60</td><td rowspan="3">做功</td><td rowspan="2">排气</td><td>进气</td><td>做功</td><td rowspan="2">压缩</td><td rowspan="3">进气</td></tr>
<tr><td>60～120</td><td rowspan="3">压缩</td><td rowspan="3">排气</td></tr>
<tr><td>120～180</td><td rowspan="3">进气</td><td rowspan="3">做功</td></tr>
<tr><td rowspan="3">180～360</td><td>180～240</td><td rowspan="3">排气</td><td rowspan="3">压缩</td></tr>
<tr><td>240～300</td><td rowspan="3">做功</td><td rowspan="3">进气</td></tr>
<tr><td>300～360</td><td rowspan="3">压缩</td><td rowspan="3">排气</td></tr>
<tr><td rowspan="3">360～540</td><td>360～420</td><td rowspan="3">进气</td><td rowspan="3">做功</td></tr>
<tr><td>420～480</td><td rowspan="3">排气</td><td rowspan="3">压缩</td></tr>
<tr><td>480～540</td><td rowspan="3">做功</td><td rowspan="3">进气</td></tr>
<tr><td rowspan="3">540～720</td><td>540～600</td><td rowspan="3">压缩</td><td rowspan="3">排气</td></tr>
<tr><td>600～660</td><td rowspan="2">进气</td><td rowspan="2">做功</td></tr>
<tr><td>660～720</td><td>排气</td><td>压缩</td></tr>
</table>

表 3-4　V型八缸机工作循环表(发火顺序:1—8—4—3—6—5—7—2)

<table>
<tr><th colspan="2">曲轴转角/(°)</th><th>第1缸</th><th>第2缸</th><th>第3缸</th><th>第4缸</th><th>第5缸</th><th>第6缸</th><th>第7缸</th><th>第8缸</th></tr>
<tr><td rowspan="2">0～180</td><td>0～90</td><td rowspan="2">做功</td><td>做功</td><td>进气</td><td rowspan="2">压缩</td><td>排气</td><td rowspan="2">进气</td><td rowspan="2">排气</td><td>压缩</td></tr>
<tr><td>90～180</td><td rowspan="2">排气</td><td rowspan="2">压缩</td><td rowspan="2">进气</td><td rowspan="2">做功</td></tr>
<tr><td rowspan="2">180～360</td><td>180～270</td><td rowspan="2">排气</td><td rowspan="2">做功</td><td rowspan="2">压缩</td><td rowspan="2">进气</td></tr>
<tr><td>270～360</td><td rowspan="2">进气</td><td rowspan="2">做功</td><td rowspan="2">压缩</td><td rowspan="2">排气</td></tr>
<tr><td rowspan="2">360～540</td><td>360～450</td><td rowspan="2">进气</td><td rowspan="2">排气</td><td rowspan="2">做功</td><td rowspan="2">压缩</td></tr>
<tr><td>450～540</td><td rowspan="2">压缩</td><td rowspan="2">排气</td><td rowspan="2">做功</td><td rowspan="2">进气</td></tr>
<tr><td rowspan="2">540～720</td><td>540～630</td><td rowspan="2">压缩</td><td rowspan="2">进气</td><td rowspan="2">排气</td><td rowspan="2">做功</td></tr>
<tr><td>630～720</td><td>做功</td><td>进气</td><td>排气</td><td>压缩</td></tr>
</table>

(4)直列五缸四冲程发动机的发火间隔角为 720°/5=144°,曲拐均匀布置在互成 144°的五个平面内。发火顺序为 1—2—4—5—3,曲拐布置如图 3-59 所示,工作循环表见表 3-5 所列。

(5)V 型六缸四冲程发动机的发火间隔角为 720°/6=120°,曲拐均匀布置在互成 60°的六个平面内。发火顺序为 1—4—3—6—2—5,其曲拐布置如图 3-60 所示,工作循环表见表 3-6 所列。

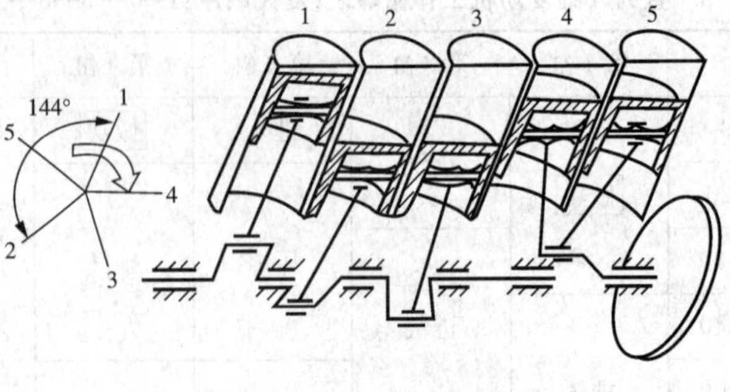

图 3-59　直列五缸发发动机的曲拐布置

表 3-5　四冲程直列五缸发动机工作循环表(发火循序:1—2—4—5—3)

<table>
<tr><th colspan="2">曲轴转角/(°)</th><th>第 1 缸</th><th>第 2 缸</th><th>第 3 缸</th><th>第 4 缸</th><th>第 5 缸</th></tr>
<tr><td rowspan="5">0～180</td><td>0～36</td><td rowspan="5">做功</td><td rowspan="4">压缩</td><td>做功</td><td rowspan="3">进气</td><td rowspan="2">排气</td></tr>
<tr><td>36～72</td><td rowspan="5">排气</td></tr>
<tr><td>72～108</td><td rowspan="5">进气</td></tr>
<tr><td>108～144</td><td rowspan="5">压缩</td></tr>
<tr><td>144～180</td><td rowspan="5">做功</td></tr>
<tr><td rowspan="5">180～360</td><td>180～216</td><td rowspan="5">排气</td></tr>
<tr><td>216～252</td><td rowspan="5">进气</td></tr>
<tr><td>252～288</td><td rowspan="5">压缩</td></tr>
<tr><td>288～324</td><td rowspan="5">做功</td></tr>
<tr><td>324～360</td><td rowspan="5">排气</td></tr>
<tr><td rowspan="5">360～540</td><td>360～396</td><td rowspan="5">进气</td></tr>
<tr><td>396～432</td><td rowspan="5">压缩</td></tr>
<tr><td>432～468</td><td rowspan="5">做功</td></tr>
<tr><td>468～504</td><td rowspan="5">排气</td></tr>
<tr><td>504～540</td><td rowspan="5">进气</td></tr>
<tr><td rowspan="5">540～720</td><td>540～576</td><td rowspan="5">压缩</td></tr>
<tr><td>576～612</td><td rowspan="4">做功</td></tr>
<tr><td>612～648</td><td rowspan="3">排气</td></tr>
<tr><td>648～684</td><td rowspan="2">进气</td></tr>
<tr><td>684～720</td><td>压缩</td></tr>
</table>

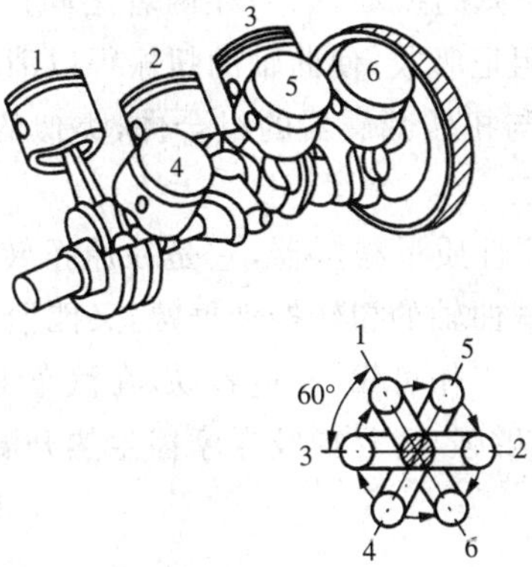

图 3－60　V 型六缸发动机的曲拐布置

表 3－6　四冲程 V 型六缸发动机工作循环表(发火顺序:1—4—3—6—2—5)

<table>
<tr><th colspan="2">曲轴转角/(°)</th><th>第 1 缸</th><th>第 2 缸</th><th>第 3 缸</th><th>第 4 缸</th><th>第 5 缸</th><th>第 6 缸</th></tr>
<tr><td rowspan="3">0～180</td><td>0～60</td><td rowspan="3">做功</td><td>排气</td><td>进气</td><td rowspan="2">压缩</td><td>做功</td><td rowspan="3">进气</td></tr>
<tr><td>60～120</td><td rowspan="3">进气</td><td rowspan="3">压缩</td><td rowspan="3">排气</td></tr>
<tr><td>120～180</td><td rowspan="3">做功</td></tr>
<tr><td rowspan="3">180～360</td><td>180～240</td><td rowspan="3">排气</td><td rowspan="3">压缩</td></tr>
<tr><td>240～300</td><td rowspan="3">压缩</td><td rowspan="3">做功</td><td rowspan="3">进气</td></tr>
<tr><td>300～360</td><td rowspan="3">排气</td></tr>
<tr><td rowspan="3">360～540</td><td>360～420</td><td rowspan="3">进气</td><td rowspan="3">做功</td></tr>
<tr><td>420～480</td><td rowspan="3">做功</td><td rowspan="3">排气</td><td rowspan="3">压缩</td></tr>
<tr><td>480～540</td><td rowspan="3">进气</td></tr>
<tr><td rowspan="3">540～720</td><td>540～600</td><td rowspan="3">压缩</td><td rowspan="3">排气</td></tr>
<tr><td>600～660</td><td rowspan="2">排气</td><td rowspan="2">进气</td><td rowspan="2">做功</td></tr>
<tr><td>660～720</td><td>压缩</td></tr>
</table>

二、曲轴扭转减震器

发动机工作时,曲轴在周期性变化的转矩作用下,各曲拐之间发生周期性相对扭转的现象称为扭转振动。当发动机转矩的变化频率与曲轴扭转的自振频率相同或成整数倍关系时,就会发生共振。共振会导致传动机构磨损加剧,发动机功率下降,甚至导致曲轴断裂。为了消减曲轴的扭转振动,现代汽车发动机多在扭转振幅最大的曲轴前端安装扭转减震器。汽车发动机多采用橡胶扭转减震器、硅油扭转减震器和硅油-橡胶扭转减震器等。

1. 橡胶扭转减震器

减震器壳体与曲轴连接,减震器壳体与扭转振动惯性质量黏结在硫化橡胶层上(如图

3-61a所示)。当曲轴发生扭转振动时,减震器壳体与曲轴一起振动,但转动惯量较大的惯性质量的振动滞后于减震器壳体的振动,因而在两者之间产生相对运动,使橡胶层来回揉搓,振动能量被橡胶的内摩擦阻尼吸收,使曲轴的扭振得以消减,避免曲轴产生共振。

如图3-61b所示为带轮与扭转减震器的组合件,类似的结构用于东风EQ6100-1和YC6105QC等型号的发动机上。

如图3-61c所示为复合惯性质量减震器,它是在原扭转减震器的基础上,轴向增加了一个橡胶减震器,由此既能消减曲轴的扭转振动振幅,又能消减曲轴的弯曲振动振幅。

橡胶扭转减震器结构简单,工作可靠,制造容易,在汽车上广为应用。但其阻尼作用小,对曲轴扭转振动的衰减作用不够强,另外橡胶在摩擦生热升温条件下容易老化,故主要应用在中、小功率发动机上。

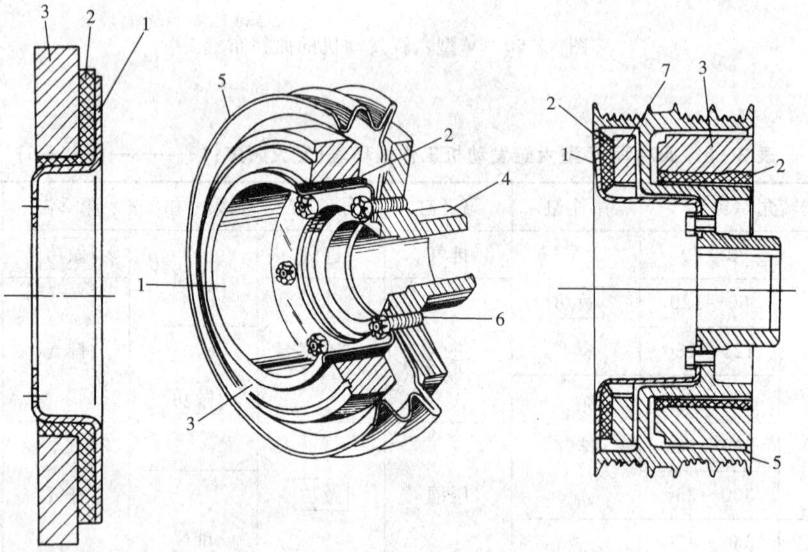

a)橡胶扭转减振器　b)带轮-橡胶扭转减振器　c)复合惯性质量减振

图3-61　橡胶扭转减震器

1—减震器壳体;2—硫化橡胶层;3—扭转振动惯性质量;4—带轮毂;
5—带轮;6—紧固螺栓;7—弯曲振动惯性质量

2. 硅油扭转减震器

由钢板冲压而成的减震器壳体与曲轴连接。侧盖与减震器壳体组成封闭腔,其中滑套着扭转振动惯性质量。惯性质量与封闭腔之间留有一定的间隙,里面充满高黏度硅油(如图3-62a所示)。其减震原理同橡胶扭转减震器一样,不同之处在于,硅油扭转减震器是通过硅油的内摩擦阻尼吸收曲轴的振动能量,使扭振消除或减轻。

硅油扭转减震器减震效果好,性能稳定,工作可靠,结构简单,维修方便,所以在汽车发动机上获得了广泛应用。其主要缺点是硅油散热差,容易升温降低黏度,导致对曲轴扭转振动的衰减作用减弱,另外它还需要良好的密封和较大的惯性质量,致使减震器尺寸较大。

3. 硅油-橡胶扭转减震器

硅油-橡胶扭转减震器的封闭腔内注满高黏度硅油,减震器中的橡胶环6(如图3-62b所示)主要作为弹性体,用来密封硅油和支撑惯性质量1。这种减震器集中了硅油扭转减震器和橡胶扭转减震器二者的优点。

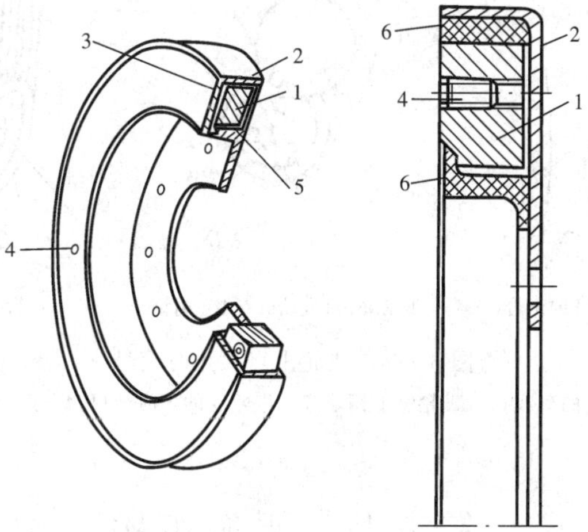

a)硅油减震器　　b)硅油橡胶减震器

图 3－62　硅油及硅油－橡胶扭转减震器

1－扭转振动惯性质量；2－减震器壳体；3－侧盖；4－注油螺塞；5－衬套；6－橡胶环

三、飞轮

对于四冲程发动机来说，每四个活塞行程只做功一次，其他三个行程都要消耗功。因此，曲轴对外输出的转矩成周期性变化，曲轴转速也不稳定。为了改善这种状况，需在曲轴后端装置飞轮。

飞轮是转动惯量很大的圆盘(如图 3－63 所示)，其主要作用是储存做功行程的一部分能量，以克服各辅助行程的阻力，使曲轴均匀旋转，使发动机具有克服短时超载的能力。

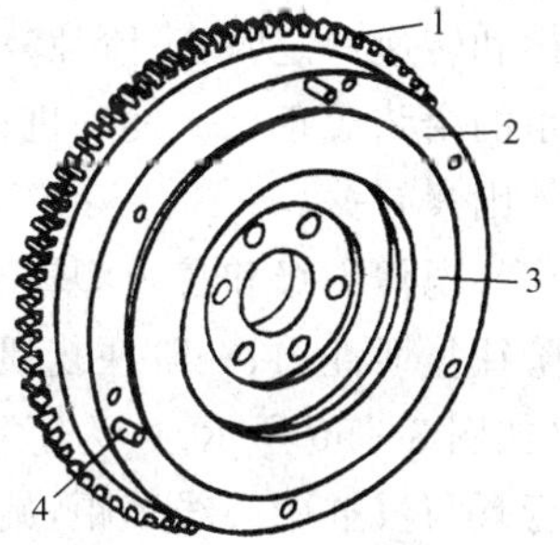

图 3－63　飞轮

1－齿圈；2－离合器安装面；3－离合器圆盘摩擦面 4－定位销

除此之外，飞轮还有下列功用：飞轮是摩擦式离合器的主动盘；在飞轮轮缘上镶嵌有供启动发动机用的飞轮齿圈 2；在飞轮上还刻有上止点记号，用来校准点火定时或喷油定时以及调整气门间隙。如图 3－64 所示为解放 CA6102 型发动机的上止点记号。当刻在飞轮轮缘上的记号“上止点/1－6”与飞轮壳上的刻线对正时，即表示 1、6 两缸的活塞处于上止点位置。东风 EQ6100－2 型发动机，在飞轮轮缘上镶嵌一个钢球，当钢球与飞轮壳上的刻线对正时即表示 1、6 两缸的活塞处于上止点位置。

飞轮的大部分质量集中在轮缘上，因此轮缘做得又宽又厚(如图 3－63 所示)，以便在较小的飞轮质量下获得较大的转动惯量。

飞轮多用灰铸铁制造，此时飞轮轮缘的圆周速度不应超过 30～50m/s，否则会因离心力过大而遭到破坏。当轮缘的圆周速度超过 50m/s 时，应采用球墨铸铁或铸钢制造。

飞轮应与曲轴装配后一起进行动平衡校验，通过在曲轴上的平衡重和飞轮圆周的钻孔达到平衡状态，并在飞轮上标上对应位置的标记。为避免安装错位影响动平衡，飞轮和曲轴的装配都有定位装置，如定位销、不对称布置的螺孔或两种不同直径的螺栓等。

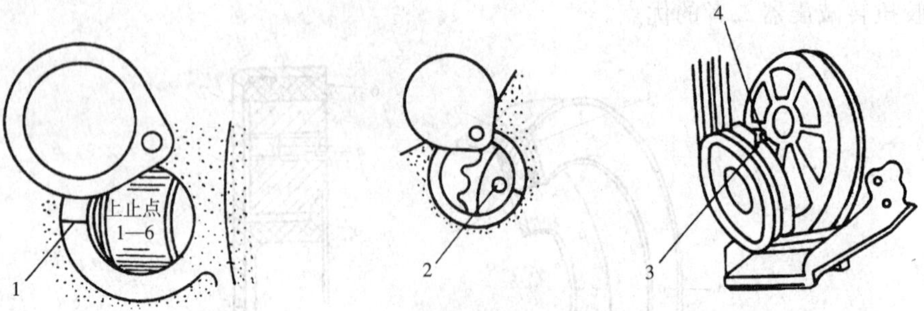

a)CA6102 发动机点火正时记号　　b)EQ6100 发动机点火正时记号　　c)BJ492Q 点火正时记号

图 3-64　飞轮上点火正时信号

1—飞轮壳上的刻线;2—飞轮缘上钢球;3—带轮上的正时缺口;4—正时齿轮盖凸筋

第五节　平衡机构

在轿车的设计过程中应特别重视乘坐的舒适性和噪声水平,为此必须将引起汽车振动和噪声的发动机不平衡力及不平衡力矩减小到最低限度。在曲轴的曲柄上设置平衡重只能平衡旋转惯性力及其力矩,而往复惯性力及其力矩的平衡则需采用专门的平衡机构。

如前所述,发动机工作时,曲柄连杆机构的往复运动质量将产生往复惯性力 F_j。它可视作由一阶往复惯性力 F_{jI} 与二阶往复惯性力 F_{jII} 组成,即 $F_j = F_{jI} + F_{jII}$。当发动机的结构和转速一定时,一阶往复惯性力与曲轴转角的余弦成正比,二阶往复惯性力与二倍曲轴转角的余弦成正比。发动机往复惯性力的平衡状况与汽缸数、汽缸排列形式及曲拐布置形式等因素有关。

现代中级和普及型轿车普遍采用四冲程直列四缸发动机。平面曲轴的四缸发动机的一阶往复惯性力、一阶往复惯性力矩和二阶往复惯性力矩都平衡,只有二阶往复惯性力不平衡(如图 3-65 所示)。为了平衡二阶往复惯性力需采用双轴平衡机构,两根平衡轴与曲轴平行且与汽缸中心线等距,旋转方向相反,转速相同,均为曲轴转速的二倍。两根轴上都装有质量相同的平衡重,其旋转惯性力在垂直于汽缸中心线方向的分力相互抵消,在平行于汽缸中心线方向的分力则合成为沿汽缸中心线方向作用的力,与 F_{jII} 大小相等,方向相反,从而使 F_{jII} 得到平衡。

如图 3-66 所示为广州本田 F23A3 发动机设置的平衡机构,它包括前平衡轴和后平衡轴。两根平衡轴与曲轴平行,曲轴转动时平衡轴随之转动,产生的惯性力和惯性力矩相抵消,可以很好地减轻两者造成的影响。前平衡轴通过三个轴颈支承在汽缸体上,由曲轴通过带轮和同步带带动转动,后平衡轴则是通过两个轴颈支承在汽缸体上,并依靠齿轮室上的带轮带动。前、后平衡轴的形状是根据发动机运动件的运动和受力情况,进行计算后设计而成的,可以有效地减轻惯性力的不良影响。

如图 3-67 所示为齿轮传动的双轴平衡装置。整个装置置于油底壳内,两个平衡轴高度相同,相对汽缸中心线左右对称。

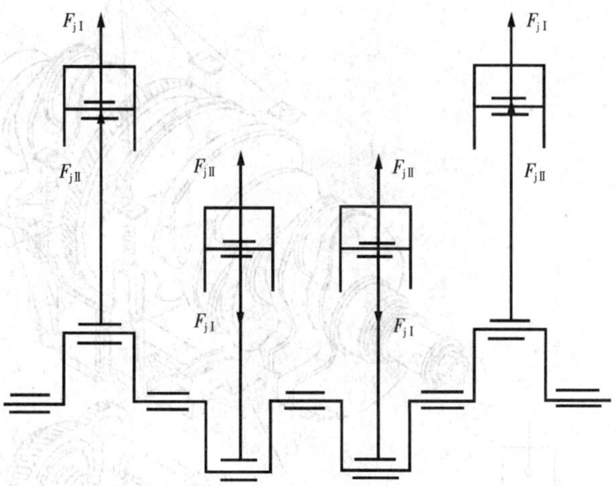

图 3-65　作用在曲轴上的一、二阶往复惯性力示意图

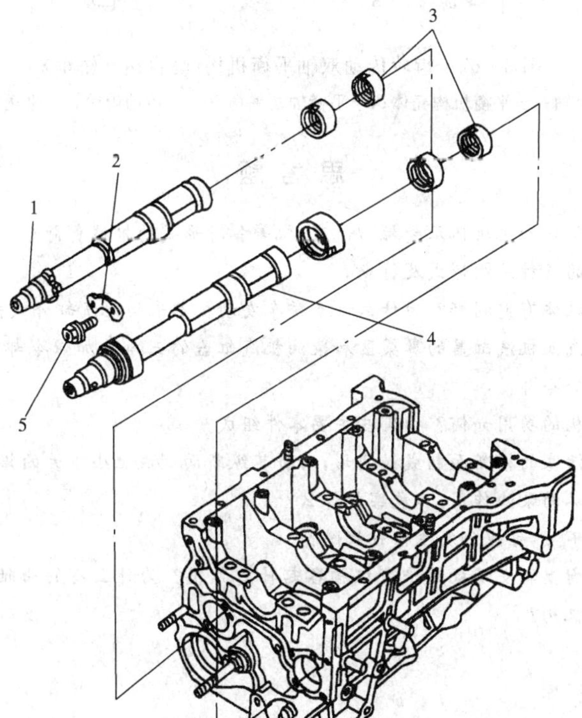

图 3-66　广州本田 F23A3 发动机双平衡轴结构

1—后平衡轴；2—保持架；3—平衡轴衬套；4—前平衡轴；5—螺钉

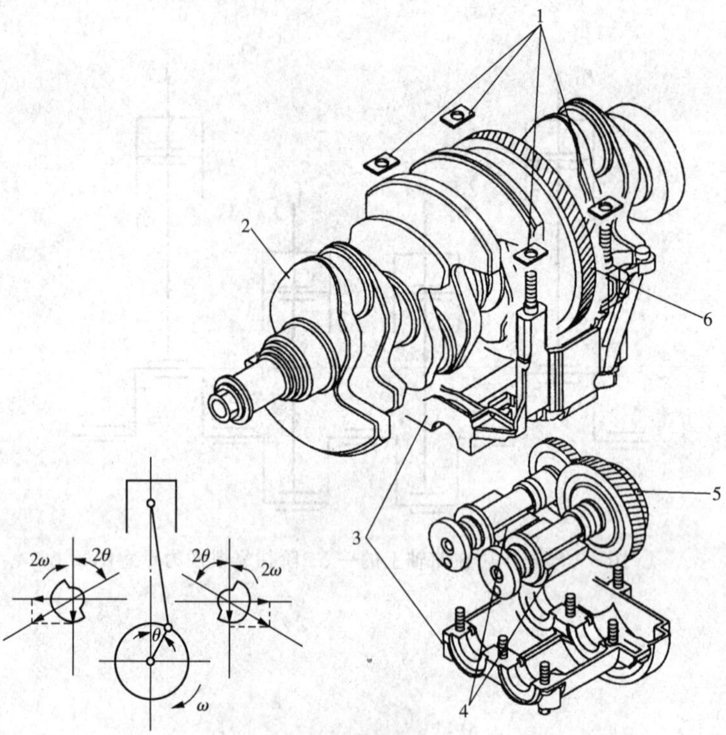

图 3-67　齿轮传动双轴平衡机构(马自达 6 轿车)

1—垫片;2—曲轴;3—平衡机构壳体;4—平衡轴及平衡重;5—传动齿轮;6—平衡机构驱动齿轮

思考题

3-1　为什么说多缸发动机机体承受拉、压、弯、扭等各种形式的机械负荷?

3-2　试述汽缸体的三种结构形式及特点。

3-3　无汽缸套式机体有何利弊?为什么许多轿车发动机都采用无汽缸套式机体?

3-4　为什么要对汽油机汽缸盖的鼻梁区和柴油机汽缸盖的三角区加强冷却?在结构上如何保证上述区域的良好冷却?

3-5　曲柄连杆机构的功用如何?由哪些主要零件组成?

3-6　为什么要把活塞的横断面制成椭圆形,而将其纵断面制成上小下大的锥形或桶形?

3-7　什么是矩形环的泵油作用,其危害是什么?

3-8　若连杆刚度不足,可能会发生何种故障?

3-9　曲轴上的平衡重和发动机的平衡机构各起什么作用?为什么有的曲轴不加平衡重,有的发动机不设平衡机构?

第四章 配气机构

本章主要介绍配气机构的功用，配气机构的布置形式及优缺点，凸轮轴的传动方式，气门间隙，配气相位、配气相位图、配气相位对发动机性能的影响及可变配气结构、气门组，气门传动组的主要部件和工作机理。

第一节　配气机构的功用及组成

一、配气机构的功用

配气机构的功用是按照发动机每一缸的工作顺序和工作循环的要求，定时开启和关闭各缸的进、排气门，使新鲜气体进入汽缸，废气从汽缸排出。所谓新鲜气体，对于非缸内直喷式汽油机就是汽油与空气的混合气，对于缸内直喷式汽油机和柴油机则为纯净的空气。

进入汽缸内的新鲜气体数量（又称进气量）对发动机性能的影响很大，进气量越多，发动机发出的功率就越大，因此，配气机构首先要保证进气充分，进气量尽可能得多，同时，废气要排除干净。其次，配气机构的运动件应具有较小的质量和较大的刚度，以使配气机构具有良好的动力特性。

二、配气机构的组成与布置形式

目前，四冲程汽车发动机都采用气门式配气机构。气门式配气机构由气门组和气门传动组两部分组成。气门组的功用是封闭进、排气道；气门传动组的功用是传递驱动力使进、排气门按规定的时刻开闭，且保证有足够的开度，以满足发动机的工况要求。

气门的组成与气门的位置及凸轮轴的位置和气门驱动形式等有关。气门驱动形式有摇臂驱动、摆臂驱动和直接驱动三种类型。按气门布置位置的不同，配气机构可分为侧置式气门和顶置式气门。侧置式配气机构已被淘汰，顶置式气门的进、排气门置于汽缸盖内，倒挂在燃烧室上。气门顶置式发动机的进气阻力小，燃烧室结构紧凑，具有良好的抗爆性和高速性，但气门行程大，结构较复杂。现代汽车发动机均采用顶置式配气机构。顶置式配气机构的分类如下。

1. 按凸轮轴的位置分类

凸轮轴的位置有下置式、中置式和上置式三种。

(1)凸轮轴下置式

凸轮轴下置式配气机构的凸轮轴置于曲轴箱内,其典型结构如图 4-1 所示。其中气门组零件包括气门 12、气门座圈 13、气门导管 11、气门弹簧 10、气门弹簧座 8 和气门锁夹 9 等;气门传动组零件则包括凸轮轴 1、挺柱 2、推杆 3、摇臂 7、摇臂轴 5、摇臂轴座 4 和气门间隙调整螺钉 6 等。

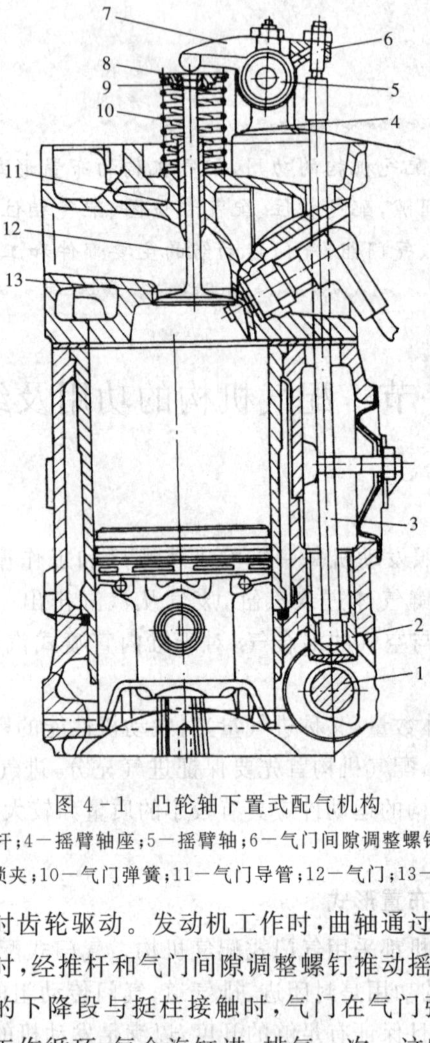

图 4-1 凸轮轴下置式配气机构

1—凸轮轴;2—挺柱;3—推杆;4—摇臂轴座;5—摇臂轴;6—气门间隙调整螺钉;7—摇臂;8—气门弹簧座;9—气门锁夹;10—气门弹簧;11—气门导管;12—气门;13—气门座圈

下置凸轮轴由曲轴正时齿轮驱动。发动机工作时,曲轴通过正时齿轮驱动凸轮轴旋转。当凸轮的上升段顶起挺柱时,经推杆和气门间隙调整螺钉推动摇臂绕摇臂轴摆动,压缩气门弹簧使气门开启。当凸轮的下降段与挺柱接触时,气门在气门弹簧力的作用下逐渐关闭。四冲程发动机每完成一个工作循环,每个汽缸进、排气一次。这时曲轴转两周,而凸轮轴只旋转一周,所以曲轴与凸轮轴的转速比为 2∶1。

凸轮轴下置式配气机构的主要优点是传动简单,因凸轮轴离曲轴近,一般采用齿轮传动,有利于发动机的布置。缺点是传动链长,高转速时可能会影响气门的运动规律和气门的定时开闭。因此多用于转速低的发动机,如解放 CA6102、东风 EQ6100-1、BJ492Q 等发动机均为凸轮轴下置式配气机构。

(2)凸轮轴中置式

凸轮轴中置式配气机构的凸轮轴置于机体上部,其典型结构如图 4-2 所示。与凸轮轴下置式配气机构相比,中置式配气机构减少或缩短了推杆。YC6105Q、6110A、依维柯

8210.22S和福特2.5ID等发动机都是这种机构。凸轮中置式配气机构多用齿轮传动，因凸轮轴离曲轴较远，需加中间齿轮（惰轮）。另外，这种配气机构还可采用链条传动或齿型带传动。

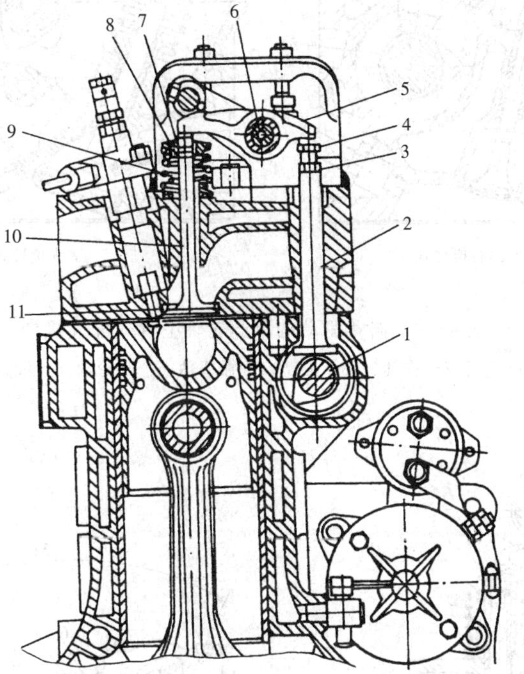

图4-2 凸轮轴中置式配气机构

1—凸轮轴；2—挺柱；3—锁紧螺母；4—气门间隙调整螺钉；5—摇臂；6—摇臂轴；7—气门锁夹；8—气门弹簧座；9—气门弹簧；10—气门；11—气门座圈

凸轮轴中置式配气机构缩短了传动链的长度，从而减轻了配气机构的往复运动惯性力质量，增大了机构的刚度，更适用于较高转速的发动机。

(3)凸轮轴上置式

凸轮轴上置式配气机构的凸轮轴置于汽缸盖上。凸轮轴直接通过摇臂来驱动气门或直接通过挺柱驱动气门，省去了推杆。这种配气机构的运动件少，传动链短，往复运动质量小，整个机构的刚度大，适合于高速发动机。

由于气门排列和气门驱动形式的不同，凸轮轴上置式配气机构有多种多样的结构形式。

如图4-3所示为摇臂驱动的单凸轮轴上置式配气机构。凸轮轴推动液力挺柱，液力挺柱推动摇臂，摇臂再驱动气门（如图4-3a所示）；或凸轮轴直接驱动摇臂，摇臂驱动气门（如图4-3b所示）。

如图4-4所示为摆臂驱动的凸轮轴上置式配气机构。由于摆臂驱动气门的配气机构比摇臂驱动式刚度更好，更有利于高速发动机。因此在轿车发动机上的应用比较广泛。如CA488-3、SH680Q、克莱斯勒A452、奔驰QM615、M115等发动机均为单上置凸轮轴(SOHC)摆臂驱动式配气机构（如图4-4a所示）；而本田B20A、尼桑VH45DE、三菱3G81、富士EJ20等发动机都是双上置凸轮轴(DOHC)摆臂驱动式配气机构（如图4-4b所示）。

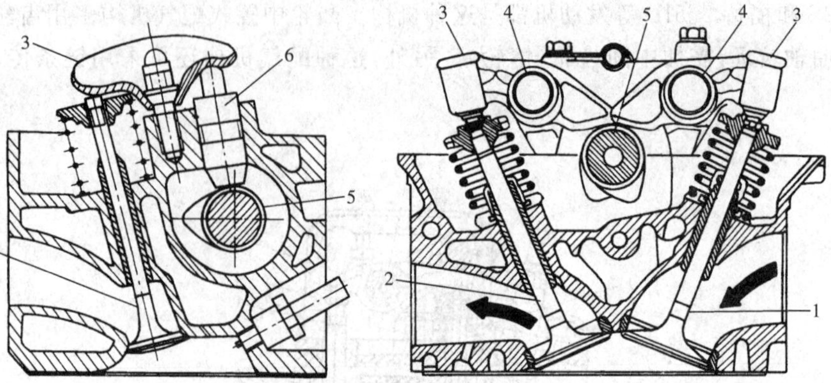

a)有挺柱式　　b)无挺柱式

图 4-3　摇臂驱动的单凸轮轴上置式配气机构

1—进气门;2—排气门;3—摇臂;4—摇臂轴;5—凸轮轴;6—液力挺柱

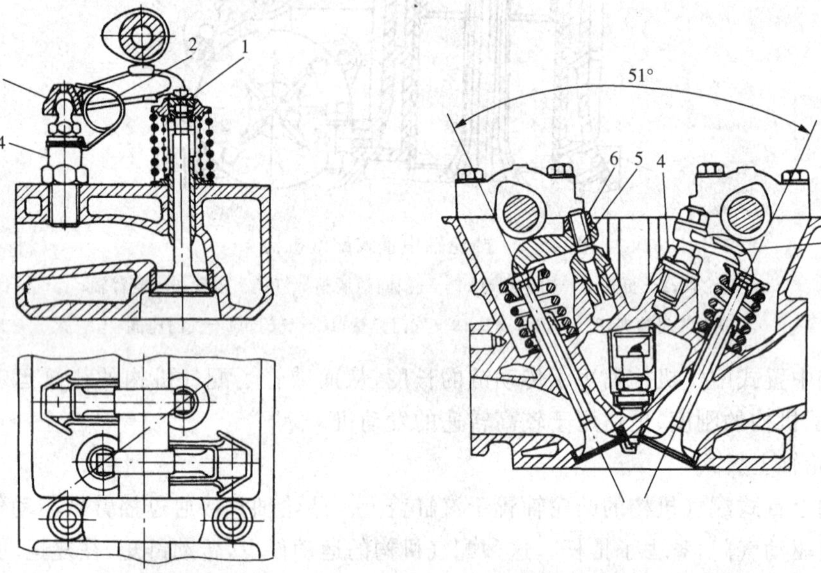

a)单上置凸轮轴　　b)双上置凸轮轴

图 4-4　摆臂驱动的凸轮轴上置式配气机构

1—气门间隙调整块;2—弹簧扣;3—摆臂;4—摆臂支座;5—气门间隙调整螺钉;6—锁紧螺母

如图 4-5 所示为直接驱动的凸轮轴上置式配气机构。在这种形式的配气机构中,凸轮轴通过吊杯形机械挺柱驱动气门(如图 4-5a 所示)或通过吊杯形液力挺柱驱动气门(如图 4-5b 所示)。与上述各种形式的配气机构相比,直接驱动式配气机构的刚度最大,驱动气门的能量损失最小。因此,其在高度强化的轿车发动机上得到了广泛应用,如奥迪、捷达、桑塔纳、马自达 6、欧宝 V6、奔驰 320E,还有依维柯 8140.01、8140.21 等均为直接驱动式配气机构。

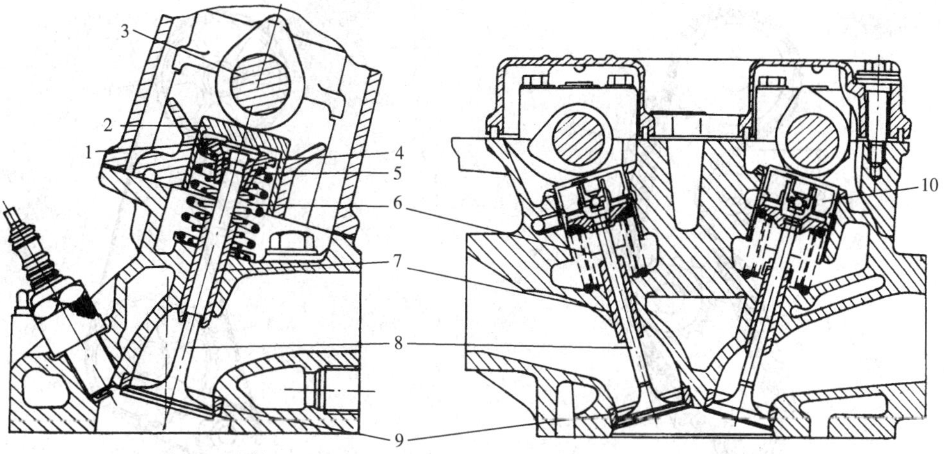

图 4－5　直接驱动的凸轮轴上置式配气机构

1—气门间隙调整垫片；2—吊杯形机械挺柱；3—凸轮轴；4—气门弹簧座；5—气门锁夹；6—气门弹簧；7—气门导管；8—气门；9—气门座圈；10—吊杯形液力挺柱

2. 按凸轮轴的传动方式分类

凸轮轴由曲轴带动旋转，它们之间的传动方式有齿轮传动、链传动及齿形带传动等几种。

(1)齿轮传动

凸轮轴下置、中置的配气机构多采用圆柱形正时齿轮传动。一般从曲轴到凸轮轴的传动只需一对正时齿轮，必要时可加装中间齿轮，如图 4－6 所示。为了啮合平稳，减小噪声和磨损，正时齿轮多用斜齿。曲轴正时齿轮常用钢来制造，而凸轮轴正时齿轮则用铸铁或夹布胶木制造。正时齿轮上有正时记号，装配时必须对齐以保证正确地配气正时。

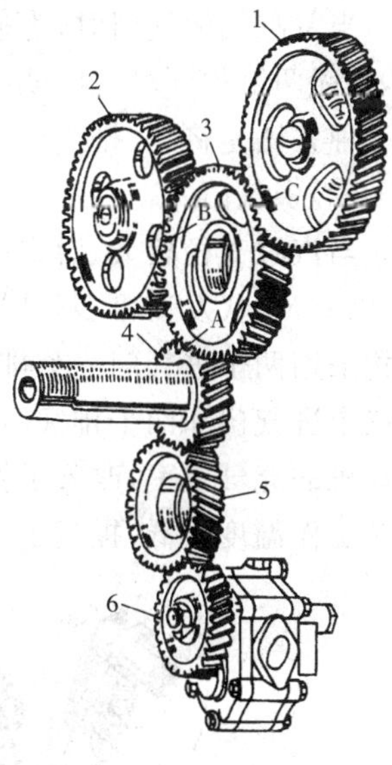

图 4－6　齿轮传动机构

1—喷油泵正时齿轮；
2—凸轮轴正时齿轮；
3、5—中间齿轮；
4—曲轴正时齿轮；
6—机油泵传动齿轮；
A、B、C—正时记号

(2)链传动

链传动特别适用于凸轮轴上置式配气机构。为使链条工作时有一定的张力而不致脱链，通常装有导链板、张紧装置等，如图 4－7 所示。链传动的主要问题是工作可靠性和耐久性不如齿轮传动，其传动性能很大程度上取决于链条的制造质量。

(3)齿形带传动

近年来，在高速发动机上广泛采用齿形带代替链传动，如图 4－8 所示。齿形带用氯丁橡胶制成，中间夹有玻璃纤维和尼龙织物以增加强度。这种传动方式可减小噪声和结构质量，并能降低成本。

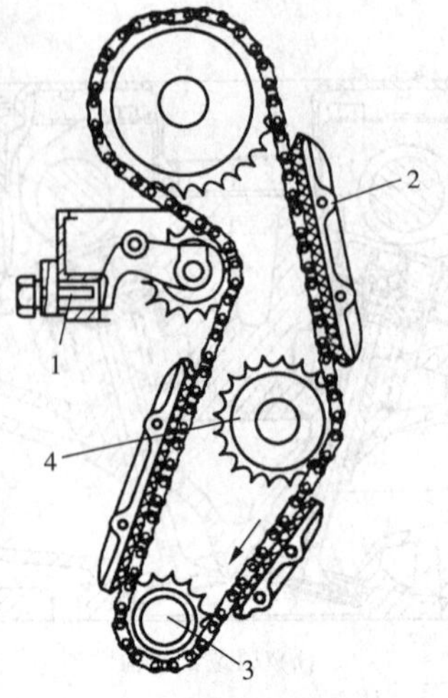

图 4-7　链传动机构

1—液力张紧装置;2—导链板;

3—曲轴链轮;4—驱动油泵的链轮

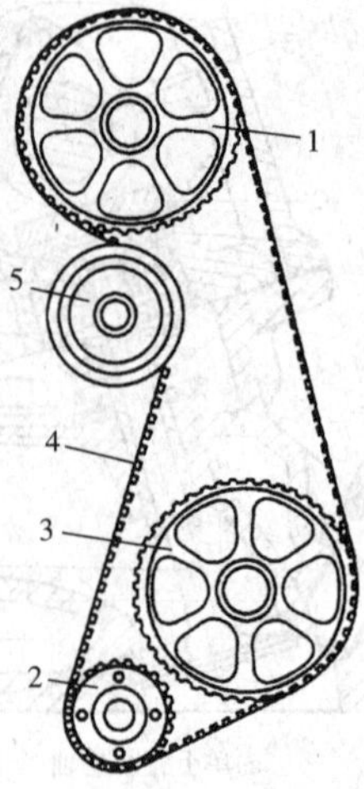

图 4-8　齿形带传动机构

1—凸轮轴正时齿轮;2—曲轴正时齿轮;

3—中间轴正时齿轮;4—正时齿形带;5—张紧轮

3. 按每缸气门数量分类

(1)双气门式

一般发动机都采用每缸两气门的结构,即一个进气门和一个排气门。其特点是结构简单,能适应各种燃烧室,但汽缸换气受到进气通道的限制,因此一般用于低速发动机。

当每缸用两气门时,为使结构简化,大多采用所有气门沿缸体纵向轴线排成一列。这样,相邻两缸的同名气门就能合用一个气道,以使气道简化并能得到较大的气道通过截面。另一种方法是将进、排气门交替布置,每缸单独用一个气道,这样有助于汽缸盖冷却均匀。

(2)多气门式

当汽缸直径较大、活塞平均线速度较高时,每缸两气门结构就不能保证良好的换气质量,因此,现代发动机多采用每缸三气门、四气门或五气门的结构,如图 4-9 所示。三气门结构采用两个进气门一个排气门、四气门结构采用两个进气门和两个排气门、五气门结构采用三个进气门和两个排气门。气门数的增加,使发动机进、排气道的横截面积增加,提高了发动机的充气效率,改善了发动机的动力性能。另外,气门数的增加可适当减小气门直径,使其工作温度降低,提高了气门的工作可靠性。

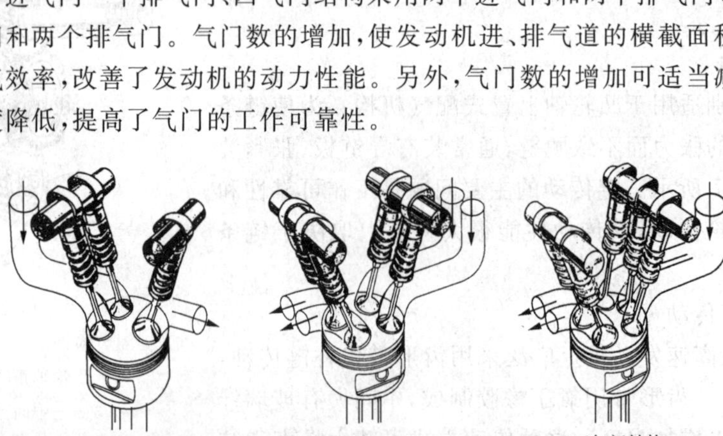

a)三气门结构　　b)四气门结构　　c)五气门结构

图 4-9　多气门的配置形式

当每缸采用四气门时,气门排列方式有两种:一种是同名气门排成一列(如图 4-10a 所示),分别用进气凸轮轴和排气凸轮轴驱动,这种结构对进气涡流的形成有利,而且气门和缸盖的热负荷均匀。另一种是同名汽缸排成两列(如图 4-10b 所示),凸轮轴通过 T 形杠驱动气门,并且所有气门可由一根凸轮轴驱动,这种结构会影响充气效率,造成排气门热负荷不均匀。

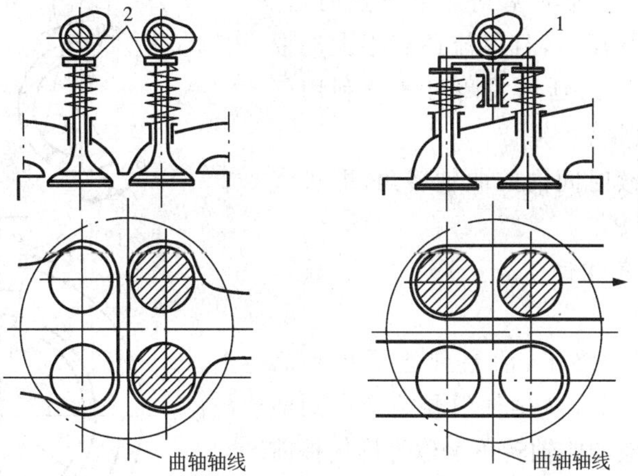

a)同名气门排气两列　　b)同名气门排成一列

图 4-10　四气门的布置

1—T 形杠;2—气门尾端的从动盘

第二节　配气相位及气门间隙

一、配气相位

配气相位就是以曲轴转角表示的进、排气门开闭时刻及其开启的持续时间。通常用相对于上、下止点的曲轴转角环形图来表示,这种图形称为配气相位图,如图 4-11 所示。

发动机在换气过程中,若能做到排气彻底、进气充分,则可以提高充气效率,增加发动机的输出功率。

理论上,四冲程发动机的进气时间和排气时间各占 180°曲轴转角。但实际上,由于发动机转速很高,一个行程经历的时间很短,这会使发动机充气不足或排气不彻底,从而使发动机功率下降。因此,现代发动机气门的开启和关闭时刻并不是活塞处于上止点和下止点的时刻,而是分别提前和延迟一定的曲轴转角,以改善进、排气状况。

1. 进气门的配气相位

(1)进气提前角

在排气行程接近终了、活塞到达上止点之前,进气门便开始开启。从进气门开始开启到活塞移到上止点所对应的曲轴转角 α 称为进气提前角。α 角一般为 10°～30°。

进气门早开是为了在进气行程开始时进气门已有一定的开度,在进气行程中获得较大的进气通道断面,减小进气阻力,使新鲜气体能顺利充入汽缸。

(2)进气迟后角

在进气行程下止点过后，活塞又上行一段，进气门才关闭。从下止点到进气门关闭所对应的曲轴转角β称为进气迟后角。β角一般为40°～80°。

进气门晚关，是因为活塞到达下止点时，汽缸内压力仍低于大气压力，且气流还有很大的惯性，流速也较高，进气门延迟关闭可充分利用气流的惯性，增加进气量。

进气门开启持续时间内的曲轴转角，即进气持续角为$\alpha+180°+\beta$。

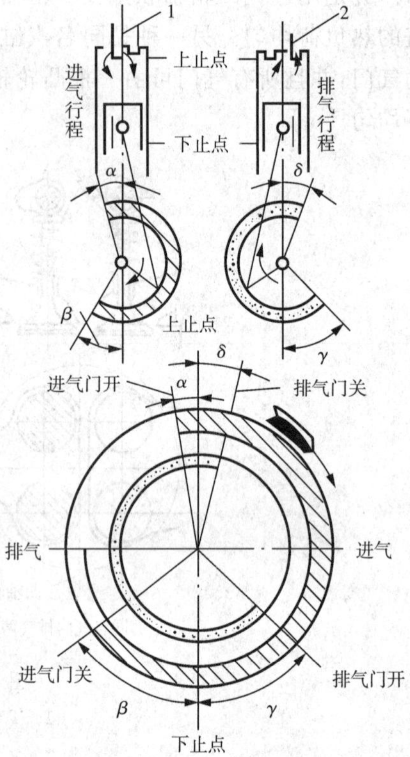

图4-11 配气相位图

1—进气门；2—排气门

2. 排气门的配气相位

(1)排气提前角

在做功行程接近终了，活塞到达下止点之前，排气门便开始开启。从排气门开始开启到活塞移到下止点所对应的曲轴转角γ称为排气提前角。γ一般为40°～80°。

排气门提前开启，是因为做功行程中活塞接近下止点时，汽缸内还有0.3～0.5MPa压力，此压力对做功的作用已经不大，可利用此压力使汽缸内的废气迅速自由地排出。当活塞到达下止点时，汽缸内压力降至0.11～0.12MPa左右，使排气行程所消耗的功率大为减少。此外，高温废气的迅速排出，还可以防止发动机过热。

(2)排气迟后角

在活塞越过上止点后，在下一循环的进气行程中排气门才关闭。从上止点到排气门关闭所对应的曲轴转角δ称为排气迟后角。δ一般为10°～30°。

排气门延迟关闭，是因为当活塞到达上止点时，汽缸内残余废气压力仍高于大气压力，且废气气流有一定的惯性，仍可利用气流惯性和压力差将废气排除干净。

排气门持续开启时间内的曲轴转角，即排气持续角为$\gamma+180°+\delta$。

3. 气门重叠

由于进气门早开和排气门晚关，致使活塞在上止点附近出现进、排气门同时开启的现象，这种现象称为气门重叠。进、排气门同时开启过程对应的曲轴转角，称为气门重叠角。气门重叠角的大小为$\alpha+\delta$。

虽然进、排气门在一段时间内同时开启，但是由于新鲜气体和废气的流动惯性都较大，短时间内流向不会改变，因此只要气门重叠角选择合适，就不会出现废气倒流进气道和新鲜气体随废气排出的现象。相反，由于废气气流周围有一定的真空度，对排气流速有一定的影响，进入汽缸的新鲜气体可填补此真空度，有利于废气的排出。

4. 配气相位的影响

配气相位对发动机性能有很大的影响。进气提前角过大，废气可能流入进气道，新鲜进气量会减少；排气迟后角过大，新鲜气体可能随同废气一起排出。相反，若气门重叠角过小，没有充分利用气流的惯性，会造成排气不彻底和进气量减少。排气提前角过大，将仍有做功能力的高温气体排出汽缸，造成发动机功率下降，油耗增大，且排气压力过高会使排气管产生“放炮”现象；但排气提前角过小，排气阻力的增加造成发动机功耗增多，还可能造成发动机过热。

进气迟后角对发动机性能影响最大。该角过小，会影响进气量；过大会因为活塞上行，导致缸内气体被重新压回进气道，进气量同样会受到影响。

不同的发动机，由于结构和转速的不同，其配气相位也不相同。即使是同一台发动机，其配气相位也应随转速的变化而变化。目前，大多数发动机采用固定配气相位，它只适应发动机某一常用的转速。最有利的配气相位需通过试验反复确定。欲使配气相位随发动机转速而变化，需采用可变配气定时机构。

二、可变配气定时机构

当发动机转速改变时，进气流速和强制排气时期的废气流速也随之改变，因此气门迟闭期间利用气流惯性增加进气和促进排气的效果将会不同。例如，当发动机在低速运动时，气流惯性小，若此时配气定时保持不变，则部分进气将被活塞推出汽缸，使进气量减少，汽缸内残余废气将会增多。当发动机在高速运转时，气流惯性大，若此时增大进气迟后角和气门重叠角，则会增加进气量和减少残余废气量，使发动机的换气过程臻于完善。总之，四冲程发动机的配气定时应该是进气迟后角和气门重叠角随发动机转速的升高而加大。如果气门升程也能随发动机的升高而加大，则将更有利于获得良好的发动机高速性能。从图 4 - 12 可以看出采用可变配气定时机构对发动机性能的改善情况。

为获得高速高功率，要求较大的进、排气门开闭角，特别是进气迟闭角要大，以充分利用高速惯性充气；为了获得低速大扭矩，进气迟闭角则要小，以防止进气倒流；为了获得中小负荷良好的经济性，气门重叠角要小。如果想同时满足上述要求，就要使用可变配气定时机构。

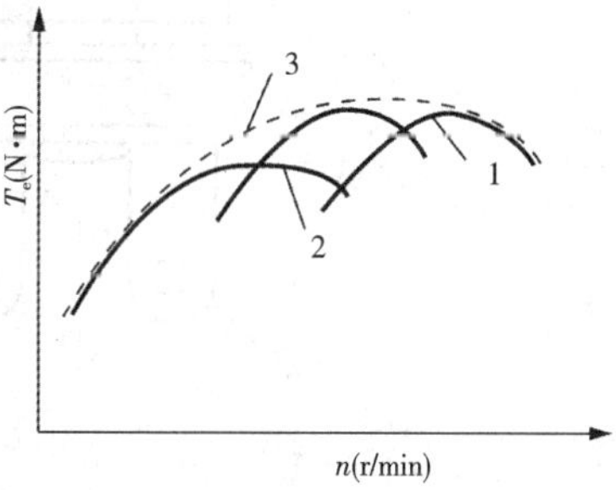

图 4 - 12　发动机的速度特性

1—高速发动机；2—中、低速发动机；3—装有可变配气定时机构的发动机

如图 4 - 13 所示为本田公司的可变气门正时及升程电子控制系统(variable valve timing and lift electronic control system，VTEC)，它可以同时改变进、排气门的配气定时，同时也能改变气门升程。VTEC 是采用一根凸轮轴上设计两种(高速型和低速型)不同正时和升程的凸轮，且利用油压进行切换的装置，结构如图 4 - 13 所示。在该机构中，高速时使用中间摇臂，低速时使用主、副摇臂，空动机构中的补助弹簧，可在低速时消除游隙，高速时使气门工作圆滑。

VTEC 系统的工作原理如图 4 - 14 所示。低速时，主摇臂 6、副摇臂 4 与中间摇臂 5 分离，利用两边的低速凸轮 7 驱动主、副摇臂，下压气门使其开启。中间摇臂利用空动弹簧与中间凸轮一起作用，但这时没有油压作用于同步活塞，故与气门开闭无关(如图 4 - 14a 所示)。高速工作时，利用摇臂内油压活塞的油压，使活塞按如图 4 - 14b 所示的箭头方向移动，这时主、副及中间摇臂利用同步活塞 A、B 使三个摇臂连成一体，由高速凸轮 8 驱动，从而获得发动机较大功率时相应的配气相位和气门升程。

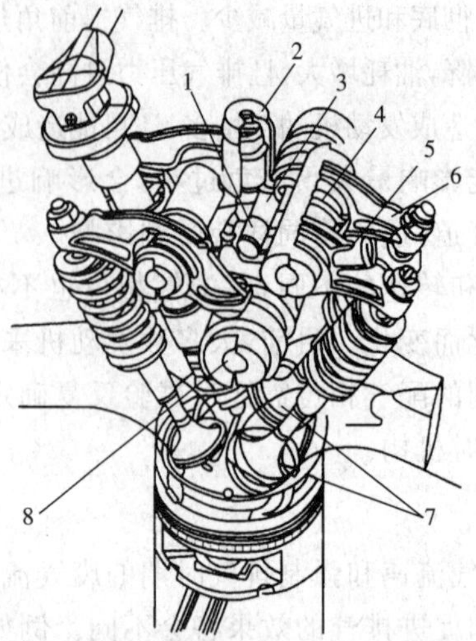

图 4-13 可变气门正时和升程电子控制系统

1—同步活塞 A;2—空动机构组件;3—同步活塞 B;4—中间摇臂;
5—主摇臂;6—副摇臂;7—进气门;8—凸轮轴

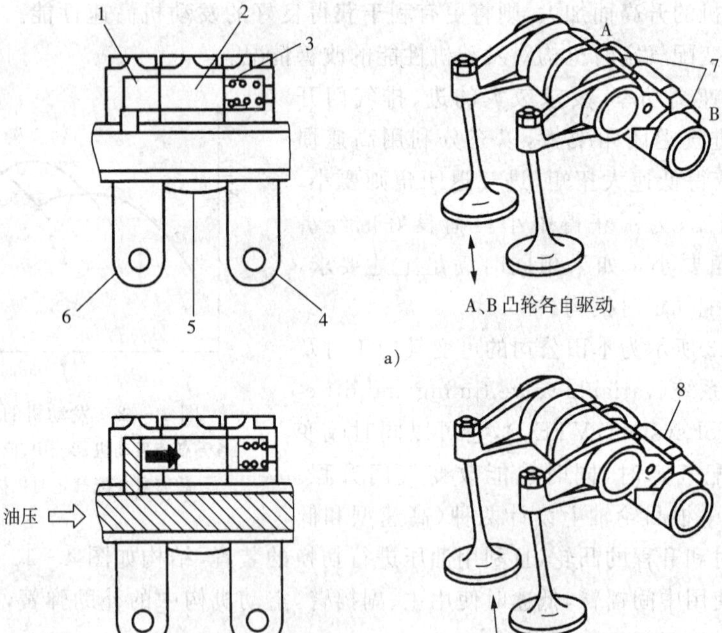

图 4-14 可变气门定时及升程的电子控制系统工作原理示意图

1—同步活塞 A;2—同步活塞 B;3—定位活塞;4—副摇臂;
5—中间摇臂;6—主摇臂;7—低速凸轮;8—高速凸轮

在 VTEC 的基础上,本田汽车公司还开发出三段式可变配气相位机构(VTEC-E)。

该结构的每对气门在不同工况分别由凸轮轴上的低速凸轮、中速凸轮和高速凸轮控制，相应的凸轮推动的摇臂也有三个：主摇臂、中间摇臂和次摇臂。另外，还有两个转换柱塞协同转换驱动凸轮。电控单元通过控制液压油路，根据发动机转速和负荷改变气门的配气相位及气门升程，借以提高充气效率。低速时，VTEC－E只开启一个气门，实现稀可燃混合气燃烧；中速时，打开两个进气门，确保发动机转矩增大；高速时，加大气门升程并延长进气门开启时间，使发动机输出更大功率，提高其动力性。

三、气门间隙

发动机在冷态下，当气门处于关闭状态时，气门与传动件之间的间隙称为气门间隙。

发动机工作时，气门及其传动件，如挺柱、推杆等都将因为受热膨胀而伸长。如果气门与其传动件之间在冷态时不预留间隙，则会在热态下由于气门及其传动件膨胀伸长而顶开气门，破坏气门与气门座之间的密封，造成汽缸漏气，从而使发动机功率下降，甚至不能正常工作。为此，在装配发动机时，在气门与传动件之间需预留适当的间隙。气门间隙不能过小，也不能过大。间隙过小，不能完全消除上述弊病；间隙过大，在气门与气门座以及各传动件之间会产生撞击和响声，同时也会使气门开启的持续时间减少，汽缸的充气和排气情况变坏。最适当的气门间隙由发动机制造厂根据试验确定。一般在冷态时，进气门间隙为0.25～0.35mm，排气门间隙为0.30～0.35mm。

汽车在使用过程中，应按原厂的规定定期检查和调整气门间隙，以保证发动机正常工作。气门间隙的检查与调整应在冷态下气门完全关闭、气门挺柱落于凸轮基圆位置时进行。调整气门间隙有逐缸调整和二次调整方法。

许多轿车发动机上的摆臂结构中，用气门间隙自动补偿器代替摆臂支座，如图4－15所示。它取消了以普通支座为支点时在摆臂上必须要安装的气门间隙调整螺钉或气门间隙调整块，实现零气门间隙。液力挺柱也能实现气门间隙的自动调整，有关内容将在后续章节详细叙述。

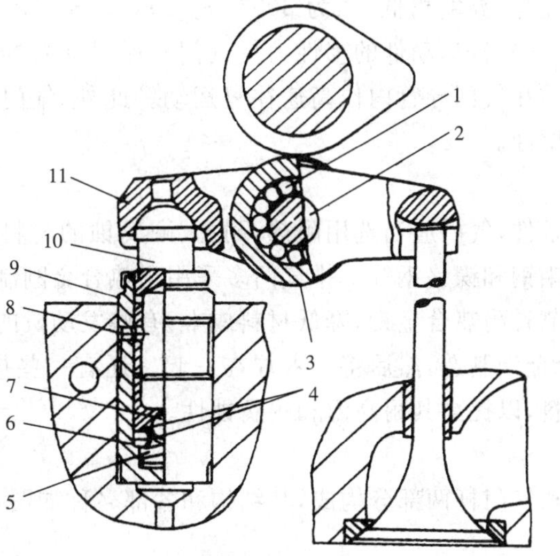

图4－15 摆臂与气门间隙自动补偿器

1—滚针；2—销轴；3—滚轮；4—单向阀保持架及单向阀弹簧；5—高压腔；6—柱塞弹簧；7—单向阀；8—进油孔；9—壳体；10—柱塞；11—摆臂

第三节　气门组

气门组包括气门、气门导管、气门座和气门弹簧等主要零部件,其基本组成以及各零件间的装配关系,如图 4-16 所示。

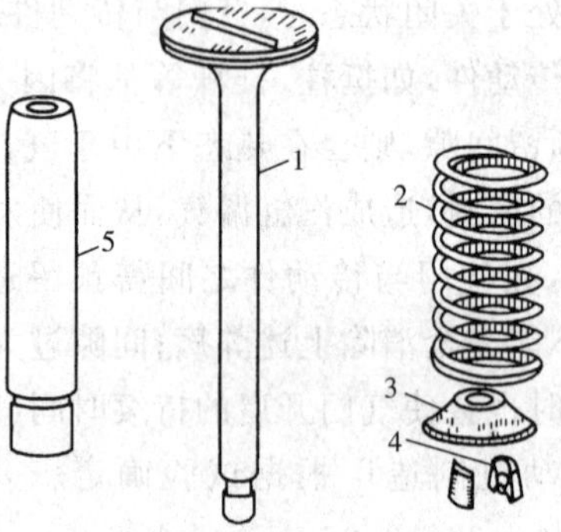

图 4-16　气门组零件

1—气门;2—气门弹簧;3—气门弹簧座;4—锁片;5—气门导管

一、气门

1. 气门的工作条件

气门是在热负荷、机械负荷很大以及冷却润滑不良的条件下工作。气门直接与高温燃气接触,受热严重且散热困难,因此气门温度很高。排气门最高温度可达 600℃～800℃,进气门由于受到进气的冷却,温度稍低,约为 300℃～400℃。气门承受气体压力和气门弹簧力的作用,以及由于配气机构运动件的惯性力使气门落座时受到冲击。气门在润滑条件很差的情况下快速启闭并在气门导管内作高速往复运动。此外,气门由于与高温燃气中的腐蚀性气体接触而受到腐蚀。

2. 气门材料

根据气门的工作条件,气门应当选用耐热、耐磨、耐腐蚀的材料。进气门一般用中碳合金钢制造,如铬钢、铬钼钢和镍铬钢等。排气门多采用耐热合金刚制造,如硅铬钢、硅铬钼钢和硅铬锰钢等。为了节省耐热合金钢,降低材料成本,有些发动机的排气门头部采用耐热合金钢,杆部则用普通合金钢制造,然后将二者焊在一起。还有一些排气门,在头部锥面喷涂一层钨钴特种合金材料,以提高其耐高温和耐腐蚀性。

3. 气门构造

气门由气门头部和气门杆两部分构成,其结构和各部名称如图 4-17 所示。

(1)气门头部

气门头部的形状有平顶、喇叭形顶和球面顶等形状(如图 4-18 所示)。目前使用最多的是平顶气门,其结构简单,制造方便,受热面积小,进、排气门均可采用。喇叭形顶气门头部与气门杆有较大的过渡圆弧,用作进气门时,能降低进气阻力,但其受热面积大,不适合做排气门。喇叭形顶气门的弹性较大，能较好地适应气门座圈的变形。球面顶气门头部的强度大，用作排气门时排气阻力小，废气清除效果好，但受热面积大，质量和惯性力大，加工较复杂。

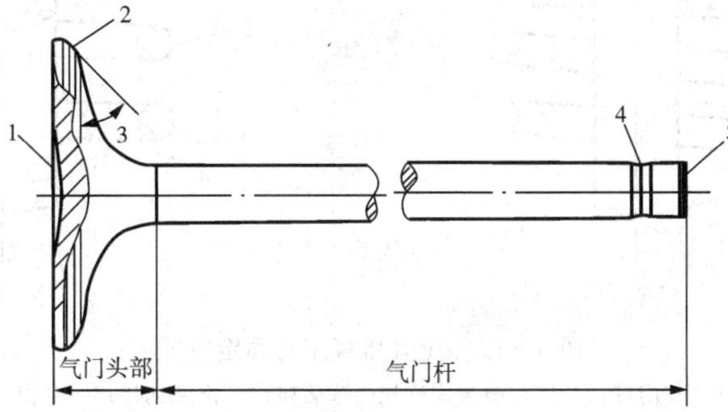

图 4－17 气门组成

1—气门顶面；2—气门锥面；3—气门锥角；4—气门锁夹槽；5—气门尾端面

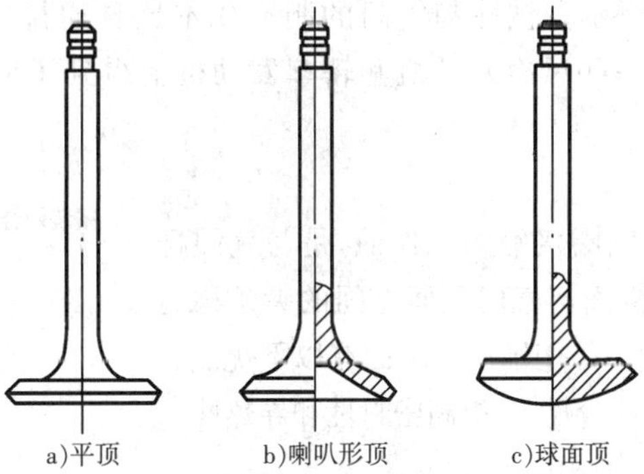

图 4－18 气门头部结构形状

气门头部直径越大，气门口通道截面就越大，进、排气阻力就越小。由于最大尺寸受燃烧室结构的限制，考虑到进气阻力对发动机性能的影响要比排气阻力大得多，为尽量减少进气阻力，一般进气门直径比排气门大 15%～30%。但在排气门数目少于进气门数目的发动机中，排气门头部直径大于进气门头部直径。

(2)气门杆

气门杆是圆柱形，在气门导管中不断进行上、下往复运动。气门杆有较高的加工精度和较低的粗糙度，与气门导管保持较小的配合间隙，以减小磨损，并起到良好的导向和散热作用。气门尾端的形状决定于气门弹簧座的固定方式。常用的固定方式有两种，如图 4－19 所示。一是采用剖分成两半且外表面为锥面的气门锁夹来固定气门弹簧座，气门杆的尾端切出环形槽来安装锁夹(如图 4－19a 所示)，这种固定方式结构简单，工作可靠，拆装方便，因此得到了广泛的应用。二是在气门杆尾端钻有安装圆柱销的径向孔，利用插在孔内的圆柱销来固定气门弹簧(如图 4－19b 所示)。

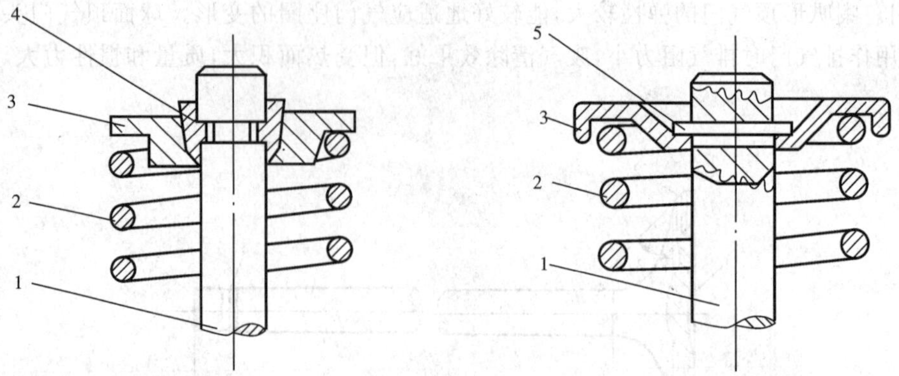

a)锁环式　　b)锁销式

图 4-19　气门弹簧座的固定方式

1—气门杆；2—气门弹簧；3—气门弹簧座；4—锥形锁片；5—锁销

某些高度强化的发动机会采用中空气门杆的气门，以减轻气门质量和减小气门运动惯性力。为了降低排气门的温度，增强排气门的散热能力，中空气门杆中还会填入一半的金属钠。钠的熔点是 97.8℃，沸点为 880℃，气门工作时，钠会变成液体，在气门杆内上下激烈地晃动，不断地从气门头部吸收热量并传给气门杆，再经气门导管传给汽缸盖，使气门头部得到冷却，结构如图 4-20 所示。钠冷却气门的制造成本比普通排气门高出几倍。但由于其十分明显的冷却效果，在一些风冷发动机和轿车发动机上得到了应用，如奔驰 190、尼桑 SR 系列发动机等。

(3)气门密封锥面

气门与气门座或气门座圈接触的工作面，是与气门杆同心的锥面。通常将这一锥面与气门顶面之间的夹角称为气门锥角，如图 4-17 所示。采用锥形接触面有以下优点：

① 可获得较大的气门座合压力，提高密封性和导热性；

② 气门落座时有定位作用；

③ 避免气流拐弯过大而降低流速；

④ 挤掉接触面上的沉积物，有自洁作用。

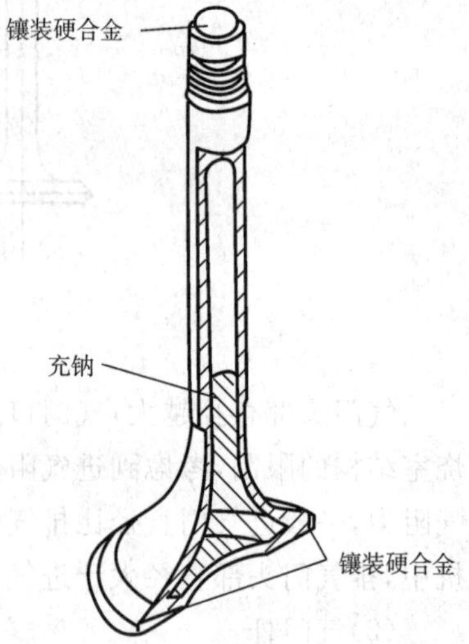

图 4-20　充钠排气门

在气门升程 H 和气门头部直径不变的情况下，气门通过断面的大小取决于 h(如图 4-21 所示)。当进气门锥角较小时，气门通过断面大，进气阻力小，可以增加进气量。但是，气门锥角小会使其气门头部边缘变薄，刚度较差，容易变形，致使气门与气门座圈之间的密封性变差。较大的气门锥角可提高气门头部边缘的刚度，气门落座时有良好的自动对中作用，并与气门座圈有较大的接触压力，这些都有利于气门与气门座圈之间的密封和传热，也有利于挤掉密封锥面上的积炭。进气门锥角一般为 45°，少数发动机的进气锥角做成 30°。排气门温度较高，导热要求也高，它的气门锥角多为 45°，虽然气流阻力增大，但因排气压力高，影响不大。

为了增强传热，气门与气门座圈的密封锥面必须严密贴合，为此，两者要配对研磨，研磨之后不能互换。

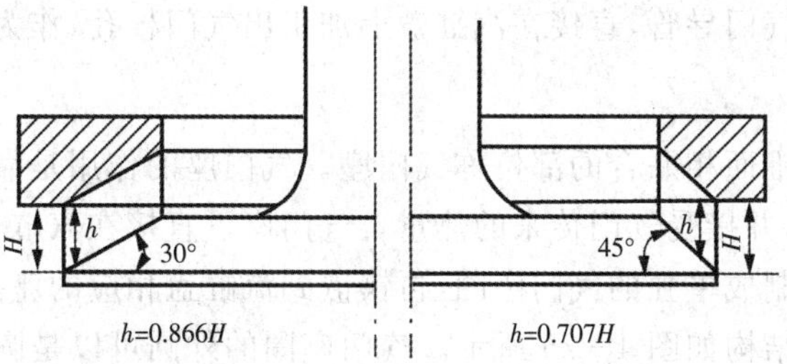

图 4－21　气门锥角及其对气门通过断面的影响

二、气门导管

气门导管的功用是对气门的运动导向，保证气门做直线往复运动，使气门与气门座或气门座圈能正确贴合，并为气门杆散热。

气门导管的润滑条件较差，仅靠配气机构工作时飞溅起来的机油来润滑，因此气门导管一般用含石墨较多的铸铁或粉末冶金制成，以提高其自润滑性能。

气门导管在以一定的过盈量压入汽缸盖上的气门导管座孔之后，再精铰气门导管孔，以保证气门导管与气门杆的正确配合间隙。气门导管上端孔口一般不倒角，以减少进入导管孔内的机油量。排气门导管下端孔口加工有排渣槽，以便刮除气门杆上的沉积物或积炭。气门导管的下端伸入进、排气道内，为防止对气流造成阻力，伸入端的外圆做成圆锥状(如图 4－22 所示)。有的发动机为防止气门导管工作时松落，采用卡环对导管进行固定和定位(如图 4－23 所示)。

为防止过量机油进入气门导管孔，增加机油消耗量，现代汽车发动机装有气门油封。气门油封组件的构造如图 4－24 所示。

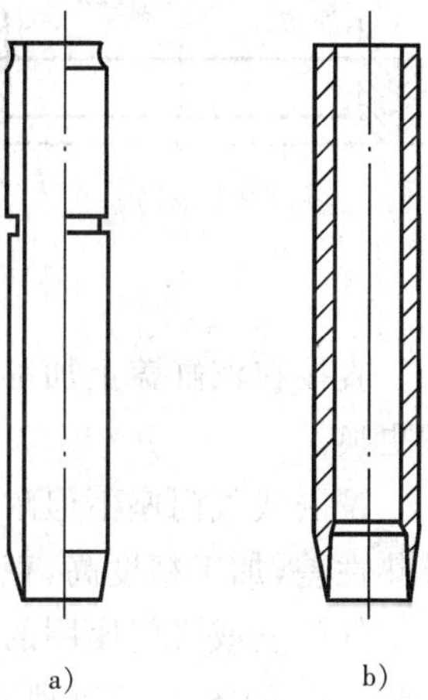

图 4－22　气门导管

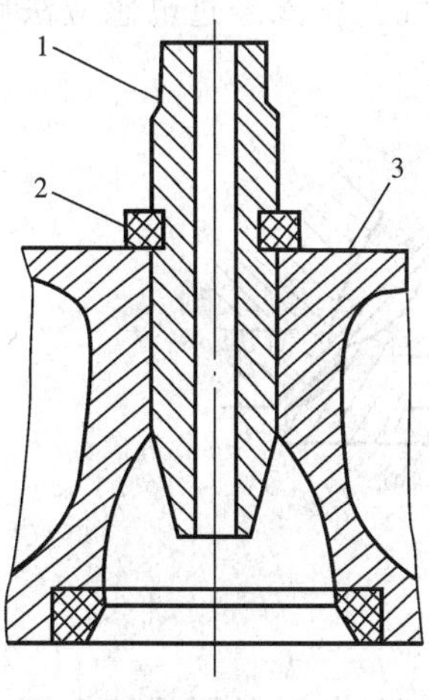

图 4－23　气门导管的固定

1—气门导管；2—卡环；3—汽缸盖

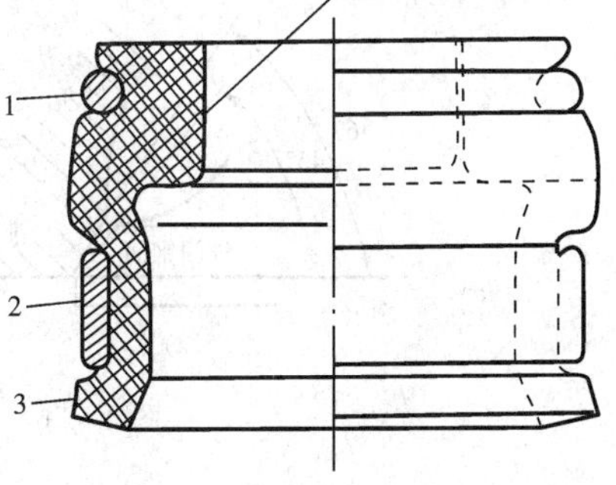

图 4－24　气门油封

1—卡环；2—卡箍；3—氟橡胶油封

有的发动机不装气门导管,直接在汽缸盖上加工出气门杆孔,作为气门的导向孔。

三、气门座

汽缸盖上与气门锥面相贴合的部位称气门座。气门座的作用是靠其内锥面与气门锥面的紧密贴合密封汽缸,并接受气门传来的热量。气门座可直接在汽缸盖上加工出来,也可用合金铸铁或奥氏体钢制成单独的气门座圈,再镶嵌到汽缸盖相应的座孔中,构成镶嵌式气门座。镶嵌式气门座的结构如图 4-25 所示。气门座圈的外圆可以是圆柱面(如图 4-25a 所示),也可以是锥角不超过 12°的圆锥面(如图 4-25b 所示)。在气门座圈的外圆面上加工有环形槽,当气门座圈压入座孔后,汽缸盖材料由于塑性变形而嵌入环槽内,可以防止气门座圈脱落。如图 4-25c 所示的镶嵌式气门座是将气门座圈装入座孔后,再将气门座圈周围的汽缸材料碾压入气门座圈与汽缸盖间的缝隙中使气门座圈固定而形成的。

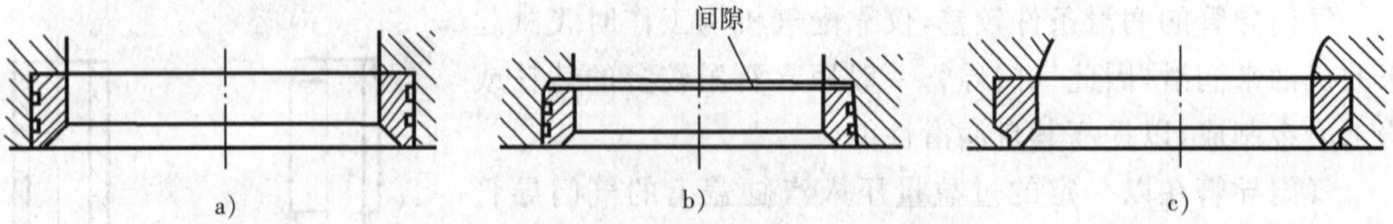

图 4-25　镶嵌式气门座

直接在汽缸盖上加工的气门座散热效果好,不存在脱落的可能性,但不耐磨,不便于修理更换。

镶嵌式气门座不但耐高温、耐冲击,能延长汽缸盖的使用寿命,而且易于更换。缺点是导热性差,加工精度高,存在发生脱落的可能性。

气门座或气门座圈的锥角与气门锥角相适应。一般发动机的气门座锥角比气门锥角大 0.5°～1°(如图 4-26a 所示),该角称密封干涉角。可使二者锥面不全接触,以增加密封锥面的接触压力,加速磨合,清除积炭,保持锥面良好的密封性。为了保证有一定的贴合压力,使密封可靠,同时又有一定的散热面积,要求结合面的宽度为 1～3mm。

另外,若在气门锥面上镀敷铬钴耐磨合金,气门座或气门座圈经过电感应法硬化处理后,气门与气门座可采用相同的锥角(如图 4-26b 所示)。

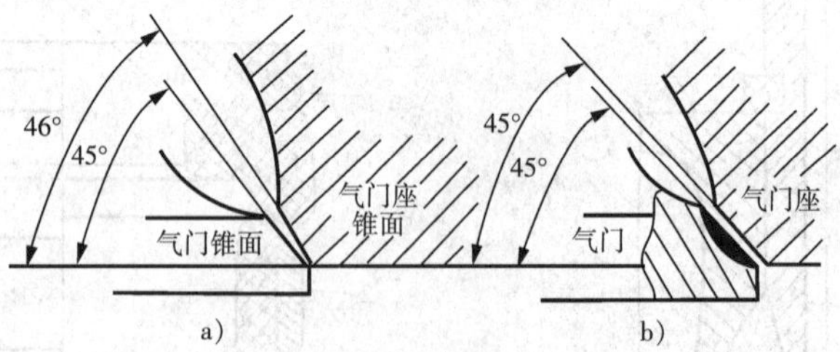

图 4-26　气门和气门锥角

四、气门弹簧

气门弹簧的功用是借其张力克服气门关闭过程中气门及传动件因惯性力而产生的间隙,保证气门及时落座并紧密贴合,同时也防止气门在发动机振动时因跳动而破坏密封。因此,气门弹簧应具有较大的刚度,以及足够的预紧力和抗疲劳强度。

气门弹簧多用中碳铬钒钢丝或硅铬钢丝等优质冷拔弹簧钢丝制成圆柱形螺旋弹簧，如图 4-27a 所示。为提高其抗疲劳强度，弹簧丝表面要经抛光或喷丸处理。弹簧丝表面还需经过磷化处理，避免锈蚀。气门弹簧的两端应磨平，并与弹簧轴线相垂直，防止弹簧在工作中产生歪斜。

气门弹簧受交变载荷的作用，当气门弹簧的工作频率与其固有的振动频率相等或为整数倍时，气门弹簧就会发生共振。共振可能破坏配气定时，使气门发生反跳和冲击，甚至折断弹簧。为防止共振的发生，可采取下列结构措施：

(1)采用变螺距气门弹簧(如图 4-27b 所示)。变螺距弹簧的固有频率不是定值，从而可以避开共振。安装变螺距气门弹簧时，应该使螺距小的一端朝向汽缸盖顶面。某些高性能汽油机采用变螺距单气门弹簧，如红旗 CA7560 型轿车 8V100 型发动机的气门弹簧。

(2)采用双气门弹簧(如图 4-27c 所示)。双气门弹簧的两根弹簧直径不同，旋向相反。由于两弹簧的固有频率不同，当某一弹簧发生共振时，另一弹簧起到阻尼减震作用。当一根弹簧折断时，另一根弹簧仍可维持气门工作。弹簧旋向相反，可以防止折断的弹簧圈卡入另一根弹簧，使其不能工作或损坏。柴油机和高性能汽油机上广泛采用双气门弹簧结构，一汽奥迪 100、捷达/高尔夫、宝来和大众波罗及广州本田雅阁型轿车发动机均采用双气门弹簧。

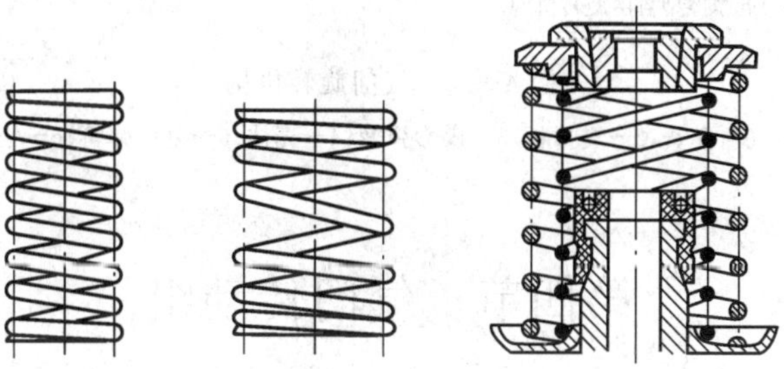

a)　　b)　　c)

图 4-27 气门弹簧

五、气门旋转机构

有一些发动机采用气门旋转机构，即气门在工作中能相对气门座缓慢旋转，主要作用是使气门头部的周向温度分布均匀，减小气门头部的热变形。而且气门旋转时，在密封锥面上产生轻微的摩擦力，能够清除锥面上的沉积物。气门旋转机构有自由旋转和强制旋转两种，结构如图 4-28 所示。

强制式旋转机构可使气门每开一次便旋转一定的角度。在旋转机构的壳体上有 6 个可变深度的槽，槽中装有带复位弹簧的钢球，蝶形弹簧安装在壳体与气门弹簧座之间。当气门关闭时，蝶形弹簧并没有压紧在钢球上，钢球在复位弹簧的作用下位于凹槽的最浅处；当气门开启时，气门杆尾端受到的压力传到蝶形弹簧，蝶形弹簧变形并紧压钢球，迫使钢球沿凹槽斜面滚动，同时带动旋转机构的壳体和气门锁夹及气门一起旋转一定的角度。

自由旋转机构的气门锁夹不直接与弹簧座接触，而是装在一个锥形套筒中，锥形套筒的下端支撑在弹簧座平面上，套筒端部与弹簧座接触面的摩擦力不大，在发动机运转振动时，可使气门自由地做不规则旋转。

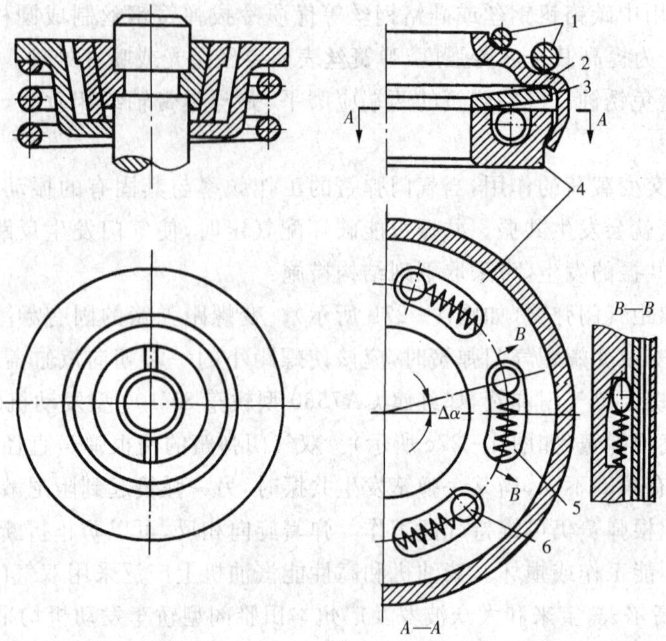

a)低摩擦型自由旋转机构　　b)强制旋转机构

图 4 - 28　气门旋转机构

1—气门弹簧;2—支撑板;3—碟形弹簧;4—壳体;5—复位弹簧;6—钢球

第四节　气门传动组

气门传动组的作用是使气门按发动机配气相位规定的时刻及时开闭,并保证足够的开启时间和开启高度。气门传动组通常由凸轮轴和凸轮轴正时齿轮、挺柱、推杆和摇臂总成等组成。但随气门驱动形式和凸轮轴位置的不同,气门传动组的零件组成差别很大。

一、凸轮轴

1. 凸轮轴的功用与要求

凸轮轴的功用是按照发动机工作需要定时控制进、排气门的开启和关闭。此外,有些汽油机还利用凸轮轴来驱动分电器、机油泵和汽油泵。

凸轮轴承受周期性冲击载荷的作用。凸轮与挺柱之间的接触应力很大,相对滑动速度也很高,造成凸轮工作表面的磨损比较严重。因此,凸轮轴轴颈和凸轮工作表面应具有较高的耐磨性和良好的润滑,另外还应该有较高的尺寸精度、较小的表面粗糙度和足够的刚度。

凸轮轴一般采用优质碳钢或合金钢锻造而成,也可用合金铸铁或球墨铸铁铸造而成。轴颈和凸轮工作表面经热处理后磨光,使之具有足够的硬度和耐磨性。

2. 凸轮轴结构

凸轮轴主要由凸轮和轴颈等组成,如图 4 - 29 所示。对于下置式凸轮轴来说,还有用以驱动机油泵、分电器的螺旋齿轮和用以驱动汽油泵的偏心轮。

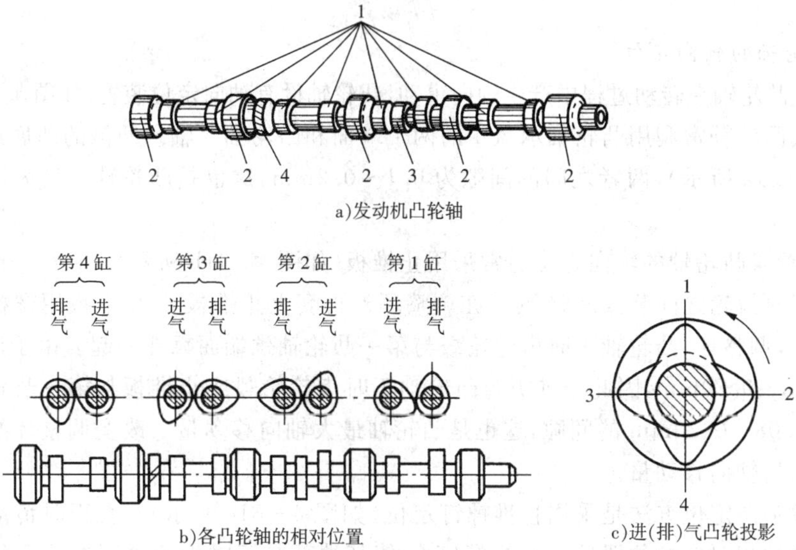

图 4-29 四缸四冲程汽油机凸轮轴

1—凸轮;2—凸轮轴轴颈;3—驱动汽油泵的偏心轮;4—驱动分电器等的螺旋齿轮

(1)凸轮

凸轮是凸轮轴上最重要的组成部分。凸轮轮廓应能使气门的开启与关闭时间符合配气相位的要求,使气门有尽量大的升程。凸轮轮廓曲线如图 4-30 所示。O 点为凸轮的旋转中心,圆弧 AE 称为基圆。当挺柱与 E 点接触时,凸轮按箭头方向旋转,基圆从 E 点起滑过挺柱到 A 点,在这一转角范围内挺柱不动,气门处于关闭状态。对于普通挺柱,从 A 点起随着凸轮轴的转动,挺柱开始升起,由于气门间隙的存在,气门处关闭状态,凸轮转到 B 点与挺柱接触时,气门间隙消除,气门开始打开,凸轮转到 C 点,气门开度最大,凸轮继续转动,挺柱开始下移,气门在气门弹簧的作用下开始关闭,当凸轮转到 D 点时,气门完全关闭,凸轮转到 E 点时,挺柱下移停止。凸轮转过一圈,气门打开一次。图中角 φ 为气门开启持续角,ρ_1 和 ρ_2 是消除气门间隙和恢复气门间隙所需的凸轮转角。凸轮轮廓曲线 BCD 段的形状,决定了气门打开与关闭过程的运动规律。凸轮轮廓曲线是对称的,在凸轮轮廓与基圆结合处,有一小段缓冲段,以减小气门在打开和落座时的冲击,减小噪声与磨损。

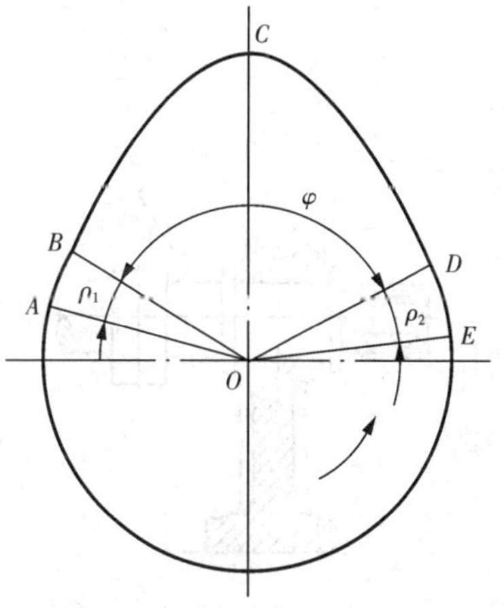

图 4-30 凸轮的轮廓曲线

(2)凸轮轴颈

凸轮轴为细长轴,容易产生弯曲、扭曲等变形,影响配气相位和气门的升程。为减小凸轮轴的变形,发动机凸轮轴采用了全支撑方式和每两个汽缸设一个轴颈支撑的方式。

中置式和下置式凸轮轴的轴承一般采用衬套压入整体式轴承座孔的方式,衬套的材料多为低碳合金钢,在钢背上浇敷减磨合金层制成,也有的凸轮轴轴承采用粉末冶金衬套或青铜衬套。

3. 凸轮轴的轴向定位

为防止凸轮轴在转动过程中产生轴向窜动,凸轮轴设有轴向定位装置(如图 4－31 所示)。

上置式凸轮轴常利用凸轮轴承盖 1 的两个端面和凸轮轴 2 轴颈两侧的凸肩进行轴向定位(如图 4－31a 所示),两者之间的间隙为 0.1～0.2mm,这也是凸轮轴的最大许用轴向移动量。

中、下置式凸轮轴的轴向定位通常采用止推板(如图 4－31b 所示)。在第一凸轮轴轴颈和凸轮轴正时齿轮之间装入调整环 4,在调整环外再套上止推板 3,止推板用螺栓固定在机体前端面上,调整环、凸轮轴正时齿轮轮毂与第一凸轮轴颈端面靠在一起。由于调整环比止推板厚 0.08～0.20mm,因此止推板与凸轮轴正时齿轮轮毂或止推板与第一凸轮轴颈端面之间形成 0.08～0.20mm 的间隙,这也是凸轮轴最大轴向移动量。改变调整环的厚度即可改变凸轮轴的轴向移动量。

第三种轴向定位方法是采用止推螺钉定位(如图 4－31c 所示)。在正时传动室盖 7 上与凸轮轴前端相对应的位置拧入止推螺钉 9,使其端部与正时齿轮紧固螺栓 8 的六角头端面相距 0.1～0.2mm 时,锁紧止推螺钉,实现凸轮轴的轴向定位。

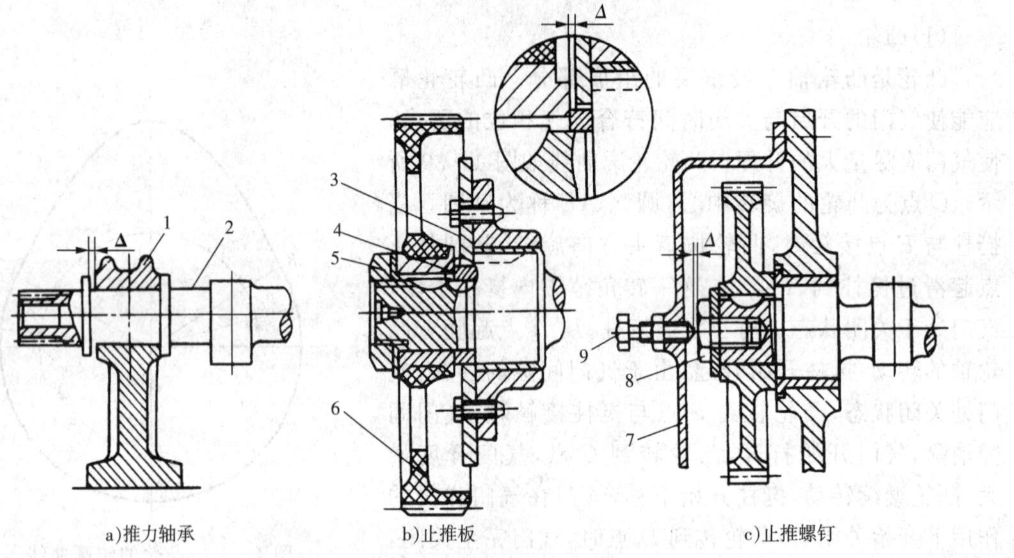

图 4－31　凸轮轴轴向定位方式

1—凸轮轴承盖;2—凸轮轴;3—止推板;4—调整环;5—螺母;
6—凸轮轴正时齿轮;7—正时传动室盖;8—螺栓;9—止推螺钉

二、挺柱

挺柱的功用是将凸轮的推力传给推杆或气门,并承受凸轮轴旋转时所施加的侧向力,将它传给机体和汽缸盖。

挺柱工作时,其底面与凸轮接触,接触面积小,接触应力较大,摩擦和磨损相当严重,因此,挺柱工作面应该耐磨损并应得到良好的润滑。挺柱常采用耐磨性较好的合金钢或合金铸铁等制造。

挺柱分为机械挺柱和液力挺柱两大类。

(1)机械挺柱

机械挺柱主要有筒式和滚轮式等形式，结构如图 4－32 所示。

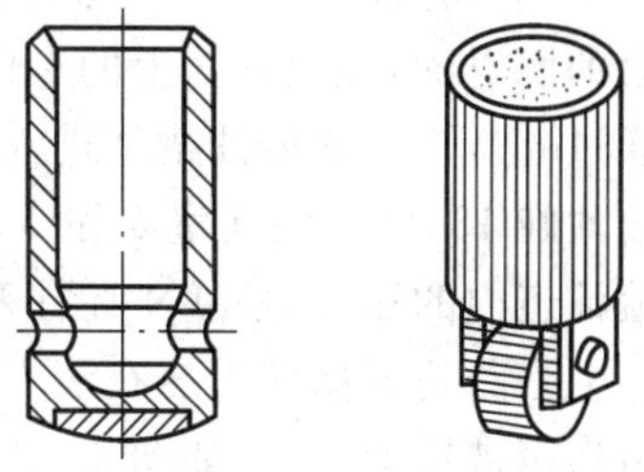

a)筒式　　b)滚轮式

图 4－32　机械挺柱

筒式挺柱圆周钻有通孔，便于筒内收集的机油流出，对挺柱底面及凸轮加以润滑；另外，挺柱中间为空心，可减轻质量。滚轮式挺柱可以减少磨损，但结构复杂、质量较大，多用于大缸径柴油机的配气机构上。

挺柱工作时，会因为凸轮的侧向推力而稍有倾斜，并且由于侧向推力方向是一定的，因此挺柱与导管之间会发生单面磨损，此外，挺柱与凸轮固定不变地在一处接触，也会造成磨损不均匀。为此，在结构上有的挺柱制成球面，而且把凸轮面制成带锥度形状，这样凸轮与挺柱的接触点偏离挺柱轴线，当挺柱被凸轮顶起上升时，接触点的摩擦力使其绕本身轴线转动，以达到均匀磨损的目的。

(2)液力挺柱

发动机工作时，配气机构中预留的气门间隙会使配气机构产生撞击和噪声，为了消除这一弊病，大多数轿车发动机都采用液力挺柱，以实现零气门间隙。气门及其传动件因升温而膨胀或因磨损而缩短，都可以由挺柱的液力作用来自行调整或补偿。

液力挺柱装在凸轮与气门杆之间，由挺柱体 10、内体 8、柱塞 4、单向阀 7、单向阀弹簧 12、柱塞回位弹簧 14 等组成，如图 4－33 所示。各零件组装到挺柱体上后再与上盖 1 焊接在一起，成为一个不可拆卸的整体，内体的内、外表面分别与柱塞外表面和挺柱体内表面配合良好。整个液力挺柱形成三个空间，即储油室 5 和 3 以及高压油腔 13。

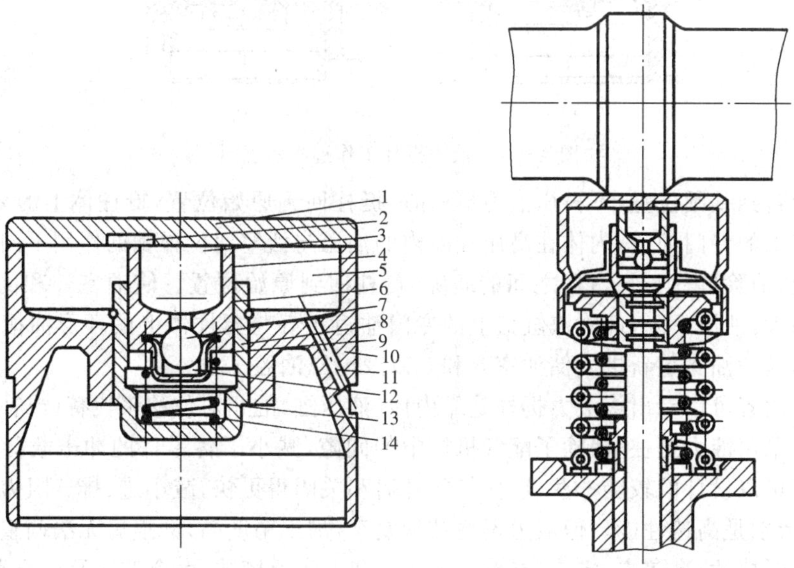

a)组成　　b)安装位置

图 4－33　液力挺柱

1－上盖；2－溢油槽；3、5－储油室；4－柱塞；6－泄油间隙；7－单向阀；8－内体；9－导向间隙；10－挺柱体；11－供油斜孔；12－单向阀弹簧；13－高压油腔；14－柱塞回位弹簧

液力挺柱的工作过程如下：

当凸轮没有压下液力挺柱时，挺柱处于图 4 - 34a 所示位置，发动机润滑系统中带有压力的润滑油，经汽缸盖上的专门油道、挺柱体上的环形油槽、供油斜孔 11 进入储油室 5，并通过上盖 1 上的溢油槽 2 进入储油室 3，再克服单向阀弹簧 12 的弹力顶开单向阀 7 进入高压油腔 13，此时储油室 5 和 3 以及高压油腔 13 都充满润滑油，并且它们的压力都等于汽缸盖油道内的压力，柱塞 4 在柱塞回位弹簧 14 的作用下顶在上盖上。

当凸轮开始向下压在液力挺柱上时，挺柱体(连上盖)和柱塞被压下，内体因气门杆的反力作用被推向上盖(如图 4 - 34b 所示)，压缩高压油腔 13。油腔中的部分润滑油通过内体与活塞间的泄漏间隙 6 被挤出，使高压油腔容积减小。由于内体的高速向上运动会产生很强的节流作用，致使油腔内的油压仍然很快增高。单向阀在高压油压和单向阀弹簧的作用下关闭，切断了高压油腔与储油室的连接通道。与此同时，由于内体向上运动，顶到上盖上并占据了储油室 5 内的相应空间，使其容积减小。多余的润滑油则通过内体与挺柱体间的导向间隙 9 和挺柱体上的进油孔(在开始某一时刻进油孔尚未完全切断)挤走。这时高压油腔内的润滑油，由于它的不可压缩性使挺柱、内体与柱塞成为一个刚体，按凸轮的运动规律，使气门逐渐开启，再逐渐关闭。

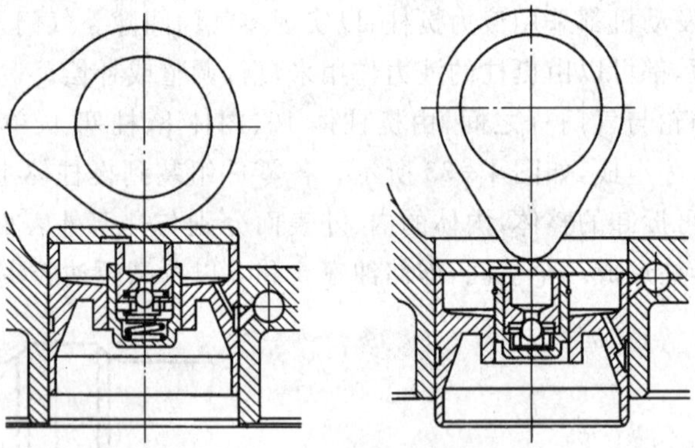

图 4 - 34　液力挺柱工作过程示意图

当凸轮转到基圆位置，不再压液力挺柱时，挺柱回到原始位置，挺柱体上的环形油槽又对准汽缸盖上的专门油道，内体在高压油腔内的油压与活塞回位弹簧的作用下向下运动，顶在气门杆上，消除挺柱与气门杆之间的间隙，挺柱回到原始位置。储油室 5 和高压油腔 13 由于容积增大，油压下降，此时汽缸盖上的专门油道正好与挺柱体上的环形油槽相通，具有一定压力的润滑油又重新进入储油室 5 和 3 以及高压油腔 13。

从上述内容可以看出该液力挺柱是靠内体(液压缸)的相对位移来代替(或补偿)气门的预留间隙。采用液力挺柱，消除了配气机构中的间隙，减小了各零件的冲击载荷和噪声，同时凸轮轮廓可以设计的较陡一些，以使气门开启和关闭得更快，减小进、排气阻力，改善发动机的性能，特别是高速性能。但液力挺柱结构复杂，加工精度高，磨损后无法调整只能更换。一汽奥迪 A6、捷达/高尔夫、宝来、红旗 CA7220 和上海桑塔纳、大众波罗及广州本田雅阁型轿车发动机均采用液力挺柱。

三、推杆

推杆处于挺柱和摇臂之间，其功用是将挺柱传来的推力传递给摇臂。推杆为细长杆件，承受压力，容易弯曲变形。因此，推杆应有较好的纵向稳定性和较大的刚度。

推杆一般用冷拔无缝钢管制成，两端焊上球头和球座（如图4－35b、c所示），也可以用中碳钢制成球头或球座与杆身锻成一体的实心推杆（如图4－35a所示）。对于缸体和缸盖都是铝合金制造的发动机，宜采用锻铝或硬铝制造推杆，并在其两端压入钢制球头和球座，目的是当发动机温度变化时，不会因为材料热膨胀系数的不同而引起气门间隙的改变。

推杆可以是实心的，也可以是空心的。无论是实心结构还是空心结构，推杆两端的球头或球座均需淬硬和磨光，以提高其耐磨性。

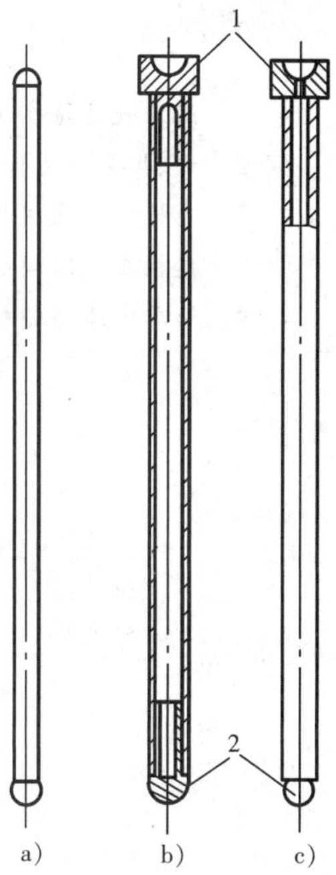

图4－35　推杆
1－球座；2－球头

四、摇臂

摇臂是一个中间带有圆孔的双臂杠杆，其功用是将推杆传来作用力改变方向，并作用到气门杆尾部以推开气门。

摇臂的两臂不等长，摇臂比为1.2～1.8。短臂端加工有螺纹孔，用来拧入气门间隙调整螺钉。长臂一端与气门接触，其工作面加工成圆弧面（如图4－36b所示），该圆弧工作面与气门杆尾端面的接触应力大，且有相对滑动，磨损较严重，因此该工作面需在淬火后磨光。

摇臂在摆动过程中承受很大的弯曲力矩，应具有足够的强度和刚度以及较小的质量。摇臂由锻钢、可锻铸铁、球墨铸铁或铝合金制成。为使摇臂在尽可能小的质量下有较大的强度和刚度，一般将摇臂制成“T”字形或“工”字形断面。

摇臂孔内镶有衬套并通过空心的摇臂轴支承在轴座上，后者固定在汽缸盖上。摇臂在摇臂轴上的位置由限定弹簧或挡圈限定。

摇臂衬套与摇臂轴、摇臂工作面与气门杆尾端面以及气门间隙调整螺钉的球头或球座与推杆的球座或球头均需要润滑，为此将机油从机体经汽缸盖和摇臂轴座中的油道引入摇臂轴，再从摇臂轴、摇臂衬套和摇臂上的油孔流向摇臂两端（如图4－36a所示）。

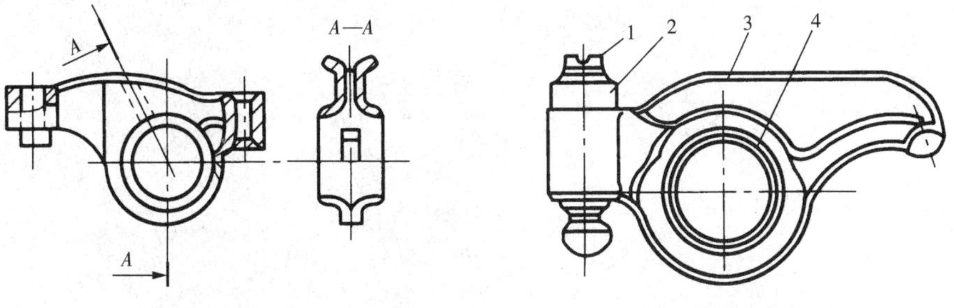

a)摇臂组件润滑情况　　b)摇臂组件结构

图4－36　摇臂结构
1－气门间隙调整螺钉；2－锁紧螺母；3－摇臂；4－摇臂轴套

思考题

4-1 试比较凸轮轴下置式、中置式和上置式配气机构的优缺点及各自的应用范围。

4-2 进、排气门为什么要早开晚关?

4-3 为什么在采用机械挺柱的配气机构中要预留气门间隙?怎样调整气门间隙?为什么采用液力挺柱或气门间隙补偿器的配气机构可以实现零气门间隙?

4-4 简单阐述凸轮轴的主要结构和轴向定位方式。

第五章　汽油机燃油供给系统

本章主要介绍汽油机燃料供给系统的作用与汽油特性，可燃混合气浓度对发动机工作的影响，发动机各种工况对混合气浓度的要求，电子控制汽油喷射系统的分类和几种典型的电控汽油喷射系统，电控汽油喷射系统中燃料供给系统主要部件的结构和工作原理，进气供给系统主要部件的结构和工作原理，电子控制系统主要部分的结构和工作原理，电控汽油喷射系统的辅助系统。

第一节　概　述

一、燃油供给系统的功用与分类

汽油机燃料供给系统的功用是根据汽油机各种工况的不同要求，配制一定数量和浓度的可燃混合气，并将其供入汽缸，使之在压缩终了时点火、燃烧而膨胀做功，最后将燃烧后的废气排入大气。

按燃油供给方式的不同，汽油机燃油供给系统有两种基本形式：化油器式燃料供给系统和电子控制式汽油喷射燃料供给系统。

由于各国政府对汽车排放标准日益严格，化油器式燃料供给系统已难以满足排放要求。另外，随着电子技术的不断发展，电子控制汽油喷射技术得到迅速发展。自 20 世纪 90 年代以来，在汽车工业发达的一些国家生产的轿车发动机燃料系统几乎都采用电子控制汽油喷射技术。我国也在 2001 年规定禁止生产化油器轿车。本章将重点介绍电子控制式汽油喷射燃料供给系统，化油器式燃料供给系统不再赘述。

二、汽油

汽油是汽油机的主要燃料。汽油是石油制品，它是多种烃的混合物，主要化学成分是碳和氢。

汽油在发动机汽缸内燃烧时，如果氧气充分且与汽油混合均匀，则燃烧完全，其燃烧产物为二氧化碳（CO_2）和水（H_2O）；若氧气不足或混合不良，则燃烧不完全，这时燃烧产物中除包含 CO_2 和 H_2O 之外，还有一氧化碳（CO）和碳氢化合物（HC）。CO 和 HC 都是有害排放物，会对环境造成污染。

汽油使用性能的好坏对发动机的动力性、经济性、可靠性和使用寿命都有很大影响。汽油的使用性能指标主要是蒸发性和抗爆性。

1. 汽油的蒸发性

汽油的蒸发性可以通过燃料的蒸馏试验来测定。将汽油加热，分别测定蒸发10%，50%，90%馏分时的温度及终馏温度(分别称为10%馏出温度、50%馏出温度、90%馏出温度与干点)。

10%馏出温度与汽油机冷态启动性能有关。此温度低，表明汽油中所含的轻质部分低温时容易蒸发，冷启动时有较多的汽油蒸汽与空气混合形成可燃混合气，汽油机容易启动。

50%馏出温度表明汽油中的中间馏分蒸发性的好坏。此温度低，汽油中间馏分就易于蒸发，汽油机的预热时间短，暖机性能、加速性能和工作稳定性都比较好。

90%馏出温度与干点用来判定汽油中难以蒸发的重质成分的含量。此温度越低，表明汽油中重馏分含量越少，越有利于可燃混合气均匀分配到各汽缸，同时也可使汽油的燃烧更为完全。

汽油的蒸发性过高，容易在油路中产生“气阻”现象。因此，在国产汽油质量指标中规定了夏季与冬季要求不同的饱和蒸气压力。

2. 汽油的抗爆性

汽油的抗爆性是指汽油在发动机汽缸中燃烧时，避免产生爆燃的能力，亦即抗自燃能力。

汽油的抗爆性用辛烷值评定。辛烷值越高，抗爆性越好。

汽油辛烷值是在规定条件下利用标准试验机测定的。由于试验条件的不同，有马达法辛烷值(MON)和研究法辛烷值(RON)，同一汽油的RON比其MON高6～10个单位。近年来美国及其他一些国家采用抗爆指数这一指标来评定汽油的抗爆性，抗爆指数被定义为RON和MON的平均数，即

$$\text{抗爆指数 } A_i=\frac{1}{2}(RON+MON)$$

汽油的牌号与汽油辛烷值有关，我国汽油牌号则用研究法辛烷值表示。选用汽油牌号时，应根据汽车使用说明书推荐的辛烷值范围去选择相应牌号的汽油，并注意说明书上要求的辛烷值是马达法辛烷值还是研究法辛烷值。

汽油机还可以按其压缩比选择汽油辛烷值。一般来说，压缩比高的汽油机应选用辛烷值高的汽油；反之，选用辛烷值低的汽油。表5-1列出了汽油辛烷值与压缩比的关系。

表5-1 汽油辛烷值与压缩比的关系

压缩比	6～7	7～8	8～9	9～10
汽油辛烷值	75～87	87～92	92～95	95～100

从20世纪初开始人们在汽油中加入四乙基铅来提高汽油的辛烷值。但到了20世纪60年代以后，随着汽车的大量生产和使用，含铅汽油的危害逐步为人们所认识，世界各国都在限制和禁止使用含铅汽油。无铅汽油不加任何着色剂，无色透明，含铅汽油则呈浅黄色。

三、可燃混合气成分的表示方法

可燃混合气是指空气与燃油的混合物，其成分对发动机的动力性、经济性有很大的影响。可燃混合气的成分可用空燃比、燃空比和过量空气系数来表示。

1. 空燃比

实际吸入发动机中的空气质量与燃料质量的比值称为空燃比，用符号α表示。理论上，

1kg 汽油完全燃烧需要 14.8kg 空气，因此，将空燃比为 14.8 的可燃混合气称为理论混合气，空燃比小于 14.8 的可燃混合气为浓混合气，空燃比大于 14.8 的可燃混合气为稀混合气。

2. 燃空比

空燃比的倒数称为燃空比，用符号 λ 表示，即 $\lambda=1/\alpha$。

3. 过量空气系数

燃烧 1kg 燃料实际供给的空气质量与理论上 1kg 燃料完全燃烧所需的空气质量之比为过量空气系数，用符号 Φ_a 表示。

根据上述定义，Φ_a 为 1 的可燃混合气即为理论混合气；Φ_a 小于 1 的可燃混合气为浓混合气；Φ_a 大于 1 的可燃混合气为稀混合气。

四、可燃混合气浓度对发动机性能的影响

试验证明，当 Φ_a 为 1.05～1.15 时，混合气燃烧完全，燃油消耗率最低，这种混合气被称为经济混合气。但是，空气过量后，因燃烧速度减小、热损失增加会使平均有效压力和发动机的功率略有下降。

当 Φ_a 为 0.85～0.95 时，混合气燃烧速度最快，热损失最小，此时发动机的有效功率最大，这种混合气被称为功率混合气。不过，这时混合气中空气含量不足，致使燃烧不完全，经济性差。

试验还证明，混合气过浓或过稀都不能着火燃烧。一般情况下，混合气浓到 Φ_a 为 0.4～0.5 或混合气稀到 Φ_a 为 1.3～1.4 时，火焰便不能传播。通常称前者为火焰传播上限，称后者为火焰传播下限。

如图 5-1 所示列出了可燃混合气浓度对发动机性能的影响，可以看出使用同一种成分的混合气不可能同时获得最大功率和最低燃油消耗率。因此，汽油机工作时过量空气系数是以动力性为主、以经济性为主，还是将排放控制放在首位，应根据汽车及汽油机各工况的需要而定。

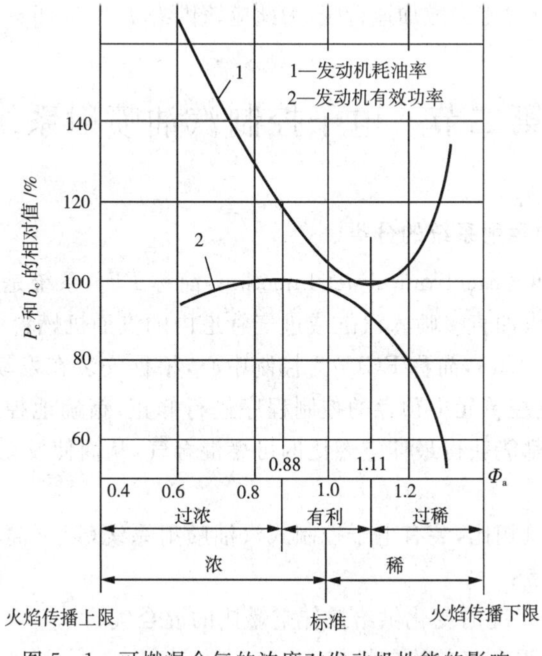

图 5-1　可燃混合气的浓度对发动机性能的影响

五、发动机运转工况对可燃混合气成分的要求

随着汽车行驶速度和牵引功率的不断变化，汽车发动机的转速和负荷也在很大范围内频繁变动。为适应发动机工况的这种变化，可燃混合气成分应该随发动机转速和负荷做相应的调整。

对于一般的汽车发动机来说，各种运转工况对混合气成分的要求如下所述。

1. 冷启动

冷启动时，因温度低，汽油不容易蒸发汽化，再加上启动时转速低(50～100r/min)，缸内气流速度小，汽油雾化不良。为使发动机能够顺利启动，要求供给浓混合气(Φ_a为0.2～0.6)，以使进入汽缸的混合气在火焰传播界限之内。

2. 怠速

怠速是指发动机对外无功率输出的工况。汽油机的怠速转速为700～900r/min。在怠速工况时，节气门接近关闭，吸入的空气量很少，且缸内的残余废气量相对增多，混合气被废气严重稀释。为保证混合气能正常燃烧，应提供较浓混合气(Φ_a为0.6～0.8)。

3. 小负荷

小负荷工况时，节气门开度在25%以内。随着进入汽缸内的混合气数量的增多，汽油雾化和蒸发的条件有所改善，残余废气对混合气的稀释作用相对减弱。因此应该供给Φ_a为0.7～0.9的混合气。

4. 中等负荷

中等负荷工况节气门的开度在25%～85%范围内。汽车发动机大部分时间在中等负荷下工作，因此应该供给Φ_a为1.05～1.15的经济混合气，以保证发动机有较好的燃油经济性。

5. 大负荷和全负荷

发动机在大负荷或全负荷工作时，节气门接近或达到全开位置。此时需要发动机发出最大功率以克服较大的外界阻力或加速行驶，为此应该供给Φ_a为0.85～0.95的功率混合气。

第二节　电子控制汽油喷射系统

一、电子控制汽油喷射系统的分类

电子控制汽油喷射(Electronic Fuel Injection，简称EFI)系统是在恒定的压力下，利用喷油器将一定数量的汽油直接喷入汽缸或进气管道内的汽油机燃料供给装置。它以电控单元(Electronic Control Unit，简称ECU)为控制中心，根据安装在发动机上各种传感器测出的运行参数，并按照电控单元中预存的控制程序进行修正，精确地控制喷油器的喷油量，使发动机在各种工况下都能获得最佳空燃比的可燃混合气，从而使发动机的动力性、经济性和排放性能大幅度提高。

与化油器式发动机相比，装有电子控制式汽油喷射系统(以下简称电控汽油喷射系统)的发动机具有下列优点：

① 能根据发动机工况的变化供给最佳空燃比的混合气；

② 供入各汽缸内混合气的均匀性好；

③ 进气管道中没有狭窄的喉管，进气阻力小，充气效率高。

车用汽油喷射系统有多种类型，可按不同方法进行分类：

1. 按汽油喷射位置分

(1)缸内喷射　通过安装在汽缸盖上的喷油器，将汽油直接喷入汽缸内。这种喷射系统需要较高的喷射压力，约 3～5MPa，喷油器的结构和布置都比较复杂。

(2)缸外喷射　将喷油器安装在进气管或进气道上，以 0.20～0.35MPa 的喷射压力将汽油喷入进气管或进气道内。前者称进气管喷射，后者称进气道喷射。

进气管喷射系统的喷油器安装在节气门体上(如图 5-2 所示)，而节气门体安装在进气歧管的上部，相当于化油器式发动机安装化油器的位置。因此，进气管喷射又称节气门体喷射(TBI)。由于一台发动机只装有一或两个喷油器在节气门体上，所以又称这种喷射方式为单点喷射(SPI)。

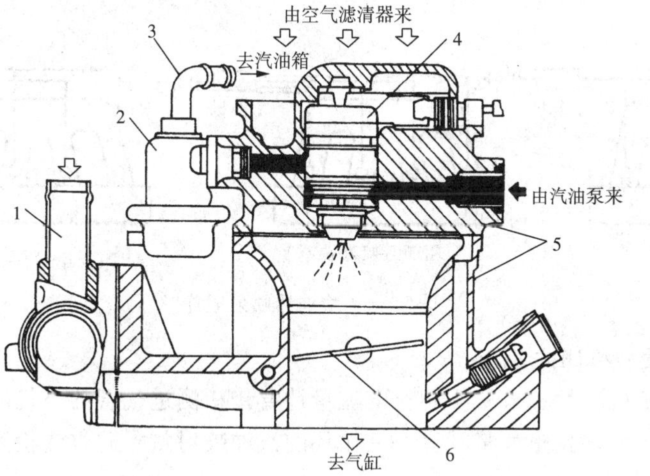

图 5-2　进气管喷射

1—空气阀；2—油压调节器；3—回油管；4—喷油管；5—节气门体；6—节气门

进气道喷射(PFI)系统是每个汽缸设置一个喷油器，各个喷油器分别向各缸进气道(进气门前方)喷油(如图 5-3 所示)。这种喷射方式又称多点喷射(MPI)。

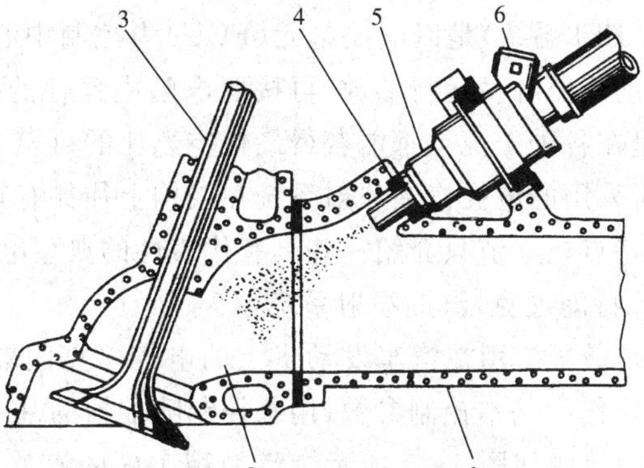

图 5-3　进气道喷射

1—进气歧管；2—进气道；3—进气门；4—密封圈；5—喷油器；6—接线柱

2. 按汽油喷射方式分

(1)连续喷射式　指发动机工作期间，喷油器连续不断地向进气道内喷油，且大部分汽油是在进气门关闭时喷射的。这种喷射方式大多用于机械控制式或机电混合控制式汽油喷射系统。

(2)间歇喷射式　指发动机工作期间，汽油被间歇地喷入进气道内。电控汽油喷射系统都采用间歇喷射方式。间歇喷射还可按各缸喷射时间分为同时喷射、按序喷射和分组喷射等三种形式。同时喷射是电控单元发出同一个指令控制各缸喷油器同时喷油(如图 5-4a 所示)。按序喷射则是指喷油器按发动机各缸的工作顺序进行喷射。电控单元根据曲轴位置传感器信号，辨别各缸的进气行程，适时发出各缸喷油指令以实现按需喷射(如图 5-4b 所示)。分组喷射是指各缸喷油器分成两组，每一组喷油器共用一根导线与电控单元连接，电控单元在不同时刻先后发出两个喷油指令，分别控制两组的喷油器交替喷射(如图 5-4c 所示)。

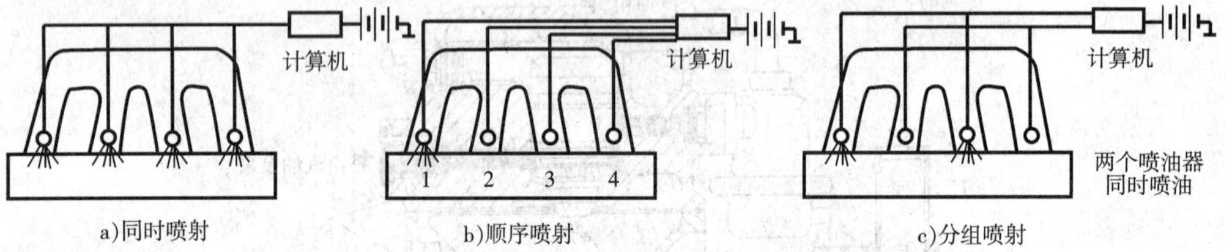

图 5-4　喷油器喷射时序

3. 按空气量的检测方式分

(1)直接测量(流量型)方式　用空气流量计直接检测进气管的空气流量，并将其输送给电控单元，电控单元根据空气量计算每一循环的汽油喷射量。此方法检测精度高，目前应用广泛。

(2)间接测量(压力型)方式　用压力传感器测出进气管的压力，再根据发动机的转速间接地推算空气流量，从而确定汽油喷射量。因进气管压力与发动机进气量不是简单的线性关系，此法的检测精度不高。

二、电控汽油喷射系统的基本类型

电控汽油喷射系统(EFI 系统)是以电控单元(ECU)为控制中心，并利用安装在发动机上的各种传感器测出发动机的各种运行参数，再按照电脑中预存的控制程序精确地控制喷油器的喷油量，使发动机在各种工况下都能获得最佳空燃比的可燃混合气。

目前，各类汽车上所采用的电控汽油喷射系统在结构上往往有较大的差别，在控制原理及工作过程方面也各具特点。本节只介绍一些具有代表性的典型电控汽油喷射系统。

(1)博世 D 型(D-叶特朗尼克)汽油喷射系统

D 型汽油喷射系统是最早应用在汽车发动机上的电控多点间歇式汽油喷射系统，它以进气管压力和发动机转速作为基本控制参数，用来控制喷油器的基本喷油量。

D 型汽油喷射系统的组成如图 5-5 所示。汽油箱 1 内的汽油被电动汽油泵 2 吸出并加压至 0.35MPa 左右，经汽油滤清器 3 滤除杂质后被送至燃油分配管。燃油分配管与安装在各缸进气歧管上的喷油器 6 相通。在燃油分配管的末端装有油压调节器 12，用来调节油压使其保持稳定，多余的汽油经回油管返回汽油箱。

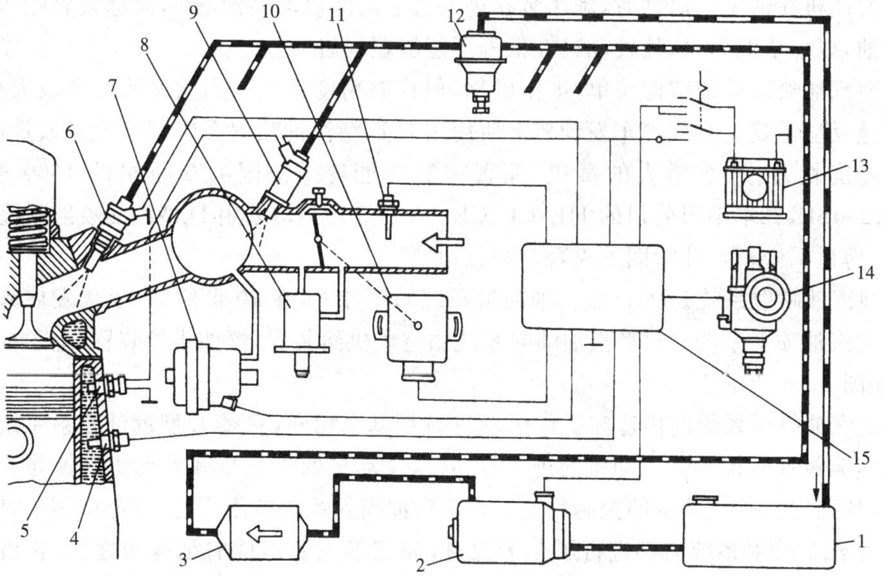

图 5－5 博世 D 型汽油喷射系统

1—汽油箱；2—电动汽油泵；3—汽油滤清器；4—发动机温度传感器；5—冷启动温度开关；6—喷油器；7—进气管压力传感器；8—补充空气阀；9—冷启动喷油器；10—节气门位置传感器；11—进气温度传感器；12—油压调节器；13—蓄电池；14—分电器；15—电控单元

发动机的进气量由汽车驾驶员通过加速踏板操纵节气门来控制。节气门开度越大，进气量就越多，进气管压力也越大。安装在进气管上的进气管压力传感器 7 将进气管压力转变为电信号传输给电控单元 15。

喷油器的喷油量和喷油时刻由电控单元控制。电控单元首先根据分电器中的曲轴转角传感器信号确定发动机转速，再根据转速和进气管压力计算出相应的喷油量，并通过控制喷油持续时间来控制喷油量。电控单元还根据曲轴转角传感器发出的第一缸上止点信号，控制各缸喷油器在进气行程开始之前进行喷油。

电控单元根据进气管压力和发动机转速计算出基本喷油量，还需根据发动机的运行状况加以修正，以满足发动机各种运行工况对混合气成分的要求。

发动机怠速时，节气门接近关闭，节气门位置传感器 10 中的怠速触点闭合，这时电控单元指令喷油器增加喷油量，供给发动机较浓的混合气，以维持怠速运转的稳定性，并将怠速的有害排放控制在最低水平。

发动机在中小负荷下运转时，电控单元根据发动机温度传感器 4 和进气温度传感器 11 传输来的发动机温度和进气温度信号，对基本喷油量进行修正，修正后的喷油量满足向发动机供给经济混合气的要求。

发动机在全负荷下工作时，节气门全开，节气门位置传感器中的全负荷触点闭合。电控单元按照供给发动机功率混合气的要求增加喷油量，实现全负荷加浓，以使发动机发出最大功率。

发动机启动时，点火开关置于启动位置，同时输送给电控单元一个启动信号。电控单元根据这个信号增加每次喷油的持续时间，以增加喷油量、提供启动所需的浓混合气。在发动机启动之后再逐渐减少喷油量。

当发动机在低温下启动时,利用装在进气管上的冷启动喷油器 9,向进气管喷入一定数量的汽油,以加浓混合气,使发动机在低温下能够顺利启动。

D 型汽油喷射系统结构简单,工作可靠,但控制精度稍差。当大气状态有较大变化时,汽车加速反应不良。现代汽车发动机上所使用的 D 型汽油喷射系统都是经过改进的,如采用运算速度快、内存容量大的微机,完善控制功能等。德国大众公司的 1600 型,奔驰 250CE、280SE,日本丰田公司的 HIACE、CROWN 等轿车均采用 D 型汽油喷射系统。

(2)博世 L 型(L-叶特朗尼克)汽油喷射系统

L 型汽油喷射系统是在 D 型汽油喷射系统的基础上,在 20 世纪 70 年代发展起来的多点间歇式汽油喷射系统。L 型汽油喷射系统由空气供给装置、燃油供给装置、电子控制装置组成,如图 5-6 所示。

L 型汽油喷射系统的构造和工作原理与 D 型基本相同,只是 L 型汽油喷射系统采用翼片式空气流量计直接测量发动机的进气量,并以发动机的进气量和发动机转速作为基本控制参数,从而提高了喷油量的控制精度。L 型汽油喷射系统应用广泛,目前应用于某些汽车上的 L 型汽油喷射系统大都进行了若干改进,如完善主要组件的结构和性能,扩展电控单元的控制功能等,以提高发动机的经济性、动力性和排放性。

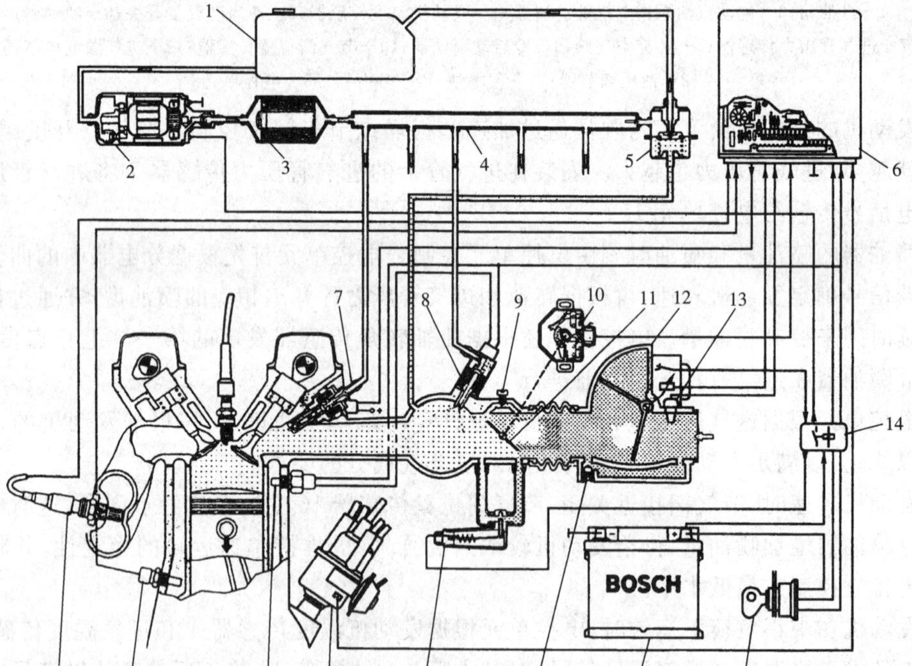

图 5-6 博世 L 型汽油喷射系统

1—汽油箱;2—电动汽油泵;3—汽油滤清器;4—燃油分配管;5—油压调节器;6—电控单元;7—喷油器;8—冷启动喷油器;9—怠速调节螺钉;10—节气门位置传感器;11—节气门;12—空气流量计;13—进气温度传感器;14—继电器组;15—氧传感器;16—发动机温度传感器;17—冷启动温度开关;18—分电器;19—补充空气阀;20—怠速混合气调节螺钉;21—蓄电池;22—点火开关

(3)博世 LH 型(LH -叶特朗尼克)汽油喷射系统

LH 型汽油喷射系统是 L 型汽油喷射系统的变型产品,两者的结构与工作原理基本相同,不同之处是 LH 型采用热线式空气流量计,而 L 型采用翼片式空气流量计。

LH 型汽油喷射系统的组成如图 5 - 7 所示。

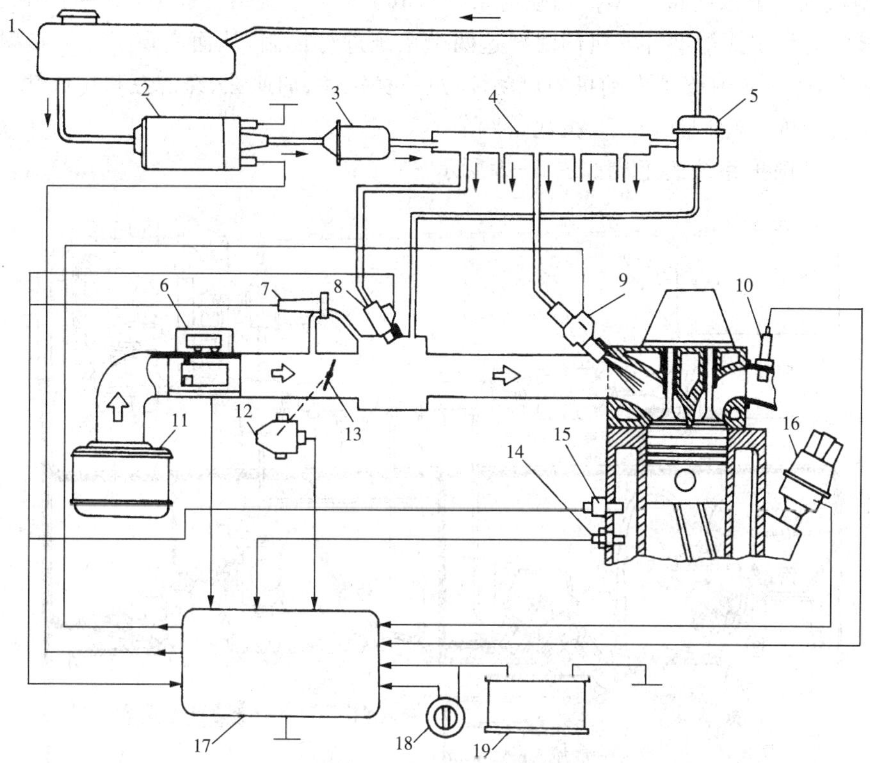

图 5 - 7 博世 LH 型汽油喷射系统

1—汽油箱;2—电动汽油泵;3—汽油滤清器;4—燃油分配管;5—油压调节器;6—热线式空气流量计;7—补充空气阀;8—冷启动喷油器;9—喷油器;10—氧传感器;11—空气滤清器;12—节气门位置传感器;13—节气门;14—发动机温度传感器;15—冷启动温度开关;16—分电器;17—电控单元;18—点火开关;19—蓄电池

LH 型汽油喷射系统中的节气门位置传感器 12 能向电控单元 17 提供节气门由全闭到全开整个范围内连续变化的开度信号,使电控单元可以根据节气门位置及其变化的速率适时地进行启动加浓、怠速加浓、全负荷加浓和加速加浓。此外,在汽车急减速时,还能实现减速断油。当发动机转速下降至设定转速时,能够及时恢复喷油。

LH 型汽油喷射系统的控制方式为闭环控制或反馈控制,即利用安装在发动机排气管上的氧传感器测量排气中剩余氧气的含量,电控单元根据氧传感器的输入信号,不断对喷油量进行修正,使混合气的空燃比保持在理论的范围内。

与 L 型汽油喷射系统相比,LH 型汽油喷射系统具有以下优点:

所采用的热线式空气流量计无运动部件,进气阻力小,信号反应快。该流量计还有海拔高度与进气温度自动补偿装置,在不同环境温度及高原地区也不易发生测量误差。另外,LH 型汽油喷射系统的电控装置采用大规模数字集成电路,运算速度快,控制范围广,功能更加完善。

采用LH型汽油喷射系统的轿车很多，如凌志LS400、日产MAXIMA、马自达626及奔驰600SE等。

(4)博世M型汽油喷射系统

M型汽油喷射系统将L型汽油喷射系统与电子点火系统结合起来，用一个由大规模集成电路组成的数字式微型计算机同时对这两个系统进行控制，从而实现了汽油喷射与点火的最佳配合，进一步改善了发动机的启动性、怠速稳定性、加速性、经济性和排放性。广泛地用于轿车发动机上，如宝马535i、奥迪V8等。

M型汽油喷射系统的组成如图5-8所示。

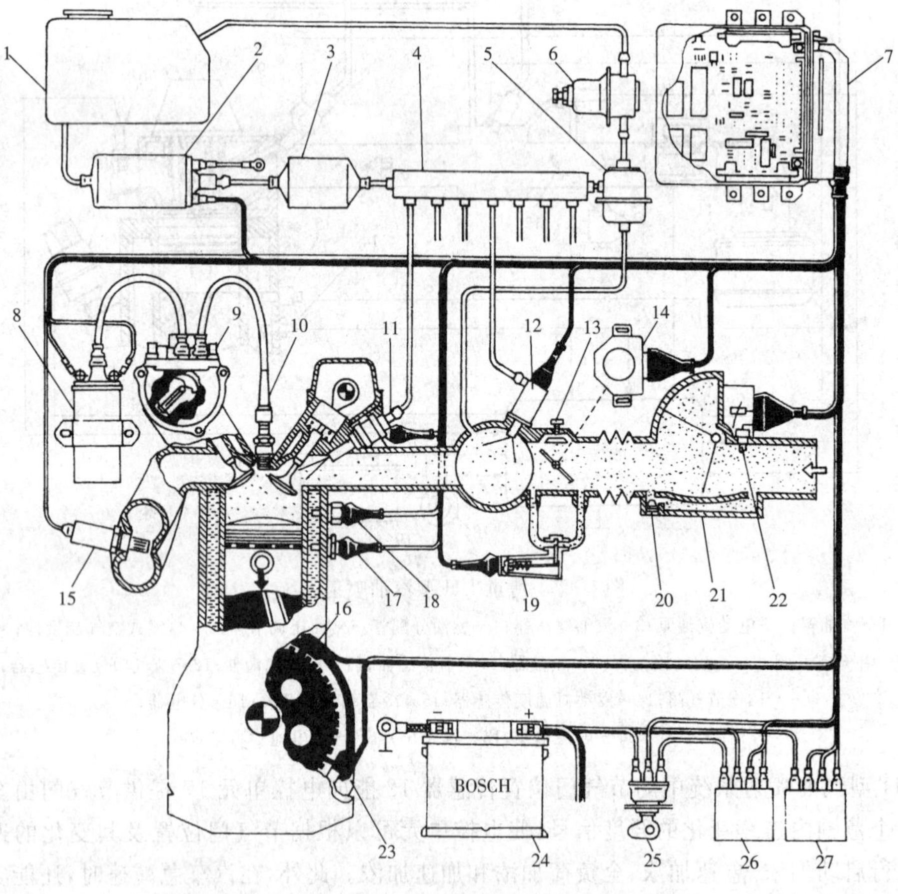

图5-8 M型汽油喷射系统

1—汽油箱；2—电动汽油泵；3—汽油滤清器；4—燃油分配管；5—油压调节器；6—油压脉冲缓冲器；7—电控单元；8—点火线圈；9—分电器；10—火花塞；11—喷油器；12—冷启动喷油器；13—怠速调节螺钉；14—节气门及节气门位置传感器；15—氧传感器；16—曲轴位置传感器；17—发动机温度传感器；18—冷启动温度开关；19—补充空气阀；20—怠速混合气调节螺钉；21—空气流量计；22—进气温度传感器；23—发动机转速传感器；24—蓄电池；25—点火开关；26—主继电器；27—电动汽油泵继电器

(5)节气门体汽油喷射系统

节气门体汽油喷射系统是单点喷射系统，与上述多点喷射系统不同。单点喷射系统只用一个或两个安装在节气门体上的喷油器，将汽油喷入节气门前方的进气管内，并与吸入的空气混合形成混合气，再通过进气支管分配至各汽缸。

单点喷射系统的工作原理与多点喷射系统相似。电控单元根据发动机的进气量或进气管压力以及曲轴位置传感器、节气门位置传感器、发动机温度传感器和进气温度传感器等测得的发动机运行参数，计算喷油量，在各缸进气行程开始之前进行喷油，并通过喷油持续时间来控制喷油量。

节气门体喷射系统具有以下特点：

① 喷油器距进气门较远，喷入的汽油有足够的时间与空气混合形成均匀的可燃混合气，因此对喷油的雾化质量要求不高，可采用较低的喷射压力（约 0.1MPa）。

② 结构简单，工作可靠，维修调整方便，在中级和普及型轿车上应用较多。

③ 节气门体的热负荷小，喷油器不易污堵，故障率低。

④ 在性能上优于电控化油器系统，但不及多点喷射系统。

典型的单点喷射系统有通用汽车公司的 TBI 系统，福特公司的 CFI 系统，三菱公司的 ECI 系统和博世公司的 Mono－叶特朗尼克系统。博世公司的 Mono－叶特朗尼克节气门体汽油喷射系统的组成如图 5－9 所示。

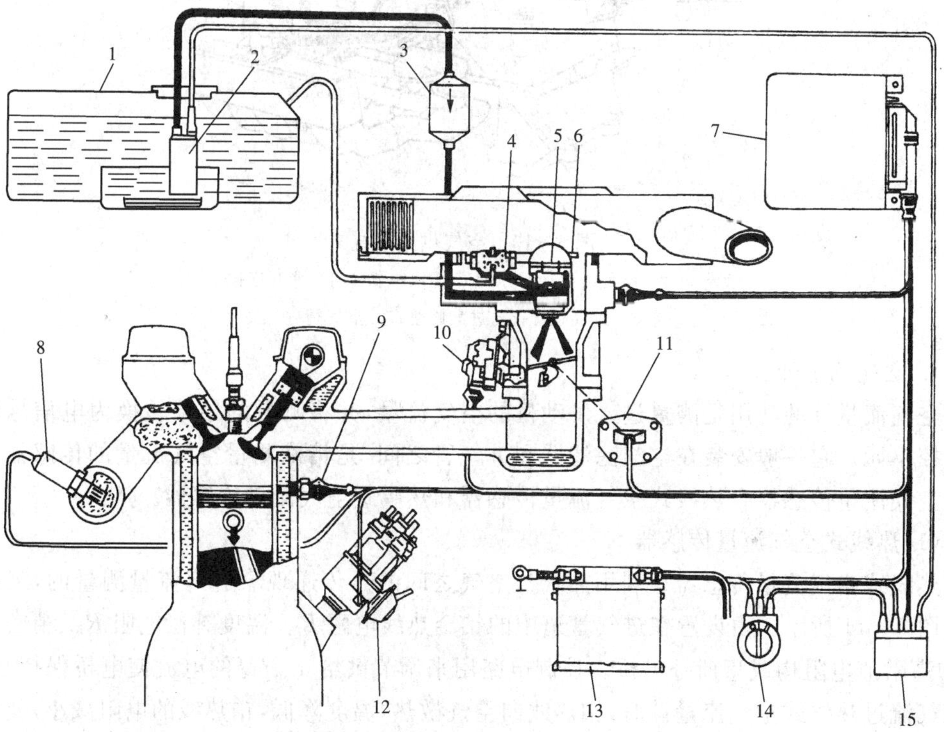

图 5－9　Mono－叶特朗尼克节气门体汽油喷射系统

1—汽油箱；2—电动汽油泵；3—汽油滤清器；4—油压调节器；5—喷油器；6—进气温度传感器；7—电控单元；8—氧传感器；9—发动机温度传感器；10—怠速控制阀；11—节气门及节气门位置传感器；12—分电器及曲轴位置传感器；13—蓄电池；14—点火开关；15—继电器

第三节 电控汽油喷射系统主要组件的构造和工作原理

尽管电控汽油喷射系统多种多样,但其组成和工作原理却大同小异。其主要的区别是电控单元的控制方式、控制范围和控制程序的不同,所用传感器和执行元件的构造也有所差别。各类电控汽油喷射系统均可视为由燃油供给系统、进气供给系统和电子控制系统等组成。

一、空气供给系统主要组件的构造与工作原理

空气供给系统为发动机可燃混合气的形成提供必要的空气,并测量和控制空气流量,其组成如图 5-10 所示。

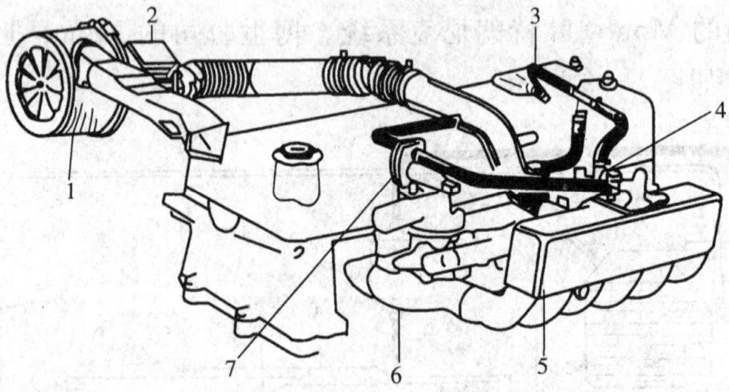

图 5-10 空气供给系统

1—空气滤清器;2—空气流量计;3—PVC 管;4—节气门怠速开度控制传感器;5—进气总管;6—进气歧管;7—空气阀

1. 空气流量计

空气流量计的功用是测量进入发动机的空气流量,并将测量的结果转换为电信号传输给电控单元。它一般安装在空气滤清器和进气管之间,是精确测量空气流量的传感器。常用的空气流量传感器有热线式空气流量传感器和热膜式空气流量传感器。

(1)热线式空气流量传感器

热线式空气流量传感器是利用热线与空气之间的热传递现象进行流量测量的,工作原理如图 5-11 所示。由设置在进气管道中的铂金热线电阻 R_H、温度补偿电阻 R_K、精密电阻 R_A 和高阻值电阻构成惠斯登电桥。控制电路用来调节供给 4 个臂的电流使电桥保持平衡。当空气流过热线式空气流量计时,铂热线向空气散热,温度降低,铂热线的电阻减小,使电桥失去平衡。这时控制电路将自动增加供给铂热线的电流,以使其恢复原来的温度和电阻值,直至电桥恢复平衡。加热电流通过精密电阻产生的电压降作为电压输出信号输给电控单元,电压降的变化反映了空气流量的变化。根据铂丝在壳体中安装位置的不同,可分为主流测量式空气流量传感器和旁通测量式空气流量传感器。主流测量式流量传感器的取样管置于主空气通道中央,旁通式空气流量传感器的取样管安装在空气旁通气道上,两者的工作原理相同。

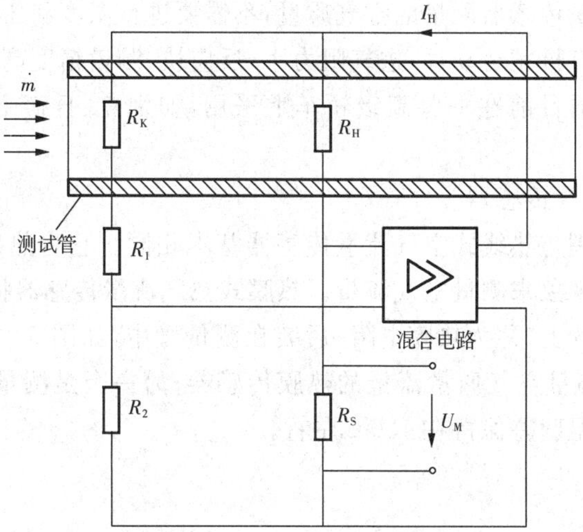

图 5-11　热线式空气流量计电路

R_H—铂热线；R_K—温度补偿电阻；R_1、R_2—高阻值电阻；R_S—精密电阻；

U_M—电压输出信号；I_H—加热电流；$\dot{m}$—空气流量

利用上述原理制成的主流测量热线式空气流量传感器结构如图 5-12 所示。测试管 2 置于空气流道的中央，空气流道装有金属防护网 1，并用卡环固定在壳体 7 上。在测试管内的支承环上固定一根直径为 70μm 的铂丝 3，工作时铂丝被电流加热至 100℃以上，故称之为铂热线。在支承环前端装有温度补偿电阻 4，支承环后端黏结有精密电阻，控制电路板上则装有高阻值电阻。温度补偿电阻的阻值随进气温度的变化而变化，用来消除进气温度变化对测量结果的影响。

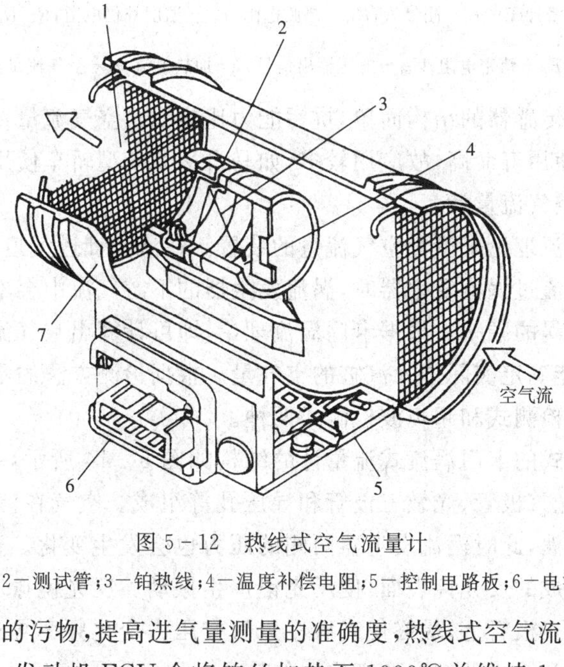

图 5-12　热线式空气流量计

1—金属防护网；2—测试管；3—铂热线；4—温度补偿电阻；5—控制电路板；6—电源插座；7—壳体

为了清除铂丝上的污物，提高进气量测量的准确度，热线式空气流量传感器还具有自洁功能。在每次停机后，发动机 ECU 会将铂丝加热至 1000℃并维持 1s 时间，烧掉铂丝上的灰尘。热线式空气流量传感器测量的空气质量，不需要进行温度和压力的修正。另外，热线式空气流量传感器没有机械运动件，进气阻力小，反应快，测量精度高。

热线式流量传感器目前在一些高级轿车上采用，如别克、日产 MAXIMA 和沃尔沃轿车等。

(2)热膜式空气流量传感器

其结构和工作原理与热线式空气流量传感器基本相同。它将热线改成热膜，利用热膜和空气之间的热传递现象来测量空气流量。热膜式空气流量传感器将热线、补偿电阻、精密电阻等镀在一块陶瓷片上(称为热膜电阻)后装在测量管中，如图 5 - 13 所示。在测量管中有两个电阻：一个是测量空气质量流量的热膜传感器；另一个是测量空气温度的温度传感器。热膜与空气流的温度差保持在 130℃左右。

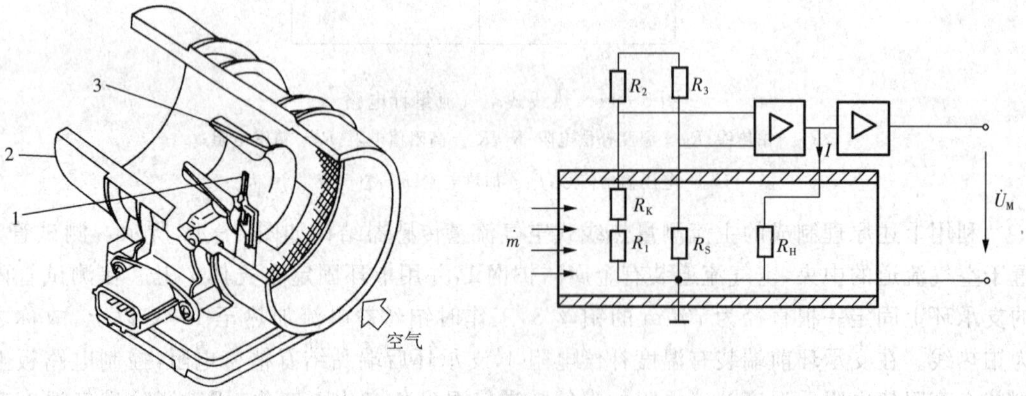

a)热膜式空气流量计　　b)桥式电路

图 5 - 13　热膜式空气流量计及其桥式电路

1—热膜；2—空气流量计壳体；3—测量管；R_H—热膜电阻；R_K—温度补偿电阻；R_1、R_2、R_3—高阻值电阻；R_S—精密电阻；U_M—电压输出信号；I—加热电流；$\dot{m}$—空气流量

热膜式空气流量传感器的结构简单，抗污能力比热线式空气流量传感器强，发热体的强度大，工作可靠性和使用寿命高，故应用较多，如马自达 626 型轿车使用这种流量传感器。

(3)卡门涡流式空气流量计

它是利用卡门涡流理论来测量空气流量的装置。在流量计进气道的正中央有一个锥形涡流发生器。当空气流过涡流发生器时，涡流发生器的下游气流中会不断产生漩涡(卡门旋涡)，由传感器感知旋涡的频率。根据卡门涡流理论，即可计算出空气流速大小，再根据进气管道的有效面积，就能确定实际进入汽缸的空气量。根据检测方法的不同，卡门涡流式空气流量计可分为反光镜检测式和超声波检测式两种。

反光镜式检测方式的卡门涡流式流量计的结构如图 5 - 14 所示，主要由卡门涡流发生器、反光镜、板簧、发光二极管、光敏三极管和导压孔等组成。空气在流过涡流发生器时，会在其背后产生卡门旋涡，此时涡流发生器两侧的压力也会发生变化。这种压力变化通过导压孔被引向薄金属制成的反光镜表面，使反光镜产生振动。反光镜振动时会将发光二极管产生的光反射到光敏三极管上，最终使光敏三极管按压力变化频率导通和截止。电控单元根据光敏三极管导通和截止的频率计算出空气流量。

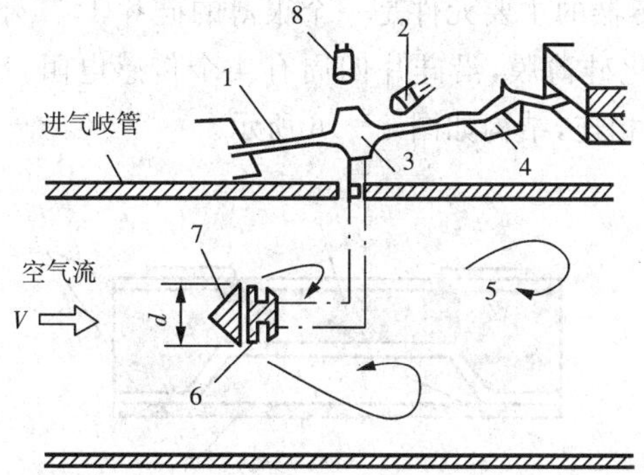

图 5-14　反光镜检测式卡门涡流式空气流量计

1—压力感应板；2—光敏三极管；3—反光镜；4—板簧；5—卡门漩涡；
6—导压孔；7—漩涡发生器；8—发光二极管

超声波检测式的卡门涡流式流量计的结构如图 5-15 所示，主要由卡门涡流发生器、超声波发生器、超声波信号发生器、涡流稳定板和超声波接收器等组成。在空气流动的垂直方向安装超声波发射器，在其对面安装超声波接收器。从信号发生器发出的超声波，因受卡门旋涡造成空气密度变化的影响，到达接收器时其相位发生变化。电控单元根据这一变化便可算出单位时间内产生的漩涡数量，进而算出空气的流量。

卡门涡流式空气流量计具有体积小、重量轻、进气阻力小等优点。它的响应速度快，几乎能同步反映空气流速的变化，但成本较高。另外，卡门涡流式空气流量计属于空气体积流量测量，需要根据进气压力和温度对空气密度进行修正。

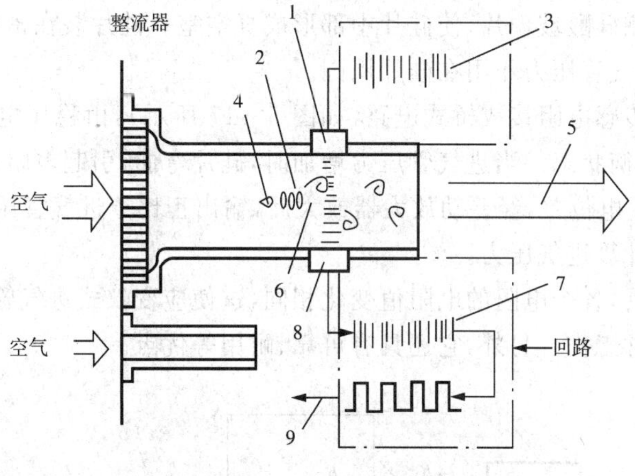

图 5-15　超声波检测式卡门漩涡空气流量计

1—信号发生器；2—涡流稳定板；3—超声波发生器；4—涡流式发生器；5—空气流；6—卡门漩涡；
7—信号放大电路；8—超声波接收器；9—脉冲输出信号

2. 进气管压力传感器

有些汽油喷射系统不设空气流量计，而是利用进气管压力传感器测量节气门后进气管内的绝对压力，并根据转速来确定实际进气量。车用汽油机常用应变仪式进气管压力传感器。

物体承受应力发生变形时，其电阻值也将改变。应变仪式进气管压力传感器就是根据这一原理设计的。该传感器的主要元件是一个很薄的硅片1,其外围较厚,中间最薄。硅片上下两面各有一层二氧化硅薄膜,沿硅片四周有4个传感电阻,硅片的四角各有1个金属块,通过导线与传感电阻相连,结构如图5-16所示。

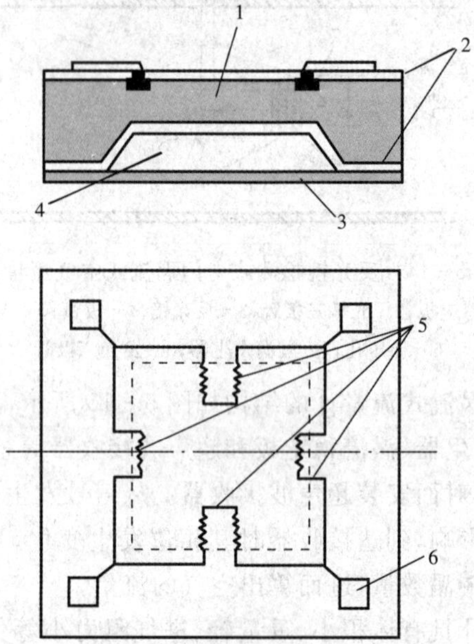

图5-16　应变仪式进气管压力传感器

1—硅片;2—二氧化硅膜;3—硼硅酸玻璃片;4—真空室;5—传感器电阻;6—金属块

硅片底部粘接硼硅酸玻璃片,使硅片中部形成真空室。硅片装在密闭的容器内,容器顶部与进气管相通,进气管压力作用在硅片周围。

硅片上的4个传感电阻接成桥式电路(如图5-17所示),由稳压电源供电。在硅片无变形时,电桥调到平衡状态。当进气管压力增加时,硅片弯曲,引起电阻值的变化,电桥失去平衡,在A、B端产生电位差,经差动放大器放大后,输出正比于进气管压力的电压信号。电控单元根据此信号计算进气压力。

因为温度改变后,各个电阻的电阻值变化相同,这使应变仪式进气管压力传感器可在较大的温度范围内正常工作。另外,它还具有可靠、耐用等优点。

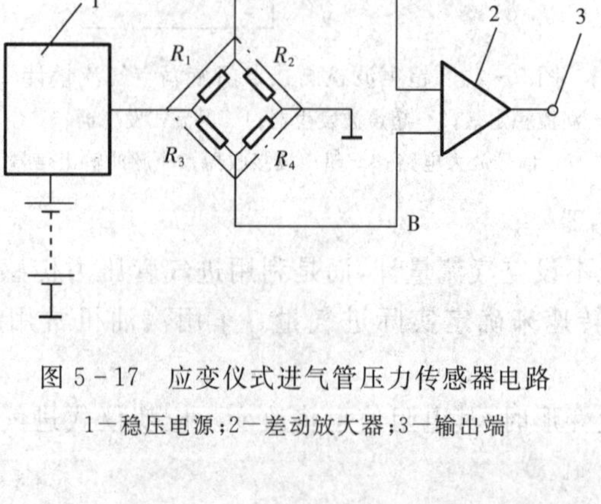

图5-17　应变仪式进气管压力传感器电路

1—稳压电源;2—差动放大器;3—输出端

3. 补充空气阀

补充空气阀是实现发动机快速暖机的装置。当发动机冷启动时，部分空气经补充空气阀进入发动机，使发动机的进气量增加。这部分空气也会被空气流量计计量，因此喷油量将相应地有所增加，从而提高了怠速转速，缩短了暖车时间。

现代汽油喷射系统多采用蜡式补充空气阀(如图 5 - 18 所示)。发动机循环冷却液经软管进入补充空气阀的水套中，流过蜡盒 5 周围。发动机冷启动时，冷却液的温度低，蜡盒内的石蜡凝固收缩，锥阀 3 在弹簧的作用下开启，打开旁通空气道。随着发动机逐渐热起来，冷却液的温度升高，蜡盒内的石蜡受热熔化膨胀，使推杆伸出，推动锥阀将旁通气道关闭。

怠速调整螺钉用来改变旁通气道的通过断面，控制怠速时的进气量，以调节怠速转速和提高怠速运转的稳定性。

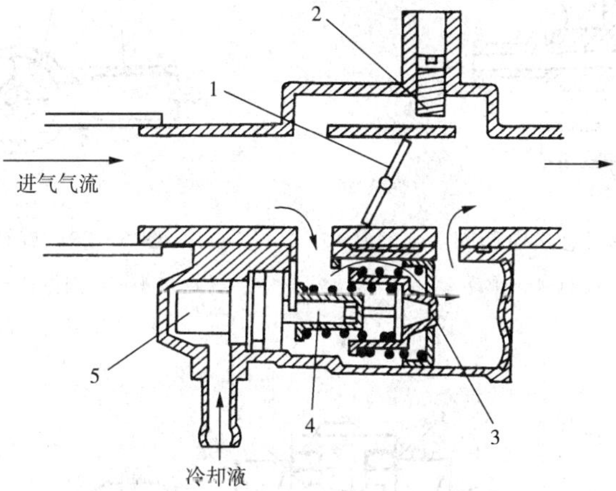

图 5 - 18　蜡式补充空气阀

1—节气门；2—怠速调整螺钉；3—锥阀；4—推杆；5—蜡盒

4. 怠速控制系统

怠速控制系统由各传感器、电控单元和怠速执行机构组成。发动机怠速运行时，电控单元根据冷却液温度传感器、空调开关、挡位开关等信号，向怠速执行机构发出控制信号，改变怠速进气量，调节发动机的怠速转速，使发动机在设定的怠速转速下稳定运转。怠速控制系统按执行机构的不同主要有电磁阀和步进电机两种形式。

电磁阀式怠速控制装置实际上是一个调节空气流通截面积大小的比例电磁阀。阀门的开度由流过电磁线圈的电流产生的电磁力与弹簧力的平衡位置所决定，有直线型和旋转型两种。直线型电磁阀以改变阀的轴向位置来调节通道截面积(如图 5 - 19 所示)，旋转电磁阀则通过改变阀的角度位置来调节通道截面积(如图 5 - 20 所示)。

步进电机式怠速控制系统多用在节气门体汽油喷射系统中，节气门体上装有步进电机式怠速控制阀(如图 5 - 21 所示)。步进电机式怠速控制阀由步进电机、螺旋机构和锥面控制阀等组成。螺旋机构中的螺母和步进电机的转子制成一体，而螺杆和锥面控制阀制成一体。步进电机可以正、反转。电控单元从发动机转速传感器获得发动机实际转速的信息，并将实际转速与预编程序中设定的转速相比较，根据两者偏差的大小输出控制脉冲电流。步进电机旋转一定的角度，驱动螺杆和锥面控制阀，改变旁通气道的通过断面，从而改变进气量，控制怠速转速。

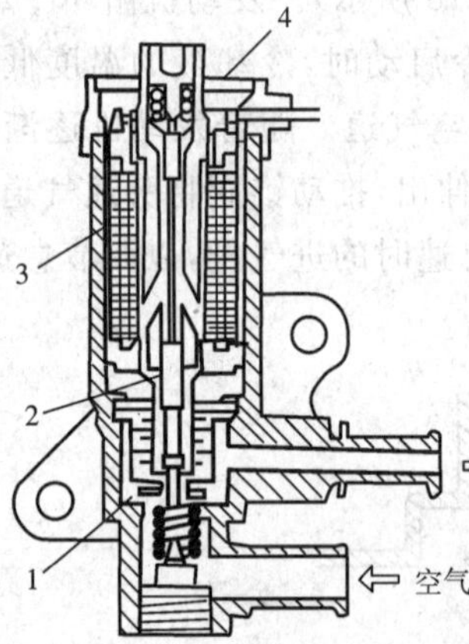

图 5-19　直线式怠速电磁阀

1—阀;2—阀杆;3—线圈;4—弹簧

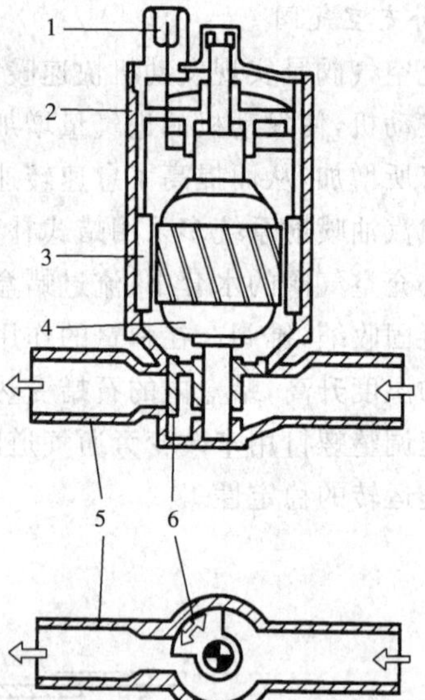

图 5-20　旋转式怠速电磁阀

1—电接头;2—壳体;3—永久磁铁;4—电枢;
5—旁通气道;6—旋转阀片

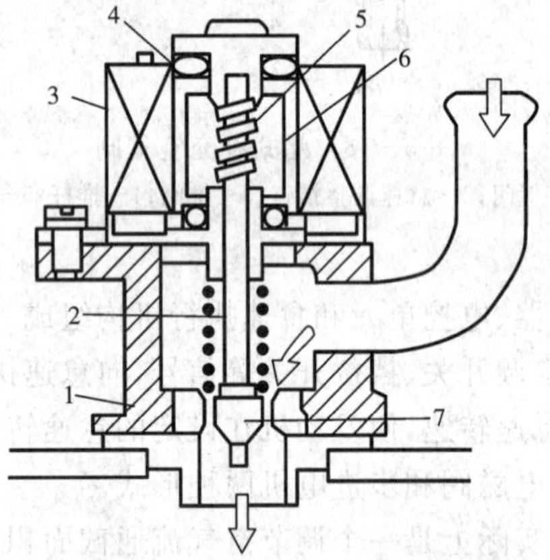

图 5-21　步进电动机式怠速控制阀

1—阀座;2—阀轴;3—定子;4—轴承;5—进给丝杆;6—转子;7—阀芯

二、燃油供给系统主要组件的构造与工作原理

燃油供给系统的功用是向汽缸供给一定量的燃油。燃油供给系统由汽油箱、电动汽油泵、汽油滤清器、燃油分配管、油压调节器、喷油器、冷启动喷油器和输油管等组成,有的还设有油压脉动阻尼器。

典型的电控燃油喷射系统的燃料供给系统组成如图 5-22 所示。汽油泵将燃油从燃油箱吸出后经过滤清器滤去杂质和水分后,由燃油压力调节器控制其压力(一般为 0.25～0.30MPa),最后将燃油送至各缸喷油器。

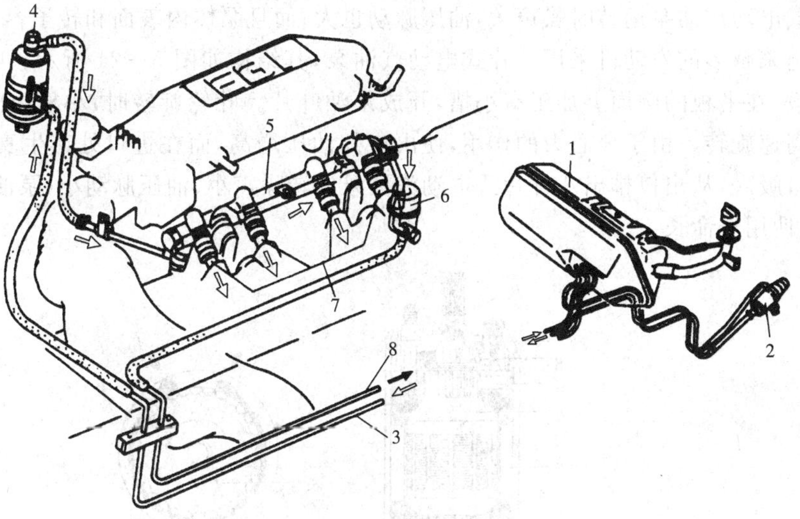

图 5－22　燃油供给系统的主要零部件

1－汽油箱；2－电动汽油泵；3－进油管；4－汽油滤清器；5－燃油分配管；
6－燃油压力调节器；7－喷油器；8－回油管

1. 电动汽油泵

电动汽油泵的功用是供给各喷油器及冷启动阀所需要的燃油。电控汽油喷射系统应用的电动汽油泵通常有两种类型，即滚柱式电动汽油泵和叶片式电动汽油泵。

滚柱式电动汽油泵的结构如图 5－23 所示，主要由滚柱 8、直流电动机 4 和单向止回阀 5 等组成。

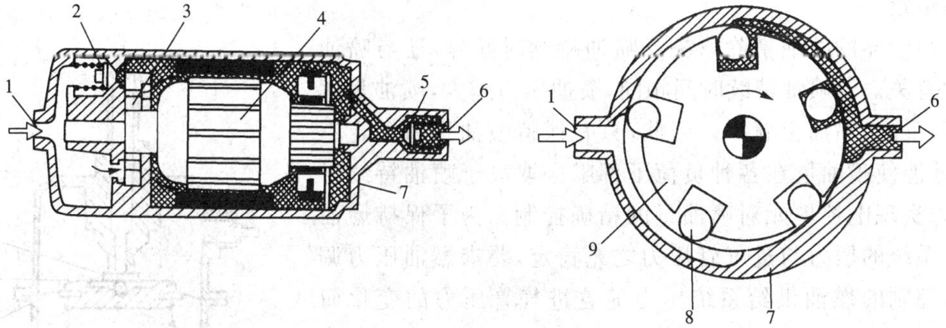

图 5－23　滚柱式电动汽油泵

1－进油口；2－限压阀；3－汽油泵；4－直流电动机；5－单向止回阀；6－出油口；7－泵体；8－滚柱；9－转子

泵壳的一端是进油口 1，另一端是出油口 6。进油口一侧的滚柱式油泵由直流电动机 4 驱动。当油泵旋转时，在离心力的作用下，转子槽内的滚子向外移动，紧靠在偏心设计的泵体壁面上。滚柱 8 随转子一同旋转时泵腔容积发生变化：进油口处容积越来越大，出油口处容积越来越小，使燃油经过入口的滤网被吸入油泵，加压后经过电动机周围由出油口泵出。油泵出油口处有一单向阀，在油泵不工作时阻止燃油倒流回油箱，以保持发动机停机后的燃油压力，便于再次启动。限压阀 2 的作用是当油压超过 0.45MPa 时开启，使汽油回流到进油口，以防止油压过高损坏汽油泵。

滚柱式电动汽油泵运转时噪声大,油压脉动也大,而且泵体内表面和转子容易磨损。

现在越来越多的发动机采用叶片式电动汽油泵,其结构如图 5-24 所示。叶轮 3 是一个圆形平板,在平板的圆周上加工有小槽,开成泵油叶片。叶轮旋转时,小槽内的汽油随同叶轮一同高速旋转。由于离心力的作用,使出口处油压增高,而在进口处产生真空,从而使汽油从进口吸入,从出口排出。叶片式电动汽油泵运转噪声小,油压脉动小,泵油压力高,叶片磨损小,使用寿命长。

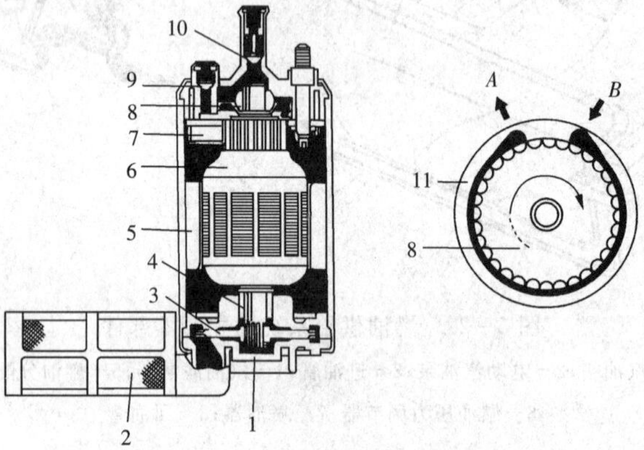

图 5-24　叶片式电动汽油泵

1—橡胶缓冲垫;2—滤网;3—叶轮及叶片;4、8—轴承;5—永久磁铁;6—电枢;7—炭刷;9—限压阀;10—单向止回阀;11—泵体

2. 油压调节器

油压调节器的功用是使燃油供给系统的压力与进气管压力之差保持恒定,即喷油压力保持恒定。

喷油器的喷油量除取决于喷油持续时间外,还与喷油压力有关。若喷油持续时间相同,喷油压力越大,喷油量就越多;反之,喷油量就少。因此,只有保持喷油压力恒定不变,才能使喷油量在各种负荷下都唯一取决于喷油持续时间,以实现电控单元对喷油量的精确控制。为了保持燃油供给系统的压力与进气管压力之差稳定,要求燃油压力调节器控制的燃油供给系统压力随着进气管压力的变化而变化。

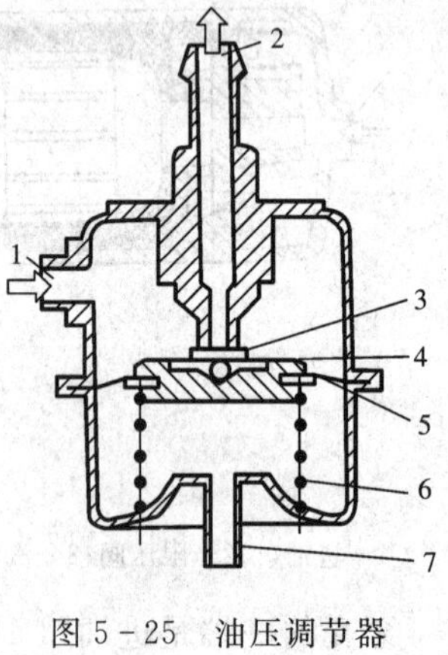

图 5-25　油压调节器

1—进油口;2—回油口;3—回油阀;4—回油阀座;5—膜片;6—弹簧;7—真空接管

油压调节器的构造如图 5-25 所示。金属壳内有一膜片 5 将内腔分隔成上下两个腔。上腔有进油口 1 连接燃油分配管,回油口 2 与汽油箱连通。下腔为真空室,弹簧 6 紧压在膜片上,使回油阀关闭,下腔通过真空接管 7 与节气门后的进气管相通。

当燃油压力超过限定值时,膜片上方的燃油推动膜片向下压缩弹簧,打开回油阀 3,超压的燃油流回燃油箱,以保持一定的燃油压力。下腔有一个通气管 7 连接进气管,这样燃油系统的压力就取决于进气管的绝对压力(如图 5-26 所示)。

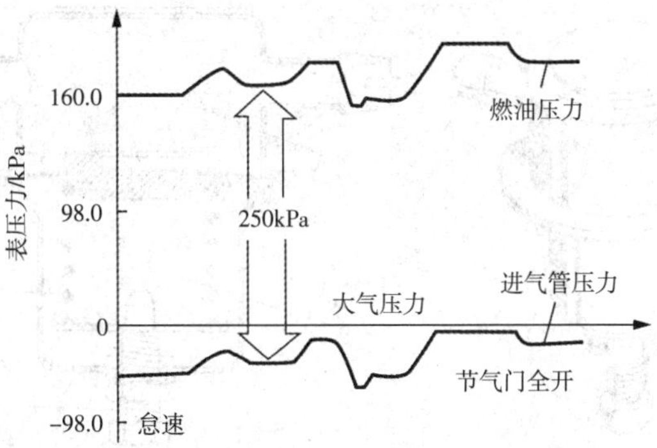

图 5－26　燃油压力调节器工作示意图

燃油压力调节器的工作原理是：

节气门开度变小时，进气管真空度变大，膜片克服弹簧弹力向下拱曲度增大，回油阀开度加大，回流燃油多，系统压力下降（如图 5－27a 所示）。

节气门开度变大时，进气管真空度变小，膜片克服弹簧弹力向下拱曲度减小，回油阀开度减小，回流燃油少，系统压力升高（如图 5－27b 所示）。

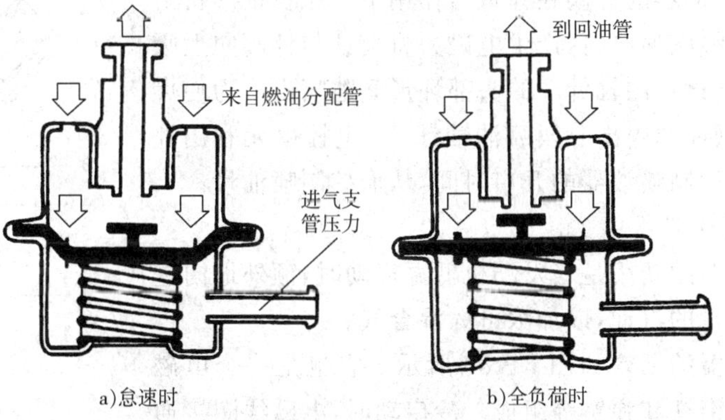

图 5－27　燃油压力调节器的工作原理

燃油供给系统的压力与进气管压力之差由油压调节器中弹簧的弹力限定，调节弹簧预紧力即可改变两者的压力差，改变喷油压力。

3. 燃油脉动阻尼器

燃油脉动阻尼器的功用是减小因汽油泵泵油和喷油器喷油产生的燃油管路油压脉动和噪声。

燃油脉动阻尼器主要由膜片 3、弹簧 4 和壳体等组成，结构如图 5－28 所示。膜片将脉动阻尼器分隔成膜片室和燃油室，膜片室内安装有弹簧。当燃油压力增高时，膜片弹簧被压缩，燃油室容积增大，减缓了燃油压力的增加；反之，当燃油压力降低时，膜片上移，燃油室容积减小，减缓燃油压力的降低，如此反复，使燃油系统的油压脉动降低。

另外，有些发动机燃油管路的总容积比发动机的循环喷油量大很多，具有一定的储油蓄压作用，也能减小燃油压力的脉动。

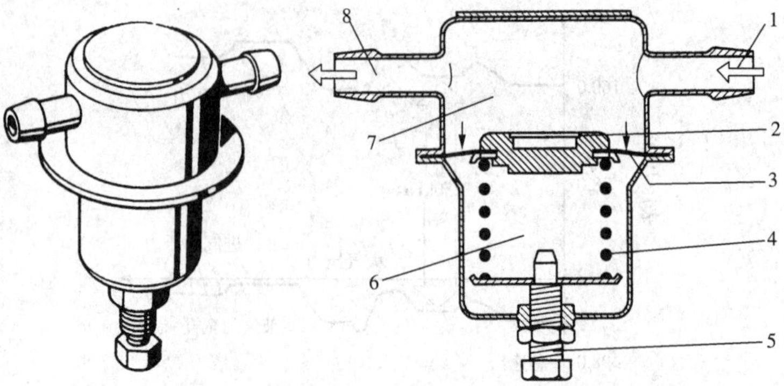

图 5－28　油压脉动阻尼器

1—进油口；2—膜片座；3—膜片；4—膜片弹簧；5—调节螺钉；6—空气室；7—燃油室；8—出油口

4. 喷油器

喷油器是电控汽油喷射系统中最重要的部件。它的功用是按照电控单元的指令在一定压力下，将一定数量的汽油喷入进气管道或汽缸内。

喷油器的结构如图 5－29 所示。喷油器体内有一个电磁线圈 3，喷油器头部的针阀 6 与衔铁 5 结合成一整体。电磁线圈中无电流时，喷油器的针阀在弹簧力作用下紧压在锥形密封阀座上。当电磁线圈通电时，产生电磁力将衔铁与针阀向上吸起，燃油通过精确设计的轴针 7 的头部环形间隙喷出。为使燃油充分雾化，针阀前端磨出一段喷油轴针 7。电控单元利用控制脉冲的宽度来控制喷油器的开启时间，从而控制喷油量。

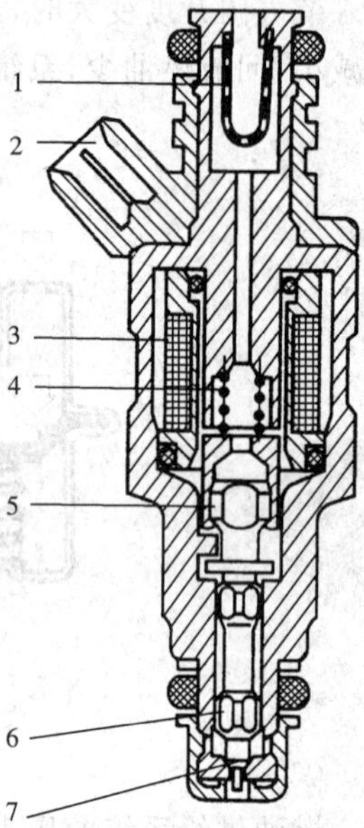

图 5－29　喷油器的结构

1—燃油滤网；2—电线插头；3—电磁线圈；4—弹簧；5—衔铁；6—针阀；7—轴针

5. 冷启动喷油器

冷启动喷油器的功用是当发动机低温启动时，额外地向进气管喷入一定数量的汽油，以加浓可燃混合气。

冷启动喷油器的结构如图 5－30 所示。它也是一个电磁阀，由电磁线圈、衔铁和弹簧等组成。冷启动时，电磁线圈接通电源，产生电磁力将衔铁吸起，燃油通过旋流式喷油器以细雾状喷出。

冷启动喷油器可以由冷启动温度开关直接控制，也可以由电控单元根据发动机冷却液温度来控制。

冷启动温度开关安装在能感受到发动机冷却液温度的位置上。它是一个中空螺钉，里面有一个外绕加热线圈 4 的双金属片 3，其端部有一个触点 5，结构如图 5－31 所示。水温低时(低于 30℃)触点闭合，冷启动喷油器电磁线圈电路接通，喷油器开始喷油。触点闭合也会接通加热线圈，开始对双金属片加热。在发动机冷却液和加热线圈的共同作用下，双金属片变形使触点断开，冷启动喷油器电磁线圈电路被切断，喷油结束。若发动机在热状态下工作，触点始终断开。因此，冷启动喷油器开启和持续喷射时间完全取决于冷启动温度开关的受热状态。

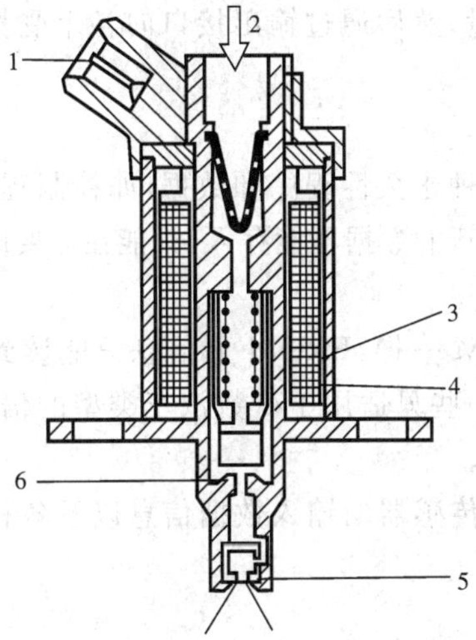

图 5-30 冷启动喷油器

1—控制信号插头；2—燃油接口；3—阀芯；
4—电磁线圈；5—旋流式喷油器；6—阀座

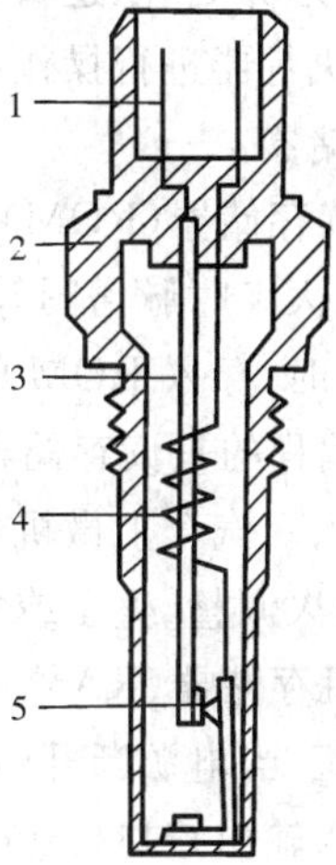

图 5-31 冷启动温度开关

1—电插头；2—壳体；3—双金属片；
4—加热线圈；5—触点

三、电子控制系统主要组件的构造与工作原理

电控汽油喷射系统中的控制系统由电控单元、各种传感器、执行器，以及连接它们的控制电路所组成。不同类型的电控汽油喷射系统的控制功能、控制方式和控制电路的布置不完全一样，但基本原理相似。

1. 电控单元

电控单元是电子控制单元(ECU)的简称。电控单元的功用是根据预存的程序和各传感器输入的信息进行运算、处理和判断，然后输出指令控制喷油和点火时刻，以获得最佳可燃混合气浓度和点火提前角。

电控单元 ECU 是以微处理器为核心的计算机控制装置，包括硬件和软件两部分。硬件是计算机物理组成的总称，一般由输入接口电路、中央处理器和输出接口电路等构成。软件主要包括 ECU 运行所需的各种程序、基本数据以及一些工况修正系数的数据储存等，其组成如图 5-32 所示。

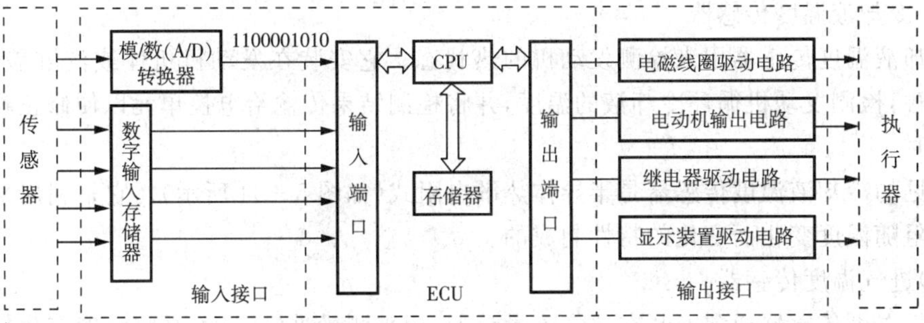

图 5-32 电控单元组成

(1)中央处理器

中央处理器(CPU)是计算机中运算器与控制器的总称，其功用是通过接口对输入的各

种信号进行运算处理、逻辑判断，确定最佳控制量，然后通过输出接口向各个受控部分发出指令，控制执行器进行操作。

(2)存储器

① 只读存储器(ROM)　ROM 用来存储各种永久性程序和数据，如控制程序、喷油量脉谱图和点火定时脉谱图等。电控单元工作时，新的数据不能存入，只能在需要时读出原始数据。断电时，存入 ROM 的信息不会丢失。

② 可编程的只读存储器(PROM)　与 ROM 一样，PROM 上信息只能读到中央处理器，不能写入。汽车上微机使用 PROM 来存储一些只适用于少数汽车类型的信息，如特定的分电器点火调整、整车或发动机的调整数据等。

③ 随机存储器(RAM)　RAM 用来存储各传感器的输入数据信息以及各种不断变换的实时数据。当电源断开时，所存储的数据丢失。

(3)输入输出接口(I/O 接口)

I/O 接口是 CPU 与传感器、执行器进行正常通信的控制电路，是微机系统不可缺少的部分。

(4)输入输出电路

① 输入电路　输入电路的作用是将各传感器检测到的信号进行滤波、整形、放大等处理后经过 I/O 接口送至 CPU。由于 CPU 只能识别数字信号，因此，当传感器输出的是数字信号时，可直接送至 CPU；而当传感器输出的是模拟信号(如冷却液温度信号、空气流量计输出信号等)时，则必须经 A/D 转换器将其转换成数字信号后，才能送至 CPU 进行运算处理。

② 输出电路　输出电路的作用是将微机输出的控制指令转变为控制信号以驱动执行器(喷油器、电动汽油泵等)进行工作。一般微机输出的是数字信号，且其输出功率较小，通常难以直接驱动执行器动作，为此需用输出电路将微机输出的弱信号进行功率放大。

随着电子技术和数控技术的发展，电子控制系统的功能不断扩展，已从单一的汽油喷射控制发展为对汽油喷射、点火定时、怠速及排气再循环等进行综合控制的发动机管理系统(如图 5-33 所示)。

2. 传感器

一些传感器的构造和作用原理已在前文做了介绍，下面再介绍其他几种传感器。

(1)冷却液温度传感器

冷却液温度传感器用来检测发动机的热状态。它安装在发动机机体或汽缸盖上，与冷却液接触，检测发动机循环冷却液的温度，并将检测结果传输给电控单元以便修正喷油量和点火定时。

常见的冷却液温度传感器是半导体热敏电阻式(如图 5-34 所示)。它是利用半导体材料的电阻随温度变化而变化的特性制成的。

(2)进气温度传感器

进气温度传感器通常安装在空气流量计上，用来测量进气温度，并将温度变化信息传输给电控单元作为修正喷油量的依据之一。

进气温度传感器也常采用高灵敏度的热敏电阻，其电阻温度特性、构造、工作原理以及与电控单元的连接方式均与冷却液温度传感器相同(如图 5-35 所示)。

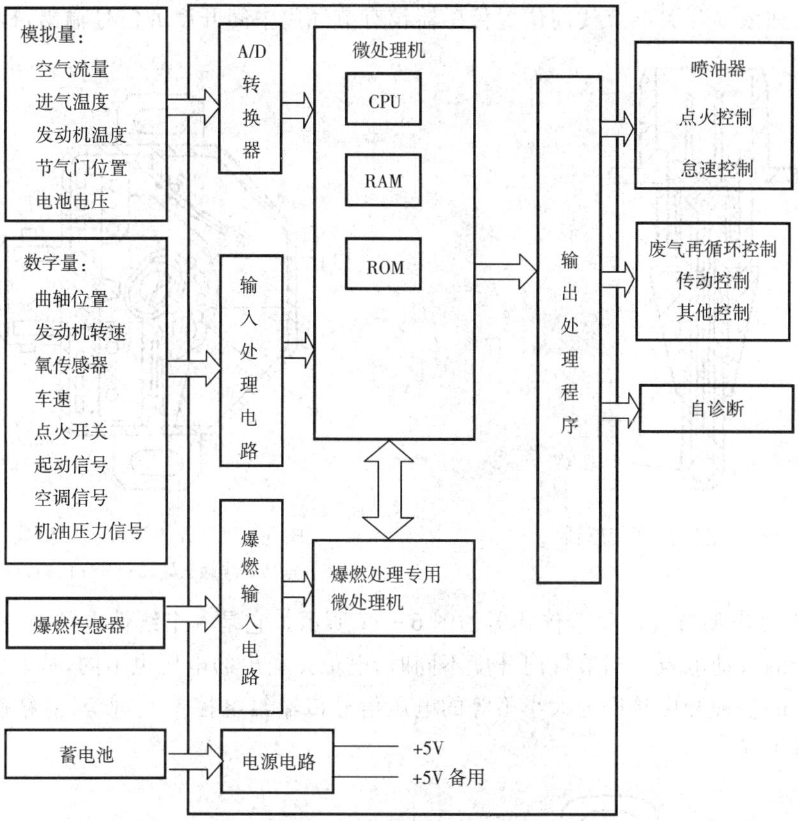

图 5-33 电子控制系统框图

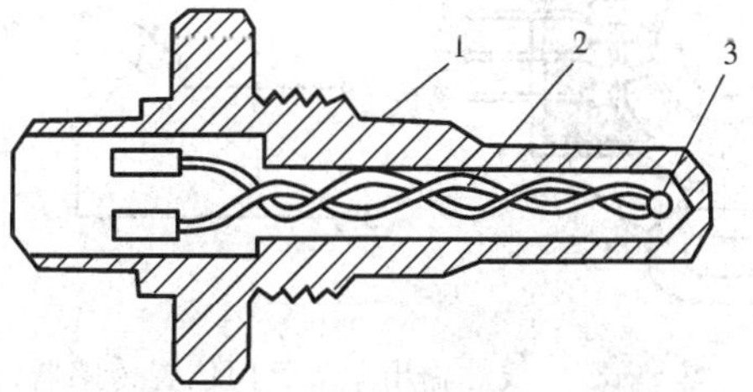

图 5-34 发动机温度传感器

1—传感器外壳;2—导线;3—热敏电阻

(3)节气门位置传感器

节气门位置传感器安装在节气门体上,传感器的转轴与节气门轴联动。其功用是将节气门的位置或开度转换成电信号传输给电控单元,作为电控单元判定发动机运行工况的依据,对喷油量及点火提前角进行修正。

节气门位置传感器有开关型和线性输出型两种。

① 开关型节气门位置传感器内有两个触点,分别为怠速触点 4 和全负荷触点 1,结构如图 5-36 所示。与节气门同轴的接触凸轮 2 控制怠速触点和负荷触点的闭合。当发动机在怠速时,节气门接近关闭,怠速触点闭合,这时电控单元将指令喷油器增加喷油量以加浓混合气。全负荷时,节气门全开,全负荷触点闭合,这时电控单元将输出脉宽最长的电脉冲,以

实现全负荷加浓。开关型节气门位置传感器没有节气门中间开度的信号输出,检测性差。

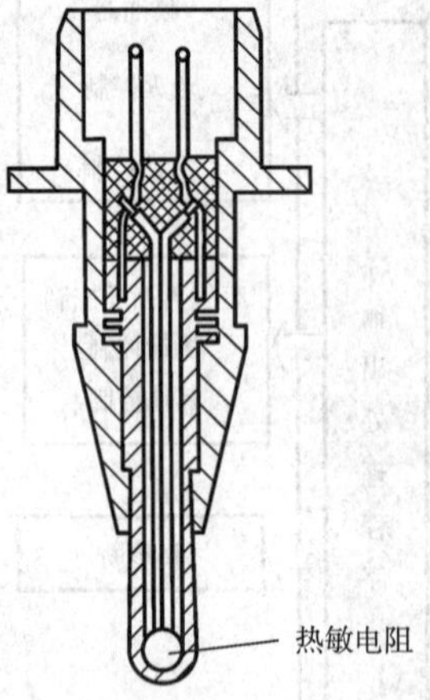

图 5-35　进气温度传感器

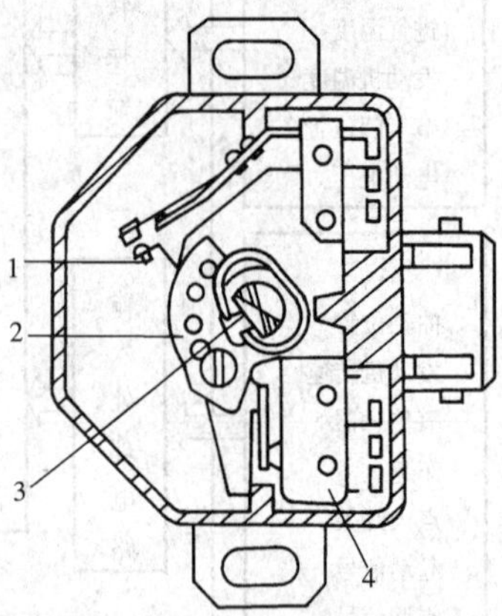

图 5-36　开关型节气门位置传感器

1—全负荷触点;2—接触凸轮;3—节气门轴;4—怠速触点

② 线性输出型节气门位置传感器如图 5-37 所示。它是一个线性电位计,由节气门轴带动电位计的滑动触点。当节气门开度不同时,电位计输出的电压也不同,从而将节气门由全闭到全开的各种开度转换为大小不等的电压信号传输给电控单元,使其能精确地判定发动机的运行工况。

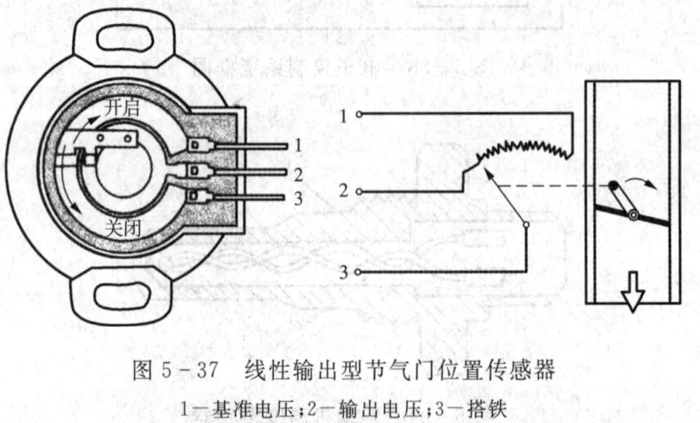

图 5-37　线性输出型节气门位置传感器

1—基准电压;2—输出电压;3—搭铁

有的线性输出型节气门位置传感器,为了准确检测怠速工况(节气门全关状态)的信号,特别设有一个怠速开关,在节气门全关时接通(如图 5-38 所示)。

(4)曲轴位置传感器

曲轴位置传感器通常安装在分电器内,不但可以提供相对于活塞上止点位置的曲轴转角信号,还能精确测定发动机转速,又称转速传感器。它是发动机电子控制系统中的主传感器,是控制喷油时刻和点火时刻不可缺少的信号,有光电式、电磁感应式和霍尔效应式三种。

① 光电式曲轴位置传感器

光电式曲轴位置传感器由发光二极管、光敏三极管和遮光盘等组成,如图 5-39 所示。它通常安装在分电器内,分电器底板上固定着由两对发光二极管和光敏三极管组成的信号发生器。遮光盘与分电器轴一起转动,遮光盘边缘均匀地开有 360 个小细缝和 6 个大细缝。

当遮光盘随分电器轴转动时，发光二极管通过细缝射向光敏三极管的光线可使光敏三极管导通，若光线被遮光盘遮断时，光敏三极管截止，由此产生脉冲信号。分电器每转一周，输出 360 个 1°的脉冲信号和 6 个相同 60°的脉冲信号。前者作为发动机转速信号；后者为各缸活塞位于上止点的基准信号，其中较宽的一个为第一缸活塞位于上止点的信号。

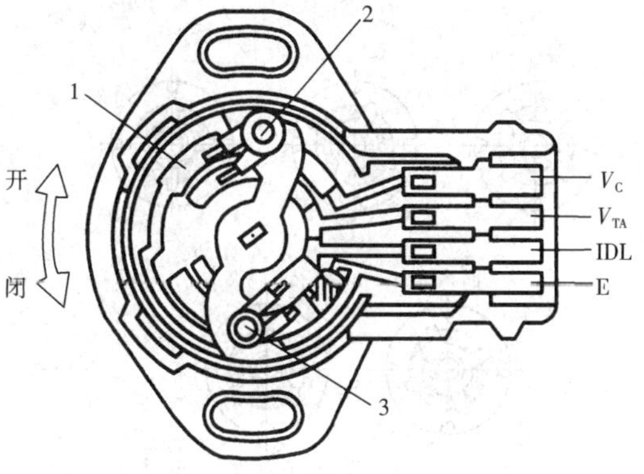

图 5-38　综合型节气门位置传感器

1—电阻膜；2—节气门开度输出动触点；3—怠速动触点

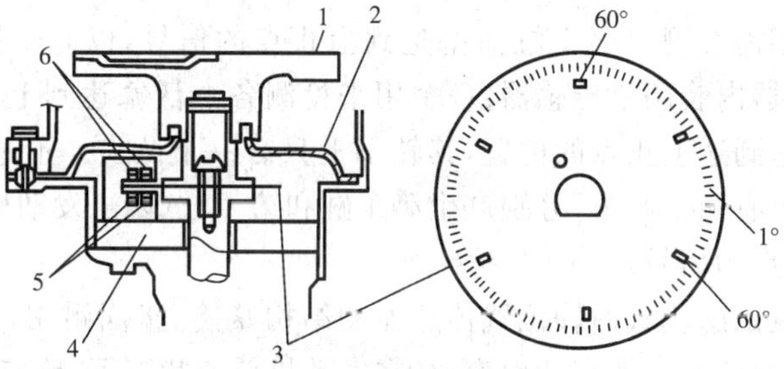

图 5-39　光电式曲轴位置传感器

1—分火头；2—防尘罩；3—转盘；4—分电器底板；5—光敏三极管；6—发光二极管

光电式曲轴位置传感器输出矩形脉冲信号，它能检测曲轴转速很低的运动状态。必须保持发光二极管与光敏三极管表面的清洁度，以免影响测量精度。

② 电磁感应式曲轴位置传感器

如图 5-40 所示为一种安装在分电器内的电磁感应式曲轴位置传感器。分电器轴由配气机构凸轮轴驱动，分电器底板上固定有钢制的转子，它与分电器轴同轴旋转。转子上有几个凸齿，凸齿数目与发动机汽缸数相等。分电器内还装有由永久磁铁和感应线圈 2 构成的定子。电磁感应原理如图 5-41 所示。当转子随分电器轴旋转，其凸齿转到对准定子磁极 1 的位置时，定子磁极与转子之间的气隙最小，磁通量最大，如图 5-41a 所示。当转子上的凸齿离开定子磁极时，气隙增大，磁通量减小。绕在定子磁极 1 上的感应线圈因磁通量的变化，会产生变化的感应电压，如图 5-41c 所示。

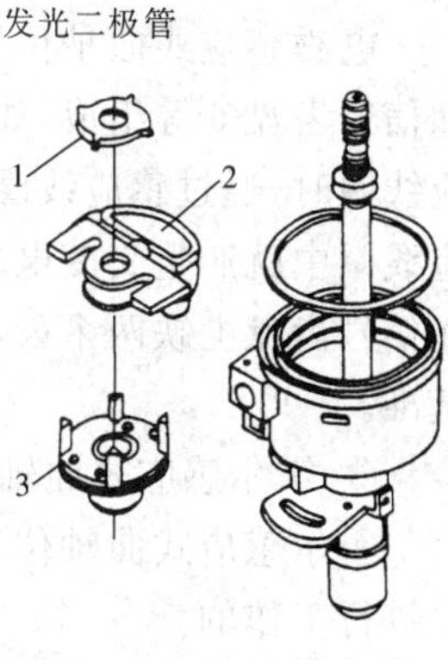

图 5-40　电磁感应式曲轴位置传感器

1—转子；2—感应线圈；3—定子磁极

当转子凸齿接近定子磁极时，磁通量增加，感应电压为正脉冲；当转子凸齿离开定子磁极时，磁通量减小，感应电压为负脉冲。在转子凸齿正对定子磁极的瞬间，磁通量的变化率为零，对应于感应电压曲线由正脉冲变为负脉冲的零点，该零点作为活塞到达上止点的基准信号。电控单元可以从感应电压脉冲的频率计算出发动机转速。

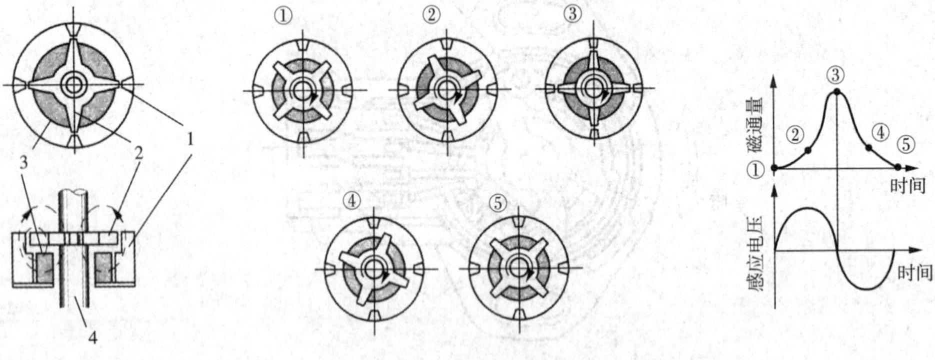

a)凸齿对准定子磁极时的磁力线分布　b)转子凸齿处于不同位置时　c)磁通量与感应电压的变化曲线

图 5-41　电磁感应原理图

1—定子磁极；2—转子；3—感应线圈；4—轴

有时电控单元还需要测出第 1 缸活塞达到上止点的信号，以此来控制燃油喷射顺序。为此，一般要在分电器内装两个传感器：一个用来检测各缸活塞达到上止点的位置；另一个用来检测第 1 缸活塞到达上止点的位置，其转子上只有一个凸齿。不过，在有些车型上，第二个传感器的转子上有两个凸齿，分别产生第 1 缸和第 4 缸(四缸发动机)或第 6 缸(六缸发动机)活塞到达上止点的信号。

分电器内置式电磁感应式曲轴位置传感器的结构紧凑、坚固耐用，不受环境影响，应用广泛；但输出电压的峰值随转速高低而变化，在发动机低速状态下，感应电压很低，影响了控制精度。

电磁感应式曲轴位置传感器也可以与曲轴直接相连。它主要由永久磁体 1、感应线圈 5 和信号齿盘 6 等组成，如图 5-42 所示。信号齿盘由曲轴带动旋转，利用轮齿靠近和离开感应线圈时，通过感应线圈的磁通量变化，在线圈中产生感应电压。信号齿盘不停旋转，在感应线圈中就产生交变电压信号，电控单元可根据电压交变的频率计算出发动机转速。另外，在信号齿盘上缺两个齿，用于识别曲轴位置(第 1 缸上止点位置)，作为点火正时信号的参考基准。

③ 霍尔感应式曲轴位置传感器

霍尔感应式曲轴位置传感器是利用霍尔效应原理，产生与曲轴转角对应的电压脉冲信号进行工作的。

霍尔感应式曲轴位置传感器可安装在曲轴前端、凸轮轴后端、飞轮壳上和分电器内等部位。如图 5-43 所示为安装在分电器内的霍尔传感器，它主要由开槽的触发叶轮 4、触发开关 5 和半导体基片等组成。触发叶轮的片数等于发动机的缸数。触发叶轮由分电器轴带动旋转，叶片不断地进出磁场的空气隙。当触发叶轮的叶片进入空气隙时，磁路被叶片旁通，磁力线不能到达半导体基片，传感器无电压输出；当触发叶轮缺口对着空气隙时，磁力线到达半导体基片，传感器输出电压。霍尔电压变化的时刻反映了曲轴的位置，霍尔电压变化的频率可反映发动机的转速。

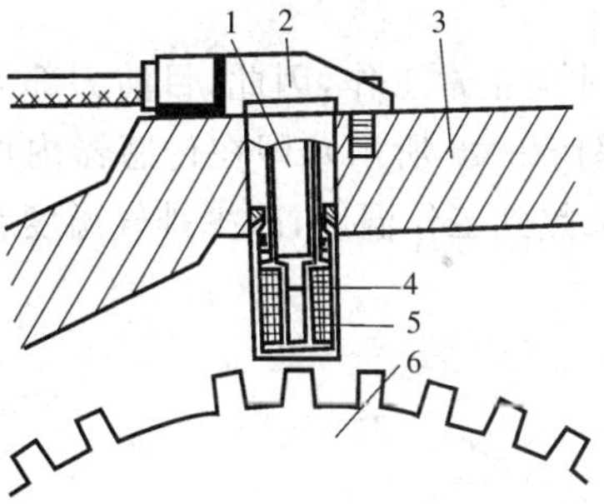

图 5-42 电磁感应式曲轴位置传感器(安装在曲轴上)

1—永久磁铁；2—插头；3—发动机壳体；4—铁芯；5—感应线圈；6—信号齿盘

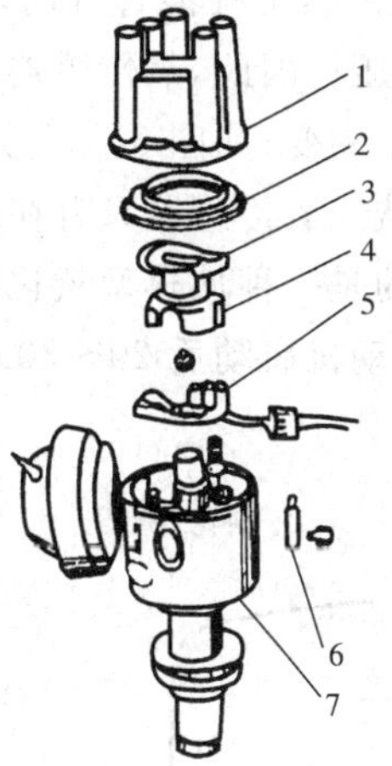

图 5-43 霍尔感应式传感器

1—分电器盖；2—防尘罩；3—分火头；4—触发叶轮；5—触发开关；6—固定板；7—分电器外壳

霍尔感应式曲轴位置传感器输出的信号是矩形脉冲，其信号电压的大小与发动机转速无关，在发动机低速状态下仍可获得很高的检测精度。

(5)氧传感器

氧传感器是电子控制汽油喷射系统进行闭环控制的传感器。它安装在排气管上，检测排气中氧分子的浓度，并把信息传给电控单元，电控单元根据氧传感器的反馈信号，不断修正喷油量，使混合气成分始终保持在理论空燃比附近。

目前应用最多的是氧化锆式氧传感器，氧化锆是具有传导氧离子能力的固体电解质，它能在氧分子浓度差的作用下产生电动势。如图 5-44 所示为氧化锆式氧传感器的结构，它以陶瓷材料氧化锆管 11 作敏感元件，氧化锆管的内、外表面涂一层铂作电极，锆管内电极 10 与大气相通，外电极与排气接触。保护管 7 用耐热金属制成，以保护锆管不受损坏。

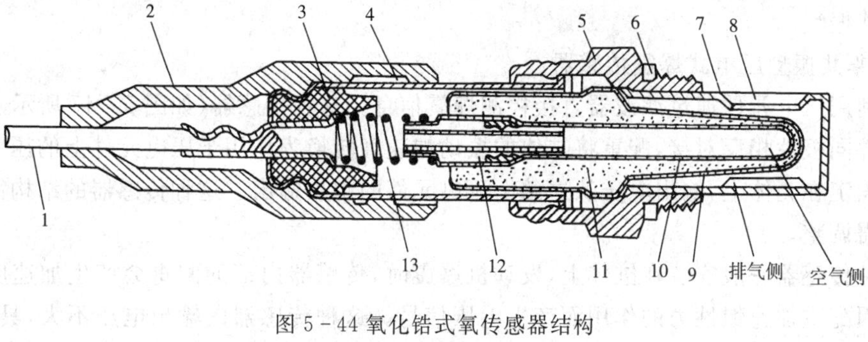

图 5-44 氧化锆式氧传感器结构

1—导线；2—护帽；3—陶瓷绝缘体；4—空气入口；5—壳体；6—衬垫；7—保护管；8—排气入口；9—外电极；10—内电极；11—锆管；12—接触套管；13—接触弹簧

发动机工作时，排气从氧传感器锆管的外表面流过。高温下氧分子发生电离，氧离子从浓度高的锆管内表面向浓度低的锆管外表面移动,因此,锆管的内外电极之间会产生微小的电压。当发动机燃用浓混合气时,排气中无氧,锆管中氧离子移动强烈,产生0.8~1V的电压;当发动机燃用稀混合气时,排气中氧分子较多,锆管中氧离子移动能力减弱,只产生约0.1V的电压。因此,氧传感器输出的电压信号随混合气成分的不同而变化,并在理论空燃比附近发生突变(如图5-45所示)。

氧化锆式氧传感器只有在温度超过300℃时才能正常工作,因此,目前大部分车用发动机上使用的是一种加热型氧化锆式氧传感器(如图5-46所示),即在传感器内设置一个加热器,在发动机启动后20~30s迅速将氧传感器加热到工作温度,减少排气温度对传感器性能的影响。

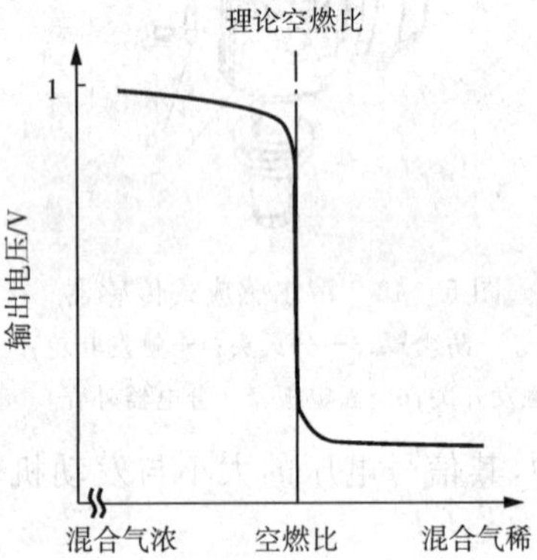

图5-45　氧传感器的输出电压与空燃比的关系

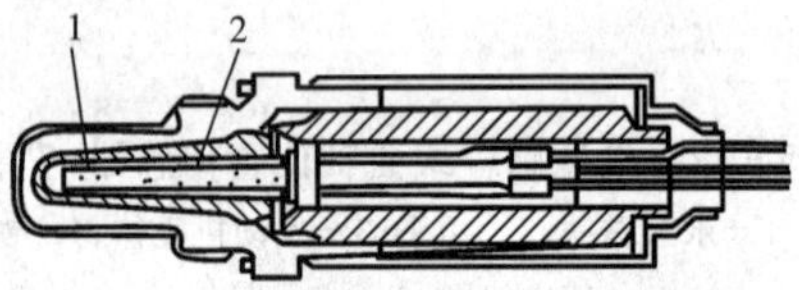

图5-46　加热型氧化锆氧传感器

1—氧化锆;2—加热器

(6)爆震传感器

爆震传感器的作用是检测发动机是否产生爆震,并将其作为点火定时控制的反馈信号输送给电控单元,实现点火定时的闭环控制,抑制发动机爆燃的发生。

按检测方法的不同,爆震传感器分为检测汽缸压力、检测发动机机体振动和检测燃烧噪声三种。检测汽缸压力的爆震传感器检测精度最高,但其耐久性差,并且难以安装;检测燃烧噪声的爆震传感器为非接触式传感器,耐久性好,但精度和灵敏度低。目前,最常用的爆震传感器是通过检测发动机机体振动来判别爆震的产生和强度的。这种传感器又分为共振型和非共振型。

① 非共振型压电式爆震传感器

它利用压电元件通过滤波器直接检测爆震信息。这种传感器(如图5-47所示)由两个压电元件同极性相反对接,配重将缸体的振动加速度转换为作用于压电元件上的压力,配重由螺丝固定在壳体上,输出电压从这两个压电元件的中央输出。这种传感器的结构简单,制造时不需调整。

这种传感器一般安装在缸体上,发动机爆震时,传感器内部的配重会产生加速度,压电元件也因配重加速惯性力的作用而产生电压信号。这种传感器的输出电压不大,具有平缓的输出特性。因此,需要将反映发动机振动频率的输出电压信号送到识别爆震的滤波器中,判别是否有爆震产生。

该爆震传感器的优点是检测频率范围宽,能检测很宽频带的发动机振动频率。用于不同发动机时，只需调整滤波器的过滤频率，不需要更换传感器。

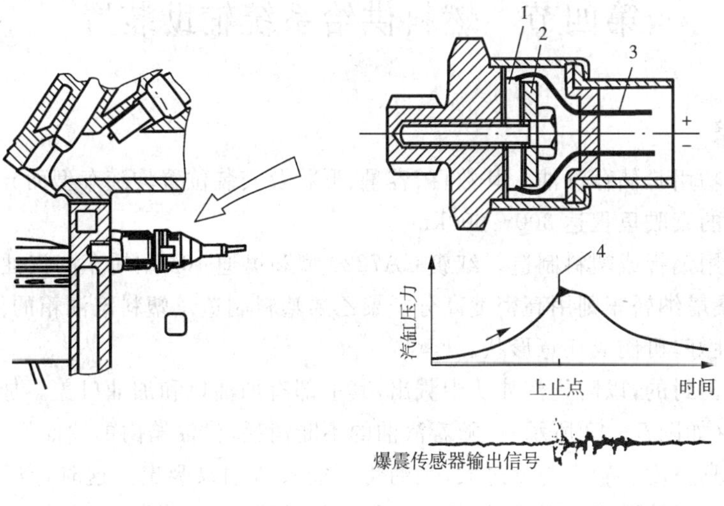

a)安装位置　　b)结构与输出曲线

图 5-47　非共振型爆震传感器的结构与工作原理

1—压电陶瓷片；2—配重；3—输出引线；4—爆震压力波波形

② 共振型压电式爆震传感器

它利用产生爆震是发动机的振动频率与传感器自身固有频率相符合而产生的共振现象来检测爆震是否产生。这种传感器无须使用滤波器，即可判别有无爆震产生。

这种传感器(如图 5-48a 所示)的压电元件 8 紧密地贴合在振荡片 7 上，振荡片则固定在传感器的基座 6 上。振荡片随发动机振动而振荡，压迫压电元件，使其变形而产生电压信号。当发动机爆震时的振动频率与振荡片的固有频率相同时，振荡片产生共振，此时压电元件将产生最大的电压信号，如图 5-48b 所示。

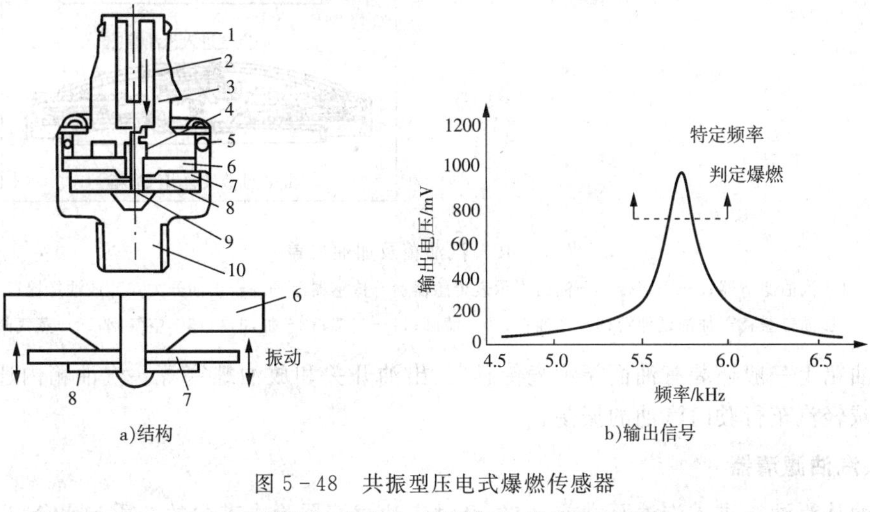

a)结构　　b)输出信号

图 5-48　共振型压电式爆燃传感器

1、5—O 形环；2—插头；3—连接器；4—密封剂；6—基座；
7—振荡片；8—压电元件；9—引线端子；10—外壳

第四节　燃料供给系统辅助装置

一、汽油箱

汽油箱的功用是储存汽油。其数目、容量、形状及安装位置均随车型而异。汽油箱的容量应能使汽车的续驶里程达 300～600km。

汽油箱常用钢板或塑料制造。红旗 CA7220 型和奥迪 100 型轿车的汽油箱用镀铅钢板制成，捷达和桑塔纳轿车则用高密度高分子聚乙烯塑料制造。塑料汽油箱的优点是重量轻、强度高、密封性好，可制成任意形状。

汽油箱是密封的，以防止汽油从中溅出，其上部有加油口和加油口盖。加油口盖内有空气阀和蒸气阀(如图 5－49 所示)。随着汽油的不断消耗，汽油箱内的油面将下降，汽油箱内会出现一定的真空度。若真空度过大，汽油将不能被汽油泵吸出。这时，空气阀开启，使汽油箱与大气相通以消除箱内的真空度。如果气温很高，汽油蒸发快，会使汽油箱内压力过大。这时蒸气阀开启，使汽油蒸气逸出以保持汽油箱内的压力基本稳定。

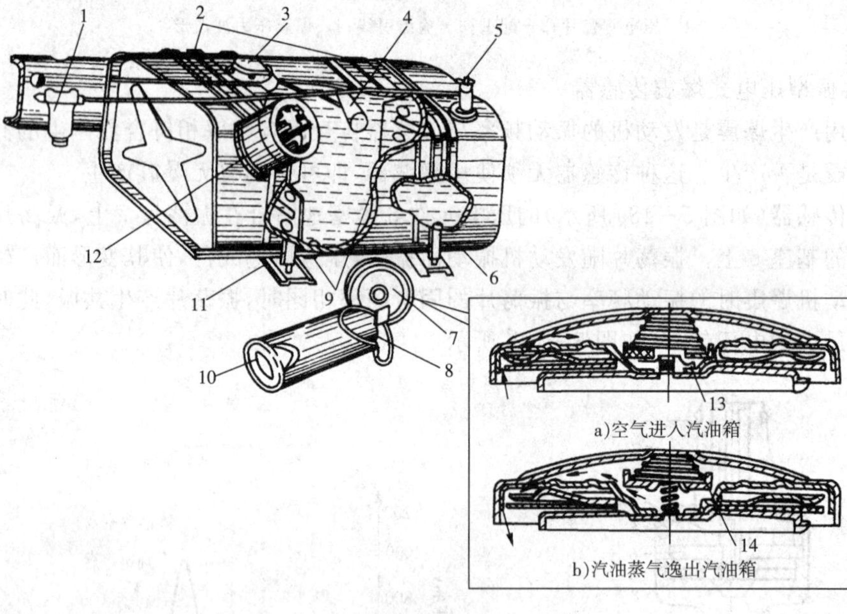

图 5－49　汽油箱及加油口盖

1－汽油滤清器；2－固定带；3－油面指示表传感器；4－传感器浮子；5－出油开关；6－放油螺栓；7－加油口盖；8－加油延伸管；9－挡油板；10－滤网；11－支架；12－加油口；13－空气阀；14－蒸气阀

汽油箱上一般还装有油面指示表传感器、出油开关和放油螺塞等。汽油箱内通常有挡油板以减轻汽车行驶时汽油的振荡。

二、汽油滤清器

汽油从汽油箱进入汽油泵之前，应先经过汽油滤清器除去其中的杂质和水分，以保证汽油泵正常工作。

如图 5－50 所示为国产 282 型汽油滤清器。在滤清器盖 1 上有进油管接头 2 和出油管接头 11,滤芯 5 用中心螺栓 7 紧固在滤清器盖上,锌合金制成的沉淀杯 8 也用螺栓紧固在滤清器盖上。滤芯密封垫 3、6 的作用是防止汽油不经滤芯滤清直接从滤芯两端进入滤芯内腔。衬垫 4、9 是为了防止汽油外漏。

发动机工作时,汽油在汽油泵的作用下,经进油管接头 2 流入沉淀杯 8,水及较重的杂质沉淀于杯底,较轻的杂质悬浮在汽油中并在通过滤芯 5 时被阻隔在滤芯之外。汽油通过滤芯的微孔进入滤芯内腔,再经出油管接头 11 流出。

滤芯多用多孔陶瓷或微孔滤纸制成。陶瓷滤芯结构简单,不消耗金属,滤清效果较好,但滤芯不易清洗干净,使用寿命短。纸质滤芯滤清效果好,结构简单,使用方便。现代轿车发动机多采用一次性使用、不可拆式纸质滤芯汽油滤清器,其结构如图 5－51 所示。一般每行驶 3000km 整体更换一次。

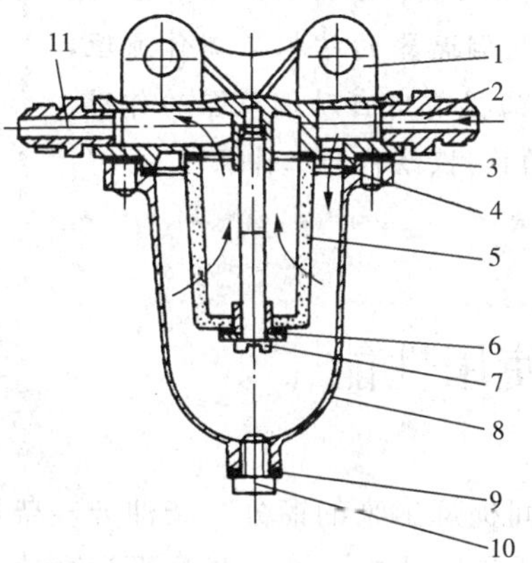

图 5－50　282 型汽油滤清器

1—滤清器盖;2—进油管接头;3、6—滤芯密封垫;4、9—沉淀杯密封垫;5—滤芯;7—中心螺栓;8—沉淀杯;10—放油螺栓;11—出油管接头

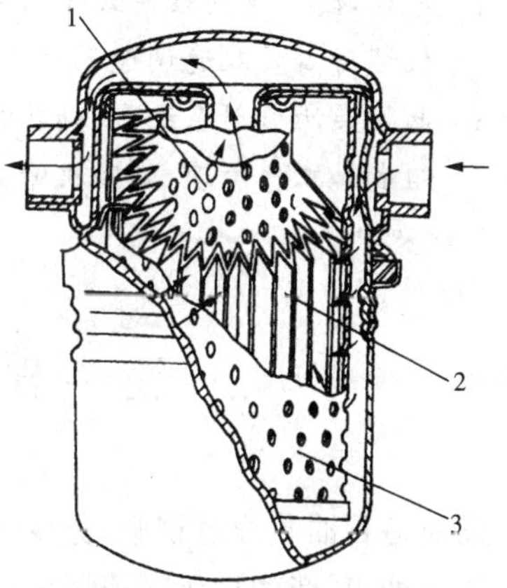

图 5－51　不可拆式纸质滤芯汽油滤清器

1—滤芯内衬筒;2—纸质滤芯;3—滤芯外衬筒

思考题

5－1　何谓汽油的抗爆性?汽油的抗爆性用何种参数评价?汽油的牌号与其抗爆性有何关系?

5－2　汽车发动机运行工况对混合气成分有何要求?

5－3　在电控汽油喷射系统中,喷油器的实际喷油量是如何确定的?试述其过程。

5－4　试比较多点与单点喷射系统的优点和缺点。

5－5　试比较各种空气流量计的优点和缺点。

5－6　试述卡门涡流式空气流量计的工作原理。

5－7　试述怠速控制阀的功用及步进电机式怠速控制阀的工作原理。

5－8　试述霍尔效应式曲轴位置传感器的结构及其工作原理。

5－9　简述爆震传感器的工作原理。

第六章　柴油机燃油系统

本章主要介绍了柴油性质及其使用性能,柴油机燃料供给系统的作用与组成,混合气的形成和燃烧室、喷油器的功用,孔式喷油器、轴针式喷油器的结构组成、工作过程,喷油泵的功用和结构形式,柱塞式喷油泵的组成、工作原理,国产系列柱塞式喷油泵的基本结构和工作原理,调速器的功用和分类,机械离心式双速调速器的结构与工作原理,全速调速器的结构与工作原理,电控柴油喷射系统,联轴器初始供油提前角,供油提前角自动调节器的作用、组成和工作原理,柴油机输油泵和油水分离器的作用、结构和工作原理。

第一节　柴油及其使用性能

柴油是石油蒸馏过程中,温度在200℃～350℃之间提炼出来的馏分。柴油分轻柴油和重柴油两种,轻柴油用于高速柴油机,重柴油用于中、低速柴油机。汽车柴油机为高速柴油机,故使用轻柴油。

轻柴油的使用性能有发火性、蒸发性、低温流动性、黏度和凝点等。

(1)发火性　指柴油的自燃能力,用十六烷值评定。柴油的十六烷值愈高,发火性愈好,柴油愈容易自燃。国家标准规定轻柴油的十六烷值应在40～50范围内。

(2)蒸发性　指柴油蒸发汽化的能力,用柴油馏出某一百分比的温度范围(即馏程)来表示。柴油可测量馏程为50%、90%、95%蒸发温度。

50%馏出温度即柴油馏出50%的温度,此温度越低,柴油的轻质馏分就越多,蒸发性越好,越有利于柴油机启动,但同时会使柴油机工作不稳定。国家标准规定此温度不得高于300℃,但没有规定最低温度界限。

90%、95%馏出温度表示柴油中重质馏分的多少。这两个温度越低,可燃混合气燃烧越完全,油耗越低。

柴油蒸发性的另一个评定指标是闪点。柴油的闪点指在一定的实验条件下,当柴油蒸气与周围空气形成的混合气接近火焰时,开始出现闪火的温度。闪点低,柴油蒸发性好。

(3)低温流动性　用柴油的凝点和冷滤点评定低温流动性。凝点是指柴油失去流动性开始凝固时的温度,而冷滤点则是指在特定的试验条件下,在1min内柴油开始不能流过过滤器20mL时的最高温度。一般柴油的冷滤点比其凝点高4℃～6℃。

(4)黏度　是评定柴油稀稠度的一项指标,与柴油的流动性有关。黏度随温度而变化,当温度升高时，黏度减小，流动性增强；反之，当温度降低时，黏度增大，流动性减弱。

(5)凝点　指柴油冷却到液面不能移动的最高温度。国家标准 GB 252—2015《普通柴油》中，把柴油按照凝点分为 5 号、0 号、－10 号、－20 号、－35 号和－50 号等 6 个牌号。

GB 252—2015 中规定的实际胶质、10%蒸余物残炭和氧化安定性、总不溶物等指标，是柴油安定性的评定指标。柴油的防腐性则用硫含量、硫醇硫含量、酸度、铜片腐蚀及水溶性酸或碱等指标来评定。柴油中的灰分、水分和机械杂质，是评定柴油清洁性的指标。

轻柴油的选择应按照当地当月风险率为 10%的最低气温(表 6－1)选用轻柴油牌号(表 6－2)。

表 6－1　各地区风险率为 10%的最低气温(GB 252—2015)(℃)

月份 省份	一	二	三	四	五	六	七	八	九	十	十一	十二
河北省	－14	－13	－5	1	8	14	19	17	9	1	－6	－12
山西省	－17	－16	－8	－1	5	11	15	13	6	－2	－9	－16
内蒙古自治区	－43	－42	－35	－21	－7	－1	4	1	－8	－19	－32	－41
黑龙江省	－44	－42	－35	－20	－6	1	7	4	－6	－20	－35	－43
吉林省	－29	－27	－17	－6	1	8	14	12	2	－6	－17	－26
辽宁省	－23	－21	－12	－1	6	12	18	15	6	－2	－12	－20
山东省	－12	－12	－5	2	8	14	19	18	11	4	－4	－10
江苏省	－10	－9	—	3	11	15	20	20	12	5	－2	－8
安徽省	－7	－7	－1	5	12	18	20	20	12	5	－2	－8
浙江省	－4	－3	1	6	13	17	22	1	15	8	2	－3
江西省	－2	－2	3	9	15	20	23	23	18	12	4	0
福建省	－4	－2	3	8	14	18	21	20	15	8	1	－3
台湾省①	3	0	2	8	10	16	19	19	13	10	1	2
广东省	1	2	7	12	18	21	23	23	20	13	7	2
海南省	9	10	15	19	22	24	24	23	23	19	15	12
广西壮族自治区	3	3	8	12	18	21	23	23	19	15	9	4
湖南省	－2	－2	3	9	14	18	22	21	16	10	4	－1
湖北省	－6	－4	0	6	12	17	21	20	14	8	1	－4
河南省	－10	－9	－2	4	10	15	20	18	11	4	－3	－8
四川省	－21	－17	－11	－7	－2	1	2	1	0	－7	－14	－19
贵州省	－6	－6	－1	3	7	9	12	11	8	4	－1	－4
云南省	－9	－8	－6	－3	1	5	7	7	5	－1	－5	－8

(续表)

月份 省份	一	二	三	四	五	六	七	八	九	十	十一	十二
西藏自治区	−29	−25	−21	−15	−9	−3	−1	0	−6	−14	−22	−29
新疆维吾尔自治区	−40	−38	−28	−12	−5	−2	0	−2	−6	−16	−28	−33
青海省	−33	−30	−25	−18	−10	−6	−3	−4	−6	−16	−28	−33
甘肃省	−23	−23	−16	−9	−1	3	5	5	0	−8	−16	−22
陕西省	−17	−15	−6	−1	5	10	15	12	6	−1	−9	−15
宁夏回族自治区	−21	−20	−10	−4	2	6	9	8	3	−4	−12	−19

注:①台湾省所列的温度是绝对最低气温,即风险率为0%的最低气温。

表6-2　轻柴油牌号的选择

轻柴油牌号	适用于风险率为10%的最低气温在下列范围内的地区
0号	4℃以上
−10号	−5℃以上
−20号	−14℃～−5℃
−35号	−29℃～−14℃
−50号	−44℃～−29℃

第二节　柴油机燃油系统的功用及组成

一、柴油机可燃混合气的形成

柴油机以柴油为燃料。由于柴油的蒸发性和流动性都比汽油差,因此柴油机不能像汽油机那样在汽缸外部形成可燃混合气。柴油机工作时,进气行程进入汽缸的是纯空气,在接近压缩行程终点时,喷油器把柴油喷入汽缸内,柴油油滴在炽热的空气中受热、蒸发、扩散,并与空气混合形成可燃混合气,最终自行发火燃烧。

与汽油机相比,柴油机混合气形成的时间极短,只占15°～35°曲轴转角。燃烧室各处的混合气成分很不均匀,且随时间而变化。虽然柴油机的平均过量空气系数$\Phi_a>1$,但是燃烧室内仍然有的地方混合气过浓,燃烧不完全;有的地方混合气过稀,空气得不到充分利用。

柴油机可燃混合气的形成方法基本上有两种:

(1)空间雾化混合　将柴油以雾状喷向燃烧室空间,并在空间蒸发形成可燃混合气。为使混合均匀,要求柴油喷注与燃烧室形状相适应,并利用燃烧室中的空气运动促进混合。

(2)油膜蒸发混合　将柴油大部分喷到燃烧室壁面上形成油膜,油膜受热并在强烈旋转气流作用下,逐渐蒸发,与空气形成比较均匀的可燃混合气。

此外,在中小型高速柴油机中,使用了空间雾化和油膜蒸发两种方式兼用的混合方法,只是多少、主次各有不同。目前，多数柴油机仍以空间雾化混合为主。

二、燃烧室

柴油机可燃混合气的形成和燃烧都是在燃烧室中进行的，因此燃烧室的形状对可燃混合气的形成和燃烧有直接影响。不同形式的燃烧室对喷油始点、喷油持续角、喷油压力、喷油规律、喷注雾化质量及其在燃烧室内的分布等都有不同的要求。

柴油机燃烧室按结构形式可分为直喷式燃烧室和分隔式燃烧室两大类。

1. 直喷式燃烧室

直喷式燃烧室由汽缸盖底平面和活塞顶凹坑及汽缸壁组成，燃烧室容积大部分集中在活塞顶上的燃烧室凹坑内。燃烧室凹坑的形状多种多样，其中以 ω 形最为常见（如图 6－1a 所示）。喷入 ω 形燃烧室的柴油绝大多数分布在燃烧室的空间内，极少部分喷到燃烧室壁面形成油膜，混合气的形成以空间雾化为主。为促进混合气的形成和改善燃烧质量，通常采用切向进气道或螺旋进气道，以形成适当强度的进气涡流，喷油器一般选用喷油压力高的孔式喷油器。柴油机采用直喷式燃烧室，启动性能好，但最高燃烧压力及压力升高率较大，工作平顺性差，工作粗暴。

为了改善 ω 形燃烧室的燃烧质量，又发展了许多新型燃烧室（如图 6－1b、c、d 所示），如日本五十铃的四角形燃烧室、花瓣形燃烧室等。

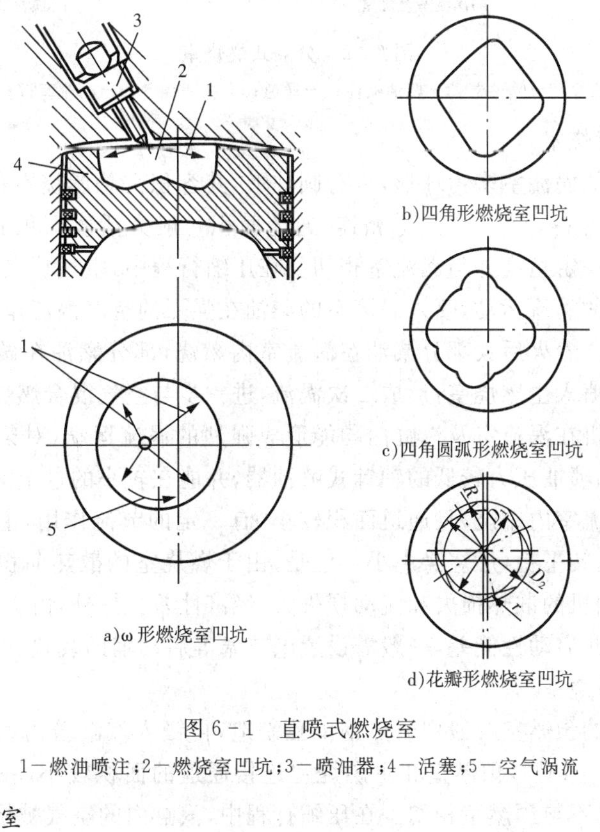

a)ω 形燃烧室凹坑

b)四角形燃烧室凹坑

c)四角圆弧形燃烧室凹坑

d)花瓣形燃烧室凹坑

图 6－1　直喷式燃烧室

1—燃油喷注；2—燃烧室凹坑；3—喷油器；4—活塞；5—空气涡流

2. 分隔式燃烧室

分隔式燃烧室的容积分为两部分，一部分位于汽缸盖中，另一部分则在汽缸内（如图 6－2 所示）。汽缸内的那部分称主燃烧室，汽缸盖中的那部分称副燃烧室。主、副燃烧室之间用通道连通。分隔式燃烧室又有涡流室式(如图 6-2a 所示)和预燃室式(如图 6-2b 所示)之分。

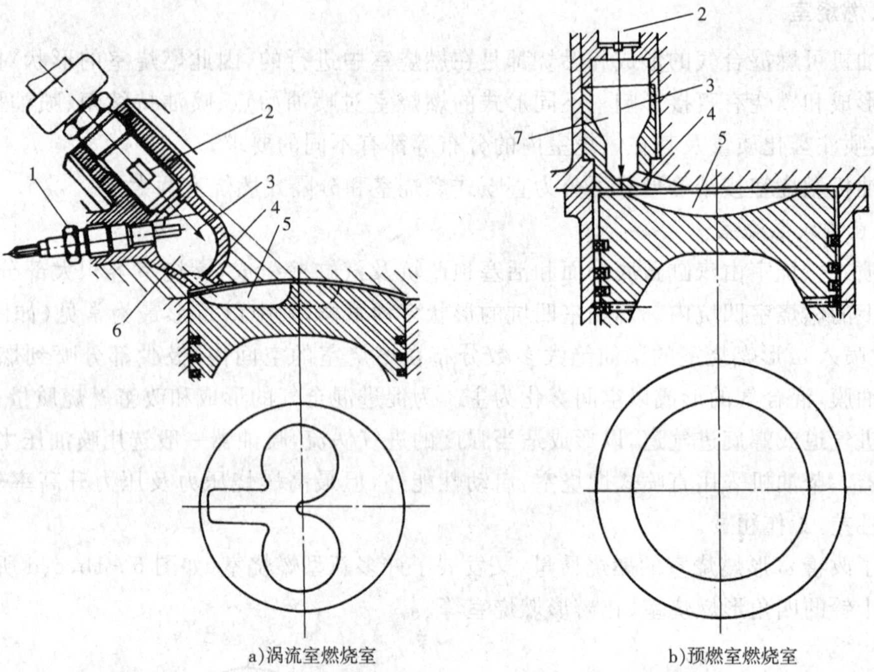

图 6-2　分隔式燃烧室

1—电热塞;2—喷油器;3—燃油喷注;4—通道;5—主燃烧室;6—涡流室;7—预燃室

(1)涡流室式燃烧室

作为副燃烧室的涡流室多为球形,也有圆柱形,其容积占总燃烧室容积的 50%～80%。涡流室与主燃烧室用一个或数个通道相连,通道面积一般为活塞面积的 1.2%～1.5%,通道方向与活塞顶成一定角度并与涡流室相切。在压缩行程中,空气从汽缸内被挤入涡流室,形成强烈的有规则的涡流运动,喷入涡流室的柴油在强烈的空气涡流作用下,迅速与空气混合形成可燃混合气。着火后大部分柴油在涡流室内燃烧,部分燃油在做功行程初期与高压燃气通过切向通道喷入主燃烧室,形成二次涡流,进一步与空气混合燃烧。

涡流室式柴油机在涡流室及汽缸内均能形成强烈的涡流运动,对柴油喷雾质量的要求不高,因此一般选用喷油压力较低的轴针式喷油器,并能在较小的过量空气系数下工作。由于大部分柴油在涡流室内燃烧,且通道面积较小,有一定的节流作用,主燃烧室内压力升高较为平缓,发动机运转平稳,燃烧噪声小。但是,由于燃烧室的散热面积大和存在通道节流作用,涡流室式柴油机的散热损失和流动损失大,经济性差。另外,由于喷油压力低,油雾颗粒较大、蒸发慢,因此启动性能差,一般需设置电热塞等启动辅助装置。

(2)预燃室式燃烧室

作为副燃烧室的预燃室一般用耐热钢单独制造,再镶入汽缸盖内。预燃室容积约占燃烧室总容积的 25%～45%,预燃室和主燃烧室连接通道的面积较小,一般只有活塞面积的 0.25%～0.75%,且不与预燃室相切。在压缩行程中,汽缸内的空气被挤入预燃室内形成强烈的无规则的湍流运动,喷入预燃室内的柴油受空气湍流的扰动,与空气初步混合,形成可燃混合气。少部分柴油在预燃室内着火燃烧后,预燃室内温度、压力急剧升高,未燃的大部分柴油及燃气高速喷入主燃烧室。由于窄小通道的节流作用再次产生湍流，使柴油进一步蒸发，与空气混合后完全燃烧。

预燃室式燃烧室具有和涡流室式燃烧室相似的特点。

三、柴油机燃油系统的功用

(1)在适当的时刻将一定数量的柴油增压后以适当的规律喷入燃烧室。

(2)根据柴油机负荷的变化自动调节循环供油量，以保证柴油机稳定运转，尤其要稳定怠速，限制超速。

(3)储存一定数量的柴油，保证汽车的最大续驶里程。

四、柴油机燃料供给系统的组成

一般柴油机燃油系统的组成为(如图 6-3 所示)：

(1)空气供给装置，它包括空气滤清器、进气管和进气道。

(2)燃油供给装置，它包括柴油箱、柴油粗滤器、输油泵、柴油细滤器、喷油泵、喷油器及油管等。

(3)可燃混合气形成装置，即燃烧室。

(4)废气排出装置，它包括排气道、排气管和排气消声器。

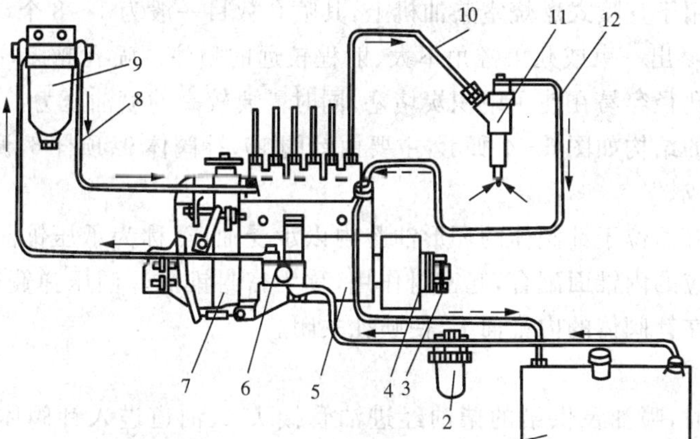

图 6-3 柴油机燃料供给系统的组成

1—柴油箱；2—柴油粗滤器；3—联轴器；4—供油提前角自动调节器；5—喷油泵；6—输油泵；7—调速器；8—低压油管；9—柴油细滤器；10—高压油管；11—喷油器；12—回油管

柴油机工作时，输油泵将柴油从柴油箱内吸出，经柴油粗滤器滤清后，将柴油压力提高到 0.15～0.3MPa，再经柴油细滤器送至喷油泵，喷油泵将柴油压力进一步提高至 10MPa 以上，通过高压油管泵入喷油器，喷油器将柴油以油雾状喷入燃烧室并与空气混合后自行着火燃烧。输油泵供给的多余柴油以及喷油器顶部回油孔流出的少量柴油，都经回油管流回柴油箱。

本章重点介绍输油泵、喷油泵、喷油器等，其他与汽油机类似的装置(如空气供给系统)不再赘述。

第三节 喷油器

喷油器是柴油机燃油供给系统中实现燃油喷射的重要部件。喷油器的功用是根据柴油机混合气形成的特点,将一定量的燃油雾化成细微的油滴,并将其喷射到燃烧室特定的部位,使燃油与空气得到迅速而完善的混合,形成均匀的可燃混合气。

因此,喷油器应满足以下要求:喷油器应具有一定的喷射压力,喷注应有一定的贯穿距离、喷雾锥角和良好的雾化质量;停止喷油要迅速,不发生滴油现象。

喷油器按结构形式可分为开式和闭式两大类。汽车柴油机广泛采用闭式喷油器。这种喷油器主要由喷油器体、调压装置及喷油嘴等部分组成。根据喷油嘴结构形式的不同,闭式喷油器又可分为孔式喷油器和轴针式喷油器两种,分别用于不同类型的燃烧室系统。

一、孔式喷油器

1. 孔式喷油器结构

孔式喷油器用于直喷式燃烧室柴油机上,其喷孔数目一般为1～8个,喷孔直径为0.2～0.8mm。它可以喷出一束或几束锥角不大、射程较远的喷注。喷孔越多,孔径越小,雾化质量就越好。但小孔径容易在使用中积炭堵塞,同时需要较高的喷油压力。

孔式喷油器的结构如图6-4所示,主要由针阀10、针阀体9、顶杆6、调压弹簧5及喷油器体7等零件组成。

针阀中部的锥面位于针阀体的环形油腔内以承受油压,称为承压锥面。针阀下端的锥面与针阀体上相应的内锥面配合,起密封作用,称为密封锥面。调压弹簧通过顶杆,将针阀的密封锥面压紧在针阀体的内锥面上,使喷孔关闭。

2. 工作原理

柴油机工作时,喷油泵供给的柴油经进油管接头4、油道进入针阀体下部的环形油腔内。当油压升高到作用在针阀承压锥面上的轴向力大于调压弹簧的预紧力时,针阀开始向上移动,喷油器喷孔被打开,高压柴油通过喷孔喷入燃烧室(如图6-5a所示)。当喷油泵停止供油时,油压突然下降,针阀在调压弹簧的作用下及时回位,将喷孔关闭(如图6-5b所示)。喷油器的喷油压力与调压弹簧的预紧力有关,预紧力越大,喷油压力越高。调压弹簧的预紧力可通过调压螺钉3来调整。

喷油器工作时,会有少量柴油从针阀和针阀体配合表面之间的间隙漏出。这部分柴油对针阀起密封作用,并沿顶杆周围的缝隙上升,最后通过回油管螺栓进入回油管,流回柴油箱。

针阀和针阀体是喷油器中关键的零件,两者合称为针阀偶件。为保证喷油压力且能自由滑动,两者的配合间隙要求很严,应控制在0.002～0.003mm。针阀偶件是经过研磨配对的,拆装和维修过程中应特别注意,不能互换。

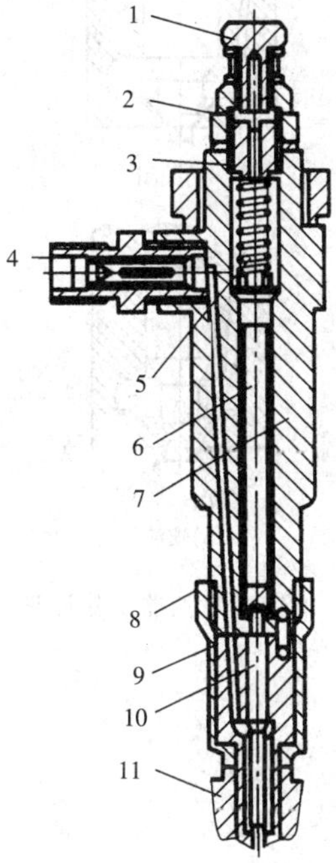

图 6-4　孔式喷油器

1—回油管螺栓；2—调压螺钉护帽；3—调压螺钉；
4—进油管接头；5—调压弹簧；6—顶杆；7—喷油器体；
8—紧固螺套；9—针阀体；10—针阀；11—喷油器锥体

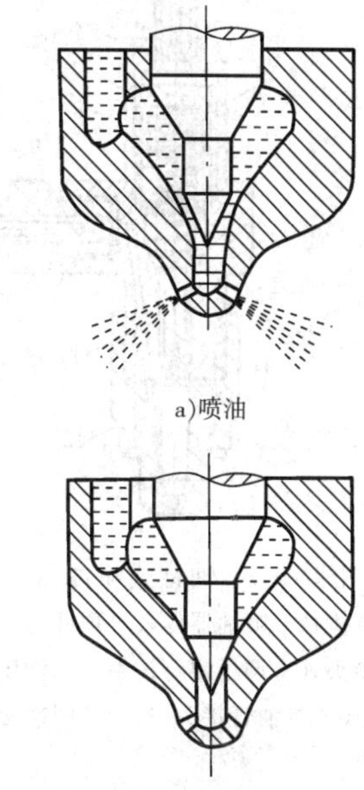

图 6-5　孔式喷油器工作原理示意图

二、轴针式喷油器

轴针式喷油器的结构和工作原理与孔式喷油器基本相近，只是喷油器头部结构不同。针阀下端的密封锥面以下还延伸出一个倒锥形或圆柱形的轴针，轴针伸出喷孔外，使喷孔成为圆环状的狭缝。因此，喷油时喷注呈空心的锥状或柱状，如图 6-6 所示。喷孔的通过截面与喷注锥角的大小取决于针阀的形状与升程。

轴针式喷油器一般只有一个喷孔(孔径 1～3mm)，喷孔与轴针之间有微小的间隙(0.02～0.06mm)。当轴针刚升起时，由于轴针仍在喷孔中，喷出油量较少，直到轴针完全离开喷孔时，喷油量才达到最大；当喷油快结束时，情况正好相反。这样在滞燃期内喷入燃烧室的油量较少，发动机的工作比较平稳(如图 6-7 所示)。圆锥形轴针的喷油器在开始喷油时的喷油量要比圆柱形轴针的喷油量更少，同时，不同角度的轴针还可以改变喷雾锥角的大小，以满足与燃烧室相配合的要求。因此，轴针式喷油器适用于对喷雾质量要求不高的涡流室式燃烧室和预燃室式燃烧室。

轴针式喷油器由于喷孔直径较大，孔内又有轴针上下移动，有自洁作用，喷孔内不易积炭。但轴针与孔的同心度要求高，否则会出现偏心的喷雾体。

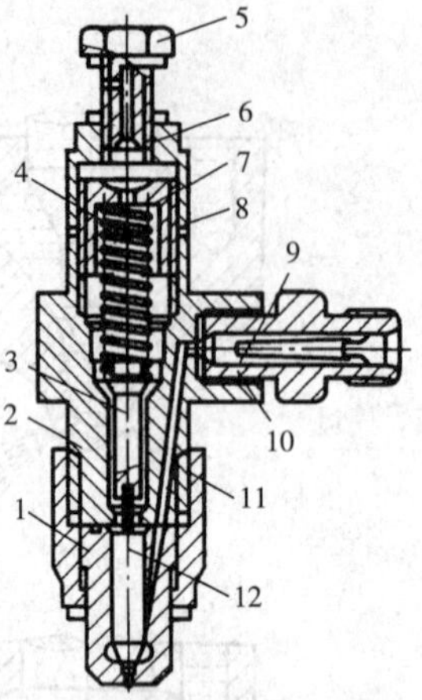

图 6-6　轴针式喷油器

1—针阀体;2—喷油器体;3—顶杆;4—调压弹簧;
5—回油管接头;6—调压螺钉护帽;7—调压螺钉;8—垫圈;
9—滤芯;10—进油管接头;11—紧固螺套;12—针阀

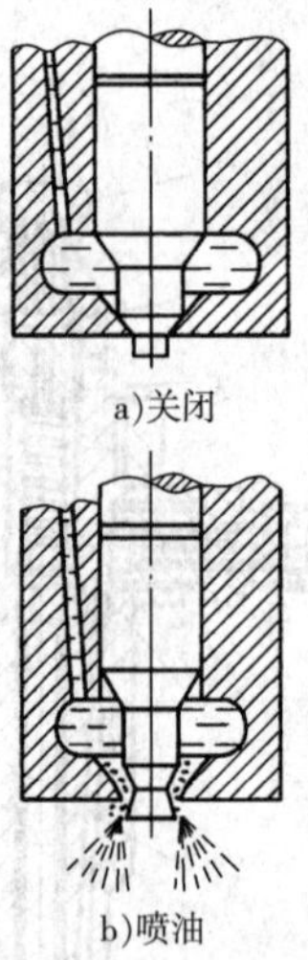

图 6-7　轴针式喷油器工作原理

第四节　喷油泵

喷油泵是柴油机燃料供给系统中最重要的一个总成,其功用是按照柴油机的工况和汽缸工作顺序,以一定的规律,定时定量地向喷油器输送高压燃油。

每个汽缸都有一套泵油机构,几个相同的泵油机构装在同一泵体上就构成了多缸柴油机喷油泵。

喷油泵一般固定在柴油机机体一侧的支架上,由柴油机曲轴通过齿轮驱动,齿轮轴和喷油泵的凸轮轴用联轴器连接,调速器安装在喷油泵的后端。

多缸车用柴油机的喷油泵应满足下列要求:

① 各缸供油量力求均匀,在标定工况下各缸供油量相差不超过4%。喷油泵的供油量随柴油机工况的变化而变化,因此喷油泵必须有供油量调节机构。

② 各缸供油提前角和供油持续角相等,误差小于0.5°曲轴转角。供油提前角也应随柴油机工况的变化而变化,为此应装置喷油提前器。

③ 能迅速停止供油,防止喷油器发生滴漏现象。

喷油泵种类很多,按作用原理的不同可分为三类:

① 柱塞式喷油泵　它应用的历史较长,性能良好,工作可靠,为目前大多数汽车柴油机所采用。

② 喷油泵-喷油器　它将喷油泵和喷油器合为一体,直接安装在发动机汽缸盖上,可以消除高压油管带来的不利影响,但要求另加驱动机构。

③ 转子式分配泵　它只有一对柱塞副,依靠转子的转动实现燃油的增压与分配。具有体积小、重量轻、成本低、使用方便等优点。

由于柴油机的单缸功率变化范围很大，若根据每一种单缸功率所需要的循环供油量来设计和制造喷油泵，那么喷油泵的尺寸规格将不可胜数，给生产和使用都造成诸多不便。因此，世界各国的喷油泵制造厂都是以几种不同的柱塞行程作为基础，将喷油泵划分成为数不多的几个系列或型号，然后再配以不同尺寸的柱塞偶件，构成若干种循环供油量不等的喷油泵，以满足各种不同功率柴油机的需要。喷油泵的系列化有利于制造和维修。表 6-3 所列为我国生产的几种车用柱塞式喷油泵的系列及其主要参数。

表 6-3 几种国产车用柱塞式喷油泵系列

主要参数 \ 系列代号	A	B	P	Z
凸轮升程(mm)	8	10	10	12
分泵中心距(mm)	32	40	35	45
柱塞直径(mm)	(6)	(8)	8 9	10
	7	9	10	11
	8	10	11	12
	8.5		12	13
	9		13	
最大供油量(mm^3/循环)	60～150	130～225	130～475	300～600
分泵数	2～12	2～12	4～12	2～8
最大使用转速(r/min)	1400	1000	1500	900

国产喷油泵有 A 型泵、B 型泵、P 型泵、PDA 型泵和 VE 泵等。前三种为柱塞式喷油泵，后两种为转子式分配泵。

一、A 型喷油泵的结构及其工作原理

1. A 型喷油泵的结构

A 型喷油泵由泵油机构、供油量调节机构、驱动机构和喷油泵体等部分组成，结构如图 6-8 所示。

(1)泵油机构

多缸发动机喷油泵可以将与发动机缸数相同的几组泵油机构装在同一个壳体内。其中，每组泵油机构称为分泵。

泵油机构包括柱塞套 7、柱塞 10、柱塞弹簧 14、上下柱塞弹簧座 13 和 15、出油阀 5、出油阀座 6、出油阀弹簧 4 和出油阀紧座 3 等零件。

柱塞和柱塞套构成喷油泵中最精密的偶件，称作柱塞偶件(如图 6-9 所示)。正是由于柱塞偶件的精密配合及柱塞的高速运动，才得以实现对燃油的增压。每台喷油泵的柱塞偶件数和与之配套柴油机的汽缸数相同。一般柱塞偶件用优质合金钢制造，经过精加工和配对研磨，使其配合间隙在 0.0015～0.0025mm 范围内。间隙过大，容易漏油，导致油压下降；间隙过小，对偶件润滑不利，且容易卡死。柱塞偶件经研磨选配，使用中不能互换。

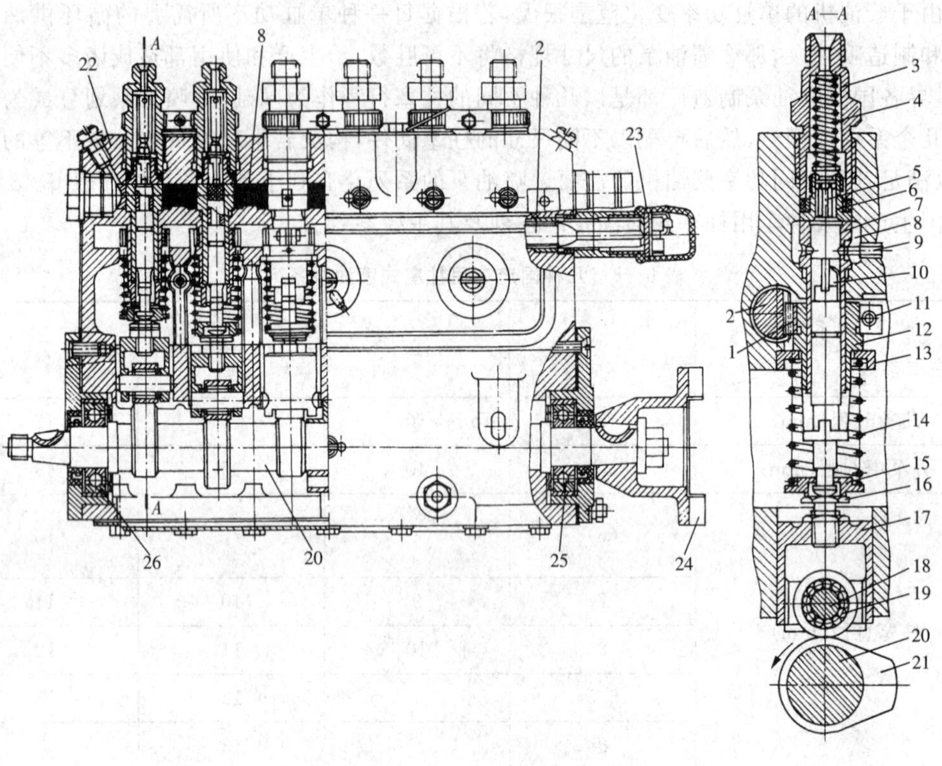

图 6-8　A 型喷油泵结构

1—齿圈；2—供油量调节齿杆；3—出油阀紧座；4—出油阀弹簧；5—出油阀；6—出油阀座；7—柱塞套；8—低压油腔；9—定位螺钉；10—柱塞；11—齿圈夹紧螺钉；12—油量调节套筒；13、15—上、下柱塞弹簧座；14—柱塞弹簧；16—供油定时调节螺钉；17—挺柱；18—滚轮轴；19—滚轮；20—喷油泵凸轮轴；21—凸轮；22—喷油泵体；23—供油量调节齿杆护帽；24—联轴器从动盘；25、26—轴承

柱塞上部的圆柱表面铣有直线形斜槽，斜槽底部与柱塞顶面有孔道相通。柱塞套安装在喷油泵体 22 的座孔中，柱塞套上的进油孔与喷油泵内的低压油腔 8 相通。为了防止柱塞套转动，用定位螺钉 9 固定。

柱塞弹簧 14 上端通过上柱塞弹簧座 13 支承在喷油泵体上，下端则通过下柱塞弹簧座 15 支承在柱塞上。借助柱塞弹簧的预紧力，柱塞始终压紧在挺柱 17 上的供油定时调节螺钉 16 上，同时使挺柱的滚轮 19 始终与喷油泵凸轮 21 保持接触。

出油阀 5 与出油阀座 6 是喷油泵中另一对精密偶件，称为出油阀偶件。出油阀偶件位于柱塞偶件的上方，出油阀座的下端面与柱塞套的上端面接触，拧紧出油阀紧座 3 可使两者的接触面保持密合。出油阀弹簧 4 将出油阀压紧在出油阀座上。

出油阀偶件的结构如图 6-10 所示。出油阀的密封锥面与出油阀座的接触表面经过精细研磨。锥面下有一个短的圆柱面称为减压环带，其作用是在喷油泵停止供油后，迅速降低高压油管中的燃油压力，使喷油器能够立即停止喷油。出油阀减压环带与出油阀座孔的配合间隙很小。减压环带以下的出油阀表面是其在出油阀座孔内往复运动的导向面，导向部分的横截面为十字形。

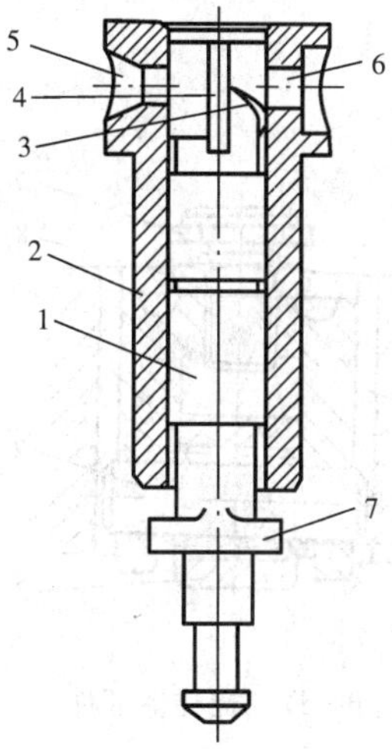

图 6-9　柱塞偶件

1—柱塞;2—柱塞套;3—螺旋槽;

4—直槽;5、6—油孔;7—榫舌

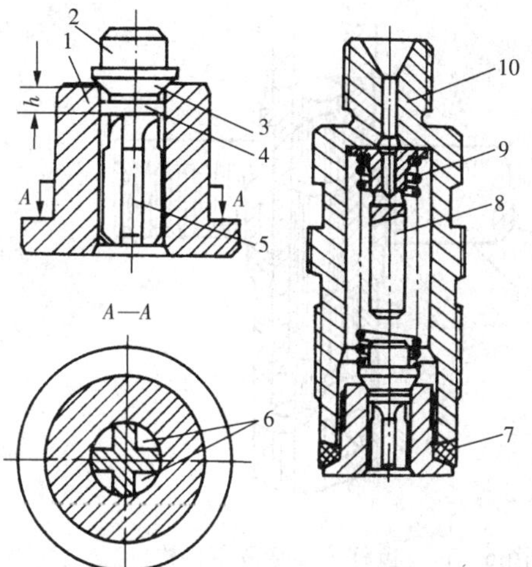

图 6-10　出油阀偶件

1—出油阀座;2—出油阀;3—密封锥面;

4—减压环带;5—导向面;6—切槽;7—密封衬垫;

8—减容器;9—出油阀弹簧;10—出油阀紧座

(2)供油量调节机构

喷油泵供油量调节机构的功用是根据柴油机负荷的变化,通过转动柱塞来改变循环供油量,并保证各缸的供油量一致。供油量调节机构由驾驶员直接操纵,或由调速器自动控制。

A 型喷油泵采用齿杆式供油量调节机构(如图 6-11 所示)。它包括调节齿杆 1、调节齿圈 2 和控制套筒 3 等零件。喷油泵柱塞 4 下端的榫舌嵌入控制套筒 3 的豁口中。控制套筒松套在柱塞套 5 上,上端装有调节齿圈 2,并用螺钉夹紧。调节齿圈与调节齿杆相啮合。当驾驶员拉动调速器齿杆时,调节齿圈连同控制套筒带动柱塞相对柱塞套转动,以达到调节供油量的目的。

各缸供油均匀性也可通过改变可调齿圈与控制套筒的相对位置来调整,具体的调整方法见后文。

齿杆式供油量调节机构工作可靠,传动平稳,但制造成本较高,且柱塞偶件之间的中心距较大。

(3)驱动机构

喷油泵的驱动机构包括凸轮轴 20 和挺柱组件 17(如图 6-8 所示)。凸轮轴的前、后端通过滚动轴承 25 和 26 支承在喷油泵体 22 上。凸轮轴上凸轮 21 的数目与喷油泵的柱塞偶件数相同,各凸轮间的夹角与配套柴油机的汽缸数有关,并与汽缸工作顺序相适应。凸轮轴一般由曲轴定时齿轮驱动,四冲程柴油机喷油泵凸轮轴的转速是曲轴转速的一半,以实现在凸轮轴一转之内向各汽缸供油一次。

挺柱体部件安装在喷油泵体上的挺柱孔内,结构如图 6-12 所示。加长滚轮销 2 的两端插入挺柱孔 6 的定位槽 5 中,使挺柱在挺柱孔中只能做上下往复运动,不能绕其自身的轴线旋转,以避免滚轮与凸轮卡死。滚轮 3 在滚轮销 2 上转动。在滚轮与滚轮销之间镶有滚针轴承 4,也可镶衬套。在挺柱的顶端拧入供油定时调整螺钉 7 和锁紧螺母 8。

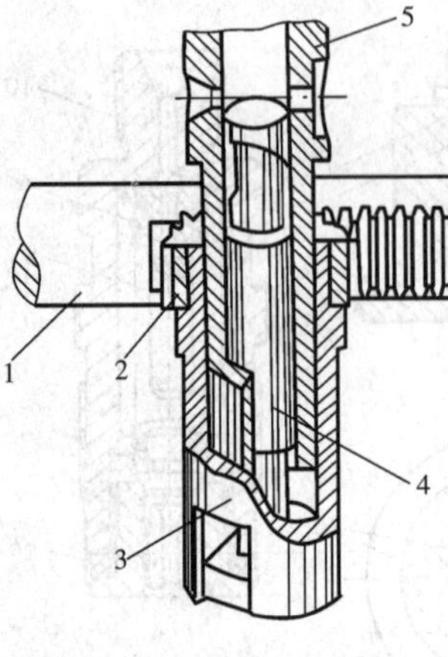

图 6-11　齿杆式油量调节机构

1—调节齿杆;2—调节齿圈;

3—控制套筒;4—喷油泵柱塞;5—柱塞套

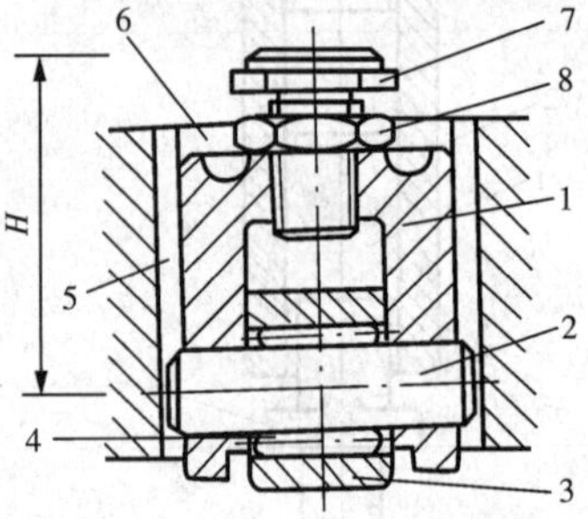

图 6-12　挺柱体部件

1—挺柱体;2—滚轮销;3—滚轮;4—滚针轴承;

5—定位长槽;6—挺柱孔;7—调整螺钉;8—锁紧螺母

(4)泵体

泵体是喷油泵的基础零件,泵油机构、供油量调节机构和驱动机构等都安装在喷油泵体上,它在工作中承受较大的作用力。因此,泵体应有足够的强度、刚度和良好的密封性。此外,还应便于拆装、调整和维修。

A 型喷油泵泵体为整体式,由铝合金硬模铸造而成。分泵和油量调节机构都装在泵体内。泵体上有纵向油道,输油泵输出的燃油经滤清后进入此油道,再由柱塞套上的油孔进入各分泵的油腔。整体式泵体结构紧凑,体积小,重量轻。泵体侧面开有窗口,底部用盖板封闭,侧盖和底盖均用螺栓固定(如图 6-13 所示),使喷油泵的拆装、调整和维修极为方便。

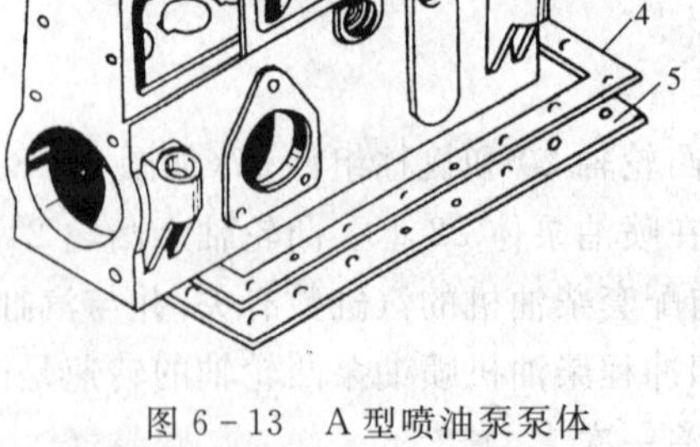

图 6-13　A 型喷油泵泵体

1—喷油泵体;2,4—衬垫;3—侧盖;5—底盖

2. A 型喷油泵工作原理

(1)运动过程

喷油泵凸轮轴转动时,若挺柱滚轮在凸轮的基圆面上滚动,柱塞停在柱塞下止点的位

置。若滚轮滚到凸轮的上升段时，则凸轮推动挺柱，挺柱克服柱塞弹簧的弹力推动柱塞上移。当滚轮滚到凸轮的顶弧上时，柱塞到达柱塞上止点。随后滚轮在凸轮的下降段滚动，柱塞在柱塞弹簧的作用下回位，直到滚轮又滚到凸轮的基圆面上，柱塞又回到柱塞下止点为止。即当喷油泵工作时，随着凸轮轴的转动，挺柱和柱塞在柱塞的上、下止点之间分别在挺柱孔和柱塞套中做往复运动(如图 6 - 8 所示)。

(2)泵油过程

当柱塞顶面下移至柱塞套油孔 5 以下或柱塞停驻在下止点位置时，柴油从喷油泵的低压油腔经油孔 5 充入柱塞顶部的空腔或称柱塞腔(如图 6 - 14a 所示)。在柱塞从其下止点上移的过程中，将有部分柴油从柱塞腔经油孔 5 被挤回低压油腔，这一过程一直延续到柱塞顶面将油孔的上边缘封闭为止(如图 6 - 14b 所示)。此后，柱塞继续上移，柱塞腔内的油压骤然增高，克服出油阀弹簧 8 的预紧力，将出油阀 7 顶起。当出油阀密封锥面已经离开出油阀座，但减压环带尚在出油阀座孔内时，喷油泵仍然不能供油。仅当减压环带全部离开出油阀座之后，高压柴油才能经出油阀上的切槽供入高压油管，并经喷油器喷入燃烧室(如图 6 - 14c 所示)。当柱塞上移至图 6 - 14d 所示位置时，柱塞上的螺旋槽 3 将柱塞套油孔 5 的下边缘打开，此时柱塞腔内的高压柴油经柱塞上的直槽 4、螺旋槽 3 和柱塞套油孔 5 流回喷油泵的低压油腔，供油终止。由于柱塞腔的油压急剧下降，出油阀在出油阀弹簧和高压柴油的作用下迅速回落。当减压环带的下边缘进入出油阀座孔时，高压油管与柱塞腔的通路被切断，燃油不能从高压油管流回柱塞腔。当出油阀完全落座之后，高压管路系统的容积因为空出减压环带而增大，致使高压管路系统的油压迅速降低，喷油器立即停止喷油，从而避免喷油器滴漏和其他不正常喷射现象的发生。

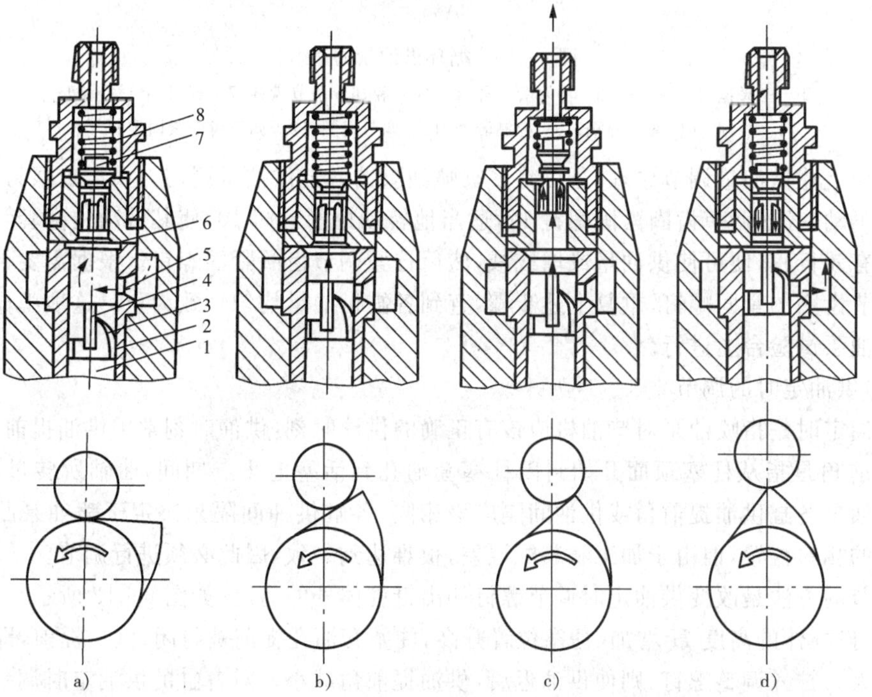

图 6 - 14　柱塞式喷油泵泵油原理示意图

1—柱塞；2—柱塞套；3—螺旋槽；4—直槽；5—柱塞套油孔；6—出油阀座；7—出油阀；8—出油阀弹簧

柱塞由其下止点移动到上止点所经过的距离称作柱塞行程,也就是喷油泵凸轮的最大升程。由泵油过程可知,喷油泵并不是在整个柱塞行程内都供油,只是在柱塞顶面封闭柱塞套油孔到柱塞螺旋槽打开柱塞套油孔这段柱塞行程内供油,这段柱塞行程称为柱塞有效行程。显然,柱塞有效行程越大,供油的持续时间越长,喷油泵每一次的泵油量即循环供油量便越多。转动柱塞就可改变柱塞有效行程。

(3)供油量的调节

当供油量调节机构的调节齿杆拉动柱塞转动时,柱塞上的螺旋槽与柱塞套油孔之间的相对位置发生变化,会改变柱塞的有效行程(如图 6-15 所示)。当柱塞上的直槽对准柱塞套油孔时,柱塞有效行程为零,这时喷油泵不供油(如图 6-15a 所示)。如图 6-15 所示箭头所指示的方向拉动调节齿杆 6,调节齿圈 11 按箭头方向转动,柱塞有效行程增加,喷油泵循环供油量增多(如图 6-15b、c 所示)。如果朝相反方向拉动调节齿杆,则柱塞有效行程减小,循环供油量减少。

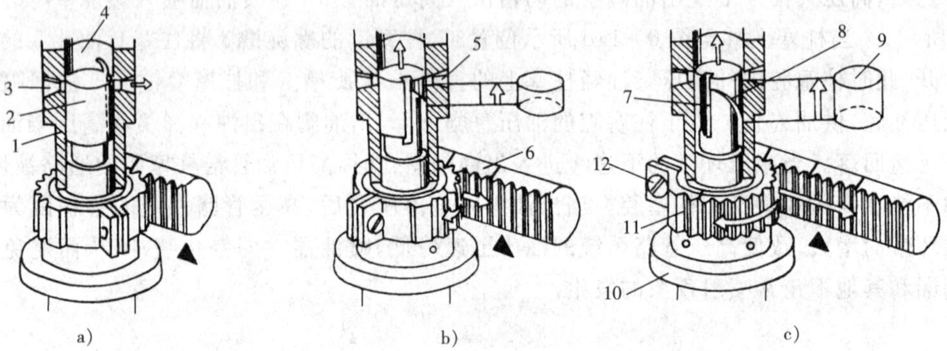

图 6-15　循环供油量的调节

1—柱塞套;2—柱塞;3、5—柱塞套油孔;4—柱塞腔;6—调节齿杆;7—直槽;8—螺旋槽;9—循环供油量容积;10—控制套筒;11—调节齿圈;12—调节齿圈紧固螺钉

利用上述供油量调节原理,还可将多缸喷油泵的各缸供油量调匀。操作步骤为:保持调节齿杆不动,拧松调节齿圈紧固螺钉 12,适当地转动控制套筒 10,使其带动柱塞套转动改变柱塞的有效行程,便可使供油量或增或减,然后拧紧调节齿圈紧固螺钉。根据需要再拧松另一个调节齿圈的紧固螺钉,重复上述步骤,直到各缸供油量均匀一致为止。这项工作须在专门的喷油泵试验台上进行。

(4)供油定时的调节

供油定时是指喷油泵对柴油机应该有正确的供油时刻,供油时刻常用供油提前角表示。供油提前角是指从柱塞顶面开始封闭柱塞套油孔到活塞上止点期间,曲轴所转过的角度。多缸喷油泵各缸供油提前角或供油间隔应该相同,各缸供油间隔角决定于喷油泵凸轮轴上各凸轮的相对位置,但由于加工和装配误差,很难达到一致,因此必须进行调节。

调节的方法是改变供油定时调节螺钉伸出挺柱体外的高度(如图 6-12 所示)。旋出调整螺钉,挺柱体的高度 H 增加,柱塞位置升高,柱塞套油孔提前被封闭,供油提前,即供油提前角增大。拧入调整螺钉,则使供油迟后,供油提前角减小。对各缸的供油定时调整螺钉逐个调节之后,可以使各缸供油提前角或供油间隔角达到一致。应该指出,这种调节只是用来补偿加工和装配误差,调节幅度很小。欲同时或较大幅度地改变各缸供油提前角,须借助于喷油提前器。

二、P 型喷油泵

与一般柱塞式喷油泵相比，在安装尺寸不变的情况下，P 型喷油泵可获得较高的供油压力和较大的供油量。

P 型喷油泵的工作原理与 A 型喷油泵基本相同，但在结构上具有如下一些明显的特点：

(1)箱形封闭式泵体

P 型喷油泵采用不开侧窗口的箱形封闭式泵体，大大提高了喷油泵体的刚度，可以承受较高的喷油压力，以适应柴油机不断向大功率、高转速强化的需要。

(2)吊挂式柱塞套

喷油泵柱塞 5(如图 6－16 所示)和出油阀偶件 3 都装在有连接凸缘的柱塞套 4 内，当拧紧柱塞套顶部的出油阀紧座 1 之后，构成一个独立的组件。柱塞套紧固螺栓 14 将柱塞套凸缘紧固在泵体的上端面，形成吊挂式结构。这种结构改善了柱塞套和喷油泵体的受力状态。

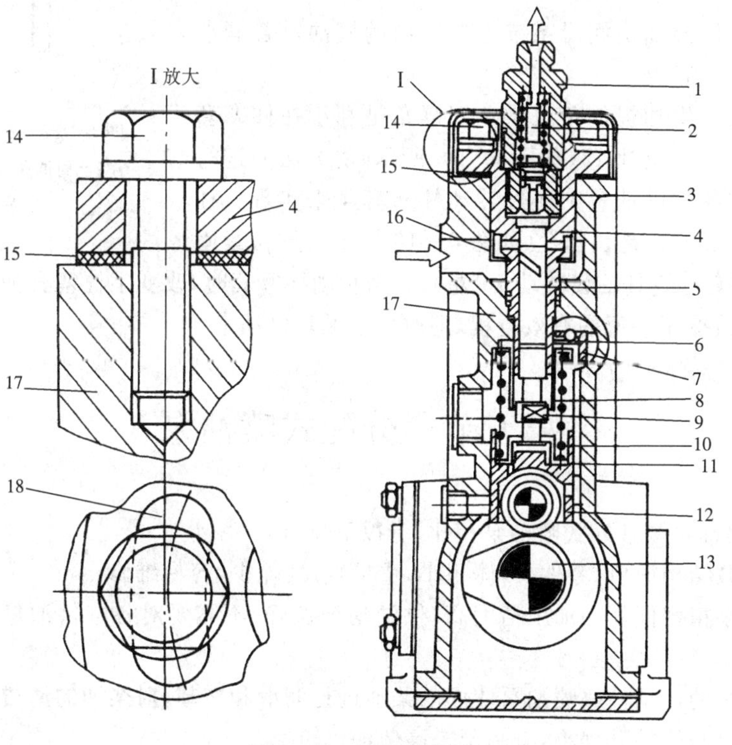

图 6－16　P 型喷油泵

1－出油阀紧座；2－减容器；3－出油阀偶件；4－柱塞套；5－喷油泵柱塞；6－钢球；7－调节拉杆；8－控制套筒；9－柱塞榫舌；10－柱塞弹簧；11－弹簧座；12－挺柱；13－凸轮轴；14－柱塞套紧固螺栓；15－调节垫片；16－导流罩；17－喷油泵体；18－柱塞套凸缘上的螺栓孔

另外，柱塞套内孔上端孔略大(如图 6－17 所示)，可防止柱塞在上端卡死。柱塞套内孔的中部加工有集油槽 2，从柱塞偶件间隙泄漏的柴油集中于此槽内，经回油孔 1 流回喷油泵的低压油腔。

P 型喷油泵的柱塞顶部有启动槽 3。当柱塞处于启动位置时，此槽与柱塞套油孔相对，当柱塞上移到启动槽的下边缘封闭油孔时开始供油。由于启动槽的下边缘低于柱塞顶面，因此供油迟后，供油提前角减小。这时汽缸温度较高，柴油喷入汽缸容易着火燃烧，有利于柴油机低温启动。

柱塞套油孔的外面装有导流罩 16(如图 6－16 所示)。当柱塞供油结束时，高压柴油会高速流经柱塞套油孔回到低压油腔，喷油泵体受到强烈冲击，发生穴蚀。导流罩可以防止喷油泵体穴蚀的发生。

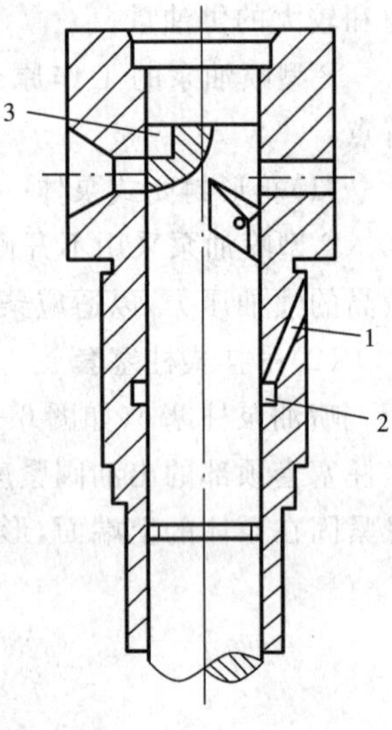

图 6－17　柱塞偶件结构

1—回油孔；2—集油槽；3—启动槽

(3)钢球式油量调节机构

P 型喷油泵的油量调节机构包括调节拉杆 7、控制套筒 8 和嵌入调节拉杆凹槽中的钢球 6。柱塞榫舌 9 嵌入控制套筒的豁口中(如图 6－16 所示)。移动调节拉杆，钢球会带动控制套筒使柱塞转动，从而改变供油量。这种油量调节机构的结构简单，工作可靠，配合间隙小。

(4)压力润滑

P 型泵利用柴油机润滑系统主油道内的机油对各润滑部位施行压力式润滑。

P 型泵各缸供油提前角或供油间隔角是利用在柱塞套凸缘下面增减调节垫片 15(如图 6－16 所示)的方法来进行调节的。调匀各缸供油量则通过转动柱塞套 4 来实现。柱塞套凸缘上的螺栓孔是长圆孔(如图 6－16 所示)，拧松紧固螺栓 14，柱塞套可绕其轴线转动 10°左右。当转动柱塞套时，改变了柱塞套油孔与柱塞的相对位置，从而改变了柱塞的有效行程，即改变了循环供油量。

第五节　分配式喷油泵

分配式喷油泵与柱塞式喷油泵相比，有以下特点：

① 分配泵结构简单，零件少，体积小，重量轻，故障少，容易维修。

② 分配泵精密偶件的加工精度高，供油均匀性好，不需要对各缸供油量和供油定时进行调节。

③ 分配泵的运动件靠喷油泵体内的柴油进行润滑和冷却，对柴油的清洁度要求很高。

④ 分配泵凸轮的升程小，有利于提高柴油机转速。

分配式喷油泵有转子式和单柱塞式两大类。英国 CAV 公司的 DPA 型分配泵和法国 SIGMA 公司的 PRS 型分配泵均属转子式，也称径向压缩式。德国博世公司的 VE 型分配泵为单柱塞式，又称轴向压缩式。

一、VE 型分配泵

1. 结构

VE 型分配泵主要由分配柱塞 8、平面凸轮盘 5、柱塞套 10、机械离心式调速器、调速器张力杠杆 12、断油阀 11、液压式喷油提前器 4 等组成(如图 6－18 所示)。

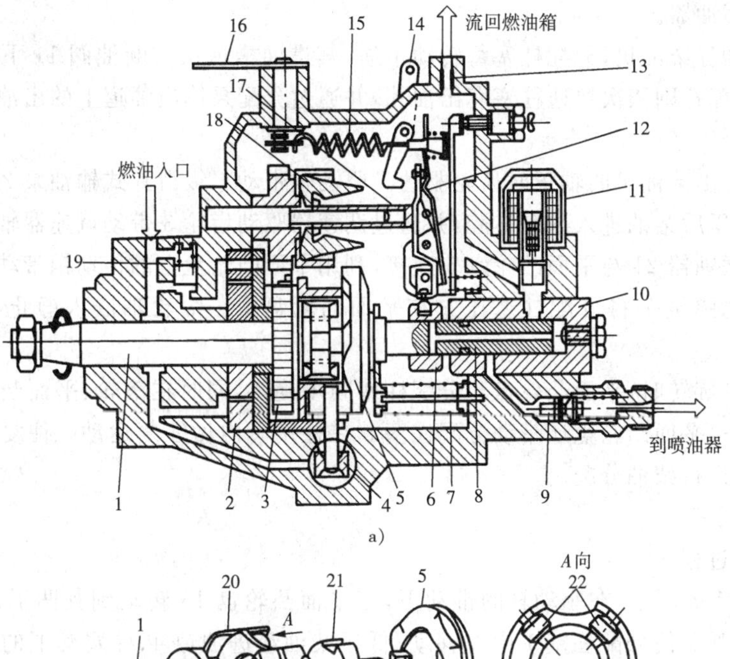

图 6-18　VE 型分配泵

1—驱动轴；2—二级滑片式输油泵；3—调速器驱动齿轮；4—液压式喷油提前器；5—平面凸轮盘；6—油量调节套筒；7—分配柱塞弹簧；8—分配柱塞；9—出油阀；10—柱塞套；11—断油阀；12—调速器张力杠杆；13—溢流节流孔；14—停车手柄；15—调速弹簧；16—调速手柄；17—调速套筒；18—飞锤；19—调压阀；20—滚轮架；21—联轴器；22—滚轮

分配柱塞的中心有中心油孔，右端与柱塞腔相通，左端与泄油孔相通。分配柱塞上还加工有燃油分配孔、压力平衡槽和进油槽（数目与汽缸数目相同）。平面凸轮盘 5 的一面是平面，紧靠在分配柱塞的左端面上；另一面有与汽缸数相等的凸弧曲面，紧靠滚轮 22。

柱塞套 10 上径向均匀排列有与汽缸数相等的分配油道，每个分配油道都连接一个出油阀 9 和一个喷油器。

若是四冲程柴油机,分配柱塞每转动 1 周,其进油槽依次与断油阀 11 下端的进油口接通,而燃油分配孔则依次接通柱塞套出油孔,并通过分配泵体出油道上的出油阀 9 与各缸喷油器接通。

驱动轴 1 由柴油机曲轴正时齿轮驱动。驱动轴带动二级滑片式输油泵 2 不断将柴油从油箱抽出,加压后柴油进入油泵体腔,并通过调速器驱动齿轮 3 带动调速器轴旋转。驱动轴的右端通过联轴器 21 与平面凸轮盘 5 连接,利用平面凸轮盘上的传动销带动分配柱塞 8 运动。分配柱塞弹簧 7 将分配柱塞压紧在平面凸轮盘上。滚轮轴嵌入静止不动的滚轮架 20 上。

当驱动轴旋转时,平面凸轮盘与分配柱塞同步旋转,同时在滚轮、平面凸轮和柱塞弹簧的共同作用下,平面凸轮盘还带动分配柱塞 8 在柱塞套内做往复运动。往复运动使柴油增压,旋转运动进行柴油分配。

2. 工作过程

(1)进油过程

如图 6-19a 所示,在驱动轴的带动下,当平面凸轮盘 16 转动到其凹下部分与滚轮 17 接触时,柱塞弹簧使分配柱塞 1 向左移动,低压柴油经进油道 4、柱塞套上的进油孔 6 被吸入柱塞腔 8 和中心油孔 14 内。此时,分配柱塞上的燃油分配孔 20 与柱塞套 18 上的出油孔 12 未连通。

(2)泵油过程

如图 6-19b 所示,当平面凸轮盘由凹下部分转至凸起部分与滚轮接触时,平面凸轮盘会推动分配柱塞向右移动。在进油槽转过进油孔的同时,分配柱塞将进油孔封住,这时分配柱塞腔内的柴油开始增压。当分配柱塞右腔内柴油压力足够高时,分配柱塞正好右移到将燃油分配孔与某缸进油道相通的位置。高压柴油从分配柱塞腔经中心油孔 14、燃油分配孔 20、出油孔 12 进入分配油道 11,再经出油阀 10 和喷油器 9 喷入燃烧室。

平面凸轮盘每转一周,分配柱塞上的燃油分配孔依次与各缸分配油道接通一次,向各缸喷油器供油一次。

(3)停油过程

如图 6-19c 所示,在平面凸轮盘的推动下,当分配柱塞继续右移到最右端时,分配柱塞上的泄油孔 15 移出油量调节套筒 2 并与喷油泵体内腔相通,分配柱塞右腔、中心油孔和分配油道的油压下降,高压柴油从分配柱塞腔经中心油孔和泄油孔流进喷油泵体内腔,供油停止。

从柱塞上燃油分配孔与柱塞套上的出油孔相通的时刻起,至泄油孔移出油量调节套筒的时刻止,这期间分配柱塞所移动的距离为柱塞的有效行程。柱塞的有效行程越大,供油量越多。移动油量调节套筒即可改变柱塞的有效行程,向左移动油量调节套筒,柱塞的有效行程缩短,供油量减少;反之,供油量增加。

(4)压力平衡过程

如图 6-19d 所示,分配柱塞上有压力平衡槽 3,在分配柱塞旋转和移动过程中,压力平衡槽始终与喷油泵体内腔相通。当某一汽缸供油停止后,且当压力平衡槽转至与汽缸的分配油道相通时,分配油道与喷油泵体内腔相通,于是两处压力平衡。

分配柱塞每转 1 周，各缸分配油道都会发生一次与泵腔柴油压力平衡的过程，以保证各缸分配的燃油压力相同，进而保证各缸供油量的均匀性。

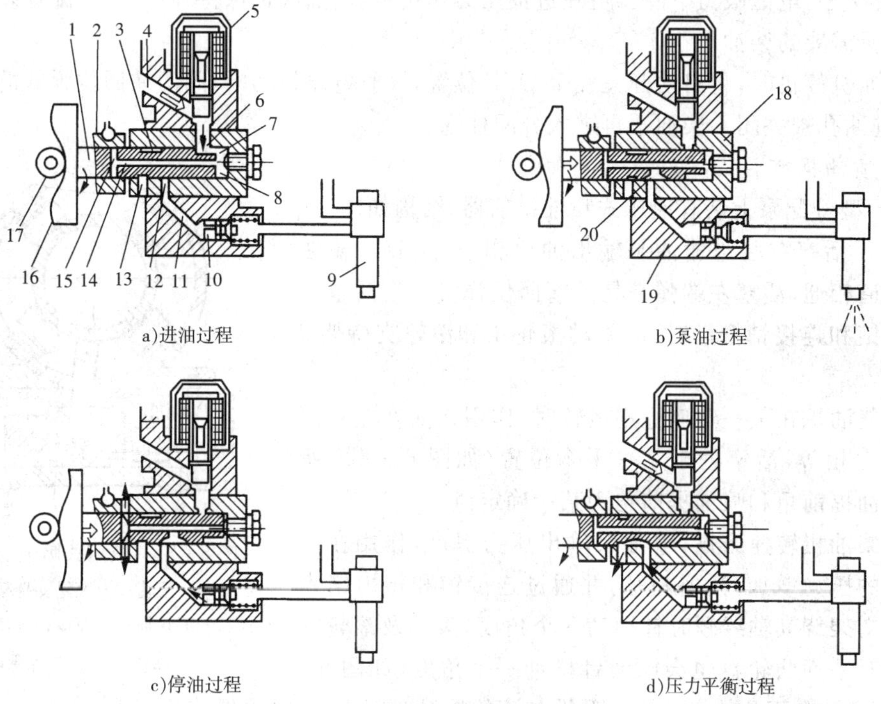

图 6-19　VE 型分配泵工作过程

1—分配柱塞；2—油量调节套筒；3—压力平衡槽；4—进油道；5—断油阀；6—进油孔；7—进油槽；8—柱塞腔；9—喷油器；10—出油阀；11—分配油道；12—出油孔；13—压力平衡孔；14—中心油孔；15—泄油孔；16—平面凸轮盘；17—滚轮；18—柱塞套；19—喷油泵体；20—燃油分配孔

3. 断油阀

VE 型分配泵装有电磁断油阀，如图 6-20 所示。

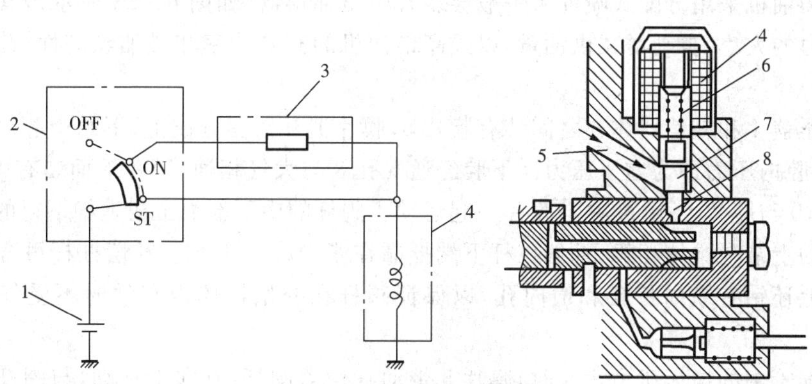

图 6-20　电磁式断油阀电路及其工作原理

1—蓄电池；2—启动开关；3—电阻；4—电磁线圈；5—进油道；6—回位弹簧；7—阀门；8—进油孔

柴油机启动时，将启动开关 2 旋至 ST 位置，来自蓄电池 1 的电流直接流过电磁线圈 4，产生的电磁力克服回位弹簧 6 的弹力，吸起阀门 7，进油孔完全打开，较多的柴油进入分配柱塞,满足柴油机启动工况对较浓混合气的要求。

柴油进入正常运转工况后,将启动开关旋至ON位置,这时电流经电阻3流过电磁线圈,电流减小,电磁吸力下降。但在进油压力作用下,断油阀仍保持开启,向分配柱塞供给正常运转所需要的柴油。

柴油机停机时,将启动开关旋至OFF位置,这时电路被切断,阀门在回位弹簧的作用下下移,进油孔被关闭。柴油不再进入分配柱塞。

4. 喷油提前器

VE型分配泵上装有液压式喷油提前器,结构如图6-21所示。活塞右腔与输油泵输出油道相通,左腔与输油泵进油道相通,活塞左端弹簧是活塞回位弹簧。当活塞推动传力销和连接销摆动时,会带动滚轮1和滚轮支持架2转动。

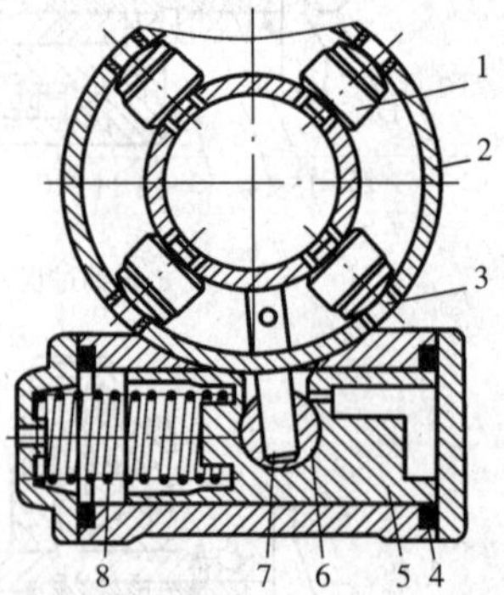

图6-21 液压式喷油提前器

1—滚轮;2—滚轮支持架;3—滚轮轴;4—壳体;6—活塞;7—连接销;8—活塞弹簧

当柴油机在某一转速稳定运转时,作用在活塞左右两端的压力相等,活塞处于某一平衡位置(如图6-22a所示),供油提前角和喷油提前角为某一确定值。

若柴油机转速升高,输油泵输出压力提高,作用在活塞右端的压力增加,活塞左移,并通过连接销和传力销带动滚轮支架绕其轴线顺时针摆动一个角度,滚轮及滚轮支持架相对平面凸轮盘也会顺时针摆动一个角度(如图6-22b所示)。平面凸轮盘弧面上升沿与滚轮接触时间提前,喷油提前角增大。

当柴油机转速降低时,输油泵的出口压力降低,作用于活塞右端的柴油压力减小,活塞在弹簧作用下右移,传力销逆时针摆动一个角度,带动滚轮及滚轮支持架相对平面凸轮盘也逆时针摆动一个角度(如图6-22c所示)。平面凸轮盘弧面上升沿与滚轮接触时间迟后,供油提前角减小。

5. 增压补偿器

增压柴油机采用分配式喷油泵一般会装有增压补偿器(如图6-23所示),其作用是根据增压压力的大小,自动增减供油量,以提高柴油机的有效功率和燃油经济性,并减少有害气体排放。

补偿器盖4和补偿器体6之间装有膜片5,膜片把补偿器分成上、下两个腔。上腔与进气管相通,腔内压力即为增压压力。下腔经通气孔8与大气相通,膜片下面装有弹簧9。补偿器阀杆10与膜片5相连,并与膜片一起运动。阀杆的中下部加工成上细下粗的锥体。补偿杠杆2的上端与锥体相靠,补偿杠杆下端抵靠在张力杠杆11上,补偿杠杆可绕销轴1转动。阀杆上还钻有纵向长孔和横向孔,以保证阀杆在补偿器体内移动时不受气体阻力的作用。

当进气管中的增压压力增大时,膜片5带动补偿器阀杆10向下运动,与阀杆锥体相接触的补偿杠杆2绕销轴1顺时针转动,张力杠杆11在调速弹簧13的作用下绕销轴逆时针转动,从而拨动供油量调节套筒12右移,供油量增加,功率增大;反之,发动机功率相应减小。

轴向压缩式分配泵的分配转子兼有泵油和配油作用,零件数量少、重量轻,故障少。另外，端面凸轮易于加工，精度易得到保证。

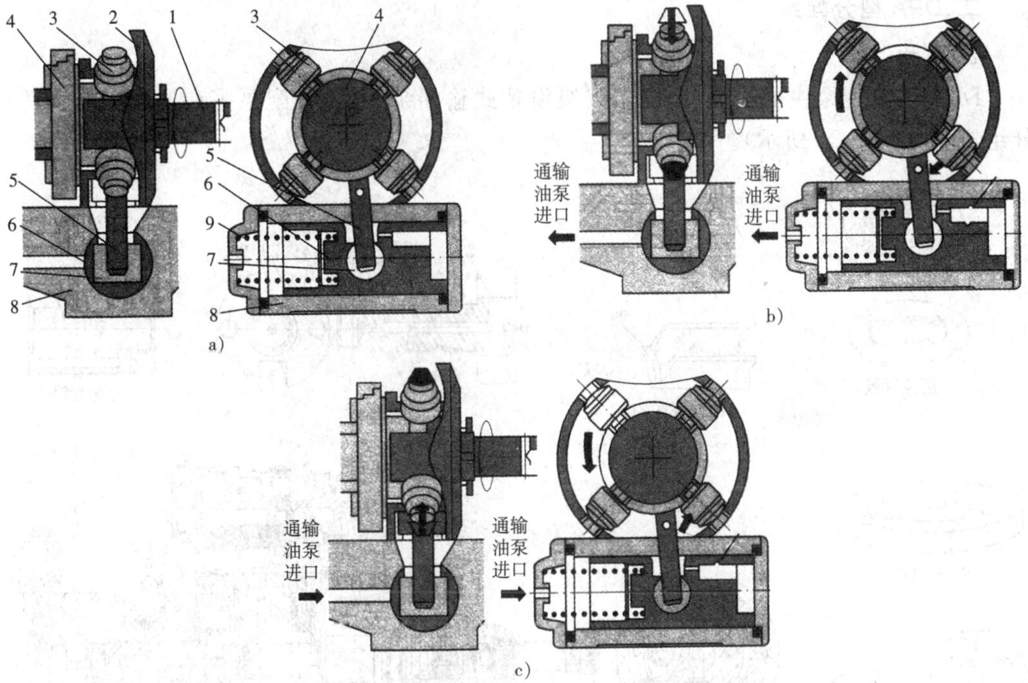

图 6-22　VE 型分配泵供油提前器工作原理

1—分配柱塞；2—平面凸轮盘；3—滚轮；4—调速器驱动齿轮；

5—传力销；6—活塞；7—连接销；8—壳体；9—活塞弹簧

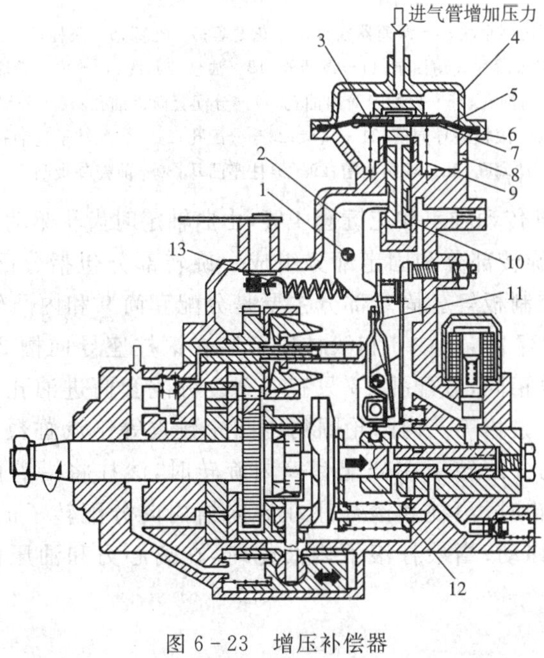

图 6-23　增压补偿器

1—销轴；2—补偿杠杆；3—膜片上支承板；4—补偿器盖；5—膜片；6—补偿器体；7—膜片下支承板；

8—通气孔;9—弹簧;10—补偿器阀杆;11—张力杠杆;12—供油量调节套筒;13—调速弹簧

二、DPA 型分配泵

1. 结构

DPA 型分配泵主要由驱动机构、二级滑片式输油泵、高压分配泵头和油量控制阀等部分组成(如图 6-24 所示)。

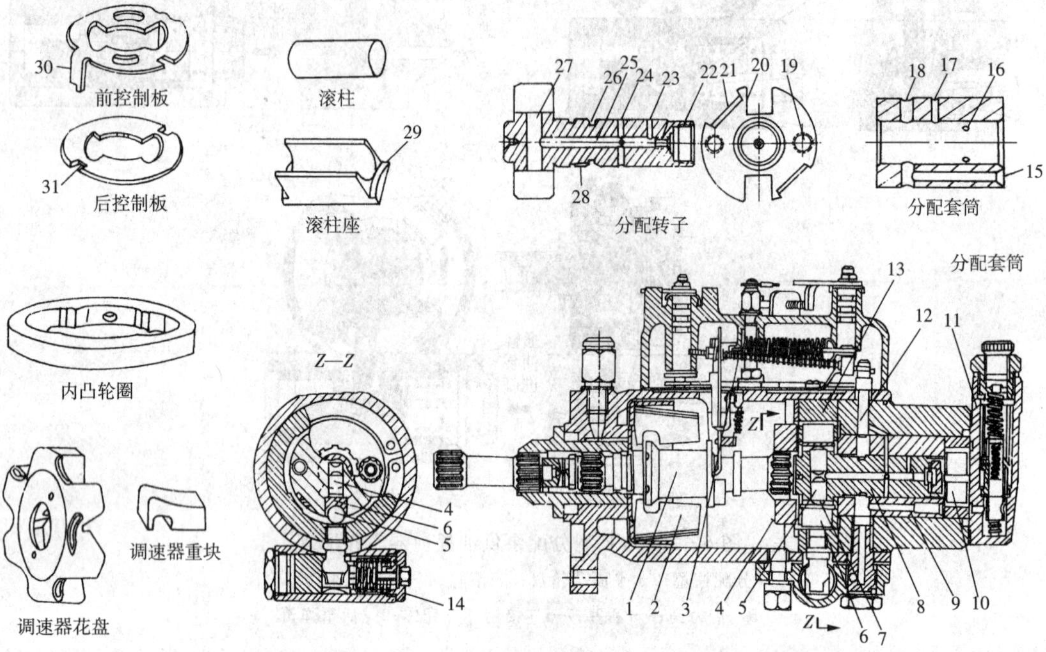

图 6-24　DPA 型分配泵

1—花键传动轴;2—调速器重块;3—调速器摇杆;4—花键套;5—柱塞;6—滚柱;7—滚柱座;8—分配转子;9—分配套筒;10—二级滑片式输油泵;11—调压阀;12—油量控制阀;13—内凸轮圈;14—喷油提前器;15—分配套筒轴向油孔;16—分配套筒出油孔;17—分配套筒进油孔;18—分配套筒径向油孔;19、22—螺纹孔;20—滚柱座导向槽;21—缺口;23—分配孔;24—分配转子进油孔;25—中心油孔;26—环形油槽;27—柱塞孔;28—轴向油槽;29—滚柱座凸耳;30—前控制板凸舌;31—后控制板缺口

驱动机构包括花键传动轴 1 和花键套 4 等,由曲轴定时齿轮驱动。

高压分配泵头由旋转部分和固定部分组成。旋转部分包括分配转子 8、柱塞 5、滚柱 6、滚柱座 7 和前、后控制板等。固定部分主要是分配套筒 9 和内凸轮圈 13。两个对置的柱塞 5 安装在柱塞孔 27 内,滚柱 6 和滚柱座 7 装在滚柱座导向槽 20 内。分配转子进油孔 24 的数目与汽缸数相同,分配孔 23 只有一个。分配套筒进油孔 17 只有一个,而出油孔 16 的数目则与汽缸数相等。内凸轮圈的内凸轮数也等于汽缸数。当花键传动轴带动花键套,花键套再带动分配转子在分配套筒内旋转时,滚柱将沿着内凸轮圈的内表面滚动。当滚柱滚上内凸轮时,滚柱和滚柱座在导向槽内向分配转子的中心移动,并推动柱塞在柱塞孔内向中心移动;当滚柱滚下内凸轮时,在离心力和油压作用下,滚柱、滚柱座和柱塞向外移动。

2. 工作过程

DPA 型分配泵的工作过程如图 6-25 所示。

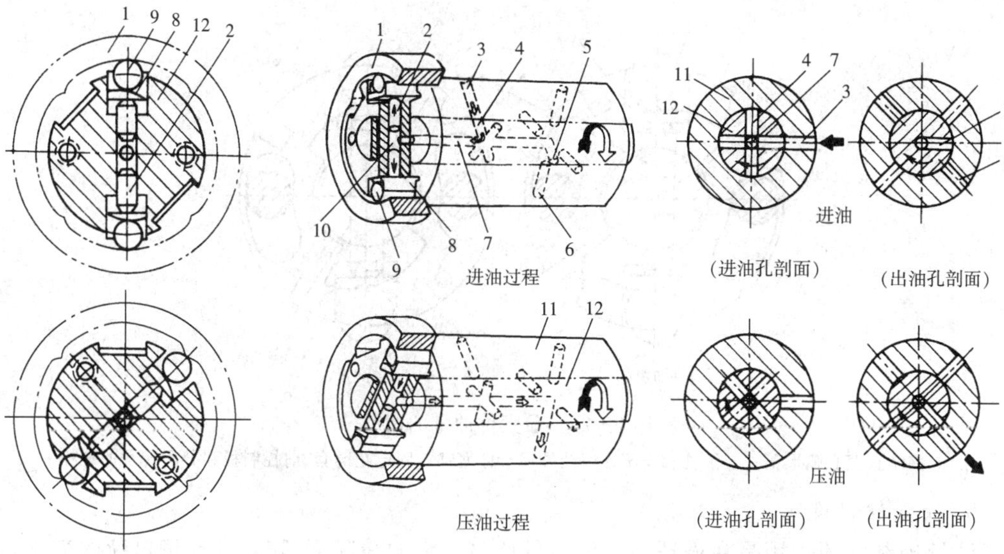

图 6-25 DPA 型分配泵的工作过程

1—内凸轮圈；2—柱塞；3—分配套筒进油孔；4—分配转子进油孔；5—分配孔；6—分配套筒出油孔；7—中心油孔；8—滚柱座；9—滚柱；10—柱塞孔；11—分配套筒；12—分配转子

(1)进油过程

柴油经柴油滤清器过滤后被二级滑片式输油泵泵入分配套筒的轴向油孔，由此进入分配转子的环形油槽，再经油量控制阀到达分配套筒进油孔 3。当分配转子进油孔 4 中的任何一个旋转到与分配套筒进油孔 3 对准时，柴油进入中心油孔 7 和柱塞孔 10 内，完成进油过程。

(2)压油过程

当分配转子旋转一定角度后，滚柱滚上内凸轮并达到凸轮的顶端。在这段时间内，对置的两个柱塞 2 一齐内移，柱塞孔 10 内的柴油被增压。同时，分配孔 5 刚好与分配套筒出油孔 6 中的一个相通，高压柴油进入喷油器。

(3)停油过程

当分配转子从内凸轮顶端滚下时，柱塞在离心力和油压的作用下向外移动，柱塞孔的容积增大，油压迅速下降，喷油器停止喷油。

4. 最大供油量的调节

DPA 型分配泵每循环的最大供油量靠改变柱塞行程来调节。柱塞行程越大，最大供油量越大。不过，供油终点取决于内凸轮的最高点，这点不能改变。因此，改变柱塞行程只能改变供油始点。

最大供油量的调节原理如图 6-26 所示。由于滚柱座两端的凸耳 3 嵌入前、后控制板的偏心弧形槽 1 内，因此滚柱座及滚柱的移动受到弧形槽外边缘的限制。当逆时针转动前、后控制板时，偏心弧形槽距中心较近的一段弧与滚柱座凸耳接触，这时供油始点迟后，柱塞行程减小，供油量减少(如图 6-26a 所示)；相反，顺时针转动前、后控制板，这时滚柱座凸耳与距中心较远的一段偏心圆弧接触，供油始点提前，柱塞行程增大，供油量增加(如图 6-26b 所示)。

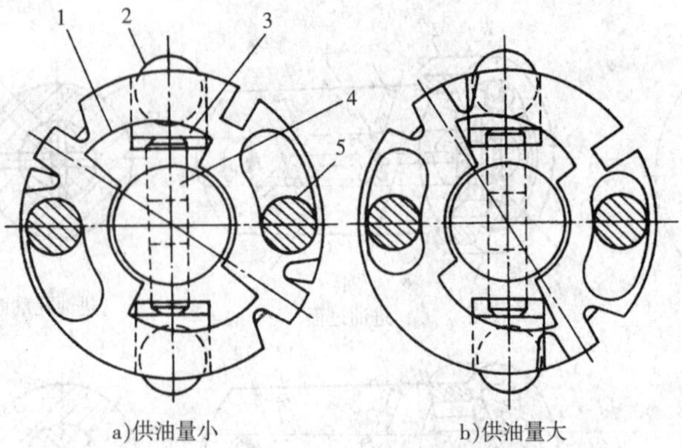

图 6－26　最大供油量的调节

1—控制板偏心弧形槽；2—滚柱；3—滚柱座凸耳；4—柱塞；5—固定花键套、前控制板和分配转子的螺栓

5. 油量控制阀

油量控制阀的功用是在循环最大供油量调整已定的情况下，随着发动机负荷的变化，通过改变油量控制阀的通过断面来控制供油量。

油量控制阀由调速器操纵结构如图 6－27 所示。控制阀体 1 上加工有直槽，与分配套筒进油孔相通。当调速器拉动拉杆销钉 2 时，油量控制阀左右移动，柴油的通过面积发生变化，从而改变供油量。

径向压缩式分配泵具有零件数目少、结构紧凑、通用性高、防污性好等优点；缺点是分配转子和分配套筒、柱塞和柱塞孔的配合精度要求高，滚柱座结构复杂及内凸轮加工不便等。

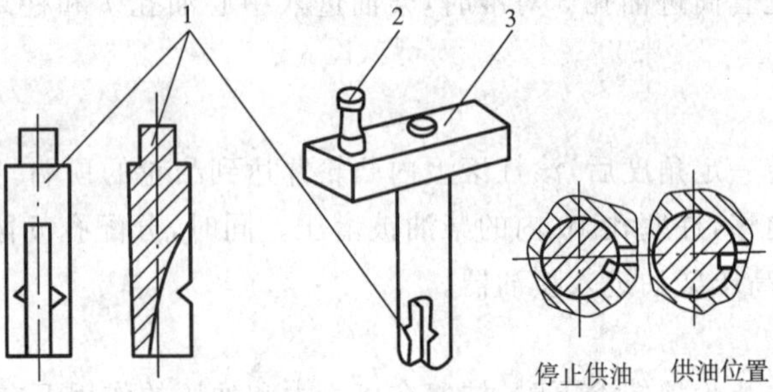

图 6－27　油量控制阀

1—控制阀体；2—拉杆销钉；3—连接臂

第六节　调速器

一、调速器功用及分类

调速器的功用是根据柴油机负荷的变化，自动调节喷油泵的供油量，以保证柴油机在各种工况下稳定运转。

柴油机需要装置调速器是由喷油泵的速度特性决定的。喷油泵的速度特性是指喷油泵在油量调节拉杆位置不变的情况下，供油量随曲轴转速变化的关系。柴油机工作时，当曲轴的转速升高,喷油泵柱塞的往复运动速度加快,柱塞套筒上油孔的节流作用增强,柱塞上行但尚未完全遮住油孔时,柴油来不及回油,致使供油时刻略有提前;同样,当喷油泵柱塞下行到它的斜槽与柱塞套的油孔刚接通时,泵腔内油压不能及时下降,造成停油时刻略有滞后。这样,随着发动机转速的升高或降低,供油量也相应地增加或减少。这对工况多变的汽车柴油机非常不利。

汽车柴油机还经常在怠速下运转,这时喷油泵的供油量很少、柴油机转速很低,汽缸内燃烧气体所做的膨胀功全部用来克服柴油机内部的摩擦阻力和驱动外部附件。在这种情况下,若出现汽缸失火或内部阻力增加,转速会立即下降。此时,即使油量调节拉杆位置不变,由于喷油泵的速度特性,供油量减少,会引起柴油机怠速不稳甚至熄火。当柴油机高速或大负荷工作时,若负荷突然减小,转速立即升高。此时,由于喷油泵的速度特性,会自动加大供油量,柴油机的转速将迅速增高,甚至出现超速现象。相反,当负荷骤然增大时,柴油机的转速将急速下降直至熄火。

这些工况的变化往往出自偶然原因,汽车驾驶员很难做出及时反应。只有借助调速器,及时调节喷油泵的供油量,才能保持柴油机稳定运行。

汽车柴油机调速器按其工作原理的不同,可分为机械式、气动式、液压式、机械气动复合式、机械液压复合式和电子式等多种形式。目前应用最广的是机械式调速器,其结构简单,工作可靠,性能良好。

按调速器起作用的转速范围不同,又可分为两极式调速器和全程式调速器。

两极式调速器只在柴油机的最高转速和怠速起调节作用,在最高转速和怠速之间的其他转速,调速器不起调节作用,此时柴油机的转速由驾驶员通过油量调节机构直接控制。

全程式调速器不仅能保持柴油机的最低稳定转速和限制最高转速,而且还能根据负荷的大小,保持和调节在任意选定的转速下稳定工作。

二、两极式调速器

德国博世公司生产的RQ型调速器是典型的两极式调速器,与A、B、P型等柱塞式喷油泵配套。型号中的R表示机械离心式,Q表示可变杠杆比。

1. RQ型调速器结构

调速器通常由感应元件、传动元件和附加装置三部分构成。感应元件用来感知柴油机转速变化,并发出相应信号。传动元件则根据此信号进行供油量调节。RQ型调速器的结构如图6-28所示。感应元件包括飞锤7等零件,传动元件则是指由角形杠杆9、调速套筒10、调速杠杆17和连接杆1等组成的杠杆系统。

调速器壳体8用螺栓固定在喷油泵泵体的后端面上。喷油泵凸轮轴通过半圆键与一个轴套连接,轴套上固定两个螺柱,每个螺柱都套上一个飞锤7。飞锤通过角形杠杆9、调节套筒10、调速杠杆17和连接杆1与喷油泵的供油量调节齿杆4连接,飞锤内装有内、中、外三个弹簧,其外端均支承在外弹簧座上。外弹簧6的内端支承在飞锤的内端面上,称其为怠速弹簧。中间弹簧和内弹簧的内端支承在内弹簧座上,称它们为高速弹簧。这些弹簧安装在弹簧座上时有一定的预紧力。预紧力可以用调节螺母5进行调节。

摇杆15的一端与调速手柄18连接,另一端与圆柱形的滑块16铰接,滑块在调速杠杆17的长孔中滑动,滑动销14能灵活的移动,并装有导向销11为其导向。

调速器壳体的侧面装有停油臂,在连接杆上固定有挡销,转动停油臂,拨动挡销,使其向左拉动供油量调节齿杆直至停油。

另外,RQ 型调速器在调速器盖 12 上装有怠速稳定弹簧,在滑动销内装有转矩平衡器,还可根据需要在飞锤内安装转矩校正装置等。

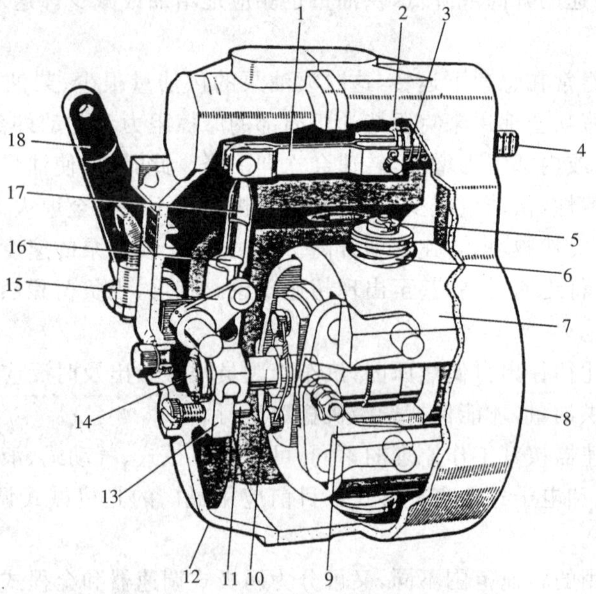

图 6-28 RQ 型两极式调速器

1—连接杆;2—弹簧座;3—间隙补偿弹簧;4—供油量调节齿杆;5—调节螺母;6—调节器外弹簧;7—飞锤;8—调速器壳体;9—角形杠杆;10—调速套筒;11—导向销;12—调速器盖;13—导向挡板;14—滑动销;15—摇杆;16—滑块;17—调速拉杆;18—调速手柄

2. RQ 型调速器基本工作原理

(1)停车(如图 6-29a 所示) 调速手柄 2 置于停车挡块 1 上,调速杠杆以其下端的铰接点为支点向左摆动,带动供油量调节齿杆左移至停油位置,柴油机停车,调速器飞锤在调速弹簧的作用下抵靠在安装飞锤的轴套上(如图 6-30a 所示)。

(2)启动(如图 6-29b 所示) 调速手柄从停车挡块 1 移至最高速挡块 4 上。在此过程中,调速手柄带动摇杆 3,摇杆 3 带动滑块 5,使调速杠杆 6 以其下端的铰接点 17 为支点向右摆动,并推动喷油泵供油量调节齿杆 7 克服供油量限制弹性挡块 9 的阻力,右移至启动油量位置。启动油量多于全负荷油量,旨在加浓混合气,以利柴油机低温启动。

(3)怠速(如图 6-29c 所示) 调速手柄置于怠速位置。这时调速手柄通过摇杆 3、滑块 5 使调速杠杆 6 仍以其下端的铰接点 17 为支点向左摆动,并拉动供油量调节齿杆 7 左移至怠速油量位置。

怠速时柴油机转速低,飞锤 11 的离心力小,只能与怠速弹簧力相平衡,飞锤处于内弹簧座与安装飞锤的轴套之间的某一位置(如图 6-30b 所示)。此时柴油机若因某种原因转速降低,飞锤离心力减小,在怠速弹簧的作用下,飞锤移向回转中心,同时带动角形杠杆和调速套筒,使调速杠杆下端的铰接点 17 以滑块 5 为支点向左移动(如图 6-29c 所示),调速杠杆则推动供油量调节齿杆右移,增加供油量,使转速回升。反之,当转速增高时,飞锤的离心力增大,飞锤压缩怠速弹簧远离回转中心,同样通过角形杠杆和高速套筒使调速杠杆下端的铰接点以滑块为支点向右移动，供油量调节齿杆则左移，减小供油量，使转速降低。因此，调速器可以保持怠速转速稳定。

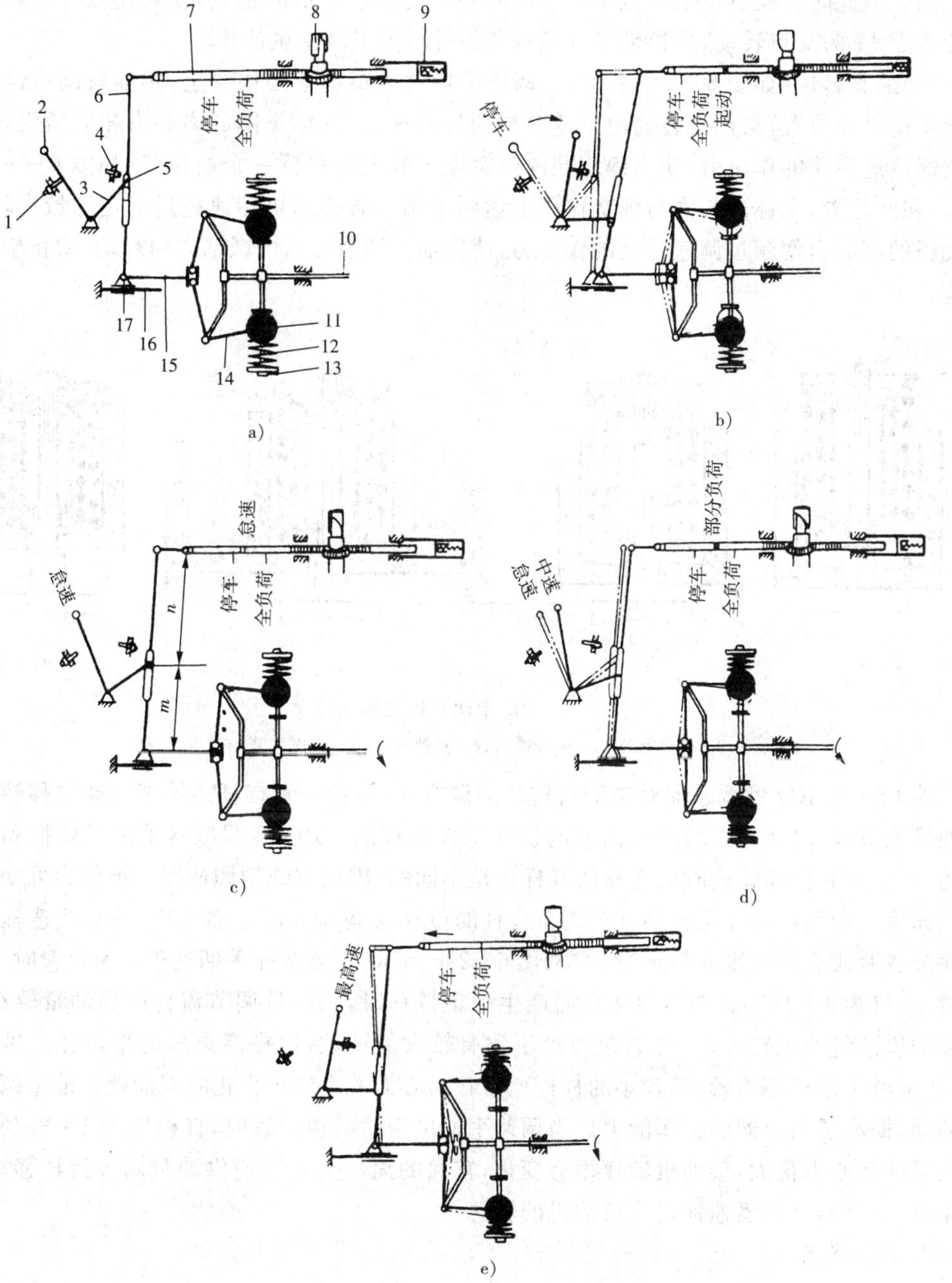

图 6－29　RQ 型调速器工作原理示意图

1—停车挡块；2—调速手柄；3—摇杆；4—最高速挡块；5—滑块；6—调速杠杆；7—供油量调节齿杆；8—喷油泵柱塞；9—供油量限制弹性挡块；10—喷油泵凸轮轴；11—飞锤；12—调速弹簧；13—调节螺母；14—角形杠杆；15—调速套筒；16—导向销；17—铰接点

（4）中速（如图 6－29d 所示）　调速手柄从怠速位置移至中速位置，供油量调节齿杆处于部分负荷供油位置，柴油机转速较高，飞锤进一步外移到飞锤底部与内弹簧座接触为止

(如图 6－30c 所示)。柴油机在中等转速范围内工作时,飞锤的离心力不足以克服怠速弹簧和高速弹簧的共同作用力,飞锤始终紧靠在内弹簧座上而不能移动,调速器不起调节供油量的作用。但此时驾驶员可根据汽车行驶的需要改变调速手柄的位置,使调速杠杆以其下端的铰接点 17 为支点转动,并拉动供油量调节齿杆增加或减少供油量。

(5)最高转速(如图 6－29e 所示)　调速手柄置于最高速挡块 4 上,供油量调节齿杆移至全负荷供油位置,柴油机转速由中速升高到最高速。此时,飞锤的离心力相应增大,并克服全部调速弹簧的作用力,使飞锤连同内弹簧座一起向外移到一个新位置(如图 6－30d 所示)。在此位置,飞锤离心力与弹簧作用力达到平衡。若柴油机转速超过规定的最高转速,则飞锤的离心力便超过调速弹簧的作用力,使供油量调节齿杆向减油方向移动,防止柴油机超速。

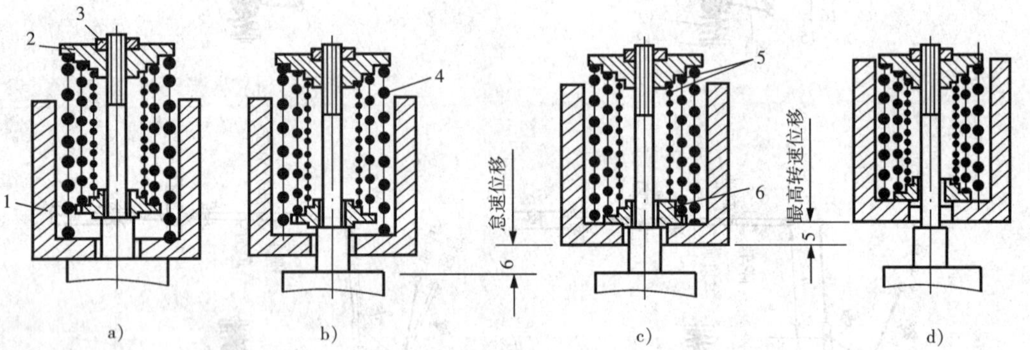

图 6－30　RQ 型调速器飞锤的位移

1—飞锤;2—外弹簧座;3—调节螺母;4—怠速弹簧;5—高速弹簧;6—内弹簧座

综上所述,RQ 型调速器对柴油机转速的调节,是通过一套杠杆系统把飞锤位移转变为供油量调节齿杆位移,以增减喷油泵的供油量来实现的。RQ 型调速器采用了摇杆和滑块机构,在怠速和最高转速时调速器的杠杆比是不同的,因此 RQ 型调速器又被称为可变杠杆比调速器。所谓杠杆比是指供油量调节齿杆的位移与调速套筒位移之比,等于调速杠杆被滑块分成两段后的长度 n 与 m 之比(如图 6－29c 所示)。当调速手柄处于怠速位置时,杠杆比较小,仅为 1∶1.35。即当调速套筒产生一定位移时,供油量调节齿杆的移动量较小,喷油泵的供油量变化较少,可使怠速转速不致有较大的波动,以提高怠速的稳定性。另一方面,怠速时飞锤离心力较小,较小的杠杆比可在离心力发生较小变化时就能使供油量调节齿杆移动,提高了调速器的工作能力。当调速手柄位于最高速位置时,杠杆比为 1∶3.23。这时飞锤的离心力很大,柴油机转速稍有变化,较大的离心力立即使供油量调节齿杆移动,并产生较大位移,从而迅速地稳定柴油机的转速。

3. 附加装置

(1)怠速稳定弹簧

RQ 型调速器盖上装有怠速稳定弹簧,安装位置与供油量调节齿杆相对,对调节齿杆的移动起限位和缓冲作用。怠速稳定弹簧可使怠速更加稳定。当调速手柄快速扳回到怠速位置时,供油量调节齿杆快速向减油方向移动,这时怠速稳定弹簧有如一个限位器和缓冲器,既可以阻止调节齿杆越过怠速供油位置,防止喷油泵停止供油,又能减缓调节齿杆的移动速度,使柴油机转速不发生较大的波动或熄火(如图 6－31 所示)。

(2)转矩平稳装置

转矩平稳装置安装在滑动销内,作用是缓冲高速时喷油泵供油量调节齿杆的振动,消除柴油机转矩的波动。当调速手柄移向高速位置并与最高速挡块接触时,转矩平稳装置中的弹簧3首先被压缩(如图6-32所示),同时供油量调节齿杆移至全负荷供油位置。此时若柴油机转速升高,飞锤离心力超过调速弹簧作用力时,飞锤开始外移,但调节齿杆不会立即向减油方向移动,而是等转矩平稳装置中的弹簧伸长复原后,调节齿杆才开始移动,减缓了调节齿杆的频繁移动或振动,使柴油机输出的转矩趋于平稳。

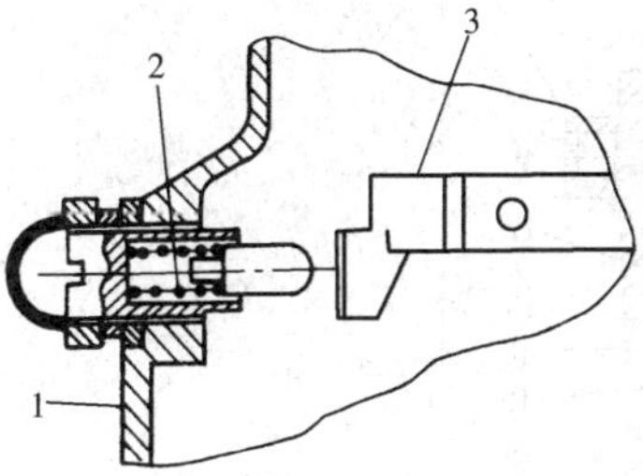

图6-31 怠速稳定弹簧

1—调速器盖;2—弹簧;3—供油量调节齿杆

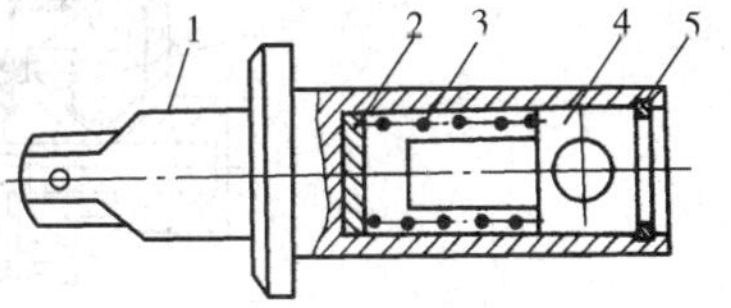

图6-32 转矩平稳装置

1—滑动销;2—调整垫片;3—弹簧;4—推杆;5—卡环

(3)转矩校正装置

转矩校正装置的功用是校正柴油机转矩随转速变化的特性,也就是校正喷油泵供油量随转速的变化特性,使喷油泵的供油量与吸入汽缸的空气量相匹配。

转矩校正有正校正与负校正两种,供油量随转速下降而增加的校正为正校正;供油量随转速下降而减少的为负校正。前者用于高速范围,后者用于低速范围。

RQ型调速器上安装的转矩校正装置,是装在飞锤内的校正弹簧9(如图6-33所示)。当柴油机在全负荷标定转速下运转时,飞锤离心力很大,校正弹簧座1在飞锤推动下与内弹簧座2接触,校正弹簧被压缩。此时喷油泵供油量调节齿杆处在全负荷供油位置。当柴油机超负荷时,转速下降,飞锤离心力减小。校正弹簧克服飞锤离心力使飞锤向内移动,并通过调速器的杠杆系统使供油量调节齿杆向增加供油量的方向移动,柴油机转矩相应增加,提高了柴油机的超负荷能力。

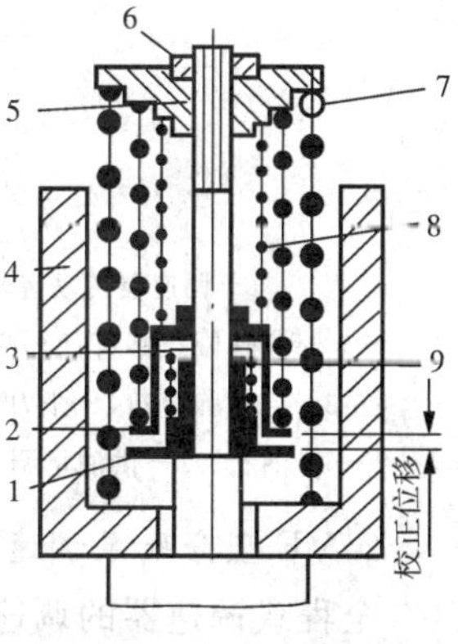

图6-33 转矩校正装置

1—校正弹簧座;2—内弹簧座;3—调节垫片;4—飞锤;5—外弹簧座;6—调节螺母;7—怠速弹簧;8—高速弹簧;9—校正弹簧

二、全程式调速器

机械离心式全程调速器的结构形式很多,有与柱塞式喷油泵配套的,也有装在分配式喷油泵体内的,但其工作原理却基本相同。下面仅以VE型分配泵的调速器为例,说明机械离心式全程调速器的基本结构及工作原理。

1. VE型分配泵调速器结构

如图6-34所示,飞锤支架2上装有4个飞锤3,飞锤通过止推片推动调速套筒4移动。张力杠杆12、启动杠杆15和导杆16组成调速器杠杆系统。这三个杠杆通过销轴N连在一起并可分别绕销轴N摆动。导杆16通过销轴M固定在分配泵体上。启动杠杆15的下端是球头销，嵌入供油量调节套筒 21 的凹槽中，当启动杠杆摆动时，球头销将拨动供油量调节套筒，改变它与分配柱塞 19 上泄油孔 20 的相对位置，从而改变分配柱塞的有效行程。张力杠杆 12 上端通过怠速弹簧 10 与调速弹簧 8 连接，调速弹簧的另一端挂在调速手柄 5 的销轴上。导杆 16 的下端受复位弹簧 17 的推压，使其上端靠在最大供油量调节螺母 11 上。

此外，VE 型分配泵调速器上还装有一些附加装置，如增压补偿器和转矩校正装置等。

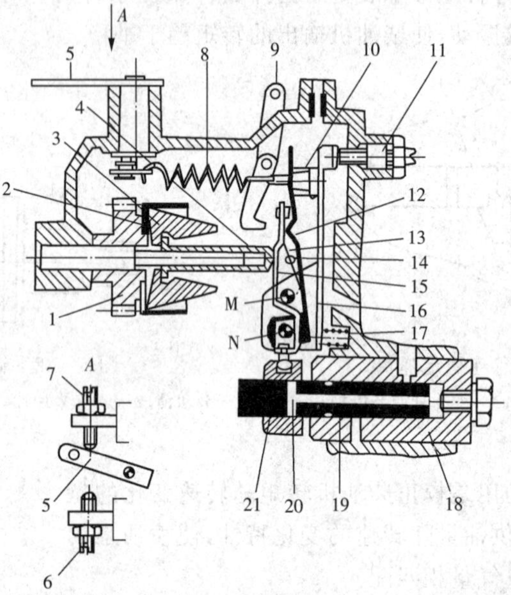

图 6-34　VE 型分配泵调速器结构示意图

1—调速器传动齿轮；2—飞锤支架；3—飞锤；4—调速套筒；5—调速手柄；6—怠速调节螺钉；7—最高速限止螺钉；8—调速弹簧；9—停车手柄；10—怠速弹簧；11—最大供油量调节螺钉；12—张力杠杆；13—启动弹簧；14—张力杠杆挡销；15—启动杠杆；16—导杆；17—复位弹簧；18—柱塞套；19—分配柱塞；20—泄油孔；21—供油量调节套筒；M—导杆支承销轴(固定)；N—启动杠杆、张力杠杆及导杆支承销轴(可动)

2. VE 型分配泵调速器工作原理

全程式调速器的调速原理是，调速器传动轴旋转所产生的飞锤离心力与调速弹簧力相互作用，如果两者不平衡，调速套筒便会移动。调速套筒的移动通过调速器的杠杆系统使供油量调节套筒的位置发生变化，从而增减供油量，以适应柴油机运行工况变化的需要。

(1)启动

如图 6-35a 所示，启动前，将调速手柄 5 推靠在最高速限止螺钉 7 上。此时调速弹簧 8 被拉伸，弹簧张力拉动张力杠杆 12 绕销轴 N 向左摆动，并通过板形启动弹簧 13 使启动杠杆 15 压向调速套筒 4，使静止飞锤 3 处于完全闭合的状态。与此同时，启动杠杆下端的球头销将供油量调节套筒 21 向右拨到启动加浓供油位置 *C*，供油量最大。启动后，飞锤离心力克服启动弹簧的弹力，使启动杠杆绕销轴 N 向右摆动，直到抵靠在张力杠杆的挡销上。此时，启动杠杆下端的球头销向左拨动供油量调节套筒，供油量自动减少。

(2)怠速

如图 6-35b 所示，柴油机启动后，将调速手柄 5 移至怠速调节螺钉 6 上。此时调速弹簧 8 的张力几乎为零，即使调速器传动轴的转速很低，飞锤也会向外张开，推动调速套筒，使启动杠杆和张力杠杆绕销轴 N 向右摆动，并压缩怠速弹簧 10。这时，飞锤离心力对调速套筒的作用力与怠速弹簧及启动弹簧对调速套筒的作用力平衡，供油量调节套筒 21 处于怠速供油位置 D，柴油机在怠速下运转。

当柴油机因某种原因转速升高时，飞锤离心力增大，上述平衡被打破，飞锤推动调速套筒、启动杠杆和张力杠杆进一步压缩怠速弹簧向右摆动，供油量调节套筒左移，供油量减少，转速降低。当柴油机转速降低时，飞锤离心力减小，怠速弹簧推动张力杠杆和启动杠杆向左摆动，供油量调节套筒右移，增加供油量，转速回升。

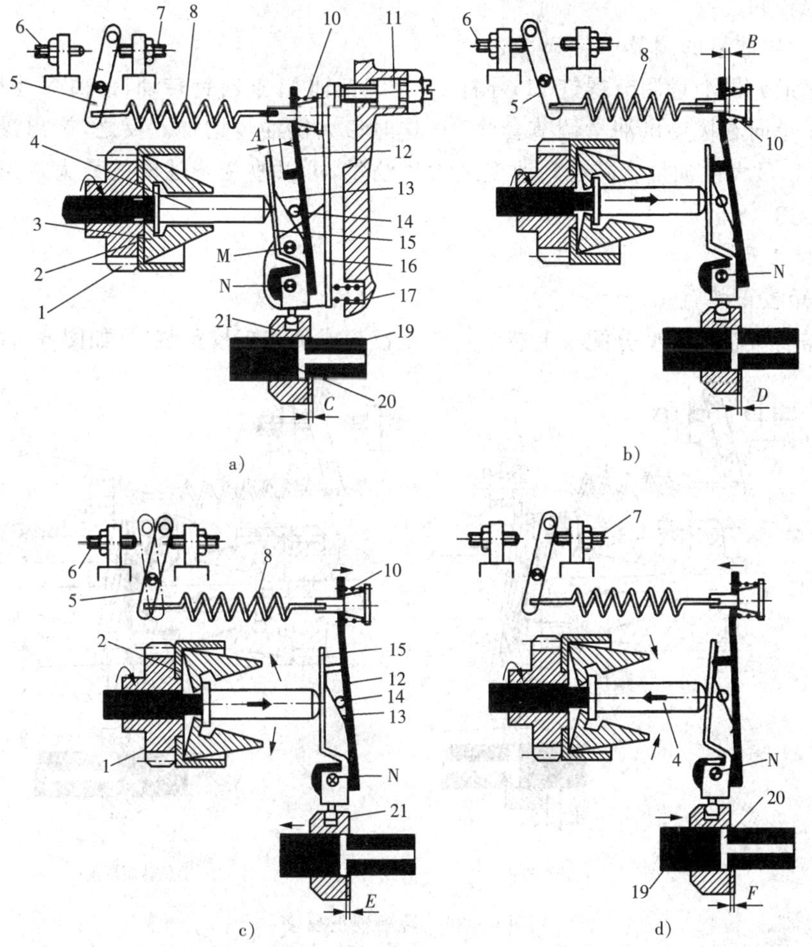

图 6－35 VE 型分配泵调节器工作原理图

A—启动弹簧压缩量；B—怠速弹簧压缩量；C—启动加浓供油位置；D—怠速供油位置；

E—部分负荷最高转速供油位置；F—全负荷最高转速供油位置；N—启动杠杆、张力杠杆及导杆支承销轴（可动）

(3)中速和最高速

如图 6－35c 所示，欲使柴油机在怠速和最高转速之间任何一个转速工作时，需将调速手柄 5 置于怠速调节螺钉 6 与最高速限止螺钉 7 之间某一个位置。这时，调速弹簧 8 被拉伸，同时拉动张力杠杆 12 和启动杠杆 15 绕销轴 N 向左摆动，启动杠杆下端的球头销向右拨动供油量调节套筒 21，使供油量增加，柴油机由怠速转入中速状态。转速升高，飞锤离心力增大。当其向右作用于调速套筒上的推力与调速弹簧向左作用于张力杠杆和启动杠杆上的拉力平衡时，供油量调节套筒便稳定在某一中等供油量位置，柴油机也就在该中间转速稳定运转。

当调速手柄5置于最高速限止螺钉7上时，调速弹簧8的张力达到最大，供油量调节套筒21移至最大供油量位置，柴油机将在最高转速或标定转速下工作。

不论柴油机在中速或最高速工作，当负荷发生变化而引起转速改变时，飞锤离心力与调速弹簧力的平衡就会遭到破坏，调速器将立即动作，通过增减供油量，使转速复原。若突然全部卸掉柴油机负荷，调速器将把供油量减至最小，以防止柴油机超速。其调速过程与稳定怠速的过程相同。

(4)最大供油量的调节

若拧紧最大供油量调节螺钉11，导杆16会绕销轴M逆时针转动，销轴N也随之转动，并带动球头销向右拨动供油量调节套筒21，这时最大供油量增加。反之，旋出最大供油量调节螺钉11，最大供油量会减少。改变最大供油量，可以改变柴油机的最大输出及最高转速或标定转速。

3. 附加装置

(1)转矩校正装置

根据需要可在VE型分配泵上装备正转矩校正或负转矩校正装置(如图6-36所示)。

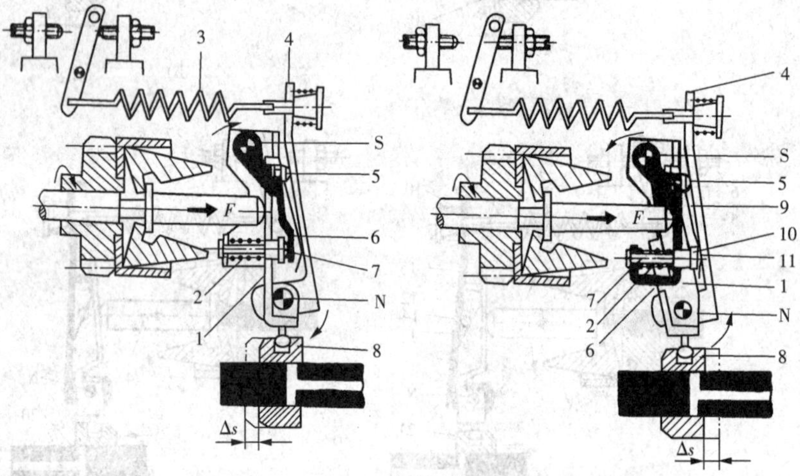

a)正转矩校正　　b)负转矩校正

图6-36　转矩校正装置

1—启动杠杆；2—校正弹簧；3—调速弹簧；4—张力杠杆；5—挡销；6—校正杠杆；7—校正销；8—供油量调节套筒；9—启动弹簧；10—校正销大端；11—停驻点；S、N—销轴

正转矩校正可以改善柴油机高速范围内的转矩特性。VE型分配泵上正转矩校正装置如图6-36a所示。转矩校正杠杆6的上端支承在销轴S上，同时抵靠在张力杠杆4的挡销5上。销轴S固定在启动杠杆1上端的凸耳上。转矩校正杠杆的下端靠在校正销7的大头端，校正销装在启动杠杆中部的相关孔内，并可在其中滑动。校正弹簧2总是向右推压校正销。

当柴油机转速升高到校正转速时，随着转速继续升高，飞锤离心力作用在启动杠杆上的轴向分力F对销轴N的力矩，逐渐超过校正弹簧2的预紧力对校正杠杆的支点即挡销5的力矩，这时启动杠杆1及销轴S开始绕销轴N向右摆动。同时，校正杠杆6绕挡销5顺时针转动，下端通过校正销7压缩校正弹簧，直至校正销的大端靠在启动杠杆上为止，校正过程结束。校正期间，启动杠杆下端的球头销向左拨动供油量调节套筒，供油量减少。相反，当转速降低时，供油量增加。

负转矩校正可以防止柴油机低速时冒黑烟。在负转矩校正装置中(如图6-36b所示)，调速套筒的轴向分力F直接作用在转矩校正杠杆6上，使校正杠杆靠在张力杠杆4的挡销5上，转矩校正销7靠在张力杠杆的停驻点11上。当柴油机转速升高时，调速套筒的轴向分力F增大。若轴向分力F对挡销5的力矩大于校正弹簧2的弹簧力对挡销5的力矩，校正杠杆会以挡销5为支点逆时针转动，并通过销轴S带动启动杠杆绕销轴N向左摆动，球头销向右拨动供油量调节套筒，增加供油量。从而实现柴油机在低速范围内的负转矩校正。当校正杠杆靠在校正销大端上时，校正结束。

(2)负荷传感供油提前装置

负荷传感供油提前装置的功用是根据柴油机负荷的变化自动改变供油提前角，结构如图6-37所示。当柴油机转速一定时，若负荷减小，喷油泵体内腔的燃油通过调速套筒7上的量孔6，经调速器轴8的中心油道泄入二级滑片式输油泵3的进油口1，使喷油泵体内腔的油压降低，液压式喷油提前器4内的活塞向右移动，供油提前角减小。反之，若柴油机负荷增加，调速套筒上的量孔被关闭，喷油泵体内腔的油压升高，喷油提前器内的活塞向左移动，供油提前角增大。负荷传感供油提前装置在全负荷的25%～70%范围内起作用。

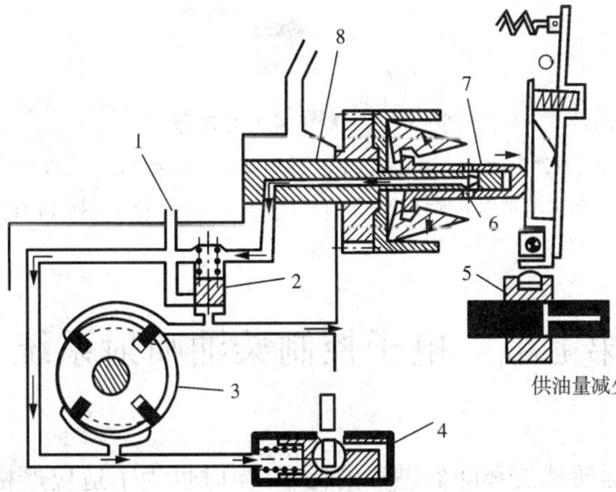

图6-37 负荷传感供油提前装置

1—进油口；2—调压阀；3—二级滑片式输油泵；4—液压式喷油提前器；5—供油量调节套筒；6—量孔；7—调速套筒；8—调速器轴

(3)大气压力补偿器

其功用是随着大气压力的降低或海拔高度的增加自动减少供油量，防止柴油机排气冒黑烟，结构如图6-38所示。大气压力降低或汽车在高原行驶时，大气压力感知盒6向外膨胀，推杆7向下移动。由于推杆下端与连接销5接触部分一段是上大下小的锥体，因此推杆下移时，连接销会左移，并推动控制臂4绕销轴S逆时针转动。控制臂下端推动张力杠杆9和启动杠杆10绕销轴N向右摆动，启动杠杆下端的球头销向左拨动油量调节套筒，减少供油量。

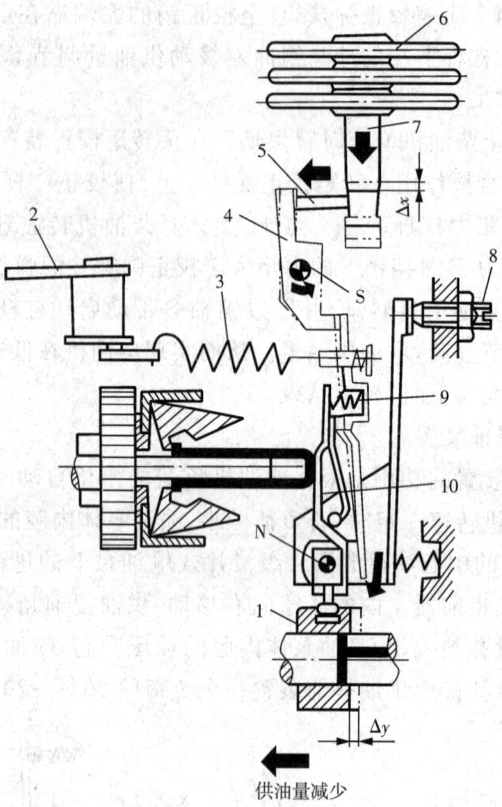

图 6－38　大气压力补偿器

1—供油量调节套筒；2—调速手柄；3—调速弹簧；4—控制臂；5—连接销；6—大气压力感知盒；7—推杆；8—最大油量调节螺钉；9—张力杠杆；10—启动杠杆；S、N—销轴

第七节　电子控制柴油喷射系统

为了改善柴油机运转性能和降低燃油消耗率，同时也为了适应严格的柴油机排放标准的需要，从 20 世纪 80 年代初期开始，各种电子控制柴油喷射系统（以下简称电控柴油喷射系统）相继问世。

与传统的机械控制柴油喷射系统相比，电控柴油喷射系统有下列优点：

① 喷油正时的控制精度高，反应速度快。

② 可精确控制喷油量，能实现预喷射和后喷射，改变喷油规律。

③ 可实时监测柴油机的运行状态和环境条件，实现多参数综合优化控制。

一、电控柴油喷射系统的基本原理

电控柴油喷射系统由传感器、电控单元（ECU）和执行器三部分组成。传感器实时采集发动机运行状态和环境条件等信号，并将信号输入电控单元。传感器包括加速踏板位置、发动机转速、凸轮轴位置、燃油压力、喷油正时、空气流量、增压压力、进气温度、水温、蓄电池电压和排气氧传感器等。ECU是电控系统的核心，将来自传感器的信息与预先存储的参数值进行比较、运算，确定最佳运行控制参数。执行器按照最佳参数对喷油压力、喷油量、喷油时间和喷油规律进行控制，驱动喷油系统，使柴油机工作在最佳状态。

二、电控柴油喷射系统的基本类型

根据喷油量控制方式的不同，电控柴油机喷射系统分为两大类：位置控制系统和时间控制系统。

1. 位置控制型

位置控制的电控柴油喷射系统没有改变传统喷油系统的工作原理和基本结构，只是将机械式调速器和液压式喷油提前器分别代之以电磁式供油量控制阀和电磁式供油定时控制阀，实现柴油机喷油量和喷油定时的控制。

优点是无须对柴油机的结构进行较大改动，生产继承性好。缺点是控制系统的执行频率响应慢、控制精度不够稳定，喷油压力和喷油规律不能独立控制。

2. 时间控制型

时间控制的电控柴油喷射系统利用高速电磁阀直接控制高压柴油油路的导通和关闭，喷油始点取决于电磁阀关闭时刻，喷油量取决于电磁阀关闭时间的长短。

时间控制系统主要有电控泵喷嘴系统和共轨式电控喷射系统两类。

电控泵喷嘴系统可自由控制喷油量和喷油正时，喷油压力较高，但无法实现喷油压力的灵活控制，很难实现预喷射或分段喷射。

共轨式电控燃油喷射系统是比较理想的燃油喷射系统。它不再采用柱塞泵分缸脉动供油原理，而是利用一个设置在喷油泵和喷油器之间的、具有较大容积的共轨管，把喷油泵输出的燃油蓄积起来并稳定压力、再通过高压油管输送到每个喷油器上，由喷油器上的电磁阀控制柴油喷射的开始和结束。电磁阀作用的时刻决定喷油正时，起作用的持续时间和共轨压力决定喷油量，由于该系统采用压力时间式燃油计量原理，因此又被称为压力时间控制式电控喷射系统。

三、电控柴油机喷射系统实例

1. ECD－VI型电控柴油喷射系统

ECD－VI型电控柴油喷射系统（以下简称ECD－VI系统）是位置控制型电控喷射系统。ECD－VI系统（如图6－39所示）中的喷油泵为VE分配泵，但进行了改造。首先，取消了机械调速器，代之以供油量控制电磁阀2，它通过杠杆来改变供油量调节套筒5的位置，实现喷油量的控制，并利用供油量调节套筒位置传感器1的反馈信号，实现喷油量闭环控制。另外，VE分配泵的液压式喷油提前器增加了一个定时器控制阀6，实现喷油定时的电子控制。

(1)供油量的控制

在ECD－VI系统中，电控单元(ECU)根据加速踏板位置传感器和柴油机转速传感器的输出信号，首先算出基本供油量，然后根据冷却液温度、进气温度和进气管压力等传感器的信号以及启动机信号，对基本供油量进行修正。再按照供油量调节套筒位置传感器信号进行反馈修正之后，确定最佳供油量（如图6－40所示）。因此，不论汽车是低温启动、加速，或是在高原行驶，ECD－VI系统都能精确地确定适应柴油机运转的最佳供油量。

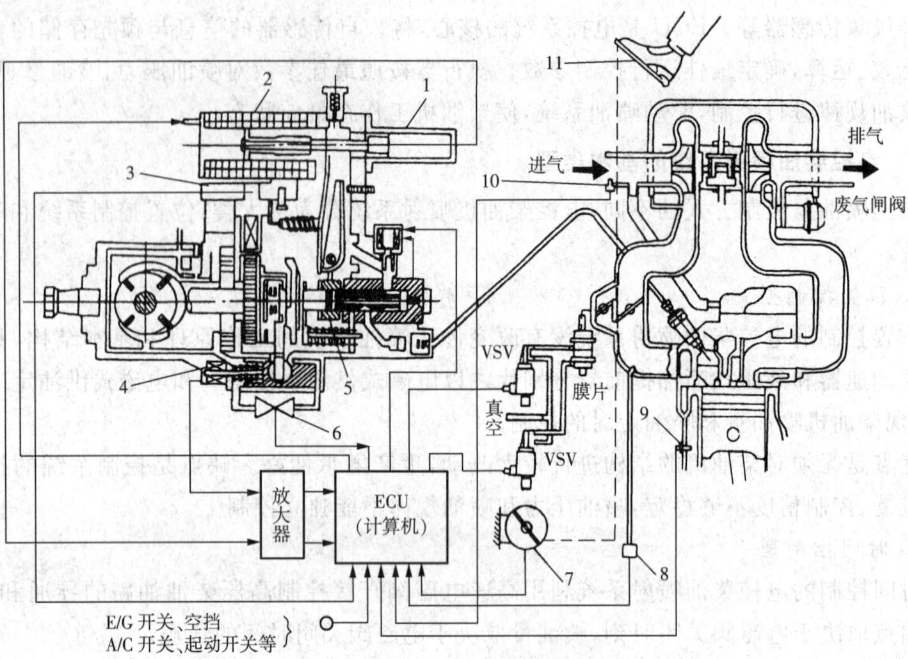

图 6－39　ECD－VI 系统组成

1－供油量调节套筒位置传感器；2－供油量控制电磁阀；3－转速传感器；
4－定时器位置传感器；5－供油量调节套筒；6－定时器控制阀；7－加速踏板位置传感器；
8－进气管压力传感器；9－冷却液温度传感器；10－进气温度传感器；11－加速踏板

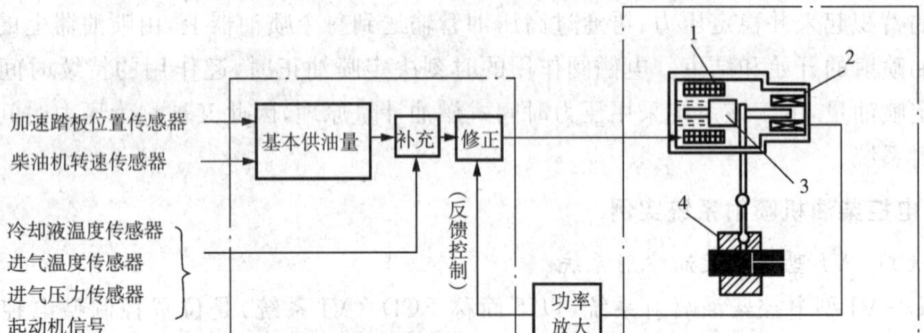

图 6－40　供油量的控制与修正

1－供油量控制电磁阀；2－供油量调节套筒位置传感器；3－可动铁芯；4－供油量调节套筒

电控单元把计算和修正后结果作为控制信号传输给供油量控制电磁阀 1 的电磁线圈，产生电磁力，吸引可动铁芯 3。控制信号的电流越大，磁场就越强，可动铁芯向左的移动量越大，杠杆对供油量调节套筒的向右移动量越多，供油量也就越多。

供油量控制电磁阀及供油量调节套筒位置传感器如图 6－41 所示。

(2)供油定时的控制

电控单元首先根据柴油机转速和加速踏板位置等传感器的输入信号，初步确定一个供油时刻，然后根据进气管压力、冷却液温度等传感器信号和启动机信号再进行修正(如图 6－

42 所示)。电控单元根据最后确定的供油时刻,向供油定时控制阀 3 的线圈 6 通电,可动铁芯 7 被电磁力吸引,压缩弹簧 8 右移,接通高压腔 4 和低压腔 5 之间的油路,喷油提前器活塞 2 两侧的压差缩小,活塞 2 向右移动,供油时刻推迟,供油提前角减小。

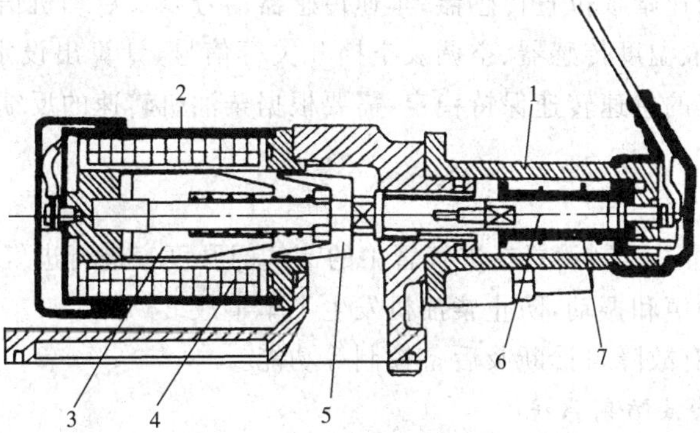

图 6-41 供油量控制电磁阀及供油量调节套筒位置传感器

1—供油量调节套筒位置传感器;2—供油量控制电磁阀;3—定子;4、7—电磁线圈;5—可动铁芯;6—铁芯

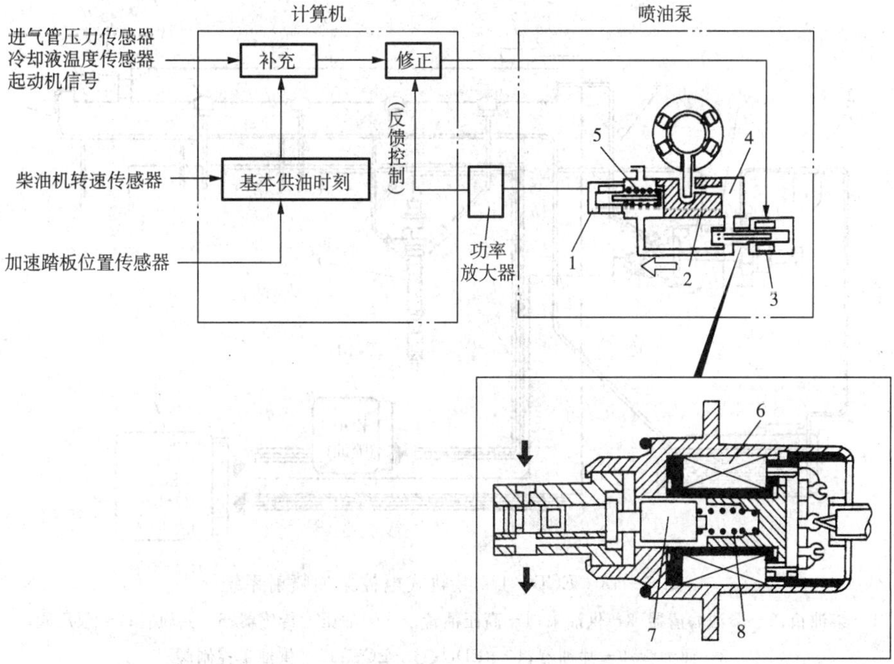

图 6-42 供油定时的控制

1—喷油提前器活塞位置传感器;2—喷油提前器活塞;3—供油定时控制阀;4—高压腔;5—低压腔;6—供油定时控制阀线圈;7—可动铁芯;8—压缩弹簧

供油定时控制阀 3 是电磁阀,通过其线圈 6 的电流是脉冲电流,电控单元通过改变脉冲电流的占空比来改变由喷油提前器的高压腔到低压腔的流通截面积,以调整喷油提前器活塞两侧的压力差,使活塞产生不同的位移,达到控制供油时刻的目的。

喷油提前器活塞位置传感器 1 为非接触式电感传感器,其可动铁芯直接与喷油提前器活塞2相连,随活塞一启动作。当可动铁芯移动时,线圈电感发生变化,借此可检测活塞的位置。将喷油提前器活塞位置信号反馈给电控单元,就可以实行供油定时的反馈控制。

(3)怠速转速的控制

电控单元根据加速踏板位置传感器、车速传感器信号以及启动机信号,决定何时开始怠速控制,并根据冷却液温度传感器、空调及空挡开关等信号,计算出设定的怠速转速及相应的供油量。为使设定的怠速转速保持稳定,需要根据柴油机转速的反馈信号,不断对供油量进行修正。

(4)其他控制

ECD-VI系统通过控制设置在进气管中的节气门开度来进行进气控制,其目的是降低柴油机低负荷时的噪声和振动,防止柴油机发生飞车事故。

此外,系统还具有故障自诊断及后备控制等功能。

2. 共轨式电控柴油喷射系统

这种喷射系统由于喷油压力、喷油定时及喷油规律柔性可调,性能优越,广泛用于现代电控柴油机。

如图6-43所示为用于轿车柴油机的ECD-U2共轨式电控柴油喷射系统。

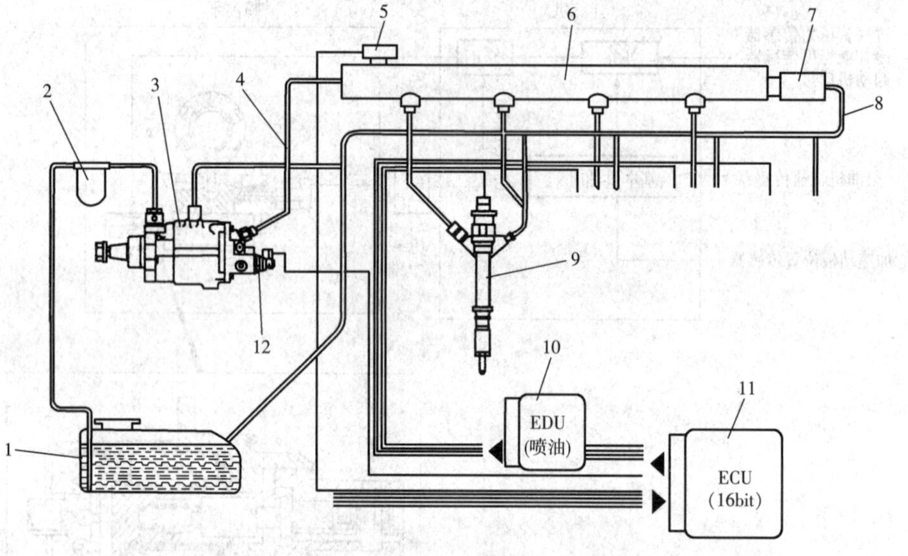

图6-43 ECD-U2共轨式电控柴油喷射系统

1—柴油箱;2—柴油滤清器;3—供油泵;4—高压油管;5—燃油压力传感器;6—共轨管;7—限压阀;8—回油管;9—喷油器;10—EDU;11—ECU;12—供油量控制阀

(1)控制功能

① 喷油量的控制 ECU根据加速踏板位置和柴油机转速等传感器的信号确定基本喷油量,再按进气管压力和燃油温度等传感器信号及启动开关输入信息进行修正,最后计算出最佳喷油量,并向喷油器通电。ECU通过控制通向喷油器的电脉冲宽度(通电时间)来控制喷油量。

② 喷油定时的控制 ECU根据加速踏板位置和柴油机转速确定基本喷油时刻,再按进气管压力和冷却液温度等传感器以及启动开关等信号进行修正,最后确定出最佳喷油时刻,ECU据此向喷油器通电,ECU对喷油器通电的时刻决定了喷油始点。

③ 喷油压力的控制　喷油压力即为共轨管内的燃油压力。共轨管 6 上设置燃油压力传感器 5 和限压阀 7,后者用来防止共轨管内油压过高。共轨式电控柴油喷射系统容易实现喷油压力的独立控制。电控单元根据柴油机工况的要求,对共轨管内的油压进行调节,并根据燃油压力传感器 5 的信号,对油压进行反馈控制,使共轨管内压力稳定于目标值。当油压低于目标值时,ECU 对供油量控制阀 12 通电,控制阀关闭,供入共轨管的油量增多,油压增高;相反,当油压高于目标值时,ECU 对供油量控制阀断电,控制阀开启,部分燃油经控制阀流回供油泵的低压油腔,供入共轨管的油量减少,油压降低。

④ 喷油规律的控制　喷油规律是指喷油速率随时间或曲轴转角的变化关系。在共轨式电控柴油喷射系统中,当喷油压力恒定时,喷油量唯一决定于 ECU 对喷油器的通电脉冲宽度。因此,只要改变指令脉冲就可以改变喷油规律。从图 6 - 44 可以看出指令脉冲的变化对喷油规律的影响。

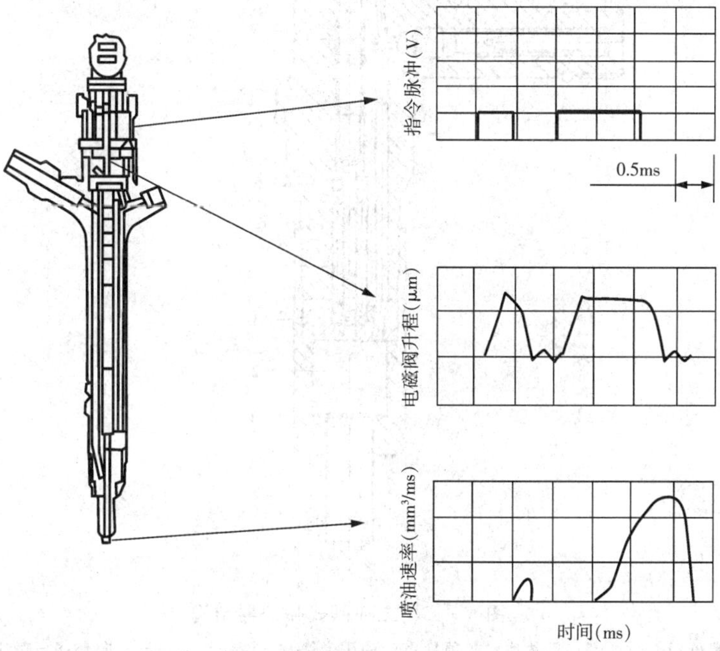

图 6 - 44　喷油规律的控制

(2)主要组件的结构与工作原理

① 喷油器　其功用就是按照电控单元的指令在既定时刻以一定的规律将一定数量的燃油喷入汽缸。喷油器品种很多,但基本原理相同,结构相似。日本电装公司生产的二通阀式喷油器的结构如图 6 - 45 所示。

该喷油器的工作原理如图 6 - 46 所示。二通阀由内阀 8 和外阀 7 组成,内阀不动,外阀可动。外阀在喷油器未通电时被弹簧力和燃油压力压紧在外阀座面 6 上,回油口 9 被封闭。共轨管的高压燃油从进油口 3 向上经进油量孔 4 进入控制室 10,向下进入喷油嘴压力室 11。控制室内的燃油压力经油压活塞 2 作用到喷油嘴的针阀 1 上,此时针阀处于关闭状态(如图 6 - 46a 所示)。当 ECU 对喷油器通电时,外阀被电磁力吸引向上提起,回油口被打开。控制室内的高压燃油经回油量孔 5 和回油口流回柴油箱,控制室内的燃油

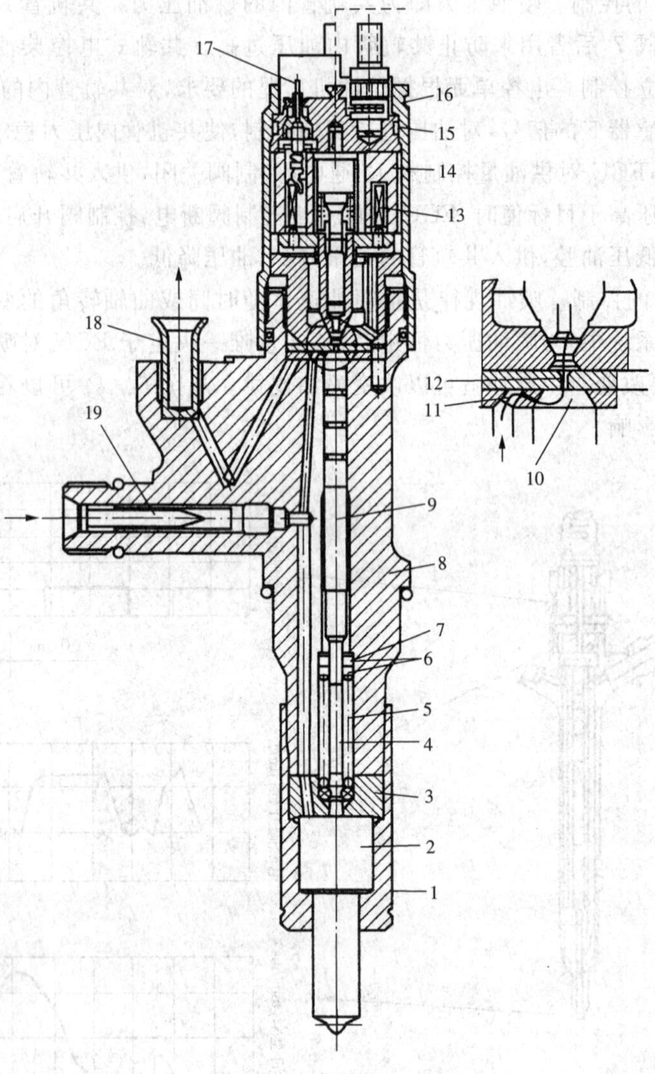

图 6－45　二通阀式喷油器结构

1－拧紧螺母；2－喷油嘴；3－垫块；4－顶杆；5－调压弹簧；6－调压垫片；7－导向套；8－喷油器下体；9－油压活塞；10－控制室；11－进油量孔；12－回油量孔；13－电磁线圈；14－二通阀；15－O 形圈；16－喷油器上体；17－电气接头；18－回油管接头；19－喷油器滤芯

压力下降。这时喷油嘴压力室仍为高压，针阀在高压燃油的作用下开启，并向汽缸内喷油（如图 6－46b 所示）。当 ECU 对喷油器断电时，电磁力消失，外阀在弹簧力的作用下重新压在外阀座面上，回油孔被封闭，控制室内的燃油压力升高，针阀回落，喷油结束（如图 6－46c 所示）。

② 供油泵　共轨式电控柴油喷射系统应用的供油泵多为柱塞式泵，包括直列柱塞式和径向柱塞式。通常大型柴油机多采用直列柱塞式供油泵，而中小型柴油机多采用径向柱塞式供油泵。

如图 6－47 所示为径向三柱塞供油泵的结构图。三个柱塞互成 120°夹角，由偏心凸轮 5 驱动。凸轮轴每转一圈有三个供油行程，出油量大，受载均匀。

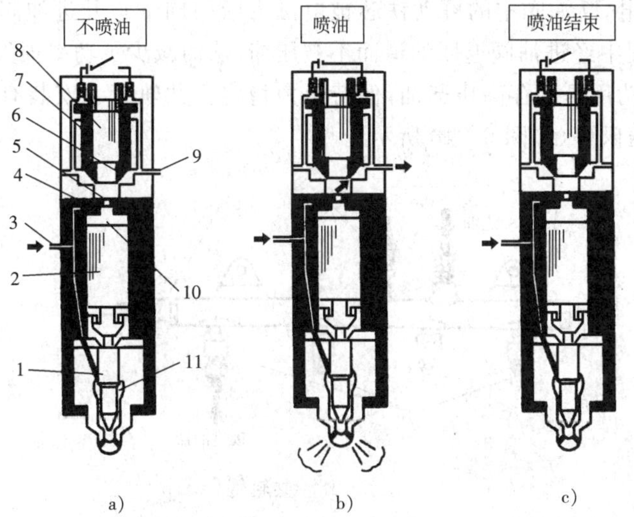

图 6-46　二通阀式喷油器工作原理

1—喷油器针阀；2—油压活塞；3—进油口；4—进油量孔；5—回油量孔；6—外阀座面；7—外阀；8—内阀；9—回油口；10—控制室；11—喷油器压力室

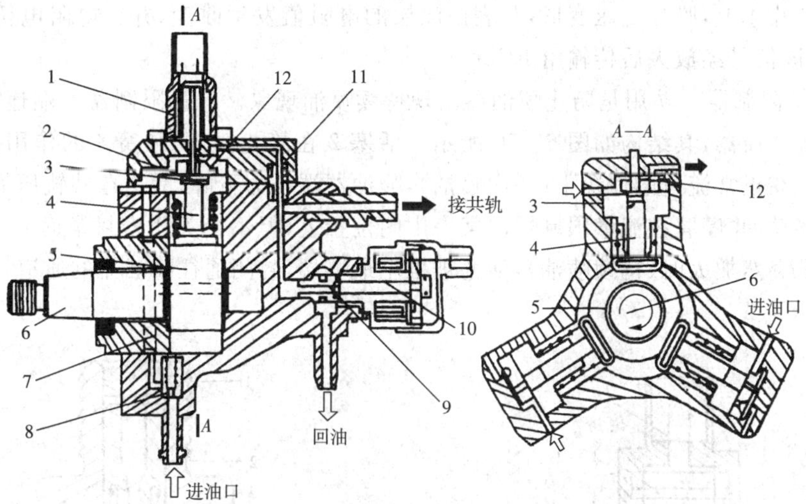

图 6-47　供油泵

1—柱塞单向阀；2—进油阀；3—柱塞室；4—柱塞泵油元件；5—偏心凸轮；6—驱动轴；7—低压油路；8—安全阀；9—球阀；10—调压阀；11—密封件；12—出油阀

工作时，从输油泵来的柴油流过安全阀 8，一部分经节流小孔流向偏心凸轮室供润滑冷却用；另一部分经低压油路 7 进入柱塞室。当偏心凸轮转动导致柱塞下行时，进油阀 2 打开，柴油被吸入柱塞室；当偏心凸轮顶起时，进油阀关闭，柴油被压缩，压力增加，达到共轨压力时，顶开出油阀 12 进入共轨管。

供油泵一般按最大供油量设计，因此在怠速或小负荷工作时，会有部分燃油经调压阀流回柴油箱，以保持共轨管的燃油压力不变。这部分经过柱塞压缩的燃油会消耗部分压缩功。为了消除这部分能量损失，一般还会安装电磁式断油阀。当柴油机在怠速或小负荷工作时，

ECU 对断油阀通电,断油阀中的可动铁芯被电磁力吸引向下顶开进油阀,使柱塞腔内的燃油在柱塞压油行程中经进油阀返回油道而不被压缩,从而减少了功率损失。

③ 共轨管　功用是储存高压柴油,保持压力稳定。共轨管上安装有燃油压力传感器、流量限制器和限压阀等(如图 6－48 所示)。

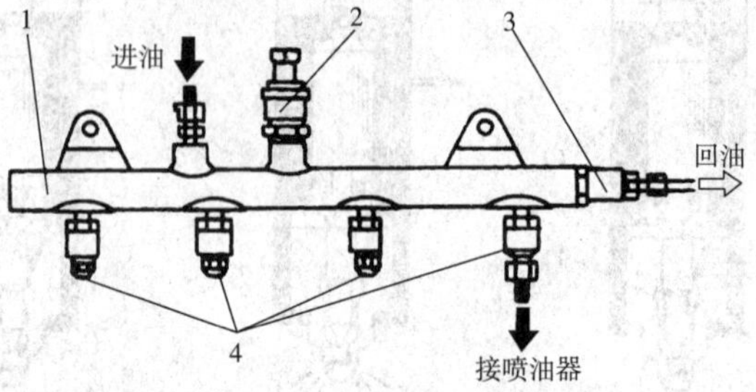

图 6－48　共轨管

1－共轨管;2－共轨压力传感器;3－限压阀;4－流量限制器

④ 燃油压力传感器　功用是实时测量共轨管内燃油压力,并将测量结果传输给 ECU 作为共轨管油压控制的反馈信号。燃油压力传感器由膜片 4、电气接头 1 和外壳 3 等构成(如图 6－49 所示)。共轨管内的燃油压力经燃油压力传递孔 5 作用于由半导体压电敏感元件制成的膜片 4 上,膜片受压变形,其表面涂层的电阻值发生改变,并在电阻电桥中转换为电压信号,该信号经放大后传输给 ECU。

⑤ 流量限制器　功用是防止喷油器出现持续喷油现象。流量限制器一端连接共轨管,另一端连接喷油器,其结构如图 6－50 所示。活塞 2 在静止时,受弹簧 4 的作用,总是靠在堵头一端。在正常流量的情况下(一次喷油),喷油器端压力下降,活塞在共轨压力作用下向喷油器端移动,并停驻在流量限制器内某一中间位置上,但不会关闭密封锥面 6。若由于某种原因流量突然加大时(持续喷油),活塞被推至最下端,封闭通往喷油器的通道,切断供油。

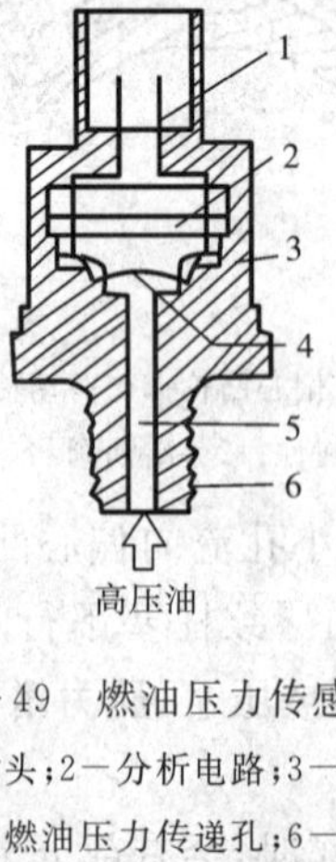

图 6－49　燃油压力传感器

1－电气插头;2－分析电路;3－外壳;

4－膜片;5－燃油压力传递孔;6－固定螺纹

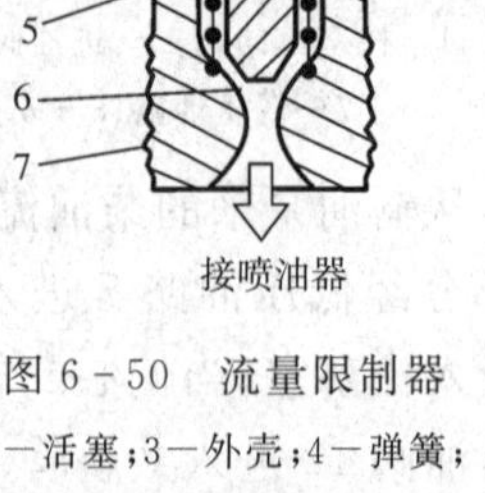

图 6－50　流量限制器

1－堵头;2－活塞;3－外壳;4－弹簧;

5－节流孔;6－密封锥面;7－螺纹

⑥ 限压阀　功用是限制共轨管中的油压过高,相当于安全阀。限压阀的结构如图 6－51 所示。

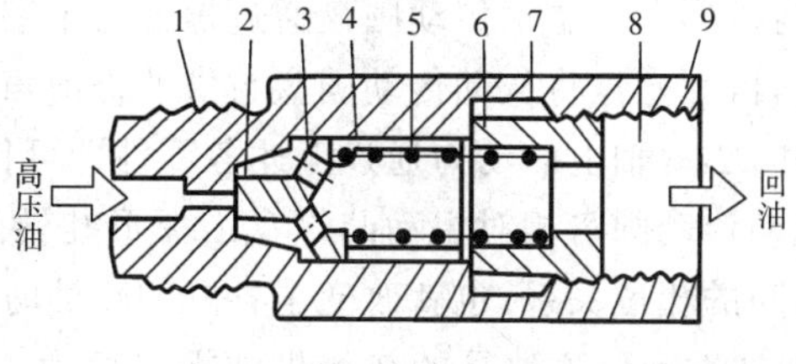

图 6-51 限压阀

1—固定螺纹；2—阀门；3—通流孔；4—活塞；5—弹簧；6—限位件；7—阀座；8—回油孔；9—外壳

共轨管压力超过正常值时，燃油克服弹簧力将阀门 2 顶开，部分燃油从通流孔 3 和回油孔 8 流回柴油箱，共轨管中油压下降。当油压恢复正常后，阀门 2 又被弹簧压紧在阀座上，回油终止。

第八节 辅助装置

一、喷油提前角调节装置

汽车柴油机的转速和负荷变化很大，因此现代汽车柴油机都装有喷油提前器。目前广泛应用的是机械离心式自动喷油提前器，它能根据柴油机转速的变化对供油提前角进行自动调节。

1. 联轴器

联轴器的功用是连接喷油泵凸轮轴和其驱动轴。解放 CA6110-2 型柴油机联轴器的结构如图 6-52 所示。

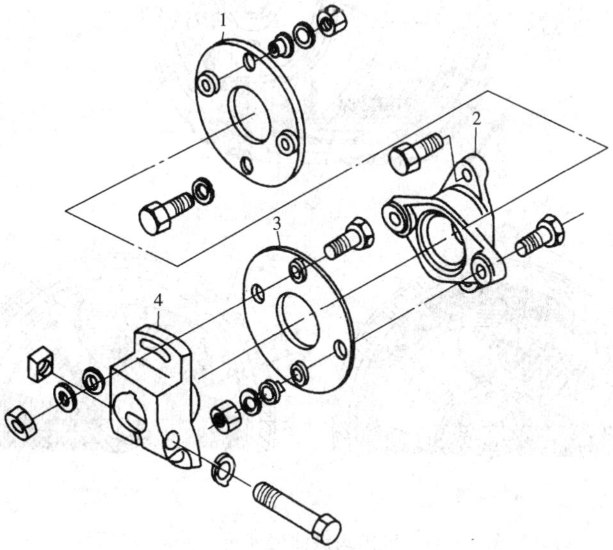

图 6-52 解放 CA6110-2 型柴油机联轴器

1—从动传动圆盘；2—十字接盘；3—主动传动圆盘；4—主动凸缘盘

主动凸缘盘 4 用长螺栓固定在驱动轴上，主动传动圆盘 3 借助螺栓与主动凸缘盘 4 连接,主动凸缘盘上的螺孔为弧形孔。主动传动圆盘通过螺栓与十字接盘2连接,十字接盘用螺栓与从动传动盘1相连,再用螺栓将从动传动圆盘与供油提前角自动调节器(后接喷油泵凸轮轴)连接在一起。这样,驱动轴上的动力通过上述各零件即可传递到供油提前角自动调节器上。旋松螺栓可使主动传动圆盘相对主动凸缘盘沿弧形孔转过一个角度,改变了喷油泵凸轮轴与发动机曲轴之间的相位关系,也就改变了各缸的喷油时刻(初始喷油提前角)。

解放CA6110－2型柴油发动机喷油泵的初始供油提前角为14°。安装时,将喷油泵固定在发动机汽缸体的托架上,使飞轮上的上止点1—6标记的刻线对准飞轮壳上的正时指针,并确认第一缸活塞在压缩行程上止点位置。然后逆转飞轮,使飞轮上14°的刻线对准飞轮壳上的正时指针。此时喷油泵供油提前角自动调节器上的供油刻线应对准固定在泵体上的正时指针,然后拧紧联轴器上的紧固螺栓。

2. 供油提前角自动调节器

供油提前角对柴油机性能有很大的影响,供油提前角过大或过小均使柴油机的动力性和经济性恶化。为了保证柴油机有良好的使用性能,必须在最佳供油提前角下工作。最佳供油提前角随柴油机转速和负荷的变化而变化,转速越高,负荷越大,最佳供油提前角也越大。

供油提前角自动调节器位于联轴器和喷油泵之间,能随发动机转速的变化自动改变供油提前角。供油提前角自动调节器的结构形式多样,但工作原理基本相同。如图6－53所示为

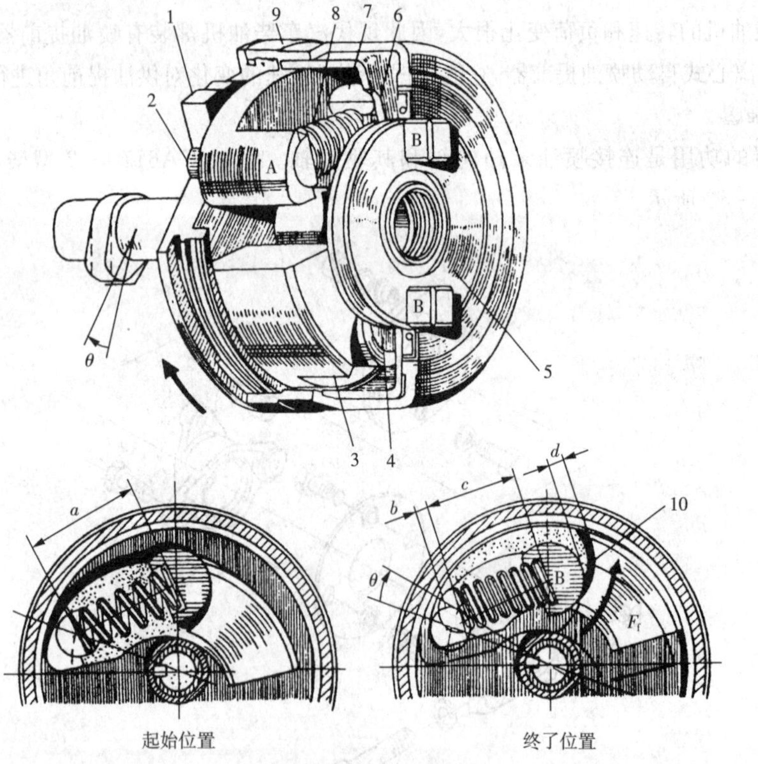

图6－53 机械式供油提前角自动调节装置

1—从动盘;2—飞锤销;3—飞锤;4、7—传动销;5—主动盘凸缘;6—主动盘;8—提前器弹簧;9—防护罩;10—飞锤圆弧面;a—起始弹簧长度;b—终了时飞锤销的移动距离;c—终了时弹簧长度;d—终了时飞锤移动距离;θ—提前角调节范围;F_f—飞锤离心力

其中的一种。整个装置由防护罩9密封，其内部包括主动盘6和从动盘1。主动盘凸缘5的外侧有两个传动爪B，它们与喷油泵的驱动轴刚性连接。主动盘凸缘的内侧固定有两个传动销4和7。传动销的圆柱面上加工有平凹坑，作为提前器弹簧8的支座。从动盘1与喷油泵凸轮轴刚性连接，其上固定有两个飞锤销2，飞锤销的圆柱面上加工有平凹坑，作为弹簧8的另一端支座。飞锤3上的销孔套在飞锤销上，弹簧8支承在传动销与飞锤销之间，并使飞锤的圆弧面紧压在传动销上。主动盘与从动盘之间为弹性连接，并能相互转动一定的角度。

当柴油机恒速运动时，喷油泵驱动轴通过主动盘凸缘5、传动销4和7、飞锤圆弧面10、飞锤销2和从动盘1来驱动喷油泵凸轮轴。

若转速升高，飞锤的离心力 F_f 克服弹簧力使飞锤向外张开。当飞锤的圆弧面沿传动销由内向外滑动时，带动从动盘或喷油泵凸轮轴相对于主动盘或喷油泵驱动轴顺喷油泵旋转方向转过一定角度，从而使供油提前。喷油提前器的调节范围为0°～10°。

二、输油泵

输油泵的功用是克服柴油滤清器和管路阻力，保证低压油路中柴油的正常流动，并以一定的压力向喷油泵输送足够数量的柴油。输油泵的输油量一般为柴油机全负荷最大喷油量的3～4倍。

输油泵有膜片式、滑片式、活塞式及齿轮式等几种形式。膜片式和滑片式输油泵分别作为分配式喷油泵的一级和二级输油泵，活塞式输油泵则与柱塞式喷油泵配套使用。活塞式输油泵工作可靠，目前应用广泛。

如图6－54所示为解放CA6110A型柴油机活塞式输油泵（匹配于柱塞式喷油泵，装在喷油泵侧面），主要由机械泵总成和手动油泵总成组成。

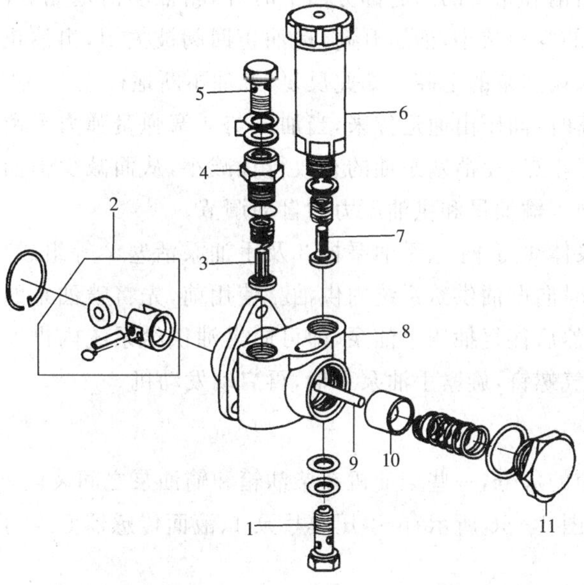

图6－54　解放CA6110A型柴油机活塞式输油泵结构示意图

1—进油螺栓；2—输油泵挺柱；3—出油止回阀；4—管接头；5—出油空心螺栓；6—手动油泵；7—进油止回阀；8—输油泵泵体；9—推杆；10—活塞；11—螺塞

机械泵总成由输油泵挺柱2、推杆9、活塞10和弹簧等组成,其工作原理如图6-55所示。喷油泵凸轮轴8转动时,轴上的偏心轮7及活塞弹簧16使活塞做往复运动。

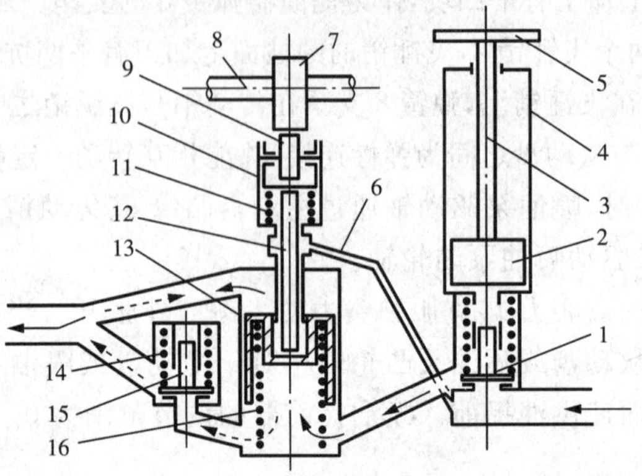

图6-55 活塞式输油泵工作原理示意图

1—进油止回阀;2—手油泵活塞;3—手油泵杆;4—手油泵体;5—手柄;6—回油道;
7—偏心轮;8—喷油泵凸轮轴;9—滚轮;10—滚轮架;11—滚轮弹簧;12—推杆;
13—活塞;14—弹簧;15—出油止回阀;16—活塞弹簧

当偏心轮的凸起部分向上时,活塞13在活塞弹簧16的作用下向上运动。这时,活塞下腔的容积增大,压力降低,产生一定的真空度,出油止回阀15被关闭,进油止回阀1被开启,柴油被吸入输油泵下腔;同时,输油泵上腔容积减小而压力增加,上腔的燃油从出口被压出,送往燃油滤清器。当偏心轮7的凸起部分向下时,凸轮推动活塞克服活塞弹簧的阻力而向下运动,输油泵下腔的容积减小,油压升高,进油止回阀被关闭,出油止回阀被顶开,燃油被压出并经过通道进入输油泵的上腔。如此反复,燃油不断地被吸入、输出。

当输出油压过高时,油压由通道传来,当油压与活塞弹簧弹力平衡时,活塞即停止在某一位置而不能回到上止点,使活塞泵油的有效行程减小,从而减少输油量,并限制油压进一步升高。这样就实现了输油量和供油压力的自动调节。

手油泵由手油泵体4、手柄5、手油泵杆3及手油泵活塞2等组成。其作用是柴油机长期停放后,重新启动时向燃油供给系统内供油。使用前,先将喷油泵的放气螺钉拧开,再将手油泵的手柄旋开,然后往复抽压手油泵,即可向燃油供给系统内供油,并将其中的空气驱除干净,之后拧紧放气螺钉,旋紧手油泵手柄,再启动发动机。

三、油水分离器

为了除去柴油中的水分,一些柴油机在柴油箱和输油泵之间装设有油水分离器。

油水分离器(如图6-56所示)由手压膜片泵1、液面传感器5、浮子6、分离器壳体7和分离器盖8等组成。

来自柴油箱的柴油经进油口2进入油水分离器,并经出油口9流出。柴油中的水分在分离器内从柴油中分离出来并沉积在壳体7的底部,浮子6随着积水的增多而上浮。当浮子到达规定的放水水位时,液面传感器5会接通仪表板上报警灯的电路,发出放水信号,这时驾驶员应及时旋松放水塞4放水。手压膜片泵1供放水和排气时使用。

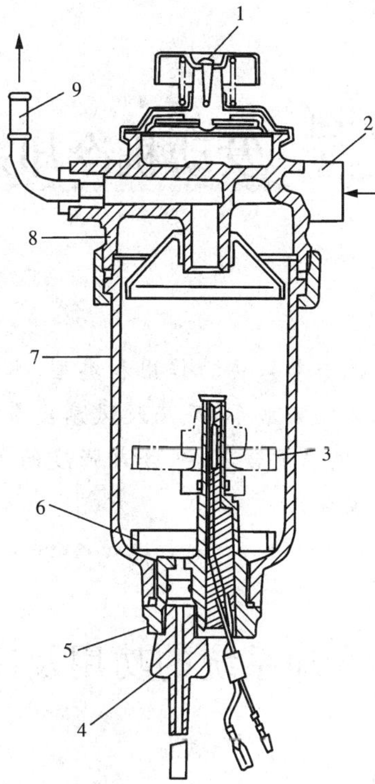

图 6-56　油水分离器

1—手压膜片泵;2—进油口;3—放水水位;4—放水塞;5—液面传感器;
6—浮子;7—分离器壳体;8—分离器盖;9—出油口

思考题

6-1　柴油机燃料供给系统的组成及功用如何?

6-2　柱塞式喷油泵的工作原理如何?如何实现油量的调节?

6-3　简述分配式喷油泵的工作原理和油量调节方式。

6-4　简述调速器的分类和功用。

6-5　何谓调速器的杠杆比?可变杠杆比有何优点?在RQ型调速器上是如何实现可变杠杆比的?

6-6　电控柴油喷射系统有几种基本类型,并比较不同喷射系统在系统组成和控制功能等方面的异同及优点和缺点。

第七章 发动机冷却系统

本章主要介绍发动机冷却系统的作用和类型，水冷却系统的组成和功用。水冷却系统主要零部件如水泵、风扇及风扇皮带、散热器、冷却液与膨胀水箱、节温器、百叶窗、风扇离合器等，冷却强度的调节装置，风冷却系统的组成和风冷强度调节装置。

第一节 冷却系统的功用及冷却方式

一、发动机冷却系统的功用

发动机在工作过程中，汽缸与燃烧室内的气体温度可高达1800℃～2000℃。直接与这些气体接触的缸体、缸盖、活塞与气门等，在高温的作用下会因热膨胀而破坏正常间隙，导致运动件的运动受阻甚至卡死；各机件因高温而使机械强度降低甚至损坏；润滑油因高温失效而失去润滑作用等。但是，发动机也不能在过低的温度下工作，若冷却过度，发动机的散热损失及摩擦损失会增加，影响发动机的正常工作。可见，保持发动机的正常工作温度是保证发动机良好工作、提高工作可靠性及延长使用寿命的一个重要条件。

因此，必须在发动机上设置冷却系统，在发动机工作中对上述高温机件进行冷却，保证发动机的正常工作。冷却系统虽不参与发动机的热功转换，却是发动机正常工作必不可少的保证。

发动机冷却系统的功用就是使工作中的发动机得到适度的冷却，从而保持发动机在最适宜的温度范围内工作。另外，冷却系统还可为暖风系统提供热源。

二、发动机的冷却方式

发动机冷却系统根据所用的冷却介质的不同可分为：

1. 水冷式

以水为传热介质，最后将热量散入大气。它利用少量的水进行不断地循环流动，先在发动机水套中吸收受热零件的热量，热水再流到散热器向大气散热。水套进出口的温度差较小(约10℃)，汽缸下部不致过冷，能保持发动机的正常温度。水冷却的冷却强度大、容易调节，并能用热水预热发动机，便于冬季启动。

采用水冷却系统的发动机冷却液工作温度一般为80℃～105℃，如桑塔纳2000GSi轿车AJR发动机为93℃～105℃，EQ6100－1发动机为80℃～85℃。

2. 风冷式

以空气为冷却介质，热量直接由缸壁和缸盖传给空气。风冷系的结构较简单，但冷却效果差。采用风冷却时，铝合金缸体的温度允许在 150℃～180℃范围内，铝合金缸盖的温度允许在 160℃～200℃范围内。

第二节 水冷发动机冷却系统

一、水冷却系统的组成

目前汽车发动机的水冷系统普遍采用强制循环式水冷却系统，SOFIM、康明斯发动机均采用了这种水冷却系统。典型发动机冷却系统的组成如图 7－1 所示，主要由膨胀箱、水箱、水泵、缸体水套、缸盖水套、节温器、风扇及离合器、机油散热器、冷却管路、放水开关、水温传感器等组成。

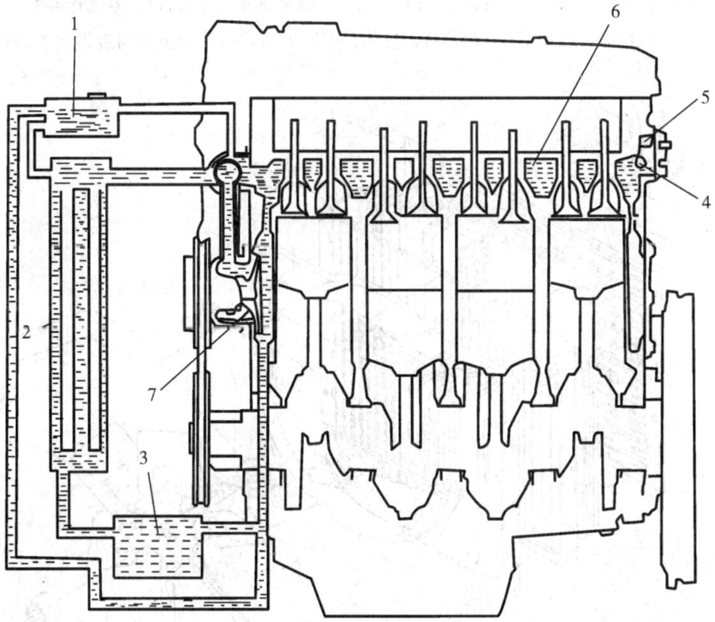

图 7－1 水冷却系统示意图

1—膨胀箱；2—水箱；3—机油散热器；4—水温表出水管；
5—至暖风出水管；6—水套；7—水泵

NAVECO 公司生产的轻型汽车装有空调装置，其暖风所用热量来源于冷却系统的冷却热量。因此，它将暖风管路也划在冷却系统之中，其结构如图 7－2 所示。

康明斯 B 系列发动机的冷却系统能对发动机进行强制冷却，保证发动机始终处于最适宜的温度状态下工作，以获得较高的经济性能、动力性能及工作可靠性等指标。冷却系统结构如图 7－3 所示。

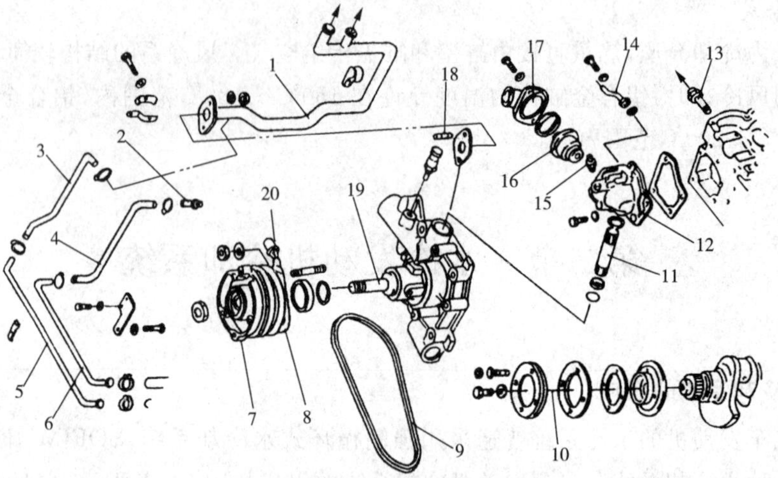

图 7-2　SOFIM 发动机冷却系统

1—水泵补水管总成;2—机油散热器进水管接头;3—机油散热器出水管至水泵管;4—缸体至机油散热器进水管;5—机油散热器出水管;6—机油散热器进水管;7—机油散热器;8—风扇离合器及皮带轮总成;9—水泵皮带;10—曲轴及皮带轮总成;11—小循环水管;12—节温器座;13—暖风进水管接头;14—溢汽管接头;15—水温传感器;16—节温器;17—汽缸盖出水管;18—预热塞温度传感器;19—水泵;20—电磁离合器输入、输出总成接头

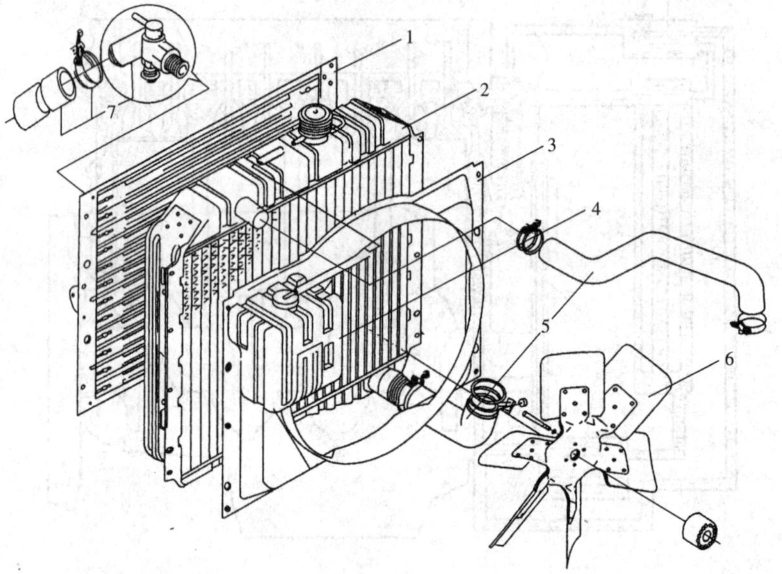

图 7-3　康明斯发动机冷却系统结构

1—百叶窗总成;2—散热器总成;3—护风罩总成;4—膨胀箱总成;5—进出水管;6—风扇;7—放水阀总成

康明斯发动机冷却系统具有以下几个特点:

① 散热器低置。为了增大驾驶室内的有效空间而又不会使驾驶室高度过高,需要将散热器低置,由曲轴直接驱动风扇进行冷却。

② 风扇与曲轴的联接采用柔性联接,即在风扇与法兰之间增加一减震块,防止风扇叶片受曲轴扭振的影响而断裂。

③ 膨胀水箱高置。膨胀水箱安装在驾驶室后悬置梁上,箱体的高度超出发动机缸盖。

④ 采用了强制除气循环装置，使冷却系统工作更可靠。

二、冷却系统的水路

现代发动机的冷却水路大同小异，SOFIM 发动机冷却水路最大的特点是采用了膨胀箱。如图 7－4 所示为 SOFIM 发动机冷却水路示意图（虚线表示小循环）。如图 7－5 所示为 SOFIM 发动机实际的冷却管路。

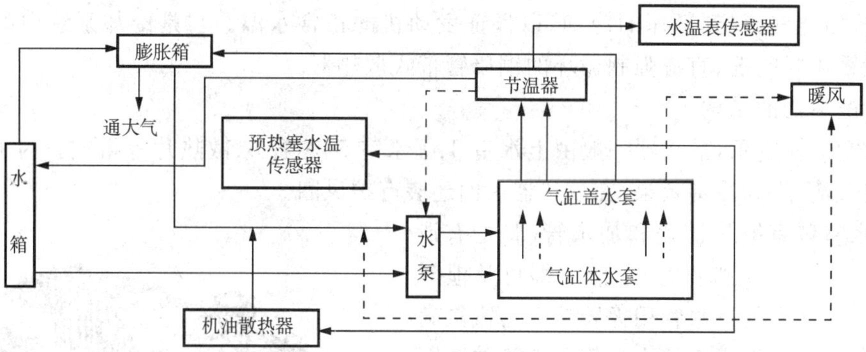

图 7－4　SOFIM 发动机冷却水路示意图

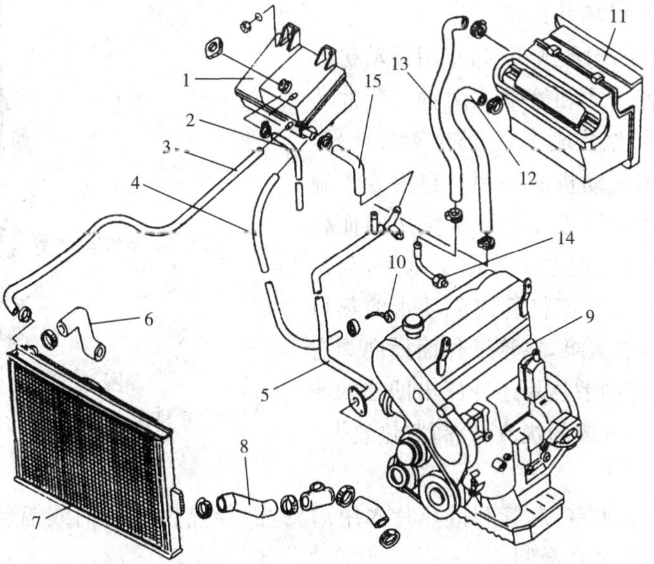

图 7－5　SOFIM 发动机实际的冷却管路

1—膨胀箱；2—膨胀箱通气管；3—水箱溢汽管；4—缸盖溢汽管；5—水管；6—水箱回水管；7—水箱；8—发动机进水管；9—发动机；10—机油散热器进水管接头；11—暖风；12—暖风回水管；13—暖风进水管；14—暖风进水管接头；15—水泵补水管

水冷式发动机的汽缸盖和缸体中都铸有相互连通的水套。当发动机运转后，曲轴皮带轮就带动水泵和风扇皮带轮转动，水泵连续转动将水箱冷却后的冷却液经水箱出水管压入发动机缸体水套之中（如图 7－1 所示），吸收汽缸壁周围的热量，再流向汽缸盖水套，继续吸收汽缸盖水套周围的热量，继而流入节温器。节温器有两条出水口：当冷却水温度较高时，冷却水沿管径较粗的出水管流入发动机散热器,冷却下来的冷却水在水泵作用下,又从水箱流向水泵,这是大循环水路;当冷却水温度较低时,冷却水沿管径较细的出水管直接流入水泵中心部分,不经过散热器散热,这是小循环水路。

三、冷却系统主要部件

1. 散热器

散热器又称水箱,其作用是在百叶窗和风扇的配合下,使发动机水套内热水通过散热器把热量传给空气,得到迅速的冷却,以保证发动机的正常水温。它是冷却系统中的重要部件,一般采用封闭的、直流强制循环的铜质管带式散热器。

(1)散热器的结构

如图 7-6 所示,散热器一般由上水室 2、下水室 5、芯管 6、散热片等组成。为了集中风向,加速气流,提高冷却效果,在散热器后面还装有护风圈。

上水室装有散热器盖和加水管,管上有泄气管 7。当冷却水沸腾时,水蒸气即可从泄气管排出。上水室的进水管用橡胶软管与汽缸盖的出水管相连。下水室的出水管用软管与水泵进水口相连,并用卡箍紧固。在使用中因发动机振动而与散热器之间发生一定位移时,可允许做相对移动而不损坏其连接。

散热器芯管的结构形式很多,车用发动机散热器的芯管多用管片式和管带式两种。管片芯子的制造工艺简单、结构刚度好、防冻裂性能好,因而广泛地为汽车发动机所采用。它由若干扁圆形直管参差排列并焊接在上下水室之间而构成,冷却水由上水室通过芯管流向下水室,与汽车行驶方向相反的空气流将管内流动水的热量带走。为了提高散热效果,在管子外面横向焊有若干金属散热片,有的散热片还冲压出凹凸的波纹或小孔,以加强空气流的扰流,提高散热效果。

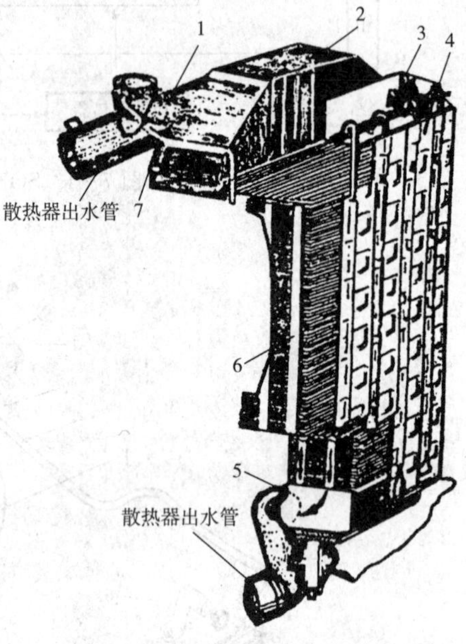

图 7-6 散热器

1—加水管和盖;2—上水室;3—框架;4—百叶窗;5—下水室;6—芯管;7—泄气管

(2)散热器的材料

散热器的上、下水室,芯管和散热片多用耐腐蚀、导热性好的铜或铝制成。为了节省黄铜,有的散热片由铝锰合金制成。

(3)散热器的固定

散热器固定在车架上,为了减小汽车跳动对它的影响,固定处多装有橡胶垫。其上部用长度可调节的拉杆与车身相连。

(4)散热器盖

散热器盖是用特制的钳片扣在加水口上,并带有自动阀门。带有空气阀、蒸汽阀的散热器盖如图 7-7 所示。它可将散热器内的水与大气隔绝,这种冷却系统称为闭式冷却系统。

空气阀 3 以较软的螺旋弹簧或片簧压住,当热发动机停止运转时,冷却系统的蒸汽即冷凝为水。当压力降到 87~99kPa 时,空气阀被压开(如图 7-7a 所示),散热器和大气相通,避免压力差将芯管压扁，阻碍冷却水正常循环。蒸汽阀 2 以较硬的弹簧压住，当冷却系统内因水沸腾而压力达到 126～137kPa 时，阀门开启，部分水蒸气经泄气管排入大气，以防压坏芯管（如图 7－7b 所示）。

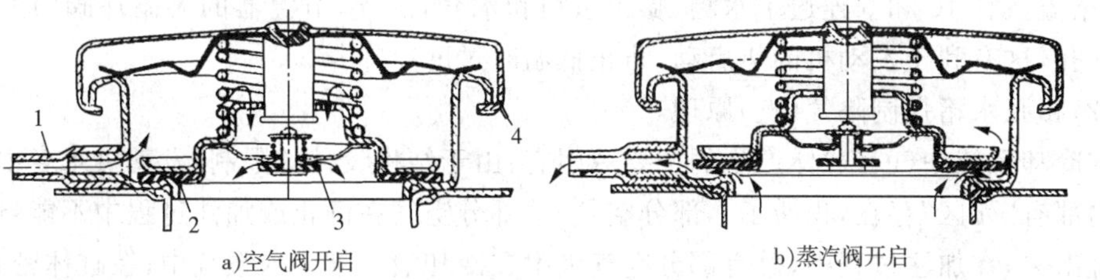

图 7－7　具有空气阀一蒸汽阀的散热器盖

1一泄气管；2一蒸汽阀；3一空气阀；4一散热器盖

闭式冷却系统的优点是冷却系统内的压力高于大气压力，可使冷却水的沸点提高到 108℃（康明斯冷却系统可达到 110℃），从而保证发动机能长时间或高负荷工作。尤为重要的是，对高原地区来说，可避免冷却水过早沸腾，减少冷却水的消耗。特别是当采用防冻剂后（水中掺入乙二醇等），由于沸点降低，更有必要采用闭式冷却系统。

另外，需要注意的是，发动机在热态下开盖时，应缓慢旋开，使压力降低，以防热水喷出，造成烫伤。此外，放水时应打开水箱盖，否则冷却系统的水不易放净，冬季容易造成冻坏发动机的事故。

2. 膨胀水箱

随着功率的不断增加，发动机对冷却系统散热能力的要求也越来越高。由于水、汽不能分离，大气温度和水温的温差较大，闭式冷却系统还存在以下不足：冷却系统中产生气阻，冷却效果和循环强度降低；冷却系统内存在氧化腐蚀和机械剥蚀（穴蚀）；冷却水广泛使用防冻液，冷却液的消耗和浓缩比较严重；散热器的位置降低，使水、汽更加难以分离。为此，永久性的水冷却封闭系统就应运而生，且使用日渐广泛。

(1)膨胀水箱的作用和构造

膨胀水箱的作用有三个：

① 使冷却系统成为一个永久封闭性系统，避免空气进入，减小了冷却系统内部的氧化腐蚀；

② 使冷却系统中的水、汽分离，压力处于稳定状态，从而增大了水泵的泵水量，并减小了水泵及水套内部的气穴腐蚀（穴蚀）；

③ 避免了冷却液的耗损，保持冷却系统内的水位不变。

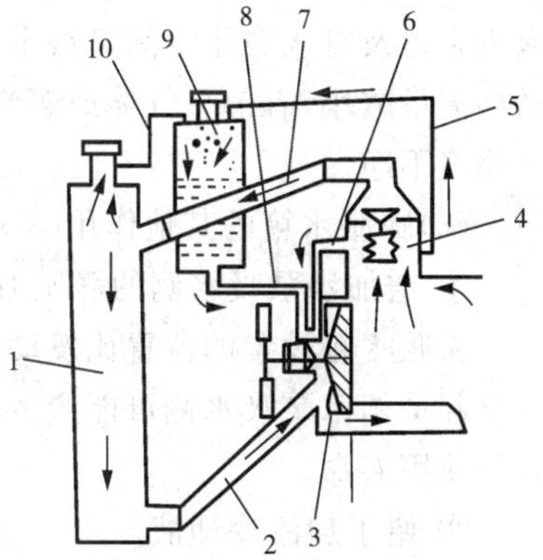

图 7－8　SOFIM 发动机的膨胀水箱

1一水箱；2一水泵进水管；3一水泵；4一节温器；5一汽缸盖水套溢汽管；6一小循环水管；7一大循环水管；8一膨胀水箱补水管；9一膨胀水箱；10一水箱溢汽管

SOFIM 发动机的膨胀水箱是用透明塑料制成桶形，置于发动机室前挡风玻璃下，高于发动机水箱位置。膨胀水箱外表有"MAX"和"MIN"刻度线，内存冷却液的液面高度介于两者之间即为合适。膨胀水箱的工作过程如图 7－8 所示。在发动机水套和散热器上部，容易积存空气和蒸汽的地方，分别设有水箱溢汽管和汽缸盖水套溢汽管,将空气和蒸汽引导到膨胀水箱内与水分离,此后,蒸汽凝结为水后又通过补充水管流入水泵的进水口,这使水泵进水口处始终保持较高的水压,从而增大了水泵的泵水量,同时避免了由气泡导致的泵水量不足及水泵进口处的气穴腐蚀等问题。另外,两条溢汽管 10 和 5 连通了水箱、膨胀水箱和水套,因此,节温器的大循环阀门上可不再设放气孔,这有利于发动机的热启动,防止低温时过度冷却。

(2)膨胀水箱强制除气(汽)原理

水冷却系统中气(汽)体产生的主要原因有:由于结构设计的限制,发动机水套中和某些零件内部有“死区”存在,积滞了一部分空气,这部分空气在静止或加注过程中不能自行从系统中排出去;在加注过程中,总有部分空气吸附在冷却液上被带入系统中;在缸体密封垫处,高压燃气可能窜入系统内;在水泵密封垫损坏或者进水管接头密封不严的情况下,系统内会吸入部分空气;冷却液流经缸体和缸盖的水套时,有部分吸热汽化,形成水蒸气或者气泡。

在冷却系统内部,绝对清除气体是不可能的,但是所积滞的气体量若超出一定的限度,其危害会很大。它会造成水泵流量下降,散热器的冷却效率下降;还会造成发动机水套内部局部沸腾,致使局部的热应力增加,影响发动机性能;另外,在热机停机工况,还会造成冷却液过多的损失。因此,必须采用强制型除气装置——膨胀水箱,将系统内部的气体含量控制在最小范围内。

在系统压力作用下,气(或蒸汽)水混合物从膨胀水箱上部的两个除气口输入。在正常情况下,除气口与箱中储备冷却液的液面总是保持一定的距离,气(或蒸汽)水混合物在降落过程中,大的气(或蒸汽)泡膨胀破裂,小的气(或蒸汽)泡随冷却液落入储备冷却液中。由于气(或蒸汽)泡比水轻,会自行向上运动,最终越出液面,进入膨胀空间中,实现气(或蒸汽)水分离,并产生使系统释压的作用。膨胀空间中的蒸汽在适当的温度下冷凝,重新回到冷却液中参与循环,从而保证从箱内底部流回水泵的冷却液中没有气体和蒸汽泡,达到除气目的。

在强制除气循环中,除气管口径与回水管口径的匹配很重要,除气管口径过大,则除气循环流量增加,回水流量加大,气(或蒸汽)水混合物在膨胀水箱中的除气时间减短,部分气泡未来得及排入膨胀空间又被带回发动机水套中,产生除气不净;除气管口径过小,则除气循环流量减小,有部分气体或蒸汽无法进入除气循环中,而被大循环或小循环带去,同样产生除气不净。

(3)膨胀水箱的其他作用

① 增加水泵吸水侧的静压力

膨胀水箱设置的位置比发动机水路中任何一点都高,利用它的水位压力就可以部分甚至全部平衡水泵吸水侧可能产生的真空度,这有利于减少水泵叶轮和壳体上的穴蚀,延长水泵的使用寿命。

② 便于加注冷却液

由于散热器低置,从散热器上直接加满冷却液是不可能的,只有通过高位的膨胀水箱给发动机加注冷却液。

③ 增加了冷却液的储备量

在实际使用的过程中,冷却液的自然消耗是不可避免的。但膨胀水箱提供了一些冷却液储备增量,若系统密封良好,可保证长期不需加注。

④ 使系统压力维持在一定的范围

当气(汽)水混合物在膨胀水箱中实现气水分离后，如果系统压力超出了膨胀水箱压力盖上蒸汽阀的开启压力，蒸汽阀打开，气体会从蒸汽阀排入大气中；当发动机停止工作，冷却系统温度逐渐下降，冷却液容积缩小，系统压力降低，形成真空度，当真空度大于进气阀开启压力时，进气阀开启，大气中的空气进入膨胀水箱中。

3. 水泵

水泵的作用是对冷却液加压，强制其在冷却系统内循环流动。离心式水泵具有结构简单、泵水量大、维修方便、质量及尺寸小等优点，为强制循环式水冷系统普遍采用。

(1)离心式水泵的工作原理

其工作原理如图 7－9 所示。当叶轮旋转时，水泵中的水被叶轮推动一起旋转，在离心力的作用下向叶轮边沿甩出，在蜗形壳体内将动能转变为压能，经与叶轮成切线方向的出水口压送入发动机的水套。同时，在叶轮中心处会造成一定的负压而将水从进水口吸入。

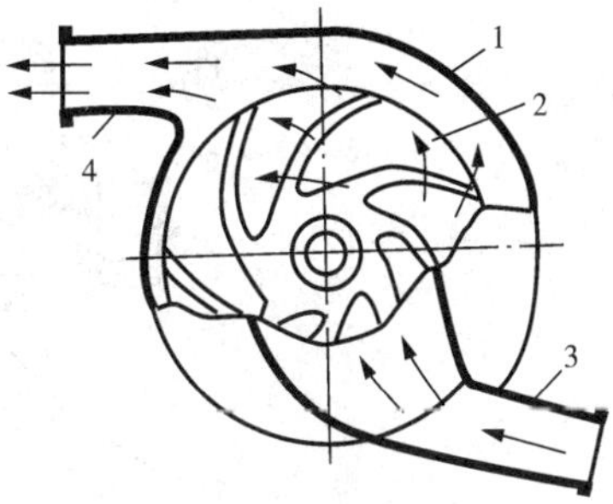

图 7－9　离心式水泵示意图

1—水泵壳体；2—叶轮；

3—进水管；4—出水管

水泵的安装位置一般在汽缸体的前端上部或在缸盖前端，在多数发动机上和风扇同轴，由曲轴通过皮带驱动。某些发动机为了缩短总长度，并使汽缸前后冷却均匀，将水泵安装在汽缸体一侧，由与正时齿轮相啮合的齿轮和输出轴来驱动，冷却水由汽缸体的中部进入水套分向两端。

(2)离心式水泵的构造

如图 7－10 所示是 EQ6100－1 发动机水泵总成结构，主要由泵壳和盖、叶轮、水泵轴、轴承和水封等组成。

泵壳多用铸铁(或铝合金)制成，泵盖板 9 及衬垫 8 用螺钉装在泵壳的后面，使泵壳密封。泵盖上有出水口与水套相通。泵壳的进水口 A 用橡胶软管与散热器下水室相连。泵壳的上面有旁通口管接头 19，用橡胶软管与出水管相连，当冷却水温度较低(低于 76℃)时，出水管中的部分冷却水由此进入水泵内。

泵壳内部是叶轮 2 的工作室，其中铸有隔板将工作室分成进水室与出水室两部分。进水室 B 与进水口及旁通口相通。出水室的圆周表面做成螺旋形，以提高水泵的泵水效率。进水室与出水室有平衡孔相通，以提高进水室的水压，减少进水室内气泡的产生。

铸铁叶轮 2 采用了后弯式叶片，利用切削的平面与水泵轴的后端定位固接，并用螺钉 5 紧固。叶轮上有三个小孔，使水泵工作时叶轮前后的压力平衡，有助于提高水泵的泵水量。另外，有的水泵叶轮用塑料压制，重量轻、抗腐蚀性好。叶片也可采用径向式，有的叶片一长一短交替，有半数不延伸到进水室，以增大进水室的进水断面。

水泵用两个轴承 11 支承在壳体上，其间充有润滑脂，轴承之间有隔套 16 定位。前轴承的前端有卡环 15 固定轴承，避免风扇转动时所产生的轴向力使泵轴前移。泵轴上装有抛水圈，水封渗漏时，向前渗出的水被抛水圈挡住并甩向检视孔 C，以免损坏轴承。为了减轻抛水圈的负担，在泵轴上(抛水圈与水封之间)车制有挡水槽。轴承为单面密封，有油封面的应朝轴的两端安装。当油室中充满润滑脂时，为避免油封损坏，外壳上有一个专门的孔与大气相通，以便注油时放出空气和油膨胀时外溢。

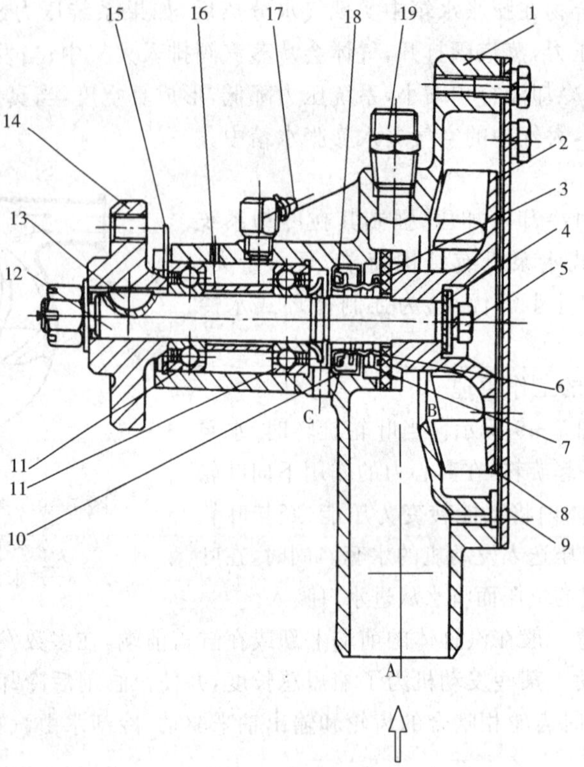

图 7-10　EQ6100-1 型发动机离心式水泵

1—水泵外壳;2—叶轮;3—夹布胶木密封垫圈;4—密封垫圈;5—螺钉;6—水封皮碗;7—弹簧;8—衬垫;9—泵盖板;10—水封座圈;11—球轴承;12—水泵轴;13—半圆键;14—凸缘盘;15—轴承卡环;16—隔离套管;17—润滑脂嘴;18—水封环;19—管接头

水泵轴的一端铣削成两个平面与叶轮 2 的孔相配合,并用螺钉 5 紧固,防止叶轮轴向窜动。水泵轴的另一端用半圆键 13 与风扇带轮的凸缘盘 14 连接并用槽形螺母锁紧。另外,也可在轴端切削平面与风扇带轮进行连接。

为了防止进水室的冷却水沿泵轴向前渗漏,在水泵轴穿出进水室的地方装有自紧式水封。它由夹布胶木制成的水封密封垫圈 3、水封皮碗 6 和弹簧 7 等组成。密封垫圈和水封皮碗套在轴上,垫圈的凸出部分卡在泵壳水封座的两个缺口内定位,水封皮碗用弹簧压紧在垫圈和铜制水封座圈 10 之间,以防止其端面漏水。为了提高密封效果,水封皮圈两端的贴合面上压制有环形槽。加工后的叶轮前端面压靠在胶木垫圈上,与胶木垫圈滑磨并密封。加工尺寸保证了对水封弹簧有一定的预紧力,以便胶木垫磨薄后仍有密封能力。

水封是水泵的关键问题之一,它决定着水泵的使用寿命。前文所述的装在叶轮座孔中的水封,由于弹簧经常浸在水中,易受腐蚀。水封随叶轮旋转,滑磨发生在胶木垫圈和泵壳之间。如图 7-11 所示为装在泵壳座上的水封结构,弹簧不受水的侵蚀,使用的是陶瓷-石墨摩擦副。弹簧保证摩擦副必要的压力,橡胶碗能将弹簧力均匀而又有自适应地作用于石墨密封环上。水封组件静止不动,滑磨发生在叶轮端面与垫圈之间。滑磨的垫圈用石墨制成,靠垫圈与水封及水封与座孔之间压紧配合定位来提高水封的使用寿命。

所有水封均不允许在断冷却液情况下使用,以免摩擦副发热而早期损坏。

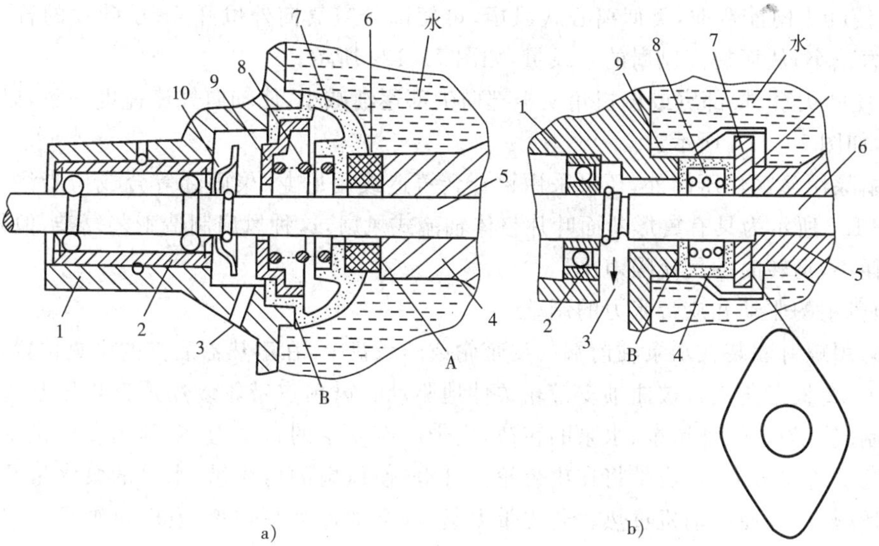

图 7-11 陶瓷-石墨式水封

1—外壳;2—轴承;3—检视孔;4—叶轮;5—水泵轴;6—密封垫圈;7—水封;8—弹簧;9—弹簧座;10—抛水盘 A—滑磨密封面 B—静止密封面

4. 风扇

(1)风扇的作用和构造

风扇的功用是使冷却空气在风道内不断流动,提高流经散热器的空气流速和流量,以增强散热器的散热能力。同时,对发动机其他附件也有一定的冷却作用。

风扇通常装在散热器后面,与水泵同轴。尽管发动机在90%以上的时间可利用迎面风冷却,但在高负荷、低转速时,风扇更有存在的必要。风扇会消耗发动机的输出功,最多可消耗发动机功率的10%。

风扇的扇风量与风扇的直径、转速、叶片形状、叶片偏扭角及叶片的数目有关。目前车用水冷发动机大多采用轴流式风扇,轴流式风扇一般由叶片和连接板铆接而成。风扇叶片多用薄钢片压制成,其数目为4~6片。有的风扇叶片之间的夹角不等,使叶片在旋转时对空气冲击间隔时间不等,以减小振动波和噪音。叶片与其旋转平面成30°~45°的偏扭角,借以产生吸风能力,使之沿轴向流动。如图7-12所示为几种常见的风扇型式。

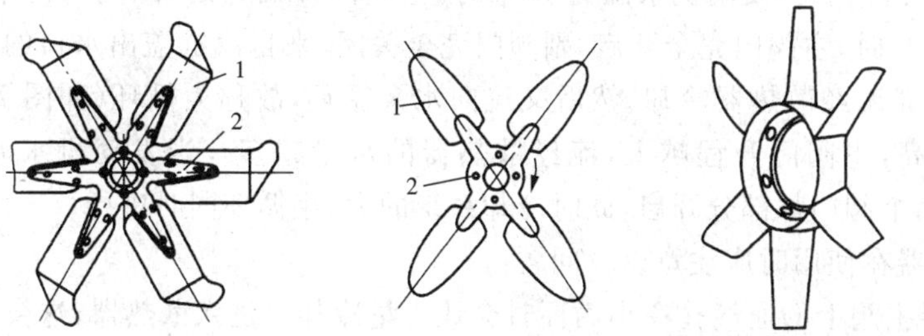

a)叶尖前弯的风扇　b)尖窄根宽的风扇　c)尼龙压铸整体风扇

图 7-12 风扇型式

1—叶片;2—连接板

叶片旋转时因叶根和叶尖的气流速度不等,会产生涡流阻力,使扇风量减小。为此:

① 使叶尖向前弯曲,类似离心式风扇,可使部分空气向外甩开,减小叶片的背压力,使气流阻力减小,从而提高风扇的扇风量,如图 7-12a 所示;

② 使叶尖窄、根部宽或偏扭角从根部向尖部逐渐减小,使轴向气流速度一致,以减小涡流阻力,如图 7-12b 所示。

风扇除用薄钢片压制外,还可采用铝合金铸造或用尼龙、聚丙烯等合成树脂注塑成形。如图 7-12c 所示为具有翼形断面叶片整体轴流式风扇,这种风扇制造工艺复杂,但效率高,功率消耗小,运转时的气流噪声小。

(2)风扇的驱动和皮带张力的调整

风扇用螺钉固装在水泵轴前端的皮带轮或凸缘盘上,在散热器后方的中央位置,通过皮带轮和 1～2 根三角皮带被曲轴皮带轮柔性地驱动。风扇皮带轮多用薄钢板压制或用铸铁及铸铝制成。为了保证风扇、水泵的转速,皮带应有一定的张紧力,多利用发电机皮带轮作为张紧轮。若皮带太松,皮带将在皮带轮上打滑,使风扇的扇风量、水泵的泵水量及发电机的发电量减少,致使发动机过热。若皮带太紧,则会加速水泵轴承、发电机轴承及皮带自身的磨损。发电机支架通常可移动,以便调节皮带的张紧程度,如图 7-13 所示。

5. 冷却强度调节装置

强制式水冷却系统的冷却强度(指空气的流量和水的流量),决定于汽车行驶速度的大小、水泵和风扇的转速、外界空气温度的高低,并不能随负荷和水温的大小而变化。实际应用中,发动机冷却系统都是根据发动机在某一常用工况下能得到可靠冷却而设计的。因此,为保证发动机在最佳的温度下工作,必须对冷却强度进行调节。

常用的冷却强度调节方法有两种:一是改变冷却水的流量和循环路线,方法是在水套出口和散热器之间装节温器;二是改变流过散热器的空气流强度,其中包括百叶窗、风扇离合器等。

(1)改变通过散热器的冷却液流量

现代发动机广泛采用节温器来改变通过散热器的冷却液流量。节温器装在节温器座中,节温器座固定在汽缸盖出水口处。蜡式节温器的结构及工作原理如图 7-14 所示。常温下石蜡呈固态,弹簧将主阀门推向上方,使之压在阀座上,主阀门 8 关闭,副阀门 4 随主阀门上移,离开阀座 3,副阀门打开,由发动机汽缸盖出水口流出的冷却液,经水泵又流回汽缸体水套,故称小循环(如图 7-15a 所示)。当发动机水温升高时,石蜡逐渐变成液态,体积膨胀,迫使胶管收缩作用在固定不动的反推杆锥面上,使节温器外壳 2 克服弹簧的预紧力下移,从而打开主阀门。当发动机水温为 79℃时,主阀门开始开启,副阀门尚未关闭;当发动机水温升到 94℃时,主阀门完全开启,副阀门完全关闭,来自汽缸盖出水口的冷却液经主阀门沿出水管全部流经散热器冷却,然后又流向水泵循环,故称大循环(如图 7-15b 所示)。冷却液温度越高,主阀门升程越大,流经散热器的水量越多。当发动机水温介于 79℃～94℃之间时,两个阀门都部分开启,此时冷却系统的大、小循环同时进行。

蜡式节温器在使用时应注意以下问题:

① 节温器主阀上的通气孔在小循环时会让少量冷却水进入散热器,这会造成发动机热机时间加长和在寒冷季节时过冷等问题。因此,有的节温器在主阀上增设一个单向阀摆锤(如图 7-16 所示)。摆锤浮动在通气孔中,在很小的水压下就能关闭通气孔。这样,既可以在加冷却水时能顺利排出水套内空气,保证加满冷却水,又可以阻止冷却水在小循环时流入散热器。

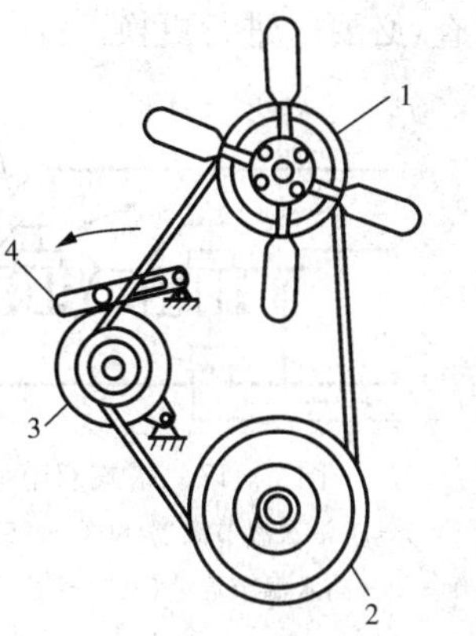

图 7-13　风扇的驱动和皮带张紧力的调整

1—风扇及皮带轮；2—曲轴皮带轮；3—发电机；4—移动支架

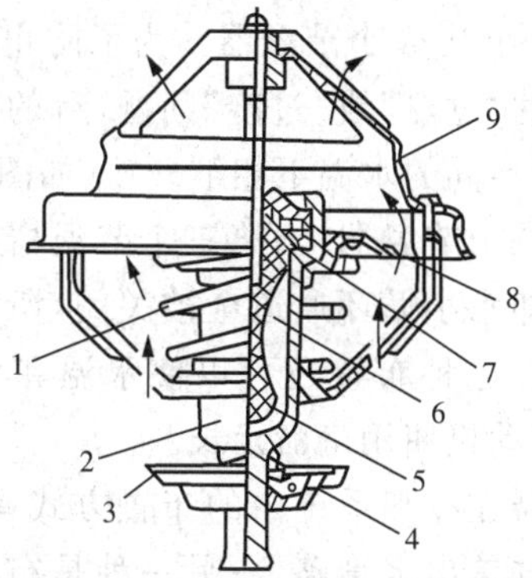

图 7-14　蜡式节温器

1—弹簧；2—外壳；3—副阀门座；4—副阀门；5—胶管；6—石蜡；7—推杆；8—主阀门；9—支架

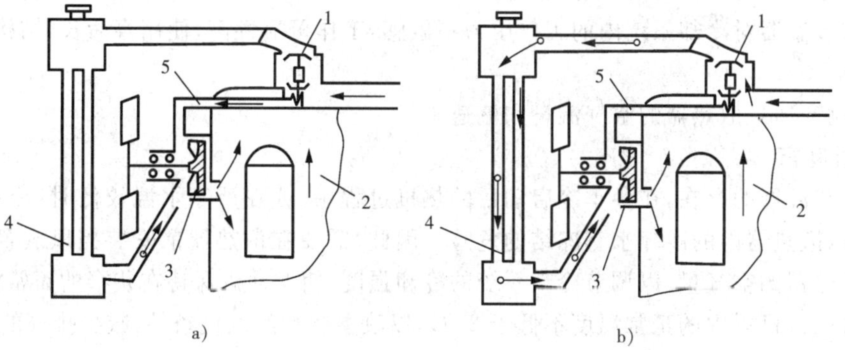

图 7-15　冷却水的大小循环

1—双阀节温器；2—水套；3—水泵；4—散热器；5—旁通管

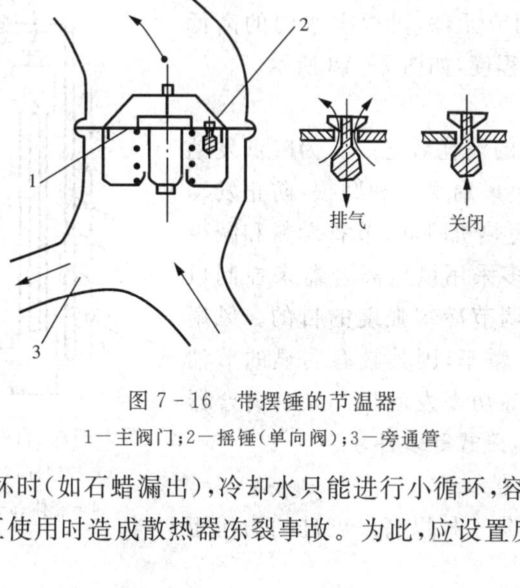

图 7-16　带摆锤的节温器

1—主阀门；2—摇锤(单向阀)；3—旁通管

② 蜡式节温器损坏时(如石蜡漏出)，冷却水只能进行小循环，容易引起发动机过热，或汽车在冬季和寒冷地区使用时造成散热器冻裂事故。为此，应设置反映节温器工作失常的

报警装置(如警告灯、蜂鸣器等装置)。节温器应定期检查,必要时进行更换。

③ 采用2～4个节温器。为了防止蜡式节温器失效后造成的“过热”或“过冷”问题,有的发动机采用双节温器,在不同的水温下相继开放(如图7-17所示)。有的采用三个节温器,当第三个节温器全开时(超载、爬坡),冷却水小循环通道全被关闭,所有冷却水均流往散热器。这种布置还可以使水温和水压变化连续稳定,使发动机使用寿命延长。

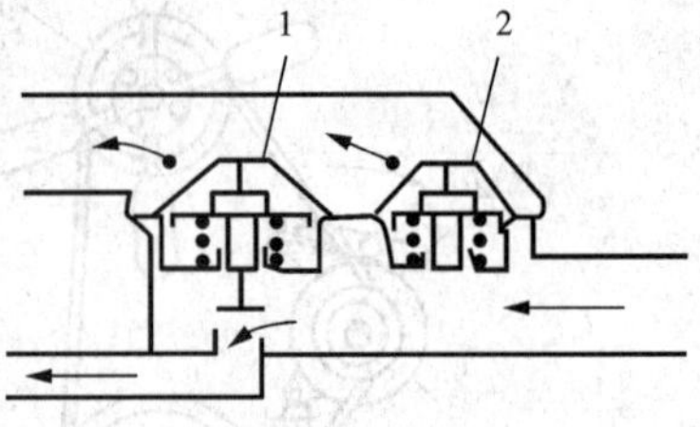

图7-17　蜡式双节温器

1—正常水温节温器(80℃～85℃时全开)

2—高水温节温器(85℃～95℃时全开)

节温器在冷却系统内的布置方式有两种:一种是布置在汽缸盖出水管路上;另一种是布置在汽缸体进水管路上。前者是广泛采用的一种布置方式,它结构简单,处于冷却系统的最高位,易于排除气泡,但在冷启动、寒冷地区高速行车时,易出现节温器反复开闭的振荡现象,损坏节温器,并使油耗增加。后者则易于控制冷却水温度,减少节温器的振荡,特别适用于冬季或寒冷地区高速行驶的车辆,但排气困难,需要在冷却水通道中设置几个排气孔,结构相对复杂。

蜡式节温器对冷却系统内的工作压力不敏感,工作可靠性高,使用寿命长,结构简单,成本较低。

(2)改变通过散热器的空气流量和流速

① 百叶窗

由于节温器的存在,在冬季冷启动后的热机过程中,或在严寒水温较低时,冷却水只进行小循环,散热器内的冷却水有冻结的危险。因此,需要在散热器前安装挡风装置,用来调节流过散热器的空气量,以调节冷却系统的冷却强度,使发动机保持在狭窄的正常温度范围内。同时保证机罩内的正常温度不低于20℃,以改善燃油的汽化条件,减少排气的污染。

百叶窗是用许多片活动挡板组成的,挡板垂直或水平安装。汽车驾驶员根据仪表板上的水温表显示的冷却系统水温,通过装在驾驶室内的手柄来调节挡板的开度,以改变空气流的强度。

有的冷却系统采用了自动调节式百叶窗,它利用石蜡膨胀作为热动调节元件,可根据水温的高低自动调节挡风板的开闭程度,如图7-18所示。

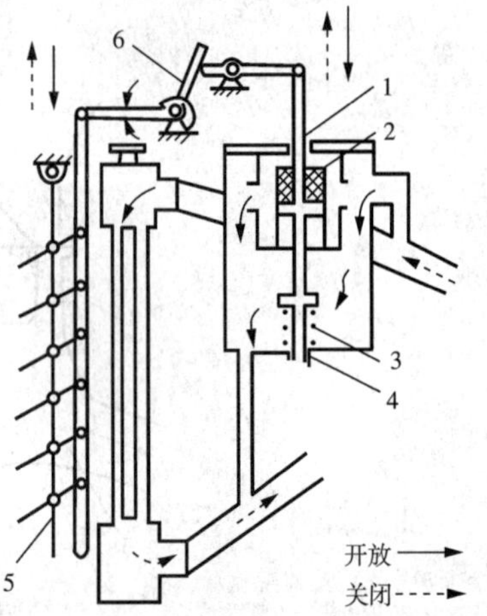

图7-18　百叶窗自动调节装置示意图

1—控制杆;2—石蜡;3—回位弹簧;4—壳体;5—百叶窗;6—传动机构

② 风扇离合器

风扇是发动机功率的消耗者之一。为降低发动机风扇的功率消耗,减小风扇噪音和磨损,防止发动机“过热”或“过冷”,缩短热机时间,节省燃料和减少排气污染,现代发动机多采用风扇离合器来控制风扇的工作,以达到自动调节冷却强度的目的。风扇离合器最初主要应用于轿车,因其具有明显的节油特点,现广泛应用于中等功率发动机。风扇离合器的结构形式有硅油式、电磁式等多种。

a. 硅油式风扇离合器

硅油式风扇离合器是一种以高黏度硅油为扭矩

传递介质，利用散热器后面气流温度控制的液力传动离合器。它的结构简单，工作效果好。硅油式风扇离合器的构造如图 7－19 所示。前盖 2、壳体 9 和从动板 8 用螺钉 1 组装为一体，通过轴承 10 安装在主动轴 11 上。为了加强对硅油的冷却，前盖上铸有散热片。主动轴与水泵轴一起转动。风扇 15 安装在壳体上。从动板与前盖之间空腔为贮油腔，其中装有硅油(油面低于轴中心线)。从动板与壳体之间的空腔为工作腔。主动板 7 固接在主动轴 11 的端部，它与壳体及从动板之间均有一定的间隙，用毛毡圈 3 密封防止硅油漏出。从动板上有进油孔 A，平时由阀片 6 关闭。若偏转阀片 6，进油孔即可打开。阀片的偏转靠螺旋状的双金属感温器 4 控制。双金属感温器处在散热器后部，感受通过散热器后的冷却空气的温度。阀片的偏转角度受从动板上定位凸台的限制。感温器外端固定在前盖上，内端卡在阀片轴 5 的槽内。从动板外缘有一回油孔 B，中心有漏油孔 C，以防静态时从阀片轴周围泄漏硅油。

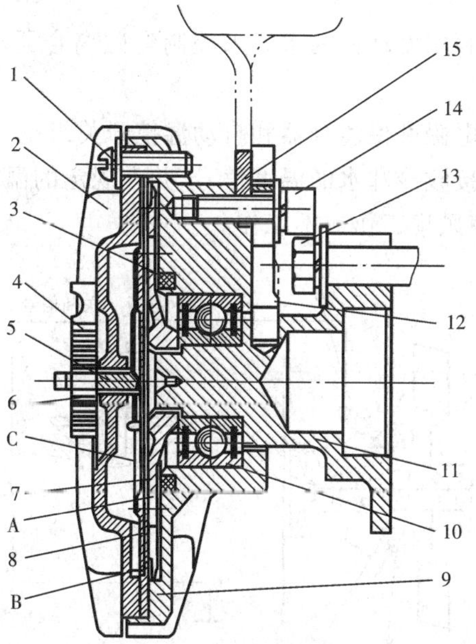

图 7－19　硅油式风扇离合器

1—螺钉；2—前盖；3—密封毛毡圈；4—双金属感温器；5—阀片轴；6—阀片；
7—主动板；8—从动板；9—壳体；10—轴承；11—主动轴；12—销止板；13—螺栓；
14—内六角螺钉；15—风扇；A—进油孔；B—回油孔；C—漏油孔

当发动机启动或小负荷运动时，通过散热器的气流温度不高于 35℃，流经散热器内的冷却水温度低或者几乎没有冷却水流过散热器。感温器不带动阀片 6 偏转，进油孔关闭，硅油不能从贮油腔流入工作腔，工作腔内无油，离合器处于分离状态。主动轴旋转时，仅仅由于密封毛毡圈和轴承的摩擦，使风扇随同离合器壳体在主动轴上空转打滑，转速很低。

当发动机负荷增加，冷却水温度升高时，通过散热器的气流温度也随之升高，感温器受热变形而带动阀片轴及阀片转动，进油孔开启。当吹向感温器的气流温度达 65℃时，进油孔完全打开，硅油从贮油腔进入工作腔。主动板就利用硅油的黏性带动离合器壳和风扇转动，此时离合器处于接合状态，风扇转速迅速提高，以适应发动机需要增加冷却强度的要求。由于主动板的转速比从动板高，因此受离心力作用从主动板甩向工作腔外缘的油液压力比贮油腔外缘的油压力高,油液从工作腔经回油孔 B 流回贮油腔,而进油腔又经进油孔 A 及时向工作腔补充油液,从而形成硅油的循环。工作腔内的缝隙始终充满硅油,因此离合器保持在结合状态。硅油在循环中靠壳体和前盖上的散热片进行冷却。在从动板 8 的回油孔 B 旁,有一个刮油突起部伸入工作腔的缝隙内,其作用是使离合器转动时回油孔一侧的硅油压力增高,使硅油从工作腔流回贮油腔的速度加快,缩短风扇离合器脱开时间。

当发动机负荷减小,冷却水温度降低,流经散热器的气体温度低于 35℃时,感温器恢复原来形状,阀片将进油孔关闭。工作腔内油液继续从回油孔流向贮油腔,直至甩空为止。这时风扇离合器又回到分离状态。

当风扇离合器因某种故障(如漏油等)失控时,为保证发动机短期工作,在壳体上装有销止板 12,可松开内六角螺钉 14,将销止板的销插入主动轴的孔中,使壳体和主动轴连成一个整体。由于只靠板销传动,不能长期使用,只是一个临时性的应急措施。

b. 电磁式风扇离合器

电磁式风扇离合器是利用发动机的水温来控制电磁离合器电路的接通与断开,使风扇按需要工作。

电磁式风扇离合器由电磁摩擦离合器和自动温控开关组成,工作原理如图 7-20 所示。温控开关 4 通过感温器 3 接收冷却水的温度信号,并在规定的温度下将电路接通或断开,使离合器接合或分离,从而使风扇工作或不工作。

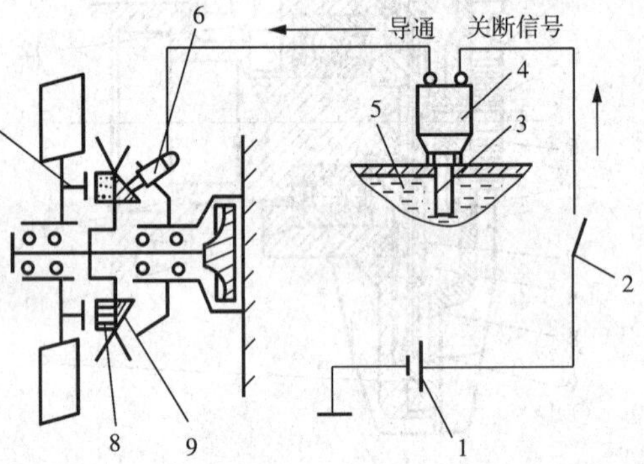

图 7-20 电磁式风扇离合器工作原理图

1—电源;2—开关;3—感温器;4—温控开关;5—水套出水管;6—炭刷;7—衔铁环;8—线圈;9—滑环

过去与电磁离合器配套使用的温控开关多为膨胀材料或双金属材料的有触点温控开关,存在着控温不准、触点烧蚀和调节困难等问题。目前多用以热敏电阻为感温元件的晶体管温控开关。它是通过热敏电阻为感温器,将温度转变成电压信号输入电子开关电路,再按要求输出“导通”与“关断”信号给电磁离合器,使离合器起作用。

如图 7-21 所示为一典型的电磁离合器的结构图。电磁风扇离合器总成分为主动与从动两部分。主动部分包括线圈 2、滑环 1 和摩擦片 4 安装在风扇皮带盘上形成的电磁壳体 3 上,它随水泵轴一起转动。从动部分包括衔铁环 12、风扇毂 7 和导销 6 等。衔铁环可随导销做轴向移动,风扇毂通过轴承装在电磁壳体上。线圈用环氧树脂固定在电磁壳体内。引线壳体 15 装于防护罩上,其中心孔内的炭刷 16 靠弹簧 14 压在滑环上。从温控开关引来的导线接在接线柱 13 上。

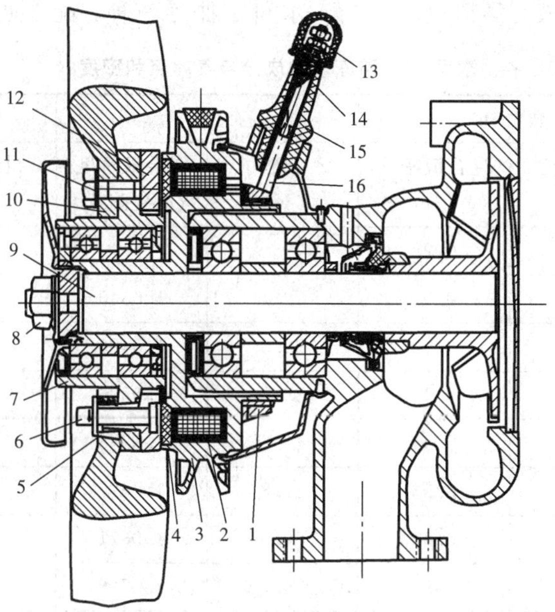

图 7-21 电磁式风扇离合器

1—滑环;2 线圈;3 电磁壳体;4 摩擦片;5—分离弹簧;6—导销;7—风扇毂;8—螺母;9—水泵轴;10—风扇;11—闭锁销钉;12—衔铁环;13—接线柱;14—弹簧;15—引线壳体;16—炭刷

当冷却水温度低于92℃时,温控开关的电路不通,线圈中没有电流通过,电磁壳体对衔铁环12不产生吸力,衔铁环在弹簧5的张力作用下紧贴在风扇毂7上,与摩擦片4分离。此时离合器处于分离状态,风扇不转动。当冷却水温度超过92℃时,温控开关的电路自动接通,线圈通电后电磁壳体产生吸力将衔铁压紧在摩擦片上。此时离合器处于接合状态,风扇随风扇毂一起被电磁壳体带动旋转。

在无电供应和线圈失控的情况下,电磁式风扇离合器的应急措施是利用在风扇毂上的两个备用螺孔。在此两孔中旋入螺钉,使衔铁环12压紧摩擦片4,使其机械结合。

6. 冷却水和防冻液

(1)冷却水

冷却水最好使用清洁的软水。雨水和雪水是不含钙、镁盐的软水,有条件的地方最好采用这种水,但使用时应滤去混入的泥沙。没有雨、雪水也可使用含少量钙、镁盐的软水。如只有含多量钙、镁盐的硬水时,则应经过软化处理,并滤去沉淀物后方可使用。如果长期使用硬水,水中的钙、镁盐在水套内壁生成水垢,这不但易使冷却水通道堵塞,而且水垢的导热性很差,将严重地影响发动机的冷却效果,使发动机过热。

常用的硬水软化方法是:在1升水中加入0.5～1.5g碳酸钠(纯碱),或加入0.5～0.8g氢氧化钠(烧碱)。

(2)防冻液

在寒区的冬季,气温较低,当汽车长时间停车时,必须将发动机的冷却水放净,否则会因冷却水结冰而把汽缸体和汽缸盖等零件胀裂。这增加了使用中的麻烦,同时稍有疏忽就容易造成零件冻裂事故。为了减少加水、放水工作,同时防止发动机冬季使用过程中零件冻裂事故的发生,理想的办法是采用防冻液作为冷却介质。

经常使用的防冻液有酒精-水、乙二醇-水和甘油-水三种。配方见表 7-1 所列。

表 7-1　防冻液的成分与其冰点和密度

冰点(℃)	酒精-水		乙二醇-水		甘油-水	
	酒精量(%)	混合液密度($g\cdot cm^{-3}$)	乙二醇量(%)	混合液密度($g\cdot cm^{-3}$)	甘油量(%)	混合液密度($g\cdot cm^{-3}$)
−5	11.3	0.98	—	—	21	1.0495
−10	19.7	0.97	28.4	1.0340	32	1.0780
−15	25.5	0.96	32.8	1.0426	43	1.1074
−20	31.0	0.95	38.5	1.0506	51	1.1290
−25	35.5	0.94	45.3	1.0586	58	1.1480
−30	41.1	0.93	47.8	1.0627	64	1.1647
−35	48.1	0.92	50.9	1.0671	69	1.1785
−40	54.8	0.90	54.7	1.0713	73	1.1894
−45	62.2	0.89	57.0	1.0746	76.5	1.1980
−50	70.0	0.87	59.9	1.0780	—	—

① 酒精-水防冻液

酒精与水可按不同比例混合,组成不同冰点的防冻液。酒精含量越多,冰点越低。这种防冻液流动性好。酒精来源广、配制简单,价格较便宜。但酒精易着火,沸点低,容易蒸发使防冻液的冰点升高。因此,为防止失火,防冻液的酒精含量不宜超过 40%(按质量计),并应在使用中及时检查防冻液的成分比例,进行浓度调整和补充,以防冰点升高,冻裂零件。

② 乙二醇-水防冻液

这种防冻液由乙二醇与水按不同比例混合而成。乙二醇是一种无色微黏稠液体,沸点为 197.4℃,冰点为−11.5℃,但与水混合后,其冰点显著降低。在含量低于 68%时,随含量增加冰点降低,最低达−68℃;含量超过 68%时,冰点反而上升。由于乙二醇易氧化生成酸性物质,对金属有腐蚀作用,所以防冻液中加有少量的磷酸氢二钠和糊精。乙二醇有毒,切勿用口吸。乙二醇由于沸点高不易蒸发,而水则容易蒸发,因此,应经常添加软水并定期检查浓度。

③ 甘油-水防冻液

这种防冻液是由水和甘油按不同比例混合而成。甘油是一种无色微黏稠液体,沸点为 298℃,使用中甘油挥发损失少,不易着火,对金属腐蚀小。但甘油降低冰点的效能低,配制同一冰点的防冻液,甘油用量要比酒精或乙二醇都大,经济性不好。

防冻液中通常含有防锈剂和泡沫抑制剂。防锈剂可延缓或阻止发动机水套壁及散热器的锈蚀或腐蚀。冷却液中的空气在水泵叶轮的搅动下会产生很多泡沫,这些泡沫将妨碍水套壁的散热。泡沫抑制剂能有效地抑制泡沫的产生。在使用过程中,防锈剂和泡沫抑制剂会逐渐消耗殆尽,因此,定期地更换冷却液是十分必要的。

防冻液中一般还要加入着色剂,使冷却液呈蓝绿色或黄色以便识别。

第三节 风冷发动机冷却系统

风冷却系统是利用高速空气流直接吹过汽缸盖和汽缸体的外表面，把从汽缸内部传来的热量散到大气中去，以保证发动机在最适宜的温度范围内工作。

一、风冷系统的布置和冷却风扇

如图 7－22 所示为风冷柴油机冷却系统示意图，冷却风扇位于两排汽缸中间，由汽缸盖、汽缸体、机油冷却器、前后挡板和顶盖板等构成风压室。在汽缸盖和汽缸体的背风面设有挡风板，用来调节风量的分配。冷空气经冷却风扇增压后进入风压室，再由风压室流过各个需要冷却的零部件表面，各个零部件的通道阻力不同，因此流过的风量有多有少，以保证其适度而可靠地冷却。

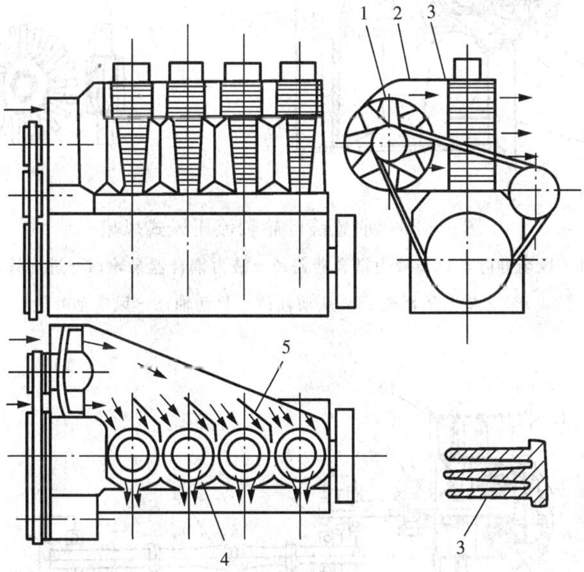

图 7－22 风冷柴油机冷却系统示意图

1—冷却风扇；2—导流罩；3—散热片；4—汽缸导流罩；5—分流板

发动机最热的部分是汽缸盖，现代风冷发动机汽缸盖都用导热性良好的铝合金铸造，而且汽缸盖和汽缸体上部的散热片也比汽缸体下部的长一些，以加强冷却效果。但是，在某些多缸发动机中，为了缩短发动机的总长度，将汽缸上下部分的散热片都做成一样长，此时需要采用加大流经汽缸上部空气流量的方法来加强冷却。

风冷发动机的表面空气通道阻力较水冷系统大，因此风冷系中的风扇要求有较大的功率。目前风冷发动机上冷却风扇有轴流式和径流式两种。多缸风冷发动机一般采用轴流式。如图 7－23 所示为前置静叶轮轴流压风式风扇的结构图。风冷风扇主要由静叶轮和动叶轮两部分组成，静叶轮为铝合金精密压铸件，静叶轮毂内装有液力耦合器。动叶轮与风扇外壳之间的间隙很小，以提高风扇效率。动叶片与静叶片的端面均为翼形。

风扇的传动如图 7－24 所示,由发动机功率输出端曲轴齿轮 1 经凸轮轴传动齿轮 2、喷油泵传动齿轮 3、增速齿轮 4 和 5、连接轴 6、一对变速齿轮 7 和 8、胶辊联轴器 9,最后传到液力耦合器 11 的泵轮,再由泵轮耦合到涡轮和风扇动叶轮 10。

对于 V 型风冷发动机,有的仍采用一个风扇,装在发动机前方中间位置,靠导流罩将气流分别引向左右两列汽缸表面;也有采用两个风扇,分别装在左右两列汽缸前端。

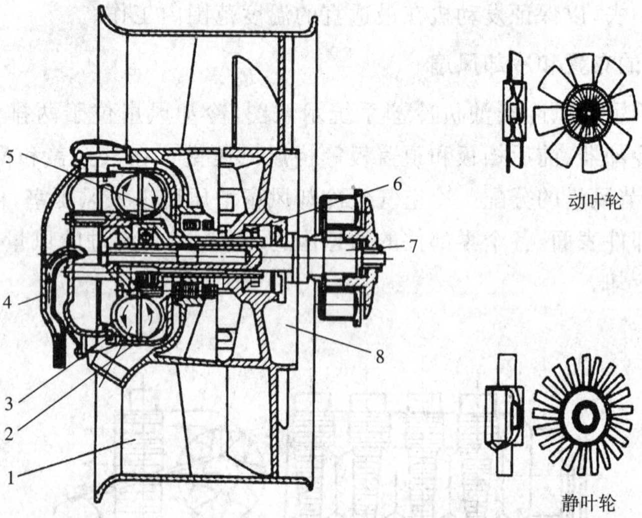

图 7－23　前置静叶轮轴流压风式风扇

1－风扇静叶轮;2－液力耦合器盖;3－液力耦合器泵轮;4－进油管;
5－液力耦合器涡轮;6－从动轴;7－驱动轴;8－风扇动叶轮

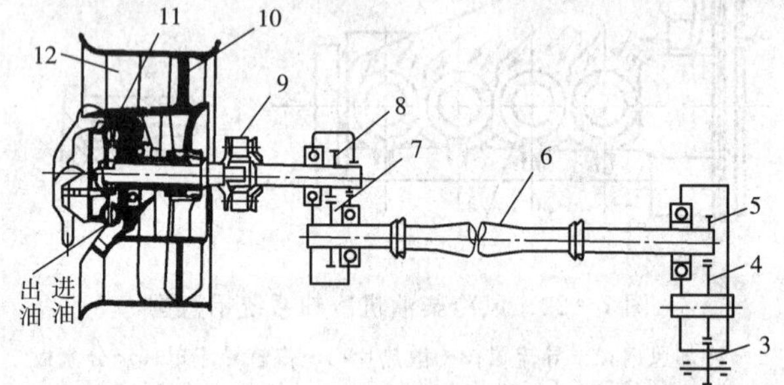

图 7－24　风扇的传动

1－曲轴齿轮;2－凸轮轴传动齿轮;3－喷油泵传动齿轮;4、5－增速齿轮;6－连接轴;
7、8－变速齿轮;9－胶辊联轴器;10－动叶轮;11－液力耦合器;12－静叶轮

二、冷却强度的调节

为了在不同使用工况和环境温度下,均能使发动机保持适当的温度,风冷发动机一般均有调节冷却强度的装置。其主要方法如下:

1. 改变风扇转速

改变风扇转速就能改变冷却强度。在热负荷较低时，减小风扇转速，既节省了风扇消耗的功率，又降低了风扇运转的噪音。

一般采用液力耦合器传动来实现无级变速。如图 7-25 所示为液力耦合器的构造。泵轮由发动机的动力驱动，涡轮在泵轮流动油的动量作用下，以稍低于泵轮的转速随泵轮同向转动。在涡轮上装有从动轴，其尾端花键上装有轴流式风扇叶轮，涡轮转动时带动风扇叶轮转动。泵轮与涡轮之间的间隙为 1mm，由调整垫块来保证。当泵轮与涡轮叶片间充满油时，涡轮转速约为泵轮转速的 97%；当泵轮与涡轮间没有油时，涡轮不能由泵轮带动，处于静止状态。改变泵轮与涡轮间的油量，便可在同一泵轮转速下，获得不同的涡轮转速，油量愈少，涡轮（即风扇）的转速愈低。利用装在排气管或排风口处的感温元件，控制进入液力耦合器中的油量，实现风扇转速的调整。

采用液力耦合器转动风扇，除可无级调节风扇转速外，还因为动力是通过液体传递，在发动机转速急速改变时，高速旋转的风扇惯性不会引起传动系统的冲击，可避免传动机构遭受额外载荷而损坏。

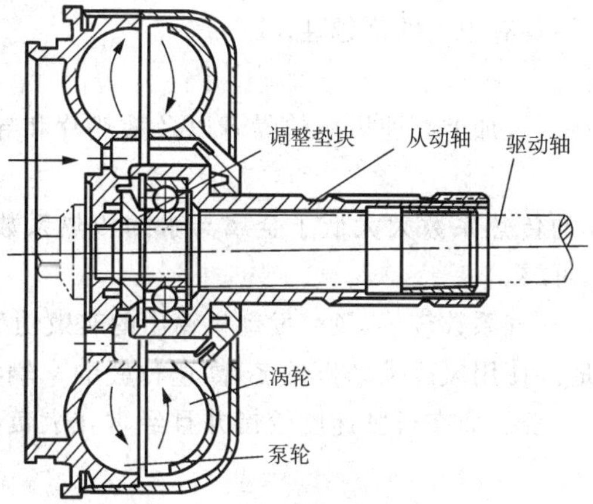

图 7-25 液力耦合器

2. 节流控制

节流控制利用改变冷却空气进口、流通通道或出口的截面积来改变流经散热片处空气流速，达到控制发动机冷却强度的目的。

如图 7-26 所示为两种改变风扇进口面积的方法。需要减小冷却强度时，由感温元件操纵的拉杆拉动滑套在风扇外壳上的罩盖转动一个角度，或使风扇进口处百叶窗关小，以减小进入风扇的空气量。

如图 7-27 所示为在流通通道上设置由感温元件操纵的节流阀，改变冷却气流流通截面积来调节冷却强度的方法。关小节流阀，流动阻力加大，流到散热片处的空气量减少，冷却强度减弱；反之，冷却强度增强。

这种调节冷却强度的方法虽然比较简单，但由于风扇转速不能改变，而且流动阻力大，风扇消耗的功率会增多。

图 7-26　改变风扇进口面积的方法

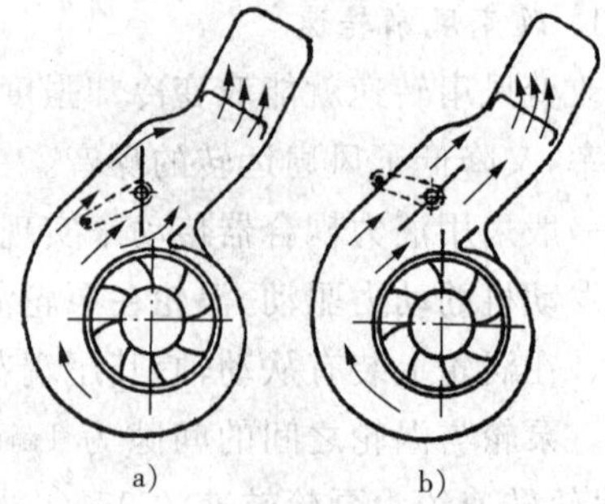

图 7-27　改变冷却气流流通截面积的方法

三、风冷发动机的特点

与水冷发动机相比，风冷发动机具有以下特点：

(1)不用冷却液，无漏水、冰冻、结垢等故障，使用维修方便。

(2)零件少、结构简单、重量轻。

(3)因其工作温度较高，缸套的平均温度一般为 423～453K(150℃～180℃)，发动机与空气之间传热温差较大，风冷系统的散热能力对大气温度变化不敏感。因此，风冷发动机在严寒、酷热和缺水地区使用具有很大的优越性。

(4)启动后暖机时间短。

(5)由于没有水套吸音，再加上高速风扇的噪音以及散热片和导风装置振动的噪音，运转时风冷发动机噪音较大。

(6)由于金属与空气的传热系数大大低于金属与水的传热系数，风冷发动机热负荷较高，不如水冷发动机工作可靠。

(7)由于热负荷较大，充气系数较低，风冷发动机输出的有效功率受到影响。

在军事及高原干旱地区使用风冷发动机较多，高速行驶的车辆特别是小功率的摩托车由于迎风，也常采用风冷系统。而在行驶速度较慢并且经常在大负荷下运行的工程机械上则较少采用风冷发动机。

思考题

7-1　冷却系统的功用是什么？

7-2　冷却系统分为几种？分别适用于哪些场合？

7-3　水冷发动机冷却适度的标志是什么？冷却不足或冷却过度对发动机运转有什么危害？

7-4　在水冷系统中，冷却强度是如何调节的？

7-5　根据图 7-15 说出冷却系统中冷却液的大循环和小循环的水路流程图，并说明何时进行大循环、何时进行小循环？

7-6　空气-蒸汽阀的工作原理是什么？为什么闭式水冷系统要采用这种阀门？

7-7　离心式水泵的工作原理是什么？为什么发动机普遍采用这种水泵？

7-8　如果蜡式节温器中的石蜡漏失，节温器将处于什么样的工作状态？发动机会出现什么样的工作状态？

7-9　与水冷系统相比，发动机采用风冷系统有什么优点和缺点？

7-10　在风冷发动机中，冷却装置是如何调节冷却强度的？

第八章 发动机润滑系统

本章主要介绍发动机润滑系统的作用和润滑方式，以及润滑系统的组成和润滑系统油路，润滑油的使用特性、分类及选用原则，润滑系统主要部件，机油滤清器的作用、分类、结构及工作原理，机油散热器的作用、分类、结构和工作原理。

第一节 概 述

发动机在工作中，相对运动的零件会因相互摩擦而消耗发动机的一部分功率，从而降低发动机的效率，同时引起发热和磨损。为保证发动机的正常工作，必须对相对运动的零件的表面加以润滑，以减小摩擦阻力，降低功率消耗，减小机件磨损，延长发动机的使用寿命。因此，发动机必须设置专门的润滑系统。

一、润滑系统的功用

任何运动零件的工作表面，即使经过极为精密的加工，仍不可避免地存在或大或小的粗糙度，在相对运动中必然会产生摩擦而消耗一定功率，同时引起发热和磨损。为了减少磨损和功率消耗，在两个零件的工作表面之间加入一层润滑油，使它们处于液体摩擦状态，以减少功率消耗和磨损。

发动机润滑系统的功用是将清洁、定量的润滑油不断地供给各运动零件的摩擦表面，以减少零件的摩擦和磨损，具体作用包括润滑、清洗、冷却、密封、防锈和缓冲。

(1)润滑作用　它将清洁的润滑油送到发动机运动零件的工作表面上，形成一层薄润滑油膜，用液体摩擦代替零件间的干摩擦，减少零件磨损和功率消耗。

(2)清洗作用　发动机工作过程中不可避免地产生因磨损而生成的金属微粒、吸入空气所带入的尘土以及在燃烧后出现的固体炭质等。如果这些“磨料”始终沉积在零件的工作表面，会大大加剧零件的磨损。润滑系统可通过润滑油的流动将这些“磨料”从零件工作表面上冲洗下来，达到减轻零件磨损的目的。

(3)冷却作用　发动机工作过程中，由于零件的摩擦以及混合气的燃烧，使某些零件产生较高的温度。润滑系统可通过润滑油的流动带走零件表面的部分热量，保证发动机正常工作。

(4)密封作用　在发动机的汽缸壁与活塞、活塞环之间、活塞环与环槽之间，都留有一定的间隙；而且上述零件不可避免地存在一定的几何形状偏差，从而使相对运动面之间存有空隙。这些间隙和空隙均可导致气体泄漏。润滑系统通过润滑油来填满这些间隙和空隙，减少气体的泄漏，以保证汽缸应有的气体压力。

(5)阻尼抗震作用　当发动机做功时，活塞销、连杆的大小端或曲柄销等部件均要承受相当大的撞击力，润滑油可将机械能转变成液压能，油膜也可降低接触面所承受的撞击力。

(6)防锈防腐作用　润滑油会在机件表面形成吸附油膜，防止因燃烧产生的水汽、酸性物质等吸附于机件表面，起到保护作用。

二、发动机的润滑方式

发动机各零件所需的润滑强度取决于该零件的环境、相对运动速度和承受机械负荷、热负荷的大小。根据润滑强度的不同，发动机润滑系统采用下面几种润滑方式：

(1)压力润滑　利用机油泵，将具有一定压力的润滑油源源不断地送到摩擦面，形成具有一定厚度并能承受一定机械负荷而不破裂的油膜，尽量将两摩擦零件完全隔开，实现可靠的润滑。这种方式主要用于负荷大、相对运动速度高的摩擦面，如主轴承、连杆轴承、凸轮轴轴承和气门摇臂轴等。

(2)飞溅润滑　是指利用发动机工作时某些运动零件(主要是曲轴与凸轮轴)飞溅起的油滴与油雾，对摩擦表面进行润滑的一种方式。飞溅润滑适合于外露零件表面(如缸壁、凸轮等)、相对运动速度较低的零件(如活塞销等)、机械负荷较轻的零件(如挺柱等)。

(3)定期润滑　对一些不太重要、分散的部位，采用定期加注润滑脂的方式进行润滑，如发动机水泵轴承、发电机、启动机及分电器等总成的润滑。近年来，有的发动机还采用含有耐磨润滑材料(如尼龙、二硫化钼等)的轴承来代替加注润滑脂的轴承。

现代汽车发动机都采用包括压力润滑和飞溅润滑的复合润滑方式。

三、润滑系统的组成及油路

1. 润滑系统的组成

发动机润滑系统的组成如图 8-1 所示，主要包括机油泵、限压阀、机油滤清器、机油散热器等零件。

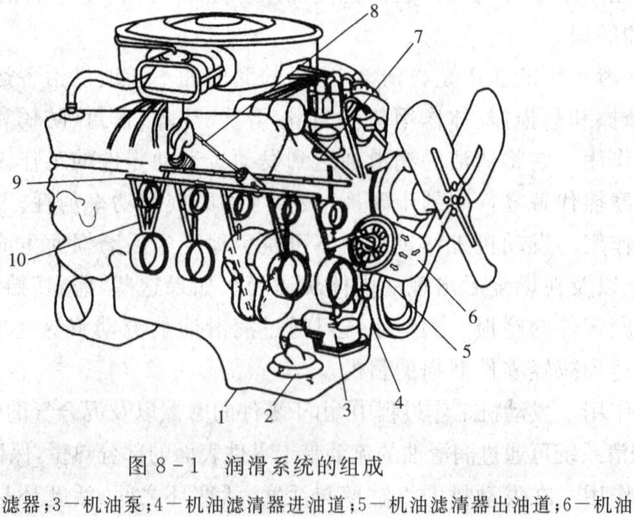

图 8-1　润滑系统的组成

1—油底壳；2—机油集滤器；3—机油泵；4—机油滤清器进油道；5—机油滤清器出油道；6—机油滤清器；7—回油道；8—上油道；9—主油道；10—分油道(通向凸轮轴轴承)

为了保证发动机得到可靠的润滑，润滑系统中必须具备为进行压力润滑和保证机油循环而建立足够油压的机油泵，还应有贮存机油的容器（一般利用油底壳贮油）、油管以及在发动机机体上开出的一系列润滑油道，以便形成循环油路。另外，油路中还必须有油压调节装置——限压阀，它可以附于机油泵中，也可单独设置。

机油在工作一段时间后，会混有发动机零件摩擦产生的金属磨屑和其他机械杂质，以及机油本身生成的胶质。这些杂质若随同机油进入润滑油路，将加速发动机零件的磨损，还可能堵塞油管或油道。为了不使这些杂质进入主油道，现代发动机的润滑系统中都设有机油滤清器。

机油在循环工作过程中，由于吸收零件摩擦所产生的热量，机油温度会升高。若机油温度过高，其黏度降低，摩擦表面油膜不易形成，而且还会加速机油老化变质，缩短机油使用期。过低的机油温度，虽有利于保持油膜，但摩擦阻力会增加。因此应对机油进行适当冷却，以保持油温在正常范围之内（70℃～90℃）。一般发动机是靠汽车行驶中的迎面空气吹拂油底壳来冷却机油。在有些热负荷较高的发动机上，则专设有机油散热器，以加强机油冷却。

为使驾驶员能随时掌握润滑系统的工作状况，一般发动机都设有指示机油压力的机油压力表，有些发动机还备有机油温度表及油压、油温指示灯等。

2. 润滑油路

（1）汽油机润滑油路

如图 8－2 所示为东风 EQ6100－1 型发动机润滑系统。在该系统中，曲轴的主轴颈、连杆轴颈、凸轮轴轴颈、摇臂孔、凸轮轴止推凸缘、正时齿轮和分电器传动轴等均采用压力润

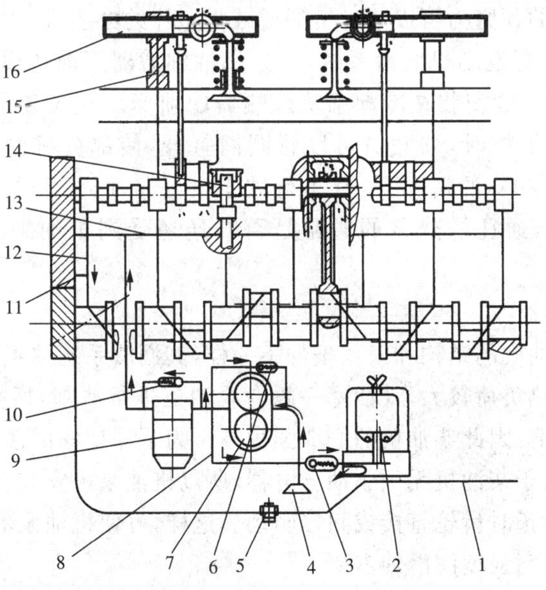

图 8－2 东风 EQ6100－1 型发动机润滑系统

1—油底壳；2—机油细滤器；3—机油细滤器进油限压阀；4—固定式集滤器；5—放油螺塞；6—限压阀；7—机油泵；8—油管；9—机油粗滤器；10—机油粗滤器旁通阀；11—喷油嘴；12—横向油道；13—纵向主油道；14—机油泵传动轴；15—上油道；16—摇臂轴

滑,其余部件如活塞、活塞环、活塞销、汽缸壁、气门、挺杆和凸轮等采用飞溅润滑。下面主要介绍压力润滑油路。发动机工作时,油底壳 1 内的机油经固定式集滤器 4 初步过滤掉较大的机械杂质后,被机油泵 7 抽出。从机油泵流出的机油分为两路:大部分机油经机油粗滤器 9 进一步滤去较大的机械杂质,流入纵向主油道 13,执行压力润滑任务;另有一小部分机油(占总流量的 10%左右),经进油限压阀 3 流入机油细滤器 2 内,滤去较细的杂质和胶质后流回油底壳。机油粗滤器与主油道串联,机油细滤器与它们并联。

当机油泵出油压力低于一定值时,机油细滤器进油限压阀 3 关闭,以保证机油全部进入主油道。

进入纵向主油道 13 的机油,经曲轴箱上 7 条并联横向油道 12 润滑曲轴主轴颈,然后经曲轴上的斜向油道润滑连杆轴颈(曲柄销)。其中,第一、二、四、六和第七横向油道里的部分润滑油会流入凸轮轴轴颈,使这些摩擦表面得以润滑。同时,机油从凸轮轴的第二、四轴颈处,经两个上油道 15 通向摇臂支座,润滑摇臂轴 16、推杆球头和气门端部。第三横向油道还通向机油泵传动轴 14。由第一条横向油道通过喷油嘴 11 喷射出的机油用于润滑正时齿轮副。

为保证发动机工作时各部件正常润滑,不会因机油粗滤器堵塞而中断,在机油泵与主油道之间,与机油粗滤器并联一个机油粗滤器旁通阀 10。当机油粗滤器进油和出油道中的压力差达到 0.15~0.18MPa 时,机油粗滤器旁通阀被推开,机油不经过机油粗滤器而直接流入主油道。

润滑系统中油压过高将使发动机功率损失增加。为此,在机油泵端盖内设置柱塞式限压阀 6。当机油泵出口压力超过 0.6MPa 时,限压阀便打开,使一部分机油流回到机油泵的进油口。限压阀弹簧的预紧力可以通过增加或减少垫片的办法来调节。

东风 EQ6100-1 型发动机润滑系统中,在机油细滤器下面还设置了可接机油散热器的阀门。机油散热器一般安装在冷却系统散热器的前面。在炎热的夏季,当发动机长时间在大负荷高转速下工作时,驾驶员可以将阀门打开,使部分机油流入散热器散热。在寒冷季节或气温低于 20℃的情况下,汽车行驶于良好路面时,需将阀门关闭。为了保证主油道油压不致过低,通往散热器的通路是否开通还受到机油细滤器进油限压阀 3 的控制。

(2)柴油机润滑油路

由于柴油机与汽油机的结构和工作条件不一样,其润滑系统的组成和油路也各有不同。柴油机的机械负荷和热负荷较大,其活塞一般专设油道进行冷却,所配用的喷油泵、调速器和增压器等也需要润滑,因此柴油机的润滑强度高。为了保证润滑系统的可靠性,通常设有机油散热器。同时,由于柴油机无须驱动分电器,所以机油泵可安装在曲轴箱内第一或第二道主轴承盖处,由曲轴正时齿轮直接或间接驱动。这样,可使机油泵的转速等于或高于发动机转速,以满足柴油机高强度润滑的需要。

如图 8-3 所示为康明斯 6BT 柴油机润滑系统示意图,它采用复合式润滑,由转子式机油泵供油进行压力润滑和飞溅润滑。

压力润滑的对象为曲轴主轴承、连杆轴承、凸轮轴轴承和摇臂机构。发动机的附件如高压油泵、空压机和增压器也采用压力润滑。通过主轴承上方设置的活塞冷却喷嘴,喷出带有压力的润滑油对活塞进行冷却,采用飞溅润滑的摩擦副有活塞对汽缸壁、活塞销、凸轮挺杆、齿轮传动系等。

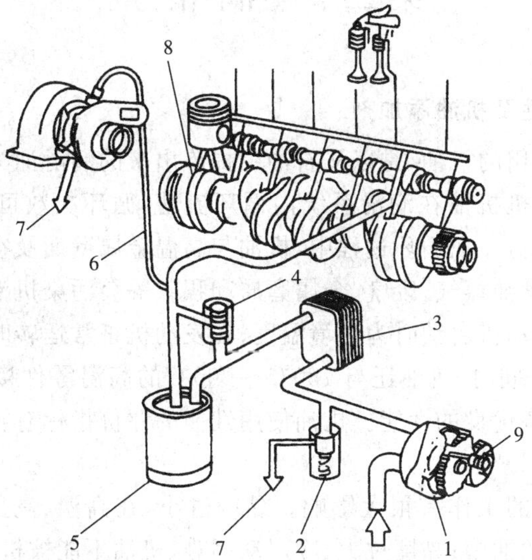

图8　3　东风康明斯6BT柴油机润滑系统示意图

1—机油泵；2—调压阀；3—机油冷却器；4—滤清器旁通阀；5—机油滤清器；
6—增压器机油供油管；7—机油返回到油底壳；8—活塞冷却喷嘴；9—机油泵惰轮

机油从机油泵中流出后，流经缸体上的油道进入机油冷却器。在机油冷却器上装有一压力调节阀，调节阀的作用是当机油压力过高时，使部分机油直接旁通流回油底壳，避免过高的机油压力造成机油泵、机油冷却器、机油滤清器等零件的损坏。调压阀的开启压力约为495kPa。机油冷却器采用现在流行的板翘式结构，内藏于缸体两侧水腔中，结构紧凑。机油从冷却器流出后，经过滤清器滤清，返回汽缸体上的油道中。经过汽缸体上的中间横向油道，机油进入缸体另一侧(高压油泵侧)的主油道中。在机油冷却器座中还设有一个机油滤清器旁通阀，当机油滤清器被污物堵塞时，允许未经滤清的润滑油直接流向主油道，确保发动机不缺油。未经滤清的润滑油将对发动机带来不利的影响，所以应定期更换滤清器，以保证发动机能良好地工作。

进入主油道的机油，在主油道将沿各个油道分支，流向不同的润滑部位。从主油道通过各斜向油道，润滑油流向曲轴主轴颈。在主轴颈处通过不同油道又分别流向连杆轴颈、凸轮轴轴承以及活塞冷却喷嘴。从活塞冷却喷嘴喷出的机油能更好地对活塞销及活塞裙部进行润滑。

从主油道通过竖直油道，润滑油流向汽缸盖，进入摇臂机构，对摇臂轴进行润滑。通过摇臂上方钻出的一个小孔溢出润滑油，润滑气阀杆和推杆窝槽。

发动机的齿轮传动系中，除机油泵惰轮轴是强制润滑外，所有的齿轮啮合面都是靠飞溅润滑。

增压器的润滑油是来自机油滤清器座上的一个接头，通过连接软管输送至增压器中间体的进油口。增压器的回油，通过一根回油管，靠重力流回曲轴箱中。

第二节 润滑剂

一、机油的使用特性及机油添加剂

目前发动机广泛使用的机油,是以从石油中提炼出来的润滑油为基础油,再加入各种添加剂混合而成的。发动机机油在润滑系统内循环流动,循环次数可达每小时一百次左右。机油的工作条件十分恶劣。在循环过程中,机油与高温金属壁面及空气频繁接触,不断氧化变质;窜入曲轴箱内的燃油蒸气、废气、金属磨屑和积碳等会污染机油。另外,机油的工作温度变化范围很大。在发动机启动时为环境温度;在发动机正常运转时,曲轴箱中机油的平均温度可达95℃或更高。同时,机油还与180℃～300℃的高温零件接触。因此,作为发动机润滑油的机油,必须具备优良的性能。机油使用性能的评价指标有:

1. 黏度

机油黏度对发动机的工作有很大影响。黏度过小,在高温、高压下容易从摩擦表面流失,不能形成足够厚度的油膜;黏度过大,冷启动困难,机油不能被机油泵送到摩擦表面。机油的黏度随温度而变化。温度升高,黏度减小;温度降低,黏度增加。为了使机油在较大的温度范围内都有适当的黏度,必须在基础油中加入增稠剂。

2. 分散性

汽缸泄漏气体(窜气)中含有未燃烧燃油、有机酸、烟、水分、硫的氧化物等,这些物质会进入曲轴箱,混入润滑油中。另外,发动机运行过程中,润滑油在高温下也会产生各种氧化物。这些物质与零件磨损产生的金属磨屑等混合在一起,将会在润滑油中形成油泥沉淀物。沉淀物量少时,会悬浮于润滑油中。沉淀物量大时会从润滑油中析出,引起发动机润滑油道和滤清器堵塞、润滑油流动性下降、给油困难、活塞环槽结焦、活塞环黏着和发动机功率下降等问题。因此要在润滑油中加人清净分散剂,使有害沉淀物在润滑油中形成无害的悬浮液。

3. 氧化安定性

氧化安定性是指机油抵抗氧化作用而不使其性质发生永久变化的能力。机油会在使用和储存过程中与空气中氧气接触而发生氧化作用,机油的颜色变暗,黏度增大,酸性增大,并产生胶状沉积物。氧化变质的机油将腐蚀发动机零件,甚至破坏发动机的工作。汽车发动机的机油经常在高温下与氧气接触,这就要求机油具有优异的热氧化安定性。因此,一般要在机油中添加氧化抑制剂。

4. 防腐性

机油在使用过程中不可避免地被氧化而生成各种有机酸。酸性物质对金属零件有腐蚀作用,可能使铜铅和镉镍类轴承表面出现斑点、麻坑或使合金层剥落。为提高机油的抗腐蚀性,除加大机油的精制程度外,还要在机油中加入防腐添加剂。

5. 起泡性

机油在润滑系统中快速循环和飞溅,必然会产生泡沫。如果泡沫太多或泡沫不能迅速消除,将会造成摩擦表面供油不足。控制泡沫生成的方法是在机油中添加泡沫抑制剂。

6. 极压性

摩擦表面之间油膜厚度小于0.3～0.4μm的润滑状态,称边界润滑。习惯上把高温、高压下的边界润滑，称为极压润滑。机油在极压条件下的抗磨性叫极压性。现代汽车发动机的轴承及配气机构等零件的润滑，即为极压润滑。为了提高机油的极压性，避免在极压润滑的条件下机油被挤出摩擦表面，必须在机油中加入极压添加剂。极压添加剂与金属表面起化学反应，形成强韧的油膜以提供对零件的极压保护。

二、机油的分类

国际上广泛采用美国工程师学会（SAE）黏度分类法和美国石油学会（API）使用分类法，它们已被国际标准化组织（ISO）确认。

SAE依照机油的黏度等级，把机油分为冬季用机油和非冬季用机油。冬季用机油有六种牌号：SAE0W、SAE5W、SAE10W、SAE15W、SAE20W和SAE25W；非冬季用机油有四种牌号：SAE20、SAE30、SAE40和SAE50。号数越大的机油黏度越大，适用于在较高的环境温度下使用。

上述牌号的机油只有单一的黏度等级，称为单级机油。当使用这种机油时，需根据季节和气温的变化随时更换机油。目前使用的机油大多数具有多黏度等级，称为多级机油，即同时具有含W的冬季用机油黏度等级和非冬季用机油黏度等级，两黏度级号之差至少等于15。其牌号有SAE5W/20、SAE10W/30、SAE15W/40、SAE20W/40等。例如，SAE10W/30在低温下使用时，其黏度与SAE10W相同，而在高温下，其黏度又与SAE30相同。因此，一种机油可以冬夏通用。

API使用分类法是根据机油的性能及适合的使用场合，把机油分为S系列和C系列两类。S系列为汽油机油，目前有SA、SB、SC、SD、SE、SF、SG和SH八个级别。C系列为柴油机油，目前有CA、CB、CC、CD和CE五个级别。级别越靠后，使用性能越好，适用的机型越新或强化程度越高。其中SA、SB、SC和CA等级别的机油，除非汽车制造厂特别推荐，否则将不再使用。

我国的机油分类法参照采用ISO分类法。GB/T 7631.3—1995规定，按机油的性能和使用场合分为以下几种。

（1）汽油机油：SC、SD、SE、SF、SG和SH等六个级别。

（2）柴油机油：CC、CD、CD－Ⅱ、CE和CF－4等五个级别。

（3）二冲程汽油机油：ERA、ERB、ERC和ERD等四个级别。

每一种使用级别又有若干种单级油和多级油牌号。例如，CC级润滑油有三个单一黏度等级和六个多黏度等级的润滑油牌号，它们分别是30、40和50号，以及5W/30、5W/40、10W/30、10W/40、15W/40和20W/40等。

我国润滑油使用分类与API使用分类的对应关系见表8－1所列。

表8－1 我国机油分类与API分类的对应关系

我国分类	API分类	我国分类	API分类
SC≠SC		SD≠SD	
SE≠SE		SF＝SF	
CC＝CC		CD＝CD	

三、机油的选用

1. 根据车型选用不同质量等级

参照汽车说明书选定合适的级别,根据汽车的具体使用条件做些调整。例如城市出租车常处于频繁开停状态,载货车重负荷长距离行驶,再加上空气中灰尘大等原因会加速机油变质,此时最好选用高一级别的机油。

2. 根据发动机结构和气候条件选定黏度等级

首先,考虑发动机结构。无论气候条件如何,现代美日发动机均需选用 SAE5W/30 或 10W/30 黏度等级的油品,以满足节能需求。其次,根据当地气候条件,参照图表选用合适的黏度等级,这样才能保证发动机既能在低温时顺利启动,又能在高温时保证润滑和密封。

3. 尽可能选用冬夏通用机油,即多级油。

多级油的低温性能和粘温性好,既可以有效减少发动机的磨损,还可节省燃油。例如,20W/40 适宜在－20℃～＋40℃的温度范围内,在气候温和的地区一年四季通用。

四、润滑脂

润滑脂是将稠化剂掺入液体润滑剂中所制成的一种稳定的固体或半固体产品,其中可以加入能改善润滑脂某种特性的添加剂。

润滑脂在常温下可附着于垂直表面而不流淌,并能在敞开或密封不良的摩擦部位工作,具有其他润滑剂所不能代替的特点。因此,汽车的许多部位都使用润滑脂润滑。

目前,进口汽车和国产新车都普遍推荐使用汽车通用的锂基润滑脂。这种润滑脂具有良好的高温适应性,可在－30℃～120℃的宽温度范围内使用;具有良好的抗水性和防锈性能,可用于潮湿与水接触的摩擦部位;具有良好的安定性和润滑性,在高速运转的机械部位使用时,不变质、不流失,保证润滑。它基本上能满足从哈尔滨到海南岛的广大地区汽车的使用要求。

第三节　润滑系统主要零部件的构造和工作原理

一、机油泵

机油泵的功用是将一定数量的机油建立足够的压力并输送到各摩擦表面,保证机油在润滑系统内连续不断地循环。机油泵按其结构形式可分为齿轮式机油泵和转子式机油泵两种。

1. 齿轮式机油泵

(1)齿轮式机油泵的工作原理

齿轮式机油泵的工作原理如图 8－4 所示。在油泵壳体内装有一个主动齿轮和一个从动齿轮。齿轮与壳体内壁之间的间隙很小。壳体上有进、出油口。发动机工作时,齿轮按图中箭头所示方向旋转,把齿间所存的机油带到出油腔 1 处,使出油腔的机油不断增加,油压升高,机油便经出油口被压送到发动机油道中;而进油腔 3 内的机油被齿轮迅速带走,产生局部真空,于是机油从进油口被吸入进油腔内。

机油泵通常由凸轮轴上的斜齿轮或曲轴齿轮驱动。在发动机工作时,机油泵不断工作,从而保证机油在润滑油路中不断循环。

为保证齿轮泵连续供油，在轮齿啮合过程中，一对轮齿即将脱开前，后面的一对轮齿就要开始啮合，在这一小段时间内，同时啮合的就有两对轮齿，此时留在轮齿间的机油就困在两对轮齿之间形成一个封闭的空间。当齿轮继续旋转时，这个空间容积逐渐减小，造成机油的挤压，在齿间产生很大的压力，作用在主、从动轴上。这不仅增大了功率消耗，更重要的是加剧了轴与孔间的磨损。为了解决这一问题，一般在机油泵盖上（或泵壳顶面上）铣一卸压槽2，使啮合齿隙间与出油腔相连，以降低其油压。另外，为了减少困油现象，有的机油泵采用逐渐进入啮合的斜齿轮或加大齿轮与盖间的端隙来卸压；有的齿轮采用大齿型，使同时啮合的齿数不多于一个。

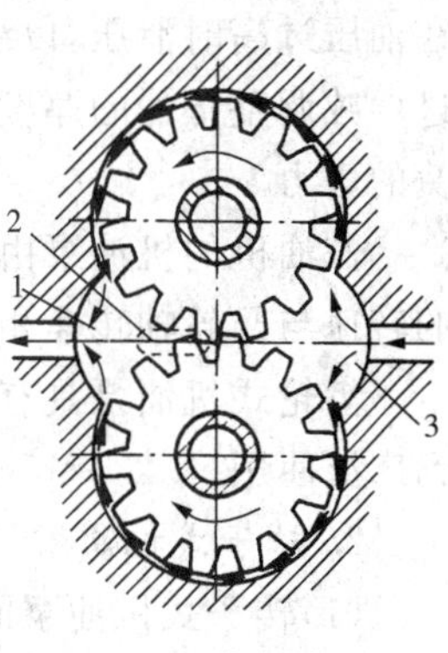

图 8-4　齿轮式机油泵工作原理

1—出油腔；2—卸压槽；3—进油腔

(2)齿轮式机油泵的构造

如图 8-5 所示为 EQ6100Q-1 型发动机齿轮式机油泵。整个油泵用两个螺钉安装在曲轴箱内第三道主轴承一侧，淹没在润滑油中，启动时很快投入泵油。它由凸轮轴通过螺旋齿轮和传动轴带动工作。机油泵壳体内装有主动轴和从动轴。主动轴下端用半圆键固装着主动直齿齿轮，上端制有长槽和传动轴连接。从动轴压入壳体内，其上松套着从动直齿齿轮。

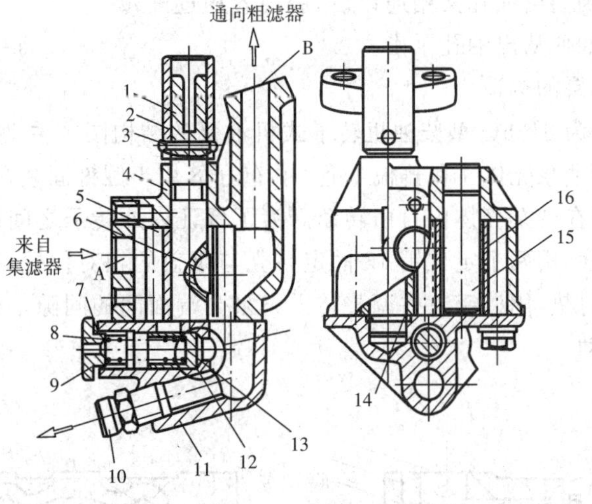

图 8-5　EQ6100Q-1 型发动机齿轮式机油泵

1—主动齿轮轴；2—联轴套；3—铆钉；4—机油壳体；5—主动齿轮；6—半圆键；7—垫片；8—限压阀弹簧；9—螺塞；10—管接头；11—机油泵盖；12—集垢槽；13—柱塞式限压阀；14—挡圈；15—从动齿轮轴；16—从动齿轮；A—进油口；B—出油口

机油泵齿轮与泵体内壁的间隙，以及齿轮与泵盖的间隙都很小，以保证机油泵可靠地工作。泵盖与泵壳体之间的纸质衬垫，既可对机油泵起密封作用，又可用来调整齿轮端隙。

机油泵的进油口用进油管与集滤器相通。出油口的出油道有两个：一个在壳体上，与曲轴箱的主油道相通，这是主要的一路；另一个在泵盖上，用油管与细滤器相通。

泵盖上装有限压阀组件，可与机油泵一起进行检验调整（油量、油压）。限压阀的作用是在油压过高时泄压，以维持主油道内的正常油压(150～160kPa)。限压阀弹簧预紧力是通过增减调整垫片的厚度来调整。在使用过程中，不能因机油压力过低而随意改变限压阀弹簧的张力。

汽油机的机油泵由凸轮轴直接或间接驱动，同时驱动分电器，传动比为1，所以机油泵的转速与凸轮轴转速相同。

齿轮式机油泵具有结构简单、加工方便、工作可靠、维修方便和供油平稳等优点，因此得到广泛使用。

2. 转子式机油泵

(1)转子式机油泵的工作原理

如图8-6所示，内转子3有四个轮齿，外转子4有五个内齿，内转子转动时会带动外转子一起旋转。内、外转子不是同心转动，两者有一定的偏心距，但旋转方向相同。两个齿轮的偏心距和齿形轮廓保证了内、外转子无论转到何种位置，各齿形之间总有接触点，于是内、外转子的轮齿间形成了四个工作腔。由于内、外转子之间的速比大于1，所以外转子总是慢于内转子，形成了容积的变化，加上偏心距的关系，工作腔的容积变化更大。当某一工作腔从进油孔转过时，容积便逐渐增大，从而产生一定的真空度把润滑油从进油孔吸入。当该工作腔转到与出油孔又相通以后，腔内容积逐渐减小，油压升高，润滑油便从出油孔泵出。

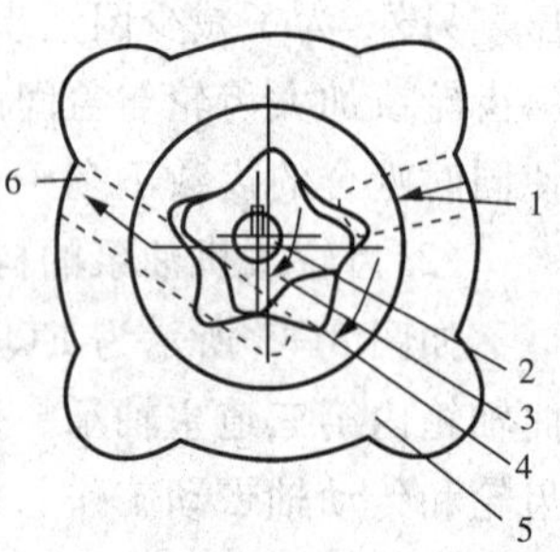

图8-6 转子式机油泵的工作原理

1—进油孔；2—主动轴；3—内转子；4—外转子；5—油泵壳体；6—出油孔

(2)转子式机油泵的构造

如图8-7所示为6135Q型柴油机转子式机油泵的结构图。主动轴10通过轴套2、11和卡环12安装在机油泵壳体9和盖板4上。内转子8用半圆键固装在主动轴上。外转子7套在内转子上，并可在油泵壳体内自由转动。为了保证内外转子之间以及外转子与泵壳之间安装位置的正确性，用两个定位销13固定泵壳与泵盖的相对位置，并用螺栓紧固。泵壳与泵盖之间有纸质衬垫，用以密封并调整转子与泵壳端面间的间隙。机油泵由曲轴正时齿轮通过中间齿轮驱动。

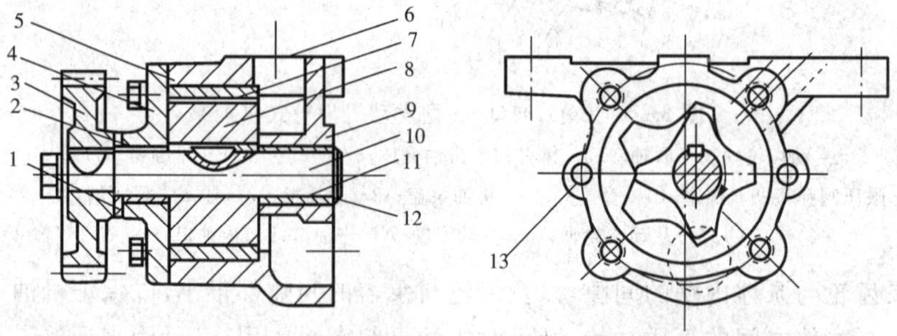

图8-7 6135Q型柴油机转子式机油泵

1—止推垫；2、11—轴套；3—驱动齿轮；4—盖板；5、6—调整垫片；7—外转子；8—内转子；9—外壳；10—主动轴；12—卡环；13—定位销

转子式机油泵结构紧凑，吸油真空度高，泵油量大，且供油均匀；但内、外转子啮合表面滑动阻力大，使得功率消耗较大。当泵的安装位置在机体外且位置较高时，用转子式机油泵尤为合适。

二、机油滤清器

1. 机油滤清器的作用

发动机在使用过程中，金属磨屑、尘土、水、积炭等不断地混入润滑油。同时，燃烧气体及空气对润滑油的氧化作用，使润滑油逐渐变脏并形成胶状物（俗称油泥）。这不仅会加速运动零件的磨损，而且油泥会堵塞油道，造成供油不足而引起机件损伤等事故。为了保持润滑油的清洁，延长润滑油的使用期限，保证发动机正常工作，在汽车发动机润滑系统中都装有机油滤清器。

2. 机油滤清器的分类

机油滤清器按滤清方式的不同，可分为过滤式和离心式两种。过滤式滤清器又可按滤芯结构的不同，分为金属网式、片状缝隙式、带状缝隙式、纸质滤芯式和复合式等。

按照滤清器的工作范围不同，可分为粗滤器和细滤器。

机油滤清器按其与主油道连接方式的不同，又可分为全流式和分流式两种。全流式滤清器与润滑主油道串联在一起，机油泵泵出油量的绝大部分通过它。因此这种滤清器的阻力不能太大，多为粗滤器。为了防止因粗滤器堵塞而断油，粗滤器上还装有旁通阀。分流式滤清器是与主油道并联在一起的，一般只有机油泵泵出油量的10%～30%流过它。这种滤清器中一般设置节流量孔，以限制其通过油量。由于通过量少，允许有较大的阻力，这样既能使机油较快地得到彻底滤清，又不会造成堵塞后主油道断油。分流式滤清器多为细滤器，细滤器上一般不安置旁通阀门，一旦堵塞后，机油泵的出油量全部转入主油道。有的细滤器上也加设旁通阀，以调节主油道的压力，使油压正常。

3. 滤清器的结构与工作原理

(1)集滤器

集滤器是具有金属网的滤清器。为防止较大的机械杂质进入机油泵，通常安装在机油泵之前。根据集滤器在油底壳中的位置，集滤器可分为浮式和固定式（淹没式）两种。浮式集滤器能吸入油面较清洁的机油，但油面上的泡沫易被吸入，从而影响泵油量和泵油压力。固定式集滤器淹没在油面以下，吸入的机油清洁程度较差，但可防止泡沫吸入，结构简单，应用较广。

如图8-8所示为浮式集滤器的构造。浮子3是空心密封的，飘浮在润滑油的液面上。固定管5固装在机油泵上，吸油管4的一端与浮子焊接，另一端与固定管活动连接，以便浮子能自由地随油液面升降。金属丝滤网有一定弹性，中央有一圆孔，装配时在滤网弹力作用下，圆孔紧压在罩上。罩的边缘有缺口，机油由此进入滤网内。滤网的网孔约为0.1～0.15mm，可滤去机油中较大的机械颗粒。罩用自身的凸爪连同滤网一起扣装在浮子上，罩的斜面靠近吸油管，以保证滤网的实际有效面积。

当机油泵工作时，润滑油从罩和滤网间的狭缝被吸入，通过滤网时较大的杂质被滤去，后经吸油管进入机油泵（如图8-8a所示）。当滤网被杂质淤塞时，由于机油泵所形成的真空度，迫使滤网向上，使滤网的圆孔离开罩，此时润滑油便直接从圆孔进入吸油管（如图8-8b所示），以保证机油的正常输送。

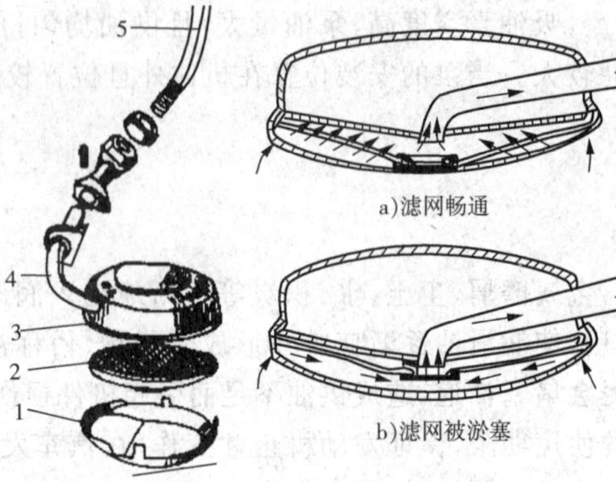

图 8-8 浮式集滤器

1—罩;2—滤网;3—浮子;4—吸油管;5—固定管

(2)粗滤器

粗滤器用来过滤润滑油中颗粒较大的杂质,滤清阻力小,一般是继机油泵之后串联在润滑系统油路中,属全流式滤清器。传统的粗滤器滤芯多采用金属片式或金属网式,近年来有被纸质式滤芯所代替的趋势。

金属片缝隙式粗滤器的构造如图 8-9 所示。它是由上盖 4、外壳 6、滤芯、旁通阀和转动手柄 8 等组成。冲压制成的外壳 6 与铸铁上盖 4 组装在一起,并用衬垫 12 密封。外壳上有放污塞 7,盖上有旁通阀。滤芯由薄钢片制成,有滤片 9、隔片 10 和刮片 11。滤片呈车轮状,隔片呈星状,它们间隔地套在滤芯轴 14 上,并用上下盖板及螺栓 13 组装在上盖上。机油从滤片间的缝隙间通过,再经上盖出油道流向主油道。为了便于清除滤芯表面的污物,在滤片之间装有与隔片厚度相同的刮片,刮片套在固定杆 5 上。转动手柄 8 使滤芯转动,污物即被固定的刮片剔除,要求每日转动一次。旁通阀的作用是当滤芯堵塞时,进出油道间的压

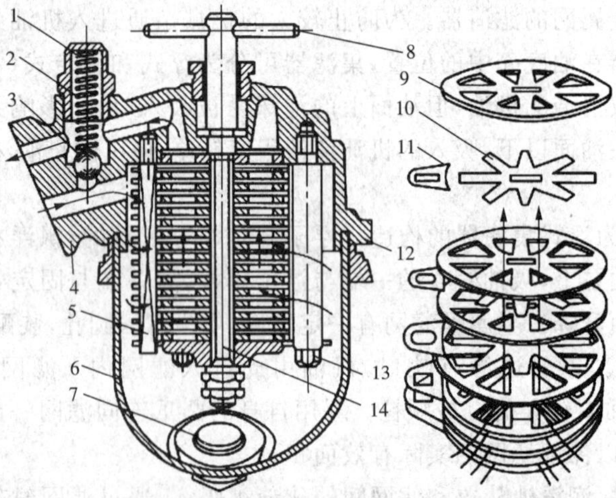

图 8-9 金属片缝隙式机油粗滤器

1—阀门盖;2—阀门弹簧;3—钢球;4—上盖;5—刮片固定杆;6—外壳;7—放污塞;8—手柄;9—滤片;10—隔片;11—刮片;12—衬垫;13—固定螺栓;14—滤芯轴

力差达0.07～0.09MPa时，旁通阀打开，机油直接流入主油道；当冷机启动时，机油黏度较大，流动性较差，也能顶开旁通阀，避免供油中断而造成严重事故。

如图8-10所示为6100Q型发动机润滑系统纸质滤芯式粗滤器的结构。它与上述金属片缝隙式粗滤器的区别是滤芯分内外两层。外层滤芯由经过树脂处理的微孔滤纸组成，微孔滤纸一般折叠成扇形或波纹形，以保证在最小的体积内有最大的过滤面积，提高滤芯刚度。内层滤芯是用金属丝编成的滤网。粗滤器工作时，润滑油经过内外两层滤芯的过滤后流向主油道。

滤清器上装有旁通阀，旁通阀位于进油口的另一侧。当滤芯淤塞阻力过大时，若进、出油口的压力差超过0.15～0.18MPa，机油便顶开旁通阀直接进入主油道，以保证主油道所需要的机油量。纸质滤清器结构简单，滤清效果好，更换方便，得到了广泛应用。

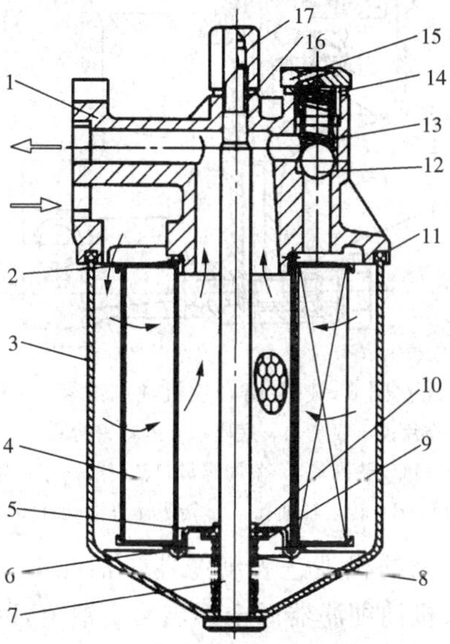

图8-10 6100Q型发动机润滑系统纸质滤芯式粗滤器

1—上盖；2—滤芯密封圈；3—外壳；4—纸质滤芯；5—托板；6—滤芯密封圈；7—拉杆；8—滤芯压紧弹簧；9—压紧弹簧垫圈；10—拉杆密封圈；11—外壳密封圈；12—球阀；13—旁通阀弹簧；14—密封垫圈；15—阀座；16—密封垫圈；17—螺母

(3)细滤器

细滤器用来清除微小的杂质、胶质和水分。它对机油的流动阻力较大(实际上是压力渗透)，一般并联在润滑油路中，又称为分流式滤清器。

细滤器按滤清方法可分为过滤式机油细滤器和离心式机油细滤器。过滤式机油细滤器多采用耐油耐水的微孔滤纸滤芯、毛毡和棉纱等。离心式机油细滤器滤清能力高，通过性好，且不受沉淀物影响，不需要更换滤芯，只需定时清洗即可，但对胶质物滤清效果差。这种滤清器出油无压力，一般只做分流式连接。目前汽车发动机多采用的是离心式机油细滤器。

离心式机油细滤器的构造如图8-11所示，由底座4、转子体15和外罩6等部分组成。底座上设有低压限压阀1，带中心孔的转子轴9装在底座上，并用转子轴止推片2锁紧。转子体通过上、下转子衬套套在转子轴上，可以自由转动，并由上、下两个弹簧挡圈做寿轴向定位，转子下端装有两个按中心对称水平安装的喷嘴3。导流罩8套在转子体上，紧固螺母12

将转子罩 7 与转子体紧固在一起,形成一个空腔,通过导流罩、转子体及转子轴上对应的径向油孔与转子轴中心孔相通。整个转子用外罩盖住,并通过盖形螺母 14 和垫片 13 将其固定在底座上。

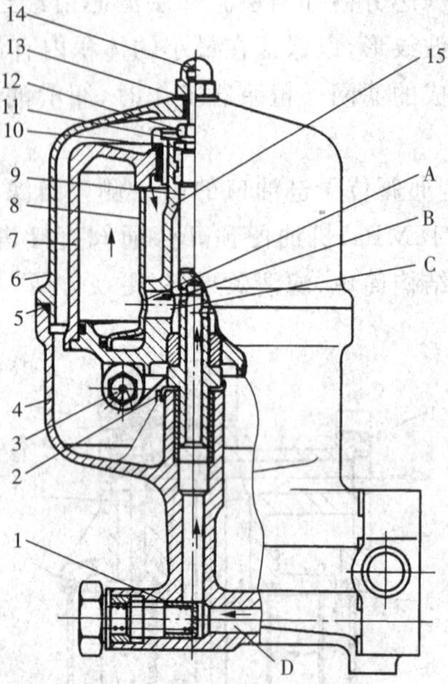

图 8-11　离心式机油细滤器

1—低压限压阀;2—转子轴止推片;3—喷嘴;4—底座;5—外罩密封圈;6—外罩;7—转子罩;8—导流罩;9—转子轴;10—止推垫;11—垫圈;12—紧固螺母;13—垫片;14—盖形螺母;15—转子体;A—导流罩油孔;B—转子轴油孔;C—转子体进油孔;D—滤清器进油孔

发动机工作时,从机油泵来的机油进入细滤器进油孔 D,若油压低于 0.147MPa,低压限压阀不开启,机油不能进入机油细滤器而全部供给主油道,以保证发动机可靠润滑。当油压高于此值时,低压限压阀被顶开,机油沿壳体中转子轴内的中心油道,经转子轴油孔 B、转子体进油孔 C、导流罩油孔 A 流入转子罩 7 内腔后,又经导流罩从两个喷嘴 3 喷出,此时转子在喷射反作用力推动下高速旋转。当油压在 0.3MPa 时,转子的转速可达 5000~6000 r/min。由于转子内腔的机油随着转子高速旋转,机油中的机械杂质在离心力的作用下被甩向转子壁。清洁润滑油不断从喷嘴喷出,并经出油口流回油底壳。

三、限压阀

若润滑系统内机油压力过低,将使机件摩擦表面得不到良好的润滑和冷却,使磨损加剧,甚至烧坏机件;若机油压力过高,将使喷溅在汽缸壁上的机油量过多而带入燃烧室烧掉的量增加,润滑系统管路接头的漏损量也会增多,造成机油消耗增大。另外,机油压力过高会增加机油泵的负荷,一方面影响机油泵寿命;另一方面机油泵消耗的发动机功率会增加。严重时可能会导致油管和润滑系统零件的破裂或损坏。因此,润滑系统中应设置限压阀。限压阀的作用是限制润滑系统的机油压力不致过高,并稳定在一定范围内,以利于发动机的润滑。

发动机工作时,机油压力将随发动机的转速和温度的高低、机件磨损的程度而变化。为了保证机油在最困难的条件下(低速、高温、磨损较大)能有一定压力,而在另一些条件下(高速、低温、磨损小)压力不致过高,润滑系统中必须设置限压阀,以限制并稳定机油压力。限压阀的具体结构随其在润滑系统中布置位置的不同而异。如图 8－12 所示为 CA6102 发动机润滑系统限压阀的构造示意图。它装在正时齿轮盖上，位于汽缸体的主油道前端。

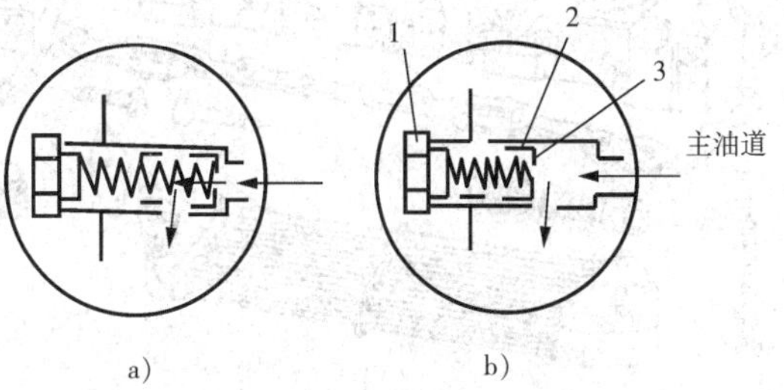

图 8－12　CA6102 发动机润滑系统限压阀

1—螺塞；2—弹簧；3—柱塞

四、机油散热器

发动机工作时，机油在流经摩擦表面起到润滑作用的同时，也会带走摩擦表面的热量。另外，机油内部分子的摩擦也会产生热量。这些热量会使机油温度升高。如果机油温度过高，将会使机油黏度过低，并容易发生氧化变质，降低机油的润滑能力。为了保证发动机可靠润滑，必须保持机油在最适宜的温度范围内工作，防止机油温度过高。一般强化程度不高的发动机，通过油底壳和其他零件的自然散热作用来进行机油冷却即可满足要求。但对于强化程度较高的发动机，单靠通过油底壳及其他零件的自然散热作用，已不能维持机油在最适宜的温度范围内。因此，常在润滑系统中设置机油散热器，对机油进行强制冷却。

机油散热器有风冷式和水冷式两种。

风冷式机油散热器为管片式，安装在发动机的前面，固定在冷却水散热器或车架横梁上，其结构和冷却水散热器相似。它的两边有油室，两油室间焊有许多根扁管连通。扁管上镶焊有很多散热片，以增大散热面积。扁管和散热片常用导热性能较好，并具有一定强度的黄铜制成，散热器的四周再用钢铁骨架加强。机油在扁管中流动，将热量传给扁管和散热片，利用汽车行驶时的迎面风吹拂扁管和散热片，再将热量传给大气。6100Q 型发动机就采用这种风冷式机油散热器。如图 8－13 所示为 6100Q 型汽油机的风冷式机油散热器外形图。

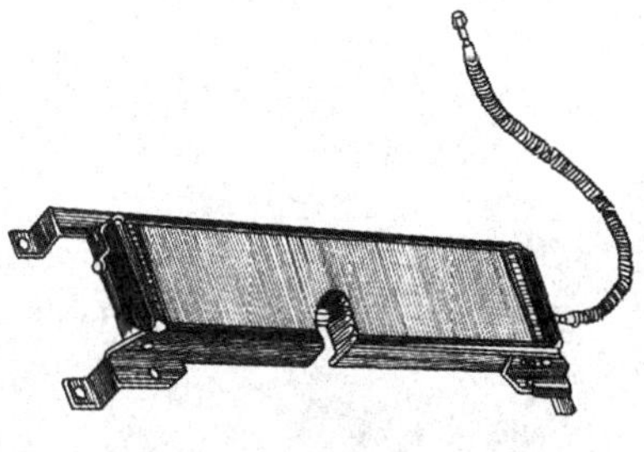

图 8－13　6100Q 型汽油机风冷式机油散热器

水冷式机油散热器一般置于发动机的冷却液循环系统中，靠冷却液冷却，以冷却液温度控制润滑油温度，如图 8－14 所示为一种水冷式机油散热器。由于冷却液的温度可控，所以润滑油温度也可实现控制，从而将机油温度控制在正常范围内。

与风冷式机油散热器相比，水冷式机油散热器的优点是：当发动机负荷、转速及环境温度变化时，机油温度可以实现相对稳定控制；当发动机冷启动后，机油可从冷却液吸收热量，快速提高机油温度。缺点是：受冷却液温度的控制，机油温度不可能冷却到较低的温度；过高的机油温度会加重冷却液冷却负担，机油可能被过分冷却；机油和冷却液存在互相渗漏的危险。

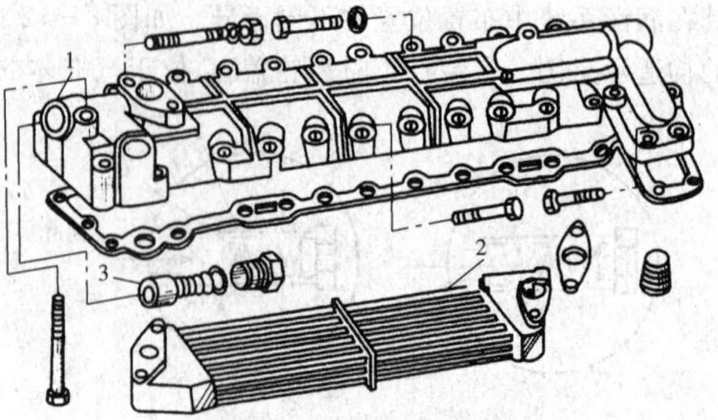

图 8-14　水冷式机油散热器

1—机油冷却器盖;2—冷却器芯;3—滑阀

思考题

8-1　润滑系统的功用是什么？由哪些零部件组成？润滑方式有几种？

8-2　机油的使用特性是什么？

8-3　如何选用发动机机油？

8-4　试述齿轮式机油泵的结构及工作原理。

8-5　限压阀的作用是什么？

第九章　汽油机点火系统

本章主要介绍汽油机点火系统的功用和分类，传统点火系统的组成和主要零部件的工作原理，半导体点火系统的组成、分类和主要零部件工作原理，微机控制点火系统的组成和主要零部件工作原理，点火系统中蓄电池、发电机及电压调节器的结构和工作原理。

第一节　概　述

汽油机是点燃式发动机，要求在压缩行程终了前，准时、可靠地点燃可燃混合气。为此，汽油机燃烧室中都装有火花塞，当火花塞两电极间电压升高到一定值时，其两电极之间的间隙就会被击穿而产生电火花。使火花塞两电极间产生电火花的全部设备称为发动机点火系统。点火系统的工作对发动机的性能有着重要影响。随着车用发动机技术发展和环保节能要求的不断提高，对点火系统的要求也越来越高，从而促使发动机点火系统的性能在不断提高和完善，已由初期的机械触点式点火系统，发展到现在的无分电器微机控制电子点火系统。

1. 汽油机点火系统的要求

点火系统的作用就是把汽车电源系统的低压电转变成高压电，并按发动机汽缸不同的点火次序，形成电火花点燃混合气，从而使发动机正常工作。点火系统应在发动机各工况和使用条件下，都能保证可靠并准确地点燃可燃混合气。因此，点火系统必须符合以下三个基本要求。

(1)能产生足以击穿火花塞电极间隙的高电压。电火花是在火花塞两电极之间由于高压放电而产生的。能使火花塞两电极间产生电火花所需要的高电压，称为击穿电压。击穿电压的数值不仅与火花塞两电极间的距离有关，还与汽缸内的压力和温度有关。当电极间距离愈大时，汽缸内气体压力愈高，而温度愈低时，击穿电压就要求愈高。为了保证点火工作可靠，并考虑能在各种困难条件下点火，实际上作用于火花塞两电极间的电压通常在20～30 kV。

(2)电火花应具有足够的点火能量。要使可燃混合气被点燃，电火花还必须具有足够的点火能量。在发动机正常工作时，混合气被点燃的条件较好，电火花只要有0.01～0.03 J的能量即可，但启动时，为保证可靠点火，火花塞的点火能量需高达0.1 J。

(3)点火时刻应适应发动机的各种工况。发动机的点火时刻用点火提前角表示。发动机在不同转速和负荷下工作时，其点火提前角是不同的。转速高或负荷小时，点火提前角应大些;反之,点火提前角应小些。点火系统必须能自动调节点火提前角,使点火时刻能适应发动机的各种工况。

二、汽油机点火系统的分类

汽车点火系统按初级电路通断控制方式的不同可分为传统点火系统、半导体点火系统和微机控制点火系统三种类型。

(1)传统点火系统　指初级电路的通断由断电器触点控制的点火系统。传统点火系统的结构简单,成本低廉,但故障率高,高速性能差,已逐步淘汰。

(2)半导体点火系统　指初级电路的通断由晶体管控制的点火系统,也称"晶体管点火系统"或"电子点火系统"。它具有高速性能好、点火时间精确、结构简单、重量轻、体积小等优点,已经逐渐取代传统点火系统。

(3)微机控制点火系统　指微机根据各种传感器输入的信号,经过数学运算和逻辑判断,控制初级电路通断的点火系统。计算机控制点火系统是最先进的点火系统,其应用越来越广。

按点火能量的存储方式不同,目前应用在汽车上的蓄电池点火系统可分为电感放电式和电容放电式两类。电感放电式点火系统是将点火能量存储在点火线圈形成的磁场中,而电容放电式点火系统则将点火能量存储在储能电容器的电场中。

第二节　传统点火系统

一、传统点火系统的组成

传统点火系统的组成如图 9－1 所示,主要由电源、点火线圈、分电器、点火开关、火花塞、附加电阻、高低压导线组成。

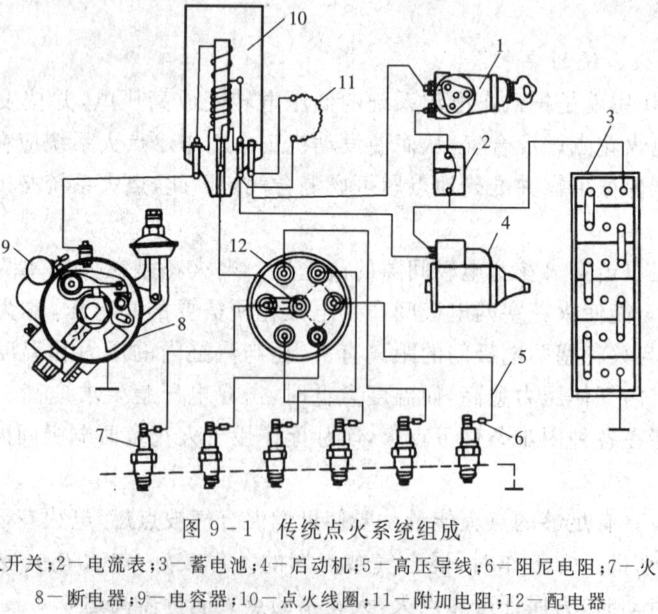

图 9－1　传统点火系统组成

1－点火开关;2－电流表;3－蓄电池;4－启动机;5－高压导线;6－阻尼电阻;7－火花塞;
8－断电器;9－电容器;10－点火线圈;11－附加电阻;12－配电器

(1)电源　由蓄电池和发电机组成,为点火系统提供电能。

(2)点火线圈　将电源提供的 12V 低压电转变成能击穿火花塞电极间隙的高压电。

(3)分电器　主要由断电器、配电器、点火提前机构和电容器等组成。断电器的作用是在发动机凸轮轴驱动下，准时接通和切断点火线圈初级电流，使点火线圈及时产生高压电，配电器的作用是按点火顺序将高压电分送至各缸火花塞；点火提前机构能实现对点火时刻的调整；电容器的作用是减小断电触点火花，提高点火线圈次级电压。

(4)点火开关　控制点火系统低压电路的通断，控制发动机的启动、工作和熄火。

(5)火花塞　将高压电引入燃烧室，产生电火花点燃可燃混合气。

(6)附加电阻短接装置　启动时将附加电阻短接，增大点火线圈的初级电流，增强启动时火花塞的跳火能量。

(7)高压导线　连接点火线圈与分电器中心插孔以及分电器电极和各缸火花塞。

二、传统点火系统的工作原理

在传统点火系统中，蓄电池或发电机供给 12V 低电压，经点火线圈和断电器转变为高电压，再经配电器分送到各缸火花塞，使电极间产生电火花。传统点火系统的工作原理如图 9－2 所示。

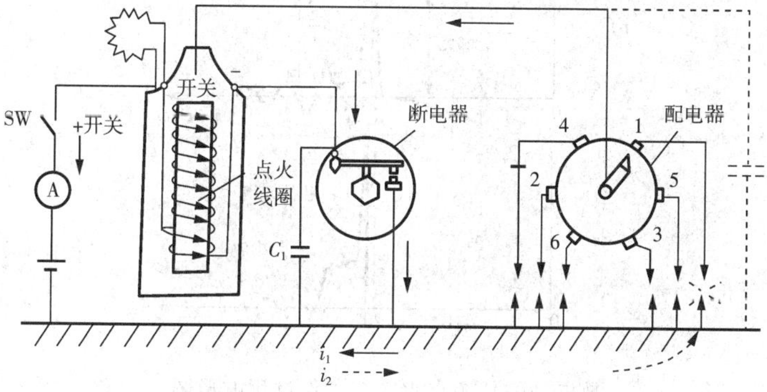

图 9－2　传统点火系统的工作原理

发动机工作时，断电器轴连同凸轮一起在发动机凸轮轴的驱动下旋转。断电器凸轮转动时，断电器触点交替地闭合和打开，因此传统点火系统的工作原理可分为触点闭合，初级电流增长；触点打开，次级绕组产生高压；火花塞电极间火花放电三个阶段。

1. 触点闭合，初级电流增长的过程

点火系统的初级电路包括蓄电池、点火开关、附加电阻、点火线圈初级绕组、分电器的断电触点及电容器。

触点闭合时，点火线圈初级绕组中有电流流过，传统点火系统工作过程波形如图 9－3 所示。流过初级绕组的电流称为初级电流 i_1。初级电流按指数规律增长，并逐渐趋于极限值，初级电流波形如图 9－3a 所示。对汽车上的点火线圈而言，在触点闭合后约 20ms，初级电流就接近于其极限值。初级电流 i_1 的计算公式为

$$i_1=\frac{U_B}{R}(1-e^{-\frac{R}{L}t}) \tag{9-1}$$

式中：U_B——蓄电池端电压；

R——初级电路的电阻；

L——初级绕组的电感；

t——初级电流持续的时间，即触点闭合时间。

初级电流增长时，不仅在初级绕组中产生自感电势，同时在次级绕组中也会产生互感电势，约为 1.5～2kV，不能击穿火花塞间隙，次级电压波形如图 9－3b 所示。

低压电路在触点闭合时以蓄电池或发动机为电源，以附加电阻及点火线圈的初级绕组为负载，其电流回路为：蓄电池或发电机"＋"极→电流表→点火开关"ON"挡→附加电阻→点火线圈初级绕组→断电器触点→搭铁→蓄电池或发电机"－"极。

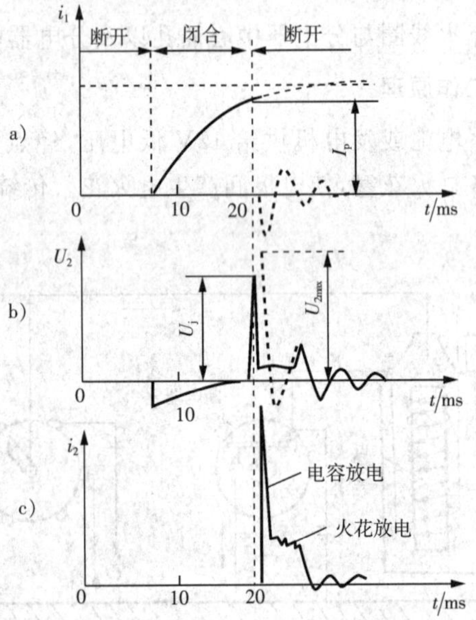

图 9－3　传统点火系统工作过程波形图

2. 触点打开，次级绕组产生高压的过程

触点闭合后，初级电流按指数规律增长，当闭合时间为 t_b，i_1 增长到 I_p 时，触点被凸轮顶开，I_p 称为初级断电电流，即

$$I_p=\frac{U_B}{R}(1-e^{-\frac{R}{L}t_b}) \qquad (9-2)$$

触点打开后，初级电流 I_p 迅速降到零，磁通也随之迅速减小，如图 9－3a 所示。此时，在初级绕组和次级绕组中都产生感应电动势，由于初级绕组匝数少，产生 200～300V 的自感电势，次级绕组匝数多，产生高达 15～20kV 的互感电势 U_2，如图 9－3b 所示。

触点打开后，初级电路由 L、R、C 组成振荡回路，在次级绕组中的感应电动势也发生相应的变化。如果次级电压不能击穿火花塞间隙，则 U_2 将按图 9－3b 中虚线变化，在几次振荡之后消失。如果 U_2 升到 U_j 时火花塞间隙被击穿，则电压的变化如图 9－3b 实线所示，U_j 称为击穿电压。

高压电路在触点从闭合到断开瞬间以点火线圈次级绕组为高压电源，以火花塞电极间隙为负载，其电流回路为：点火线圈次级绕组"＋"极→附加电阻→点火开关→电流表→蓄电池或发电机→搭铁→火花塞侧电极、中心电极→配电器→点火线圈次级绕组"－"极。

3. 火花塞电极间火花放电过程

通常火花塞的击穿电压 U_j 总低于 $U_{2\max}$，在这种情况下，当次级电压 U_2 达到 U_j 时，就使火花间隙击穿而形成火花，这时在次级电路中出现 i_2，次级电流波形如图 9－3c 所示，同时次级电压突然下降，如图 9－3b 所示。

火花放电一般由电容放电和电感放电两部分组成。所谓电容放电是指火花间隙被击穿时，储存在 C_2 中的电场迅速释放的过程，其特点是放电时间极短（1μs 左右），但放电电流很大，可达几十安培；火花塞间隙击穿以后，火花间隙的电阻减小，线圈磁场的其余能量将沿着电离的火花间隙缓慢放电，形成电感放电，又称火花尾，其特点是放电时间持续较长，达几毫秒，但放电电流较小，约几十毫安，放电电压较低，约 600V。实验证明，电感放电持续的时间越长，点火性能越好。

发动机工作期间，断电器凸轮每转一周（曲轴转两周），各缸按点火顺序轮流点火一次。若要停止发动机的工作，只要断开点火开关，切断初级电路即可。

三、传统点火系统主要元件的构造

1. 点火线圈

点火线圈是利用电磁感应原理制成，由初级绕组、次级绕组和铁芯组成。点火线圈按磁路结构特点可分为开磁路和闭磁路两种类型。

(1)井磁路点火线圈

如图 9－4 所示，开磁路式点火线圈又可分为二接线柱式（不带附加电阻）和三接线柱式。

点火线圈的中心是用硅钢片叠成的铁芯，在铁芯外面套有绝缘的纸质套管，纸质套管上绕有直径为 0.06～0.10mm，总数为 11000～23000 匝的次级绕组以及直径为 0.5～1.0mm，总数为 230～370 匝的初级绕组，初级绕组采用高强漆包线，绕在次级绕组的外面，以利于散热。绕组和外壳之间装有导磁钢套，底部有瓷质绝缘支座，上部有绝缘盖，壳内充满沥青或变压器油等绝缘物，以加强绝缘并防止潮气侵入。

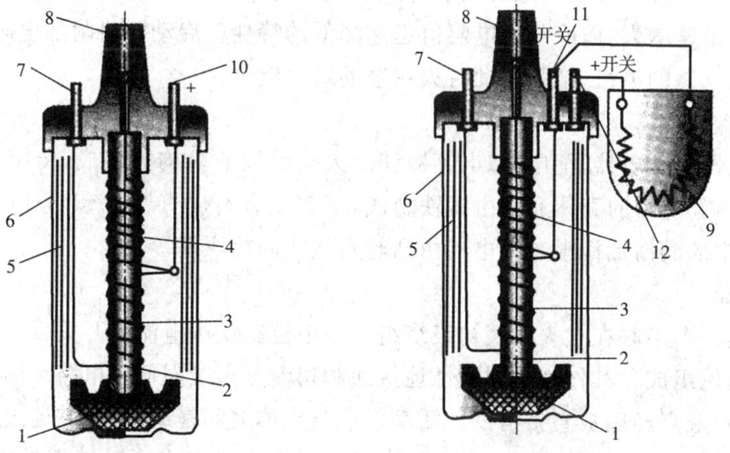

a)二接线柱式(不带附加电阻)　　b)三接线柱式

图 9－4　开磁路式点火线圈

1－瓷座；2－铁芯；3－初级绕组；4－次级绕组；5－导磁钢套；6－外壳；7－“－”接线柱；8－高压接线柱；9－附加电阻；10－“＋”接线柱；11－“开关”接线柱；12－“点火开关”接线柱或“＋开关”接线柱

三接线柱式与二接柱式点火线圈的区别在于三接柱式带有附加电阻，而二接线柱式不带附加电阻。三接线柱式点火线圈的低压接线柱分别标有“－”“＋”和“＋开关”的标记，附加电阻接在“开关”和“＋开关”之间；两接线柱点火线圈只有标有“＋”“－”标记的两个接线柱。

(2)闭磁路式点火线圈

闭磁路式点火线圈的结构如图 9－5 所示。有“口”字形和“日”字形之分。与开磁路式点火线圈不同的是铁芯内绕有初级绕组，而次级绕组绕在初级绕组外面。绕组在铁芯中的磁通，通过铁芯形成闭合磁路，故称为闭磁路式点火线圈。

此外，与开磁路式点火线圈相比，闭磁路式点火线圈具有漏磁少、转换效率高、体积小、重量轻、铁芯裸露易于散热等优点，目前已在电子点火系统中广泛采用。

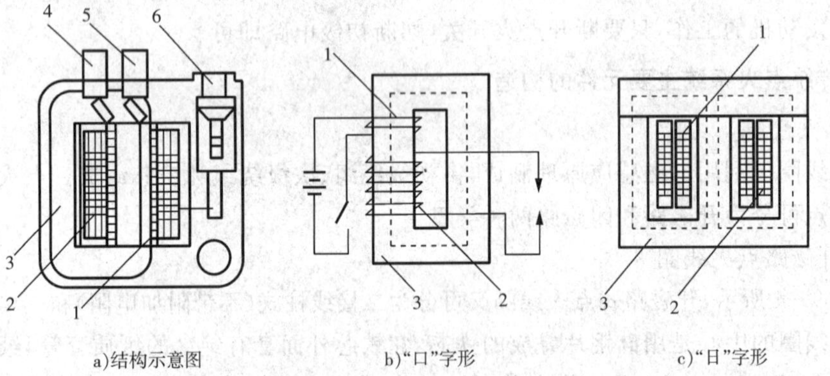

图 9－5　闭磁路式点火线圈结构图

1－初级绕组；2－次级绕组；3－铁芯；4－正极接线柱；5－负极接线柱；6－高压接线柱

(3)附加电阻

附加电阻是一种正温度系数的热敏电阻，一般用低碳钢丝、镍铬丝或纯镍丝制成，具有受热时电阻值迅速增大，而冷却时电阻值迅速降低的特性。启动时将附加电阻短路，可增大点火线圈初级电路的电流，增强启动时火花塞的跳火能量。

2. 分电器

传统分电器由断电器、配电器、电容器和点火提前调节机构等组成，传统分电器结构如图 9－6 所示。分电器的壳体通常由铸铁制成，下部压有石墨青铜衬套，分电器轴在衬套内旋转，靠油杯中的润滑油润滑。分电器由凸轮直接或间接驱动。

(1)断电器

断电器是一个串联在点火线圈初级绕组电路中控制低压电流的开关设备，由活动触点、固定触点及凸轮组成。其作用是周期性地接通和切断点火线圈低压电路。断电器触点由钨合金制成，固定触点经底板直接搭铁。活动触点与壳体之间是绝缘的，它通过触点臂经触点弹簧片与分电器低压接线柱相通。活动触点臂的有孔端松套在活动底板的销轴上，通过触点臂弹簧片的弹力使顶块紧压在凸轮上。凸轮具有与发动机汽缸数相同数目的凸角，凸轮与拨板制成一体，装在分电器轴上，经离心重块由分电器轴驱动。旋动偏心螺钉即可通过改变固定触点的位置来调整断电器触点的间隙。

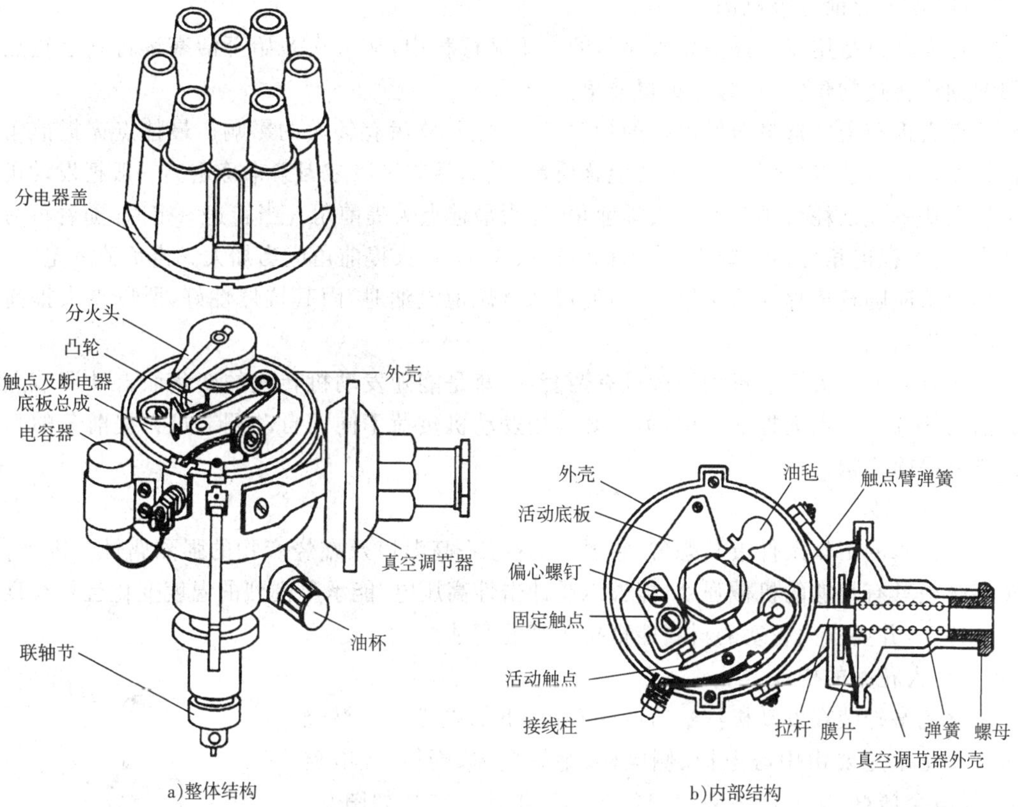

图 9－6 传统分电器结构示意图

(2)配电器

配电器安装在断电器上方，由胶木制的分电器盖和分火头组成，其作用是按发动机点火顺序，将高压电分配到各缸火花塞上。分火头插装在凸轮的顶端，和凸轮一起旋转，其上有金属导电片。分电器盖的中间有高压线插孔，其内装有带弹簧的碳柱，压在分火头的导电片上。分电器盖的外围有与发动机汽缸数相等的旁电极插孔，以安装分缸高压线。分火头上的导电片距离旁电极有 1.2～0.8mm 的间隙，当分火头旋转时，断电器触点打开，而此时分火头正好对准某一旁电极，于是高压电自导电片跳至与其相对的旁电极，再按点火顺序将高压电经高压分线送至各缸相应的火花塞。

(3)电容器

电容器的作用是：当触点分开时可减小触点间的火花，防止触点烧蚀；同时，由于电容器能吸收触点分开时的电能，使初级电流迅速切断，提高了磁场变化的速率，从而提高次级电压。电容器装在分电器壳体上，其结构如图 9－7所示。电容器外壳与一条箔带相连，作为搭铁电极；另一条箔带则通过与外壳绝缘的导线引出，作为另一极，接分电器接线柱。

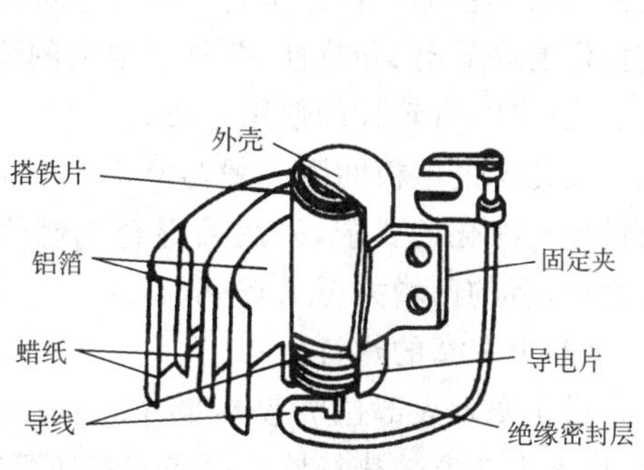

图 9－7 电容器结构

(4)点火提前调节机构

点火时刻是用点火提前角来表示的。压缩行程中,从点火开始至活塞运行到上止点期间曲轴所转过的角度,称为点火提前角。

点火提前角的选择对发动机的功率、稳定性及放污有较大的影响。最佳点火提前角应根据发动机转速、混合气的浓度及混合质量、燃油品质等诸多因素来确定。一般把发动机发出最大功率或油耗最小时的点火提前角,称为最佳点火提前角。当转速一定时,随着负荷的加大,点火提前角应适当减小;发动机负荷减少时,点火提前角应当加大。当负荷一定时,点火提前角应随转速提高适当增大;当使用高辛烷值汽油时,因其抗爆性好,所以点火提前角也应适当增大。

分电器的点火提前机构一般设有两套:一套是能随发动机转速的变化而自动调节点火提前角的离心式点火提前机构;另一套是按发动机负荷不同而自动调节点火提前角的真空式点火提前机构。

3. 火花塞

火花塞的工作条件极其恶劣,它要受到高压、高温以及燃烧产物的强烈腐蚀。因此,火花塞必须具有足够的机械强度,能够承受冲击性高压电,能承受剧烈的温度变化且具有良好的热特性,并要求火花塞的材料能抵抗燃气的腐蚀。

(1)火花塞的构造

火花塞拧装在发动机汽缸盖的螺孔内,下部电极伸入燃烧室。火花塞主要由中心电极、侧电极、绝缘瓷体、壳体、导电玻璃、导电金属杆、紫铜内垫圈和密封垫圈等组成。结构如图 9-8 所示。

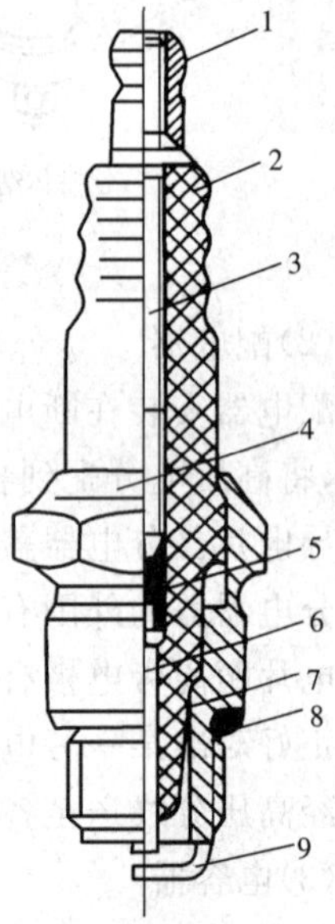

图 9-8　火花塞的结构

1—接线螺母;2—绝缘瓷体;3—导电金属杆;4—壳体;5—导电玻璃;6—中心电极;7—紫铜垫圈;8—密封垫圈;9—侧电极

在钢质壳体内部固定有高氧化铝陶瓷绝缘体,在绝缘体中心孔的上部有金属杆,杆的上端有接线螺母,用来接高压导线;下部有中心电极。金属杆与中心电极之间用导电玻璃密封,铜质内垫圈起密封和导热作用。壳体的上部有便于拆装的六方形,下部有螺纹以便拧装在发动机汽缸盖内,并采用了氧化处理或镀上防锈镀层,以提高其耐腐蚀性。壳体的下端面固定有弯曲的侧电极。火花塞在装入火花塞孔时,需加多层密封垫圈或铜包石棉垫圈以保证密封。中心电极用镍锰合金钢制成,具有良好的高导电、导热性,并具有很强的耐高温、耐化学腐蚀和抗氧化性能,有较长的使用寿命。

火花塞的电极间隙一般为 0.7～0.9mm,近年来为适应发动机排气净化的要求,采用稀混合气燃烧,火花塞间隙有增大的趋势,有的已增大至 1.0～1.2mm。

(2)火花塞的热特性

火花塞发火部位吸收热量并向发动机冷却系统散发的性能,称为火花塞的热特性。火花塞各处温度及散热途径如图 9-9 所示。

火花塞的热特性主要取决于火花塞绝缘体裙部的长度,绝缘体裙部长的火花塞,其受热面积大,而传热距离长,散热困难,因此裙部温度高,称为“热型”火花塞。反之,绝缘体裙部短的火花塞，其受热面积小，而传热距离短，散热容易，因此裙部温度低，称为“冷型”火花塞。热型火花塞适用于低速、低压缩比的小功率发动机，冷型火花塞则适用于高速、高压缩比的大功率发动机。

目前世界各国对火花塞的热特性的表示方法不完全相同，但比较通行的做法是用热值表示。所谓热值，是指火花塞散掉所吸热量的程度。通常用阿拉伯数字1,2,3,4,5,6,7,8,9,10,…表示热值的高低。一般数值越大，表示散热性能越好，火花塞越冷。因而，小数字表示热型火花塞，大数字表示冷型火花塞。

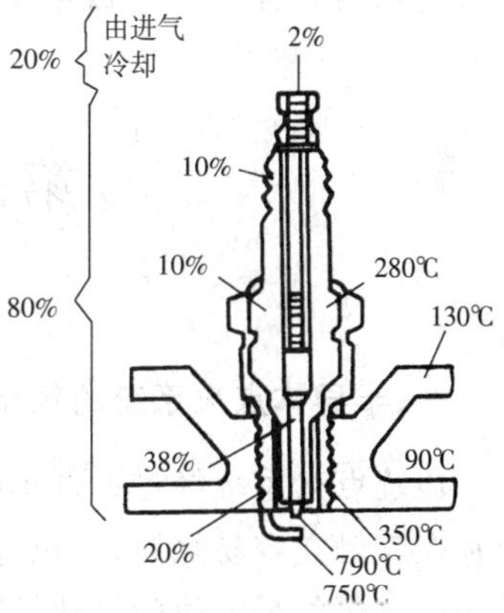

图 9－9　火花塞的散热

(3)常用火花塞的类型

常用火花塞的结构类型如图 9－10 所示。

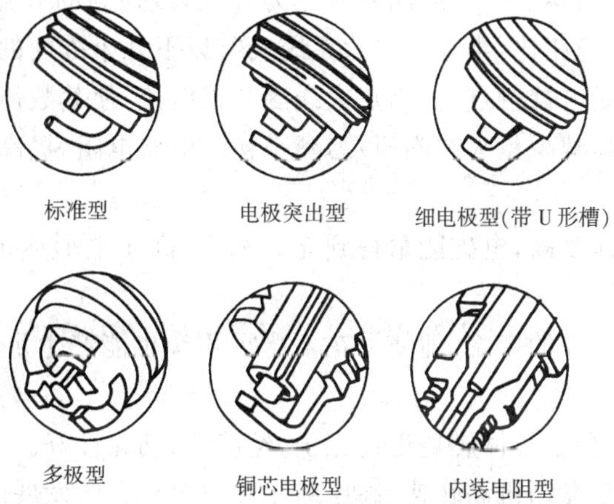

图 9－10　常用火花塞的结构类型

① 标准型火花塞　其绝缘体裙部略缩入壳体端面，侧电极在壳体端面以外。

② 电极突出型火花塞　绝缘体裙部较长，突出壳体端面之外。具有吸收热量大、抗污能力好的优点，且能直接受到进气的冷却，因而也不易引起炽热点火，故热适应范围宽，是使用最广泛的火花塞。

③ 细电极型火花塞　其电极很细，特点是火花强烈、点火能力好，在严寒季节也能保证发动机迅速可靠地启动，热适应范围较宽，能满足多种用途。

④ 多极型火花塞　侧电极一般为两个或两个以上。优点是点火可靠，间隙不需经常调整，故在电极容易烧蚀和火花间隙不能经常调节的一些汽油机上被采用。

⑤ 铜芯热值火花塞　高速发动机普遍采用铜芯火花塞。这种火花塞把抗蚀性优良的镍合金与传导性良好的无氧铜结合在一起，使得其热值较普通电极的火花塞提高了 10％～49％，因铜导热性好，热值上限提高，高速时能限制炽热点火；裙部的加长，热室容积的扩大，使得热值下限拓宽，提高了电极耐油污、抗烧蚀的能力。

⑥ 内装电阻型火花塞　内装电阻型火花塞是为了抑制汽车点火系统对无线电的干扰，

在火花塞内装有 5～10kΩ 电阻的火花塞。

第三节　半导体点火系统

一、半导体点火系统的优点及类型

传统点火系统经过近百年的应用与不断的改进和完善，结构已经定形。但传统点火系统存在着触点容易烧蚀、火花塞电火花能量的提高受到限制、对火花塞积炭和污染敏感，以及次级电压的最大值随发动机转速的升高和汽缸数的增加而下降等难以克服的缺点。随着现代汽车发动机向高转速、高压缩比、低油耗、低排放方向发展，传统点火系统的缺点日渐突出。因此，传统点火系统已逐渐被新型的半导体点火系统和微机控制点火系统所取代。半导体点火系统是指利用晶体三极管或晶闸管作为开关，接通与断开点火线圈初级电流的点火装置。与传统点火系统相比，半导体点火系统具有以下几个方面的优点：

(1)用晶体管取代断电器触点，控制点火线圈初级电流，使其数值不受触点面积限制，可以增大初级断电电流值，减少点火线圈匝数，减小初级电路电阻，提高次级电压，从而有效地改善点火性能。

(2)晶体管的开关速度高，电磁能量得到充分利用，高压电形成迅速，火花能量大，点火可靠。

(3)减小了火花塞积炭的影响，即使火花塞严重积炭也能产生足够的次级电压，实现可靠点火。

(4)点火时间精确，混合气体燃烧迅速完全，经济性、动力性好。

(5)能适应现代汽车发动机高转速、高压缩比和向多缸方向发展的要求。

(6)点火电压高，点火能量大，可以在稀混合气工况下可靠点火，从而有效地减小废气污染和节约用油。

(7)对无线电干扰少，结构简单，重量轻，体积小，使用和维护简单方便。

目前，国内外研制使用的半导体点火装置种类较多，按有无触点，可分为触点式半导体点火系统和无触点半导体点火系统。触点式半导体点火系统的结构简单、成本低，但在一定程度上仍无法避免传统点火系统的缺点。自从 20 世纪 80 年代以来，汽车上广泛应用无触点半导体点火系统。

按触发方式可分为磁感应式、霍尔式、光电式和振荡式四种半导体点火系统。如丰田、富康、北京 BJ2020、东风 1092 等汽车采用了磁感应式半导体点火系统；桑塔纳、捷达、红旗 7220 等汽车采用霍尔式半导体点火系统；采用光电式和振荡式电子点火系统相对较少，如国产猎豹采用光电式电子点火系统。

二、半导体点火系统的组成

半导体点火系统由信号发生器、点火控制器、分电器、点火线圈、高压线、火花塞等组成，如图 9－11 所示。

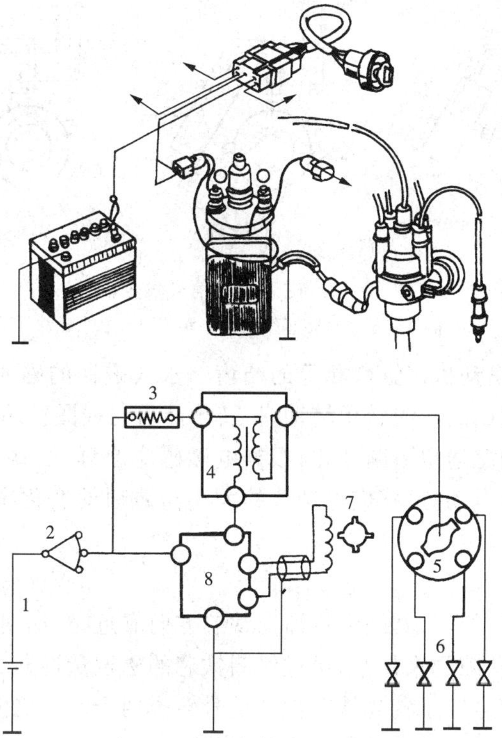

图 9-11　半导体点火系统的组成

1—蓄电池电缆；2—点火开关；3—附加电阻；4—点火线圈；5—分电器；

6—火花塞；7—信号发生器；8—点火控制器

信号发生器又称传感器，一般装在分电器内，通过一定的转换方式将汽车发动机曲轴旋转的角度或活塞在汽缸中所处的位置转换成相应的脉冲电信号，送到点火控制器。

点火控制器又称电子控制单元，它接收信号发生器输送的脉冲信号，经过相应的放大和其他处理，控制点火线圈初级绕组电流的通断。从而使点火线圈的次级绕组产生高电压。

半导体点火系统的点火线圈和火花塞的功能、结构与传统点火系统基本相同。

分电器内部结构与传统点火系统有很大区别，信号发生器代替了断电器凸轮，断电器触点被点火控制器取代。

当发动机的曲轴转动时，信号发生器产生了对应汽缸压缩终了的点火脉冲信号。控制点火控制器的大功率三极管导通和截止。三极管导通时，点火线圈初级电流形成回路，点火线圈储存一定的磁场能；在三极管由导通转变为截止的瞬间，点火线圈初级电流骤然消失，使得次级线圈感应出 20000～25000V 的高压电；分电器根据点火顺序将高压电分配给工作缸火花塞，使其跳火，点燃汽缸中的可燃混合气。

三、典型半导体点火系统

1. 磁感应式点火系统

磁感应式信号发生器由靠分电器轴带动且转速与之相等的信号转子 1、安装在分电器底板上的永久磁铁 4 和绕在铁芯 3 上的传感线圈 2 等组成，如图 9-12 所示。

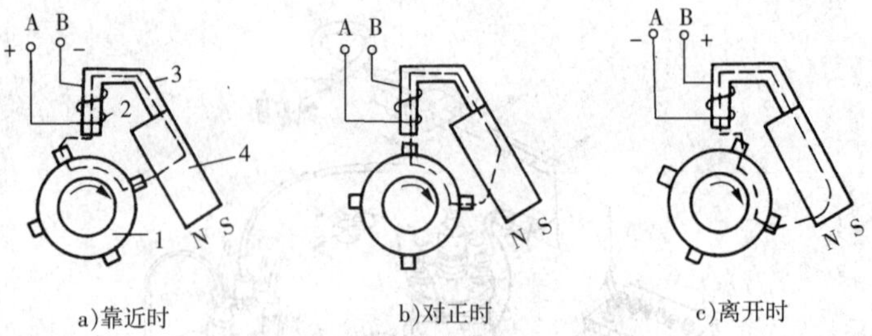

图 9-12　磁感应式信号发生器

1—信号转子;2—传感线圈;3—铁芯;4—永久磁铁

信号转子有数目与发动机汽缸数相等的凸齿。永久磁铁的磁通经转子的凸齿、传感线圈的铁芯、永久磁铁构成回路。当转子转动时,转子凸齿与线圈铁芯间的空气间隙不断发生变化,穿过线圈铁芯中的磁通也不断变化,根据电磁感应原理,当穿过线圈的磁通量发生变化时,线圈中将产生感应电动势,感应电动势的大小与磁通的变化率成正比,其方向则是阻碍磁通的变化。

(1)工作原理

当信号转子按顺时针旋转,其凸齿逐渐向铁芯方向靠近时,如图 9-12a 中所示位置,转子凸齿与铁芯间的空气间隙越来越小,穿过线圈铁芯的磁通量逐渐增多,于是在传感线圈中便产生感应电动势,在信号转子转到铁芯位于信号转子两个凸齿之间的某一位置时,磁通的变化量最大,线圈中产生的感应电动势达到最大值。

随着转子转动,线圈铁芯中磁通量增加速度减慢,线圈中产生的感应电动势减小,当转子转到如图 9-12b 所示位置时,转子凸齿与铁芯线圈的中心线正好在一条线上,转子凸齿与线圈铁芯的空气间隙最小,穿过线圈铁芯的磁通量最大,但磁通的变化量为零,则感应电动势减小到零。

转子继续转动,凸齿逐渐离开线圈铁芯,凸齿与线圈铁芯的空气间隙逐渐增大,穿过线圈铁芯的磁通量则逐渐减小,在线圈中产生的感应电动势加大,但方向与磁通增加时相反,当转子转到如图 9-12c 所示位置时,磁通量减少的速率最大,线圈中的感应电动势反向达到最大值。

如此循环,随着信号转子不断旋转,在传感线圈中产生如图 9-13 所示的大小和方向不断变化的感应电动势。

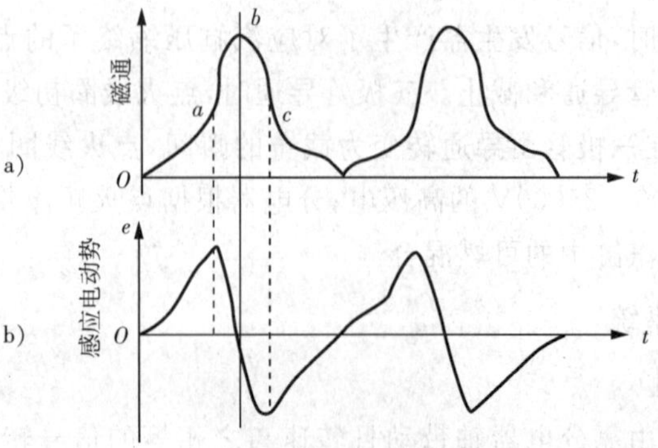

图 9-13　穿过线圈的磁通及线圈中的感应电动势

磁感应式信号发生器的信号电压随发动机转速的变化而变化。发动机转速升高时，信号电压因磁通的变化速率提高而增大，触发点火的电压会提前到达，利用这一点，如果结构设计合理，可使点火提前角随发动机转速的变化符合发动机的实际需要，省去离心式点火提前装置，简化分电器结构。这种点火提前方式也称之为电点火提前，故有些磁感应式半导体点火系统无离心式点火提前机构。

(2)结构

发生器由信号转子 2、传感线圈 3、定子 4、塑性永磁片 5、导磁板 6、底板 7 和分电器轴 1 等组成，如图 9-14 所示。底板和传感线圈固定在分电器壳体内，定子、塑性永磁片和导磁板三者用铆钉铆合后套在底板的轴套上，受真空提前装置的膜片拉杆的约束。塑性永磁片上面为 N 极，下面为 S 极，工作中发生器磁路为：

塑性永磁片 N 极→定子→定子爪极与转子爪极之间的气隙→转子感应线圈铁芯(凸轮轴)→导磁板→塑性永磁片 S 极→塑性永磁片 N 极。

此种结构的优点是信号电压高，低速工作可靠，并且磁感应线圈与转子同心，整个装置成对称分布，这样可提高抗震能力，减少转子的磨损。

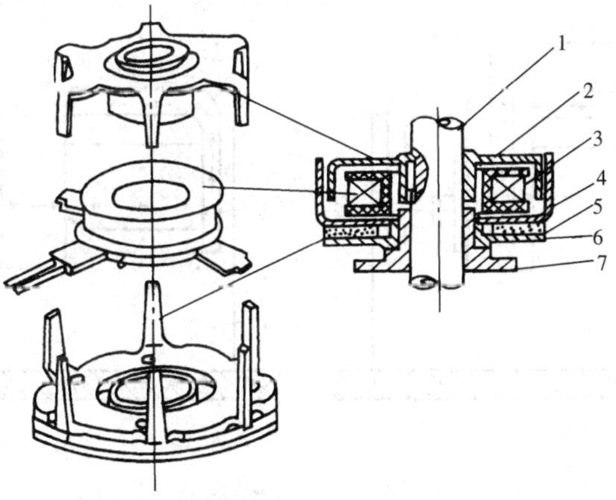

图 9-14 磁感应式发生器

1—分电器轴；2—信号转子；3—传感线圈；4—定子；5—塑性永磁片；6—导磁板；7—底板

2. 霍尔效应式点火系统

(1)霍尔效应

霍尔效应的原理如图 9-15 所示，当电流通过放在磁场中的半导体基片(称霍尔元件)且电流方向和磁场方向垂直时，在垂直于电流和磁通的半导体基片的横向侧面上即产生一个电压，这个电压称为霍尔电压 U_H。霍尔电压与通过霍尔元件的电流和磁感应强度成正比，与基片的厚度成反比，即

$$U_H=\frac{R_H}{d}IB \qquad (9-3)$$

式中：U_H——霍尔电压；

R_H——霍尔系数；

d——基片厚度；

I——电流强度；

B——磁感应强度。

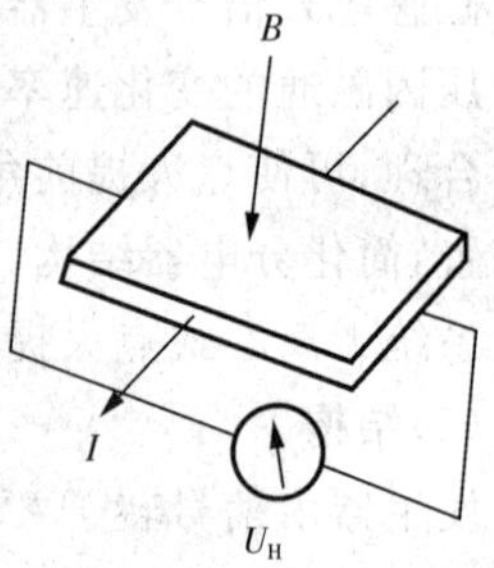

图 9－15 霍尔效应原理图

I－电流；B－磁场霍尔电压；

U_H－霍尔电压

由上式可知，当改变 I 和 B 都可以使 U_H 变化，而当通过的电流为一定值时，霍尔电压 U_H 则与磁感应强度 B 成正比，即 U_H 随 B 的大小而变化，同时也可看出，U_H 的高低与磁通的变化率无关。

(2)工作原理

当转子的叶片进入空气间隙时(如图 9－16a 所示)，作用在霍尔触发器上的磁场被转子叶片旁路，这时不产生霍尔电压，霍尔触发器低电信号输出，点火器内的集成电路放大器的输出极导通，使点火线圈的初级电路导通。当转子的叶片离开空气间隙时(如图 9－16b 所示)，磁力线穿过转子叶片的缺口，这时便产生霍尔电压，使放大器的输出极截止，点火线圈的初级电路随之被切断，次级绕组即产生高压电，火花塞跳火。

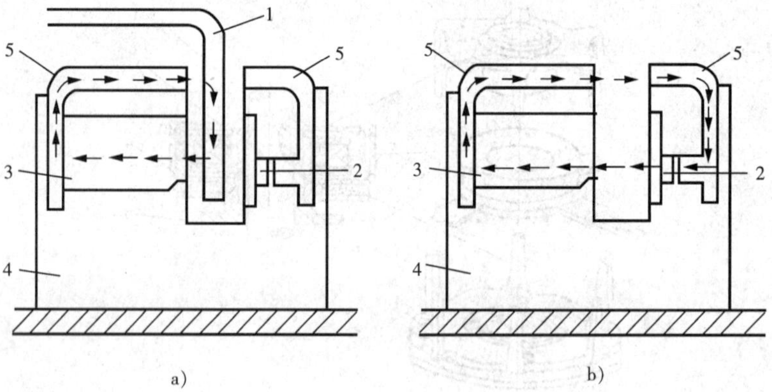

图 9－16 霍尔效应式信号传感器工作原理

1－触发叶片；2－霍尔集成电路；3－永久磁铁；4－铸塑填料；5－导磁钢片

(3)霍尔信号发生器结构

霍尔信号发生器是根据霍尔效应原理制成的，它装在分电器内。霍尔信号发生器的示意图和基本结构如图 9－17 所示，它由触发叶轮和霍尔传感器组成。触发叶轮像传统分电器的凸轮一样，套装在分电器轴的上部，由分电器轴带动旋转，又能相对分电器轴做少量转动，以保证离心调节装置正常工作。触发叶轮的叶片数与汽缸数相等，其上部套装分火头，与触发叶轮一起转动。

霍尔传感器 4 由带导板(导磁)的永久磁铁 3 和霍尔集成块 2 组成，触发叶轮 1 的叶片在霍尔集成块和永久磁铁之间转动。霍尔集成块包括霍尔元件和集成电路，由于霍尔信号发生器工作时，霍尔元件产生的霍尔电压 U_H 大约为 20mV，信号很微弱，还需由集成电路进行信号处理。霍尔元件产生霍尔电压信号(U_H)，经过放大、脉冲整形，最后以整齐的矩形脉冲波输出，输出可达几百毫伏。霍尔信号集成块的原理框图如图 9－18 所示。

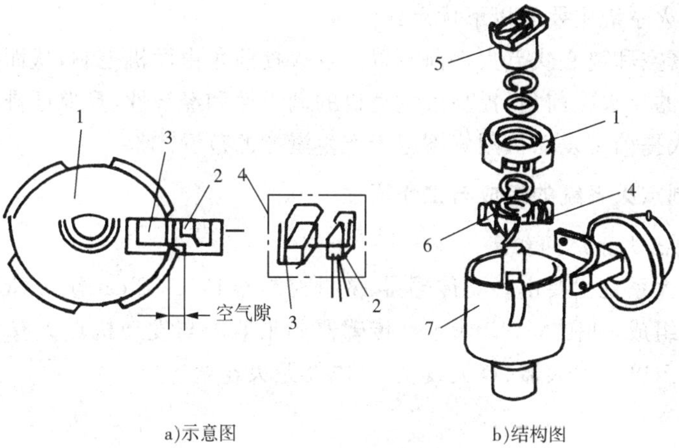

图 9－17　霍尔信号发生器

1－触发叶轮；2－霍尔集成块；3－带导板（导磁）的永久磁铁；4－霍尔传感器；5－分火头；6－触发开关托盘；7－分电器壳体

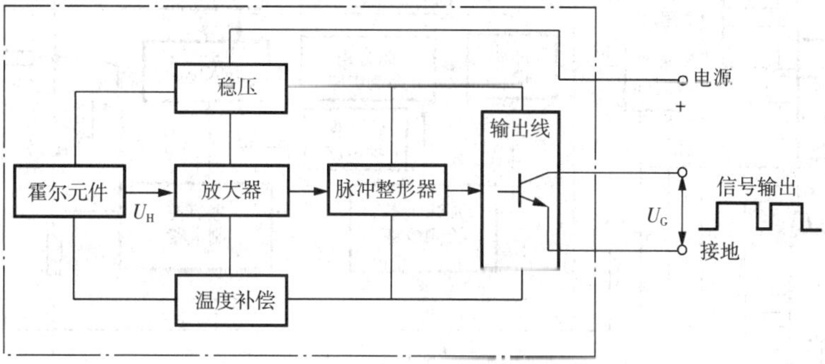

图 9－18　霍尔信号集成块的原理框图

U_H－霍尔电压；U_G－霍尔信号发生器输出电压信号

霍尔信号发生器是一个有源器件，霍尔信号集成块的电源由点火器提供。霍尔集成电路输出级的集电极为开路输出形式，其集电极的负载电阻设置在点火器内。霍尔信号发生器有三根引出线且与点火器件相连接，其中一根是电源输入线，一根是霍尔信号输出线，一根是接地线。

第四节　微机控制点火系统

早在 20 世纪 70 年代中期，一些发达国家就开始了微机控制点火系统或叫电子点火提前（Electronic Spark Advance），即 ESA 控制系的研究。20 世纪 80 年代后，随着微机工作可靠性的提高和成本的大幅度下降，中高档轿车上纷纷引入了微机控制技术，并由单独控制系统发展成为现代的集中控制系统。引入微机控制点火系统后，使得点火时刻的控制、通电时间的控制及防爆震的控制等均能达到比较理想的控制精度。现今，国产奥迪、桑塔纳轿车和北京切诺基吉普车等车型的发动机均采用了这种微机控制点火系统。

微机控制点火系统主要有以下优点：

(1)废除了真空和离心式点火提前装置。点火提前角由微机控制，从而使发动机在各种工况下都有最佳的点火提前角，提高了发动机的动力性和经济性，且保证排放污染最小。

(2)可将点火提前到发动机刚好不至于产生爆燃的范围。

一、微机控制点火系统的组成与工作原理

1. 微机控制点火系统的组成

微机控制点火系统主要由各类传感器、微机控制器 ECU(Electronic Control Unit)和点火执行器三部分组成，如图 9－19 所示。传感器用来监测与发动机点火有关的各种工况信息。点火执行器由电子点火器、点火线圈、分电器及火花塞组成。

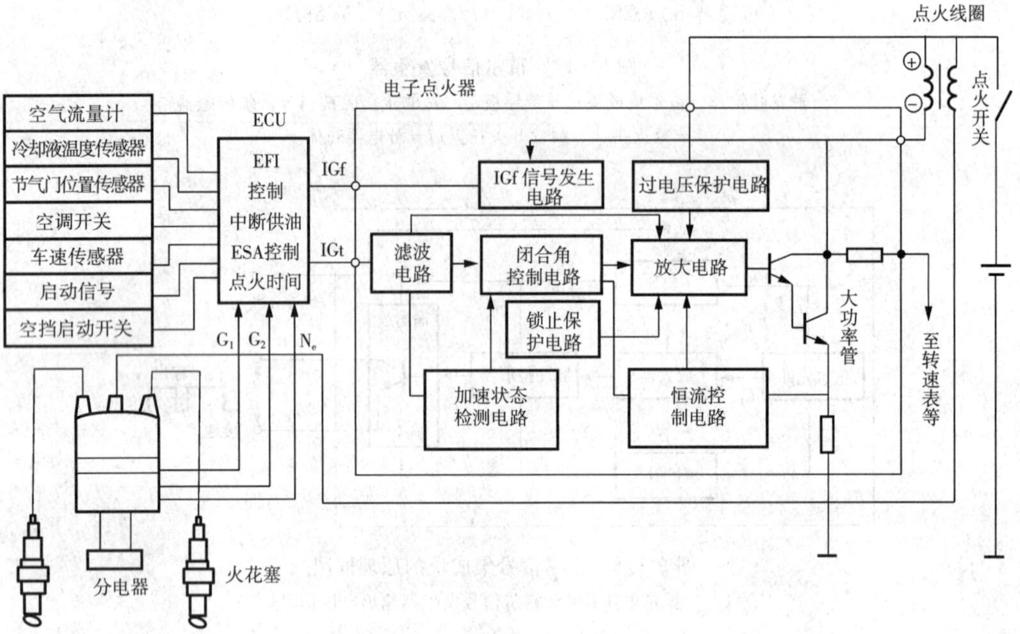

图 9－19　微机控制点火系统的组成

(1)电控单元(ECU)

电控单元根据各传感器输入的信号，确定最佳点火提前角和初级电路导通角，实现对点火提前角和闭合角的控制，并将点火控制信号输送给点火控制器，通过点火控制器快速、准确地控制点火线圈的工作。

(2)点火控制器

点火控制器是微机点火控制系统的功率输出极，它按电控单元输出的指令工作，并对点火信号进行放大，驱动点火线圈工作。各种发动机的点火控制器的内部结构也不一样：有的只有大功率三极管，单纯起开关作用；有的三极管不但起开关作用，还有电流控制、闭合角控制、判别缸位、点火监视等功能；有的发动机不单独设点火控制器，而是将大功率三极管组合在电控单元中，由电控单元直接控制点火线圈中的初级电流的通断。

(3)传感器

传感器是将电信号或非电信号经整理转变为电信号的装置，发动机传感器通过检测发

动机运转工况，为电控单元提供曲轴转速、曲轴位置、节气门开度、负荷大小、冷却液温度、进气温度和流量、启动开关状态、蓄电池电压、废气中氧的含量等有关发动机运行工况和使用条件的各种信息。

2. 微机控制点火系统的工作原理

发动机运行时，ECU不断地采集发动机的转速、负荷、冷却液温度、进气温度等信号并与微机内存储器中预先储存的最佳控制参数进行比较，确定该工况下最佳点火提前角和初级电路的最佳导通时间，并以此向点火控制模块发出指令。

点火控制模块根据ECU的点火指令，控制点火线圈初级回路的导通和截止。当电路导通时，有电流从点火线圈中的初级线圈流过，点火线圈此时将点火能量以磁场的形式储存起来。当初级线圈中的电流被切断时，次级线圈中将产生很高的感应电动势(15～30kV)，送到工作汽缸的火花塞，点火能量被瞬间释放，并迅速点燃汽缸内的混合气，发动机完成做功过程。

此外，在带有爆震传感器的点火提前角闭环控制系统中，ECU还可根据爆震传感器的输入信号来判断发动机的爆震程度，并将点火提前角控制在爆震界限的范围内，使发动机获得最佳燃烧。

二、微机控制点火系统的控制功能

1. 最佳点火提前角的确定

微机控制点火系统中，最佳点火提前角通常包括初始点火提前角、基本点火提前角和修正点火提前角等三个部分。

(1)初始点火提前角

初始点火提前角由发动机的结构及曲轴位置传感器的安装位置决定，是未经电控单元修正的点火提前角，通常为固定值，其大小随车型或发动机形式而异。此点火提前角一般用作发动机启动时的点火提前角。

(2)基本点火提前角

基本点火提前角是由电子控制器根据发动机的转速和负荷所确定的点火提前角，是发动机运行过程中最为主要的点火提前角。发动机在正常运行期间，ECU根据实际的发动机转速和负荷信号，在存储器数据表中选出相应的数据作为基本点火提前角。

(3)修正点火提前角

修正点火提前角是指由电控单元根据发动机的冷却液温度、进气温度、电源电压等信号，对点火提前角进行修正的角度。它主要包括暖机修正、过热修正、空燃比反馈修正、怠速稳定性修正和爆震修正等。

2. 点火提前角的控制方式

点火提前角的控制通常有开环控制和闭环控制两种方式，如图9-20所示。

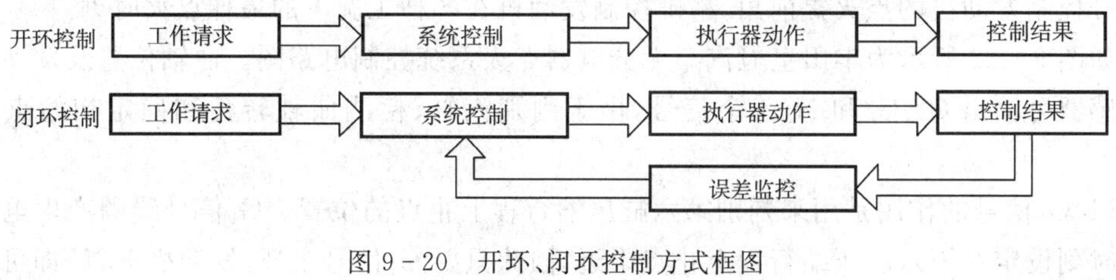

图9-20 开环、闭环控制方式框图

(1)开环控制方式

电子控制器根据有关传感器提供的发动机工况信息从电控单元内部存储器(ROM)中读取出相应的基本提前角。

(2)闭环控制方式

闭环控制方式可以在控制点火提前角的同时，不断地检测发动机的有关工况，如发动机是否发生爆震、怠速是否稳定等。

爆震控制最主要的传感器是爆震传感器，它用于检测发动机是否发生爆震。

发动机工作期间(多在低速大负荷工况时)如发生爆震，且爆震强度达到一定值时，电子控制单元便能接收到提前信号，并根据爆震强度的大小给点火电子组件发出推迟点火的信号，直到爆震消失。爆震消失后，电子控制单元便将点火提前角逐渐调整至最佳点火角，或以一定角度使点火提前，直到再次发生爆震。

3. 通电时间的控制

点火线圈初级绕组的通电时间被称为闭合角，它主要影响点火线圈储存的能量大小，而点火线圈通电时间和储存能量取决于发动机转速和蓄电池的供电电压，其控制原理如图 9-21 所示。

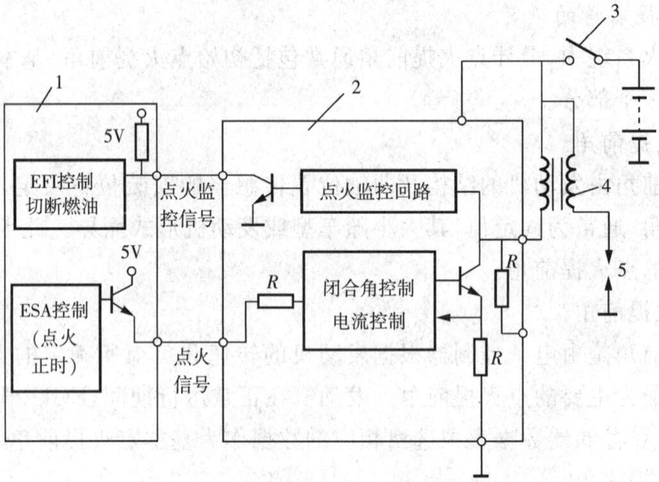

图 9-21 闭合角控制原理

1—发动机控制单元；2—点火控制器；3—点火开关；4—点火线圈；5—火花塞

三、微机控制的无分电器电子点火系统

无分电器的微机控制点火系统去掉了传统点火系统的分电器，因此无旋转元件的机械摩擦，高压线数量少且导线短。它采用最佳控制技术，根据发动机转速传感器和负荷传感器的信号控制发动机的点火提前角，精确控制发动机在各种工况下的最佳点火时刻。

如图 9-22 所示为丰田皇冠汽车无分电器点火系统控制电路图。曲轴位置及发动机转速传感器可输出 G_1、G_2 和 N_e 三个信号，用于判别汽缸、检测曲轴转角和确定初始点火提前角。

(1)G_1 信号的作用是用来判别第六缸压缩行程上止点的位置。G_1 信号线圈产生电压波形的时刻设定在第六缸压缩行程上止点附近，因此只要 G_1 信号出现，发动机 ECU 即可断定

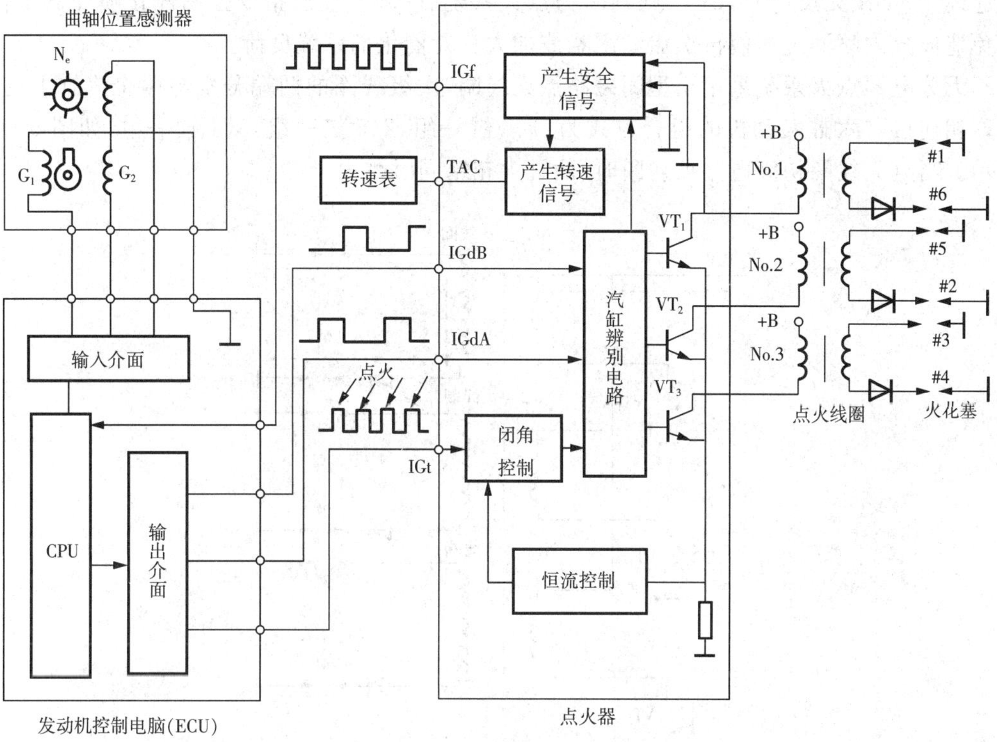

图 9-22 丰田皇冠汽车无分电器点火系统控制电路

第六缸处在压缩行程上止点附近，其点火提前角和闭合时间仍由 ECU 根据 N_e信号决定。

(2)G_2信号与 G_1信号波形相同，但两信号相隔 180°凸轮轴转角(360°曲轴转角)。因此其作用是判别第一缸压缩行程上止点的位置，即当 G_2信号出现时，表示第一缸在压缩行程上止点附近，点火提前角和闭合时间也由 N_e信号决定。

(3)N_e信号转子上有 24 个齿，每旋转一周产生 24 个信号，其波形与 G_1和 G_2信号波形相同。每个波形表示 15°凸轮轴转角(30°曲轴转角)。由于每个波形的曲轴转角过大，点火控制会引起较大误差，因此需要通过转角脉冲发生器将传感器一转 24 个脉冲转变成为 1440 个脉冲，即每个波形表示 0.5°曲轴转角。实际点火控制就是以 G 信号为基准信号，根据 N_e信号来确定点火提前角度。

当发动机启动瞬间，如果已超过 G_1信号的产生期，而 G_2信号又未产生，此时无法判别汽缸，因此必须等到 G 信号产生判别汽缸后才能执行点火控制。

(4)发动机 ECU 通过曲轴位置传感器接收到 G_1、G_2、N_e信号，向点火器输出 IGt、IgdA、IGdB 三个信号。其中 IGt 信号是点火正时信号，IGdA 和 IGdB 信号是 ECU 输送给点火器的判断信号，存于微机的存储器中。发动机 ECU 根据 G_1、G_2、N_e信号的信号状态以确定各缸的点火顺序。

点火器中的汽缸判别电路根据输入 IGdA、IGdB 信号的状态，决定哪条驱动电路接通，点火正时 IGt 信号送往与此驱动电路相连接的点火线圈，完成对某缸的点火。

在点火系统完成正常点火的同时，电子点火器向发动机 ECU 发出 IGf 点火确认信号，即将点火线圈初级电路通、断的信号反馈给发动机 ECU。在发动机工作过程中，当 IGf 信号连续 3～5 次无反馈时,ECU 则判断为点火系统有故障,发出指令强制停止喷油器工作,以免造成缸内喷油过多使再次启动困难或加大三元催化剂系统负荷。

无分电器点火系统采用小型闭磁路点火线圈,次级线圈的两端分别与两个汽缸上的火花塞相连接。六缸发动机的组合方式为:1、6 缸一组,2、5 缸一组,3、4 缸一组,如图 9－23 所示。当点火线圈初级电路被切断时,两缸火花塞同时跳火。

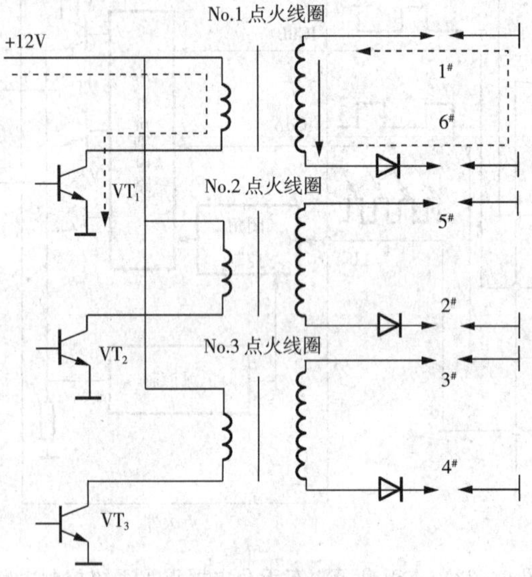

图 9－23　六缸发动机汽缸组合形式图

第五节　电源设备

汽车电源设备包括蓄电池、发电机及调节器。其中发电机为主电源,发电机正常工作时,由发电机向全车用电设备供电,同时给蓄电池充电。蓄电池的主要作用是发动机启动时向启动机供电,同时辅助发电机向用电设备供电。调节器的作用是保持发电机工作时的输出电压稳定。

一、蓄电池

1. 蓄电池的功用

蓄电池是汽车上的两个电源之一,它是一种可逆直流电源,在汽车上与发电机并联,共同向用电设备供电。在发电机正常工作时,用电设备所需要的电能主要由发电机供给。蓄电池的作用是:

(1)发动机启动时,向启动机和点火系统、仪表系统及发电机磁场供电。

(2)发电机不发电或在电压较低的情况下向用电设备供电。

(3)当用电设备同时接入较多,发电机超载时,协助发电机供电。

另外,蓄电池还相当于一个容量很大的电容器,在发电机转速和用电设备负载发生较大变化时,可保持汽车电网电压的相对稳定,吸收电网中随时出现的瞬间过电压,以保护用电设备尤其是电子元器件。这对装有大量电子设备的现代汽车是非常重要的。发动机工作时绝不允许将发电机与蓄电池断开，因为这样会引起极高的浪涌电压，使发电机电压调节器和电子装置烧毁。

2. 蓄电池的分类

蓄电池可分为免维护蓄电池、混合蓄电池、复合蓄电池和微电子控制蓄电池。

(1)免维护蓄电池

现在汽车上使用的大多为免维护蓄电池。这种蓄电池在整个使用期间不加蒸馏水，无须维护；自放电少，储存时不需要补充充电；蓄电池表面无加液孔，能防止水分散失和灰尘落入。免维护蓄电池除需要保持表面清洁外，不需要做其他维护工作。

(2)混合型蓄电池

混合型蓄电池也称为可深度放电蓄电池。它综合了免维护蓄电池的优点，能在6次深度放电后，仍然保持100%的初始储备容量。混合型蓄电池的正极板格栅包含大约2.75%的锑合金，而负极板格栅则由钙合金组成。这样就使蓄电池能够经受深度放电而储备容量不变，改善了汽车的启动性能。

混合型蓄电池和其他蓄电池不同的是其格栅上边缘中间位置有一个小凸起，格栅竖条为放射状，栅条是从公共的中心点向四周发散的。经过以上两点改造，电流阻力减小了，同时也缩短了电流流向小凸起的路径，电池就能以更快的速度提供更多的电流。

(3)复合蓄电池

复合蓄电池是一种比较先进的蓄电池。复合蓄电池用含胶状物质的隔板代替了液态的电解液。隔板放在格栅板之间，其电阻非常低。因此，复合蓄电池的输出电压和电流比一般蓄电池高。

(4)微电子控制蓄电池

近年来，又出现了 种微电子控制蓄电池。在具有相同输出功率的情况下，微电子控制蓄电池的自重比传统电池轻约40%，低温时的工作可靠性更高，充电速度更快。

随着汽车电子化的不断发展，汽车蓄电池也逐步向智能化发展。目前，汽车上广泛使用的是铅酸蓄电池，简称铅蓄电池。汽车上所使用的蓄电池必须能满足启动发动机的需要，即短时间内(5～10s)可供给启动机较大的电流(一般为200～600A)，这种蓄电池通常称为启动型蓄电池。本节主要探讨铅酸启动型蓄电池。

3. 蓄电池的结构

普通铅蓄电池由三只或六只单格电池串联而成，每只单格电池的电压约2V，串联后蓄电池电压为6V或12V以供汽车选用。目前国内外汽油机汽车均选用12V蓄电池；柴油机汽车电源电压设计为24V的，用两只12V蓄电池串联供电。现代汽车用普通铅蓄电池的结构如图9-24所示，其组成主要有极板、隔板、电解液、外壳、联条、接线柱等。

(1)极板　蓄电池的核心构件。蓄电池的充电、放电过程就是通过极板上的活性物质与电解液发生电化学反应来实现的；极板分为正极板和负极板，都是由栅架和活性物质组成的。

(2)隔板　为了减小蓄电池的内阻和尺寸，蓄电池内部正负极板应尽可能靠近，为了防止正负极板短路，所以用隔板将其隔开。隔板材料要具有耐酸、耐氧化、耐渗透的特性。

(3)壳体　蓄电池的壳体是用来盛放电解液的。对它的要求是：耐酸、耐热、耐震、绝缘性好,并具有一定的机械强度。

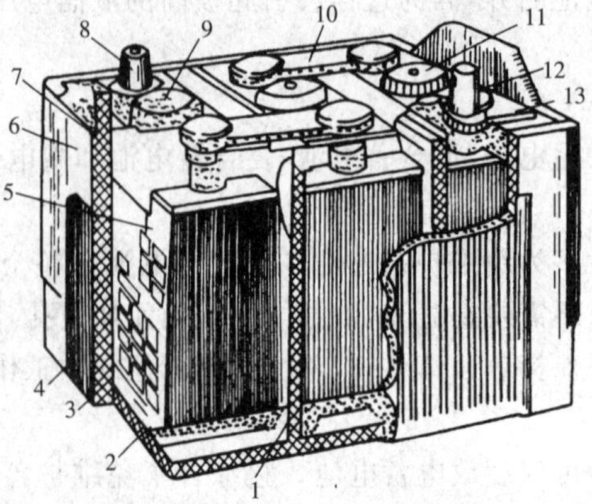

图 9-24　铅蓄电池的结构

1—隔壁;2—凸筋;3—负极板;4—隔板;5—正极板;6—电池壳;7—防护板;8—负接线柱;9—通气孔;10—联条;11—加液螺塞;12—正接线柱;13—单格电池盖

(4)电解液　由纯硫酸和蒸馏水按一定比例配制而成的,在电能和化学能的转换过程即充电和放电的电化学反应中起导电作用,并参与蓄电池内的化学反应。

(5)联条　联条就是将单格电池串联起来,以提高蓄电池总成的端电压。

(6)极柱　用于电能的输入与输出,它分为正极接线柱和负极接线柱。

4. 蓄电池的工作原理

铅蓄电池充放电反应原理如图 9-25 所示,当蓄电池接通外电路负载放电时,正极板上的 PbO_2 和负极板的 Pb 都变成了 $PbSO_4$,电解液中的硫酸减少,水增多。充电时,正负极板上的 $PbSO_4$ 分别恢复成原来的 PbO_2 和 Pb,电解液中的水减少,硫酸增多。

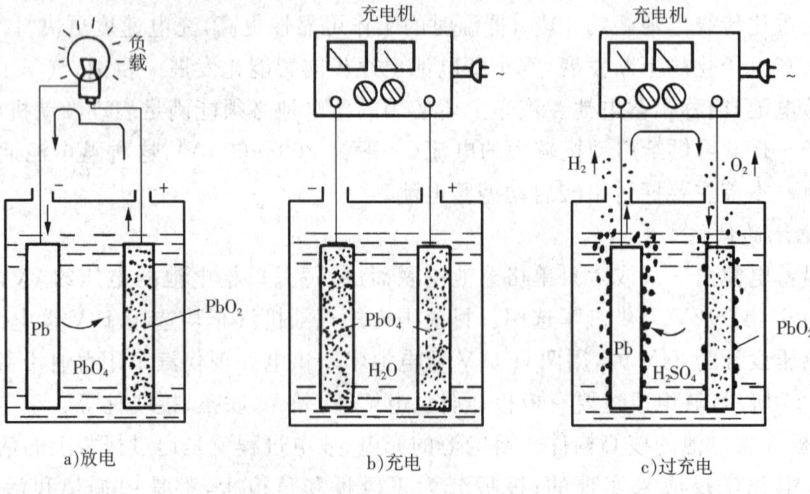

图 9-25　铅蓄电池反应原理

铅蓄电池在充放电过程中的化学反应是可逆的。在接通用电设备时,蓄电池作为电源向外供电,将内部的化学能转变为电能。当存电不足而又将蓄电池与其他具有适当电压的直流电源并联时,将向蓄电池充电。

二、发电机与调节器

1. 发电机

(1)发电机的作用与分类

车用发电机是汽车电气系统的主要电源，由发动机驱动，发电机正常工作时，除给启动机以外所有的用电设备供电外，同时给蓄电池充电。车用交流发电机具有体积小、重量轻、结构简单、维修方便、使用寿命长、发动机低速时充电性能好等优点。交流发电机按总体结构不同可分为普通型、整体式、带泵式、无刷式、永磁式等；按磁场绕组搭铁方式的不同可分成内搭铁式和外搭铁式两类。

(2)普通交流发电机的构造特点

普通交流发电机主要由转子总成、定子总成、整流器、前后端盖、电刷和电刷架，以及带轮、风扇等部件组成。如图 9－26 所示为国产 JF 系列交流发电机的解体图。

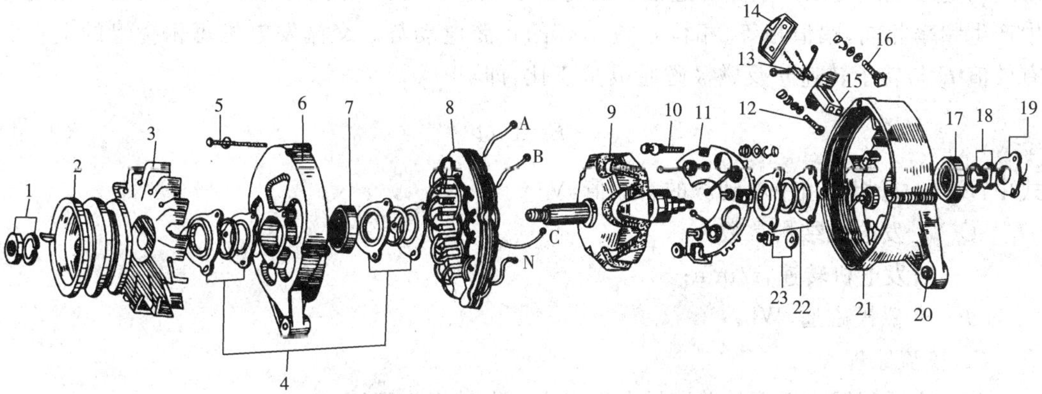

图 9－26 国产 JF 系列交流发电机解体图

1—紧固螺母及弹簧垫圈；2—带轮；3—风扇；4—前轴承油封及护圈；5—组装螺栓；6—前端盖；7—前轴承；8—定子；9—转子；10—"＋"(电枢)接柱；11—散热板；12—"－"(搭铁)接柱；13—电刷及压簧；14—电刷架外盖；15—电刷架；16—"F"(磁场)接柱；17—后轴承；18—转轴固定螺母及弹簧垫圈；19—后轴承纸垫及护盖；20—安装臂钢套；21—后端盖；22—后端盖轴承油封及护圈；23—散热板固定螺栓

① 转子总成 是交流发电机的磁场部分，作用是产生磁场。

② 定子总成 由定子铁芯和定子绕组组成，作用是产生三相交变电动势。

③ 整流器 是把交流发电机定子绕组产生的三相交流电转换成直流电输出，它一般由六只整流二极管组成。

④ 前后端盖 支承转子总成并封闭内部构造。

⑤ 带轮及风扇 利用传动带将发动机的转矩传给发电机的转子轴，驱动发电机旋转发电；带动风扇冷却发电机内部。

(3)发电原理

如图 9－27 所示是交流发电机的工作原理图。发电机的三相定子绕组按一定规律分布在发电机的定子槽中，彼此相差 120°的电角度，且匝数相等。三相绕组的末端连在一起，成星形连接。

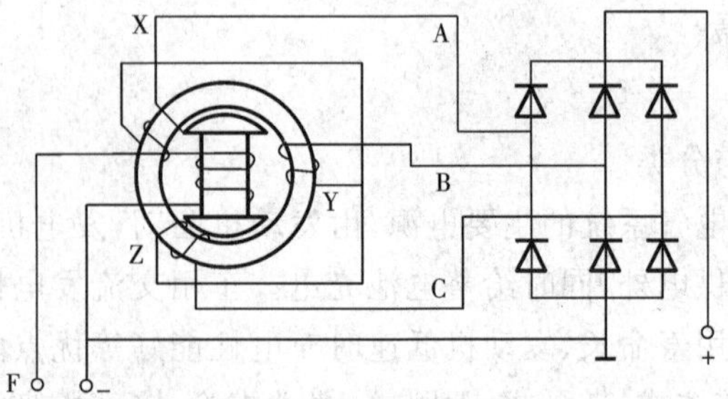

图 9-27　交流发电机的工作原理图

当磁场绕组接通直流电时，产生了磁场，使转子轴上的两块爪形磁极磁化，一块为 N 极，一块为 S 极。磁路是：转子的 N 极→气隙(转子与定子之间)→定子铁芯→气隙→转子的 S 极。发电机转子由发动机通过传动带驱动旋转。根据电磁感应原理，当转子旋转时，磁感线与定子绕组之间产生相对运动。因为定子绕组是由三相绕组组成的，因而在三相绕组中产生频率相同、幅值相等、相位互差 120°的正弦电动势。交流发电机每相绕组的电动势有效值 E 与转子转速 n 及磁极磁通 Φ 成正比，即

$$E=Cn\Phi \tag{9-4}$$

式中：E——每相绕组中电动势的有效值，V；

C——发电机结构常数；

n——发电机转速，r/min；

Φ——磁极磁通，Wb。

(4)整流原理

硅整流器利用二极管的单向导电性将交流电转换为直流电。

六管交流发电机整流电路硅整流器一般用六只硅二极管组成三相全波整流电路。如图 9-28a 所示的三相桥式全波整流电路中，三个正极二极管 VD_1、VD_2、VD_3 的负极(外壳)通过散热板连接在一起，它们的正极则分别与三相绕组的首端相联。这三只二极管的导通条件是：在某一瞬间，哪一相的电压最高(相对其他两相而言)，则该相的二极管导通。三个负极二极管 VD_4、VD_5、VD_6 的负极也与三相绕组的首端相联，其正极(外壳)通过散热板或后端盖连接在一起。这三只二极管的导通条件是：在某一瞬间，哪一相的电压最低(相对其他两相而言)，则该相的二极管导通。

在交流发电机运转过程的每一个时间区间，总是一相电压最高，一相电压最低，整流器的六只二极管中，始终保持有一对二极管导通(一个正极管、一个负极管)，负载 R 两端得到的是两相间的线电压。这样依次类推，周而复始，六只二极管中一对一对的轮流导通，就在负载 R 上得到一个较平稳的脉动直流电压，每个周期内有六个波形，如图 9-28b 所示。

在三相桥式整流电路中，三只正极管和三只负极管都是轮流工作，所以流过每只二极管的平均电流 I_D 仅为负载电流 I_f 的三分之一。

有些交流发电机带有中心抽头，它是从三相绕组的中性点引出来的，其接线柱标记为“N”。中性点对外壳(搭铁)之间的电压称为中性点电压。它等于发电机输出电压的一半。中性点电压用途很广，常用来控制各种用途的继电器和充电指示灯等。如控制空调继电器、

磁场继电器等。目前，许多交流发电机用增加二极管的方法来提高交流发电机的性能，常见的有增加两个二极管的八管交流发电机，增加三个二极管的九管交流发电机和增加五个二极管的十一管交流发电机。

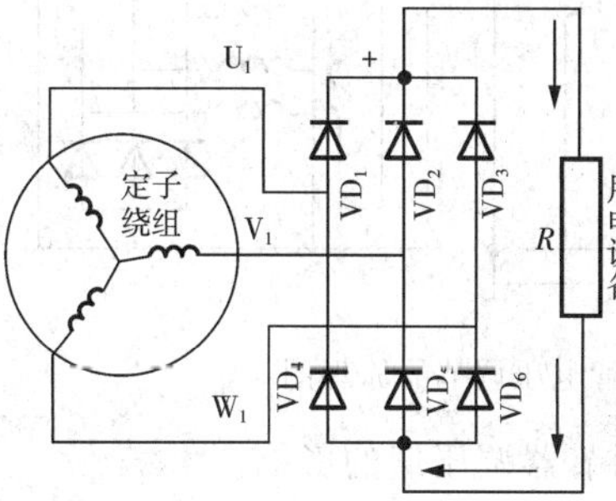

a)三相桥式整流电路

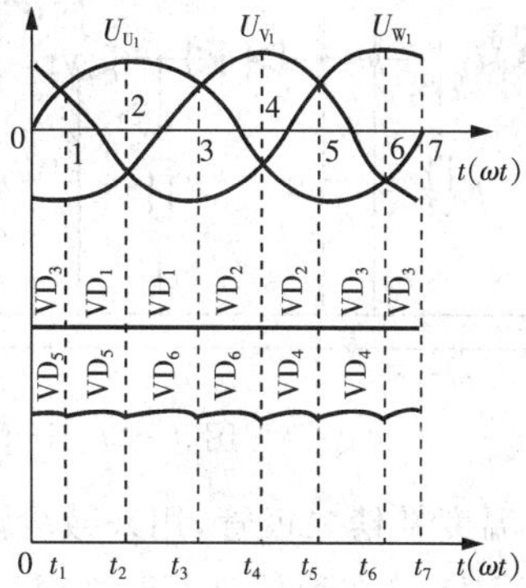

b)三相交流电的波形

图 9－28　三相桥式整流电路及电压波形

2. 调节器

(1)电压调节器的作用

由于交流发电机是由发动机曲轴按固定传动比驱动旋转的，所以其转速随着发动机转速的变化而变化。根据发电机的发电原理可知，发电机输出电压也会随着其转速的升高而升高。但是，汽车上的用电设备要求供给恒定电压，因此，交流发电机还需配备电压调节器，使其输出电压恒定。

调节器分为触点式电压调节器、晶体管电压调节器和集成电路调节器，其中后面两种调节器多为现代汽车所采用。

(2)晶体管电压调节器

晶体管调节器利用晶体管的开关特性，来控制发电机的磁场电流，使发电机的输出电压保持基本稳定。目前，国内外生产的晶体管调节器一般都是由 2～4 个晶体管，1～2 个稳压管和一些电阻、电容、二极管等组成，焊接在印制电路板上，然后用铝合金外壳或钢板外壳封闭而成。引出线有插头式和接线板式两种，其上分别标有“＋”(点火)、“－”(搭铁)和“F”(磁场)标记。

JFT106 型晶体管电压调节器为 14V 负极外搭铁式电压调节器，可以配用 14V、750W 的九管交流发电机，也适用于 14V、功率小于 1000W 的负极外搭铁式六管交流发电机。调节电压为 13.8～14.6V，CA1091 型汽车用 JFT106 型晶体管电压调节器电路原理图如图 9－29 所示，该调节器共有三个接线柱，其中“＋”接线柱与发电机的“F_1”接线柱连接后经熔断器连接至点火开关，“F”接线柱与发电机的“F_2”接线柱连接，“－”接线柱搭铁。

① 结构

电阻 R_1、R_2 构成分压器，并和稳压管 VS_2 构成电压敏感电路，晶体管 VT_1 与复合连接的晶体管 VT_2、VT_3 构成复合大功率二级开关电路，利用开关特性控制磁场电路的接通或断开。开关控制由 VT_1 承担。R_4、R_5、R_7、R_8 是晶体管的偏置电阻，保证晶体管正常工作。

二极管 VD_3 构成的自感电流闭合回路，保护了 VT_3 管。

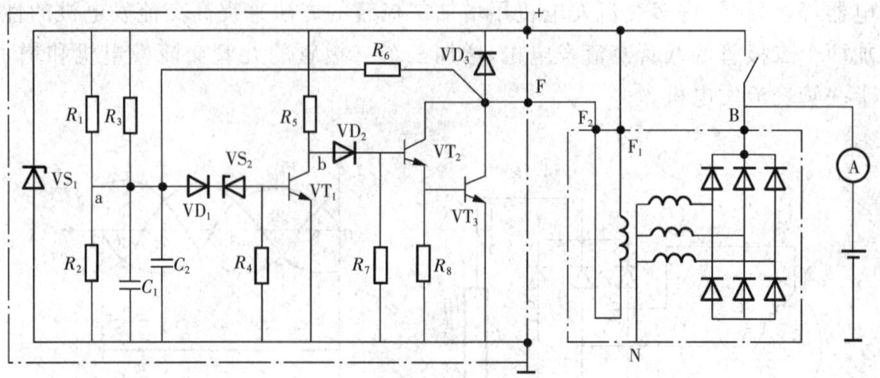

图 9-29　JFT106 晶体管电压调节器原理图

VD_2为温度补偿二极管,用来减少温度对调节器调压值的影响。

二极管 VD_1接在稳压管 VS_2之前,当交流发电机端电压过高时,能限制稳压管电流不致过大而被烧坏。当发电机端电压降低时,二极管 VD_1能迅速截止,保证稳压管可靠截止。

R_6是正反馈电阻,用来提高 VT_3的导通和截止的速度,使调节电压稳定。

电容器 C_1和 C_2用来降低开关频率,减少功率损耗。

稳压管 VS_1接在发电机的输出端,当负载发生变化时,使调节电压保持稳定。

② 工作原理

接通点火开关,在发动机启动点火前及点火后发电机输出电压低于调压值时,蓄电池电压经点火开关作用在分压器两端,稳压管 VS_2承受反向电压。由于蓄电池电压低于调压值,反向电压低于稳压管 VS_2的反向击穿电压,因此,此时 VS_2截止,晶体管 VT_1也截止,"b"点电位近似于电源电位,二极管 VD_2承受正向电压而导通,于是晶体管 VT_2、VT_3也导通,接通了发电机励磁绕组的电路。其电流路径为:蓄电池"+"→点火开关→"F_1"→励磁绕组→"F_2"→调节器"F"接线柱→VT_3的集电极→VT_3的发射极→搭铁→蓄电池"-"极。

当发动机转速逐步上升时,发电机转速也随之上升。当发电机电压升高到规定值时,作用在分压器"a"点的电压,也就是稳压管 VS_2所承受的反向电压超过其反向击穿电压而被反向击穿导通,晶体管 VT_1也导通。VT_1的导通使"b"电位降低,二极管 VD_2承受反向电压而截止,使 VT_2、VT_3也截止,切断了发电机的励磁电路,励磁电流中断,发电机磁场消失,发电机电压下降。当电压下降到调压值以下时,稳压管 VS_2又截止,于是 VT_1也截止,VT_2、VT_3再次导通,发电机电压重新升高。如此反复循环,控制励磁电路的通断,使发电机在发动机转速变化时,保持发电机电压恒定。

(3)集成电路调节器

集成电路调节器也称 IC 电路调节器,它具有体积小、重量轻、调压精度高(为±0.3V,而电磁振动式调节器为±0.5V)、耐振动、寿命长、可以直接装在交流发电机内、接线简单等优点,所以被广泛用于现代汽车交流发电机上。目前,许多国产和进口汽车均采用这种调节器。集成电路调节器的基本工作原理与晶体管调节器完全一样,都是根据发电机的电压信号(输入信号),利用三极管的开关特性控制发电机的磁场电流,以达到稳定发电机输出电压的目的。集成电路调节器也有内、外搭铁之分,而且以外搭铁形式居多。例如国产 JFT151 型调节器。

国产 JFT151 型调节器为薄膜混合集成电路电压调节器，其外形尺寸为 38mm×34mm×10.5mm，安装在 JF132E 型和 JFl5 型交流发电机的外壳上，其线路如图 9－30 所示。在该调节器电路中，由分立元件 R_1、R_2 组成分压器，稳压管 VS_1 从分压器上获得比较电压。当发电机电压低于规定值时，稳压管 VS_1 和晶体管 VT_1 均截止，在 R_4 偏置下集成电路 VT_2 导通，此时发电机磁场绕组中有励磁电流通过，使发电机端电压升高。当发电机端电压高于规定值时，VT_1 导通，VT_2 截止，切断了发电机的磁场电路，使发电机端电压下降。当发电机端电压下降到低于规定值时，VS_1 和 VT_1 截止，VT_2 和磁场电路接通，使发电机端电压再次升高。如此循环下去，使发电机端电压保持稳定。

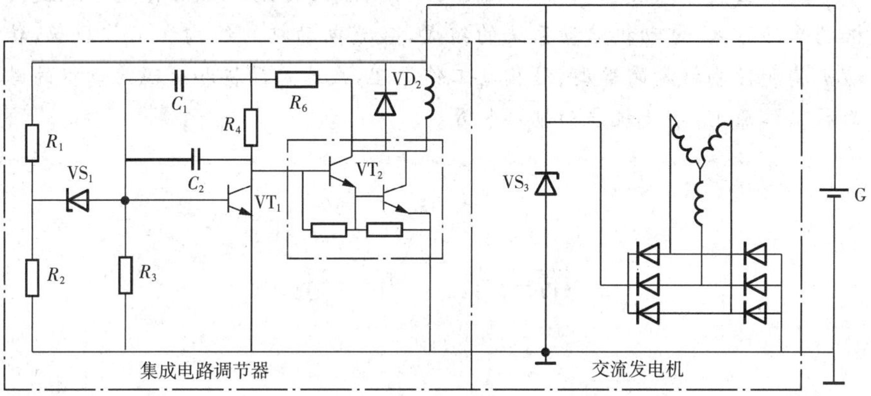

图 9－30　JFT151 型集成电路电压调节器线路图

图中其他电子元件的作用如下：

R_3——分流电阻，接在晶体管 VT_1 的基极与发射极之间，可提高 VT_1 的耐压；

R_3、C_1——组成正反馈电路，可以加速 VT_2 的翻转，并减小 VT_2 的过度损耗；

C_2——电容器，并联在 VT_1 集电极与基极之间，组成电压负反馈，可降低开关频率，进一步减少 VT_1 的管耗；

VD_2——续流二极管，反向并联在发电机励磁绕组两端，保护 VT_2；

VS_3——稳压管，与电源并联，起过电压保护作用。

此外，磁场电流的调整采用达林顿电路，提高了末级的电流放大倍数。在动态过程中，该级微小的输入变化都能反映到输出端，提高了电路的灵敏度。

思考题

9－1　传统点火系统的基本组成有哪些？

9－2　简述磁感应式半导体点火系统的工作原理。

9－3　微机控制点火系统的基本组成有哪些？

9－4　微机控制点火系统中点火提前角是如何确定的？

9－5　比较三种点火系统的优点和缺点。

9－6　电源设备的作用是什么？

9－7　简述蓄电池的结构。

9－8　发电机的工作原理是什么？

9－9　调节器的调压原理是什么？

第十章 发动机启动系统

本章主要介绍发动机启动系统的作用、启动转矩和启动转速以及发动机的启动方式,电动机启动系统的组成,直流电动机的结构和工作原理,传动机构和控制机构的类型、结构及工作原理,减速启动机和永磁启动机的结构和工作原理,柴油机启动辅助装置。

第一节 概 述

汽车发动机不能依靠自身的力量从静止状态自行开始转动,必须要先借助外力转动曲轴,克服发动机启动时的阻力,以达到启动时所需的最低转速,并使发动机汽缸至少完成一个工作循环。发动机在外力作用下从开始转动到凭自身动力迅速运转的过程称为启动。完成启动所需要的一系列装置叫启动系统。目前,汽车发动机所借助的外力,是以蓄电池作供给电源的直流电动机提供的。这种启动发动机的专用直流电动机被称为电力启动电动机,简称启动机。

启动系统的作用就是在正常使用条件下,通过启动机将蓄电池储存的电能转变为机械能,以足够高的转速带动发动机运转,以顺利启动发动机。启动系统是汽车发动机的一个非常重要的辅助工作系统,发动机能否迅速可靠地启动取决于启动系统。

一、启动转矩和启动转速

影响发动机启动性能的因素很多,诸如压缩终了时的混合气温度、混合气形成质量和启动阻力等,具体表现在启动转矩和启动转速等方面。发动机启动时,必须克服汽缸内被压缩气体的阻力和发动机本身及其附件内相对运动的零件之间的摩擦阻力,克服这些阻力所需的力矩称为启动转矩。能使发动机顺利启动所必需的曲轴转速,称为启动转速。

启动力矩必须能克服发动机的启动阻力并使其加速到某一最低转速。发动机启动时的阻力包括发动机运动机件的摩擦阻力、机件加速运动的惯性力以及活塞压缩气体的阻力等,这些阻力与发动机的功率、排量、压缩比等有关,同时还与外界的气温有关。

发动机由启动机开始带动其曲轴旋转,直到混合气燃烧做功,使发动机凭借自身的动力连续运转。在这个过程中,发动机启动时所需的最低启动转速起着决定性的作用。例如车用柴油发动机,其压缩比、燃烧室形状等结构因素都已经确定,所以散热损失和漏气损失主要受转速影响。当转速增加时,这两项损失的时间相对减少,所以损失量也都有所降低,这样就提高了压缩终了时的混合气温度，因而有利于启动。另外，当转速增加时，不仅能造成较强烈的进气涡流运动以促使混合均匀，同时还能使得喷油泵的供油压力相应提高，也能改善混合气的形成，因此也有利于启动。

二、启动过程分析

发动机的启动过程由启动特性来评价。对于电启动式发动机，它是指在给定的环境温度下，启动时间和发动机曲轴转速的关系，其关键指标是启动持续时间。从启动齿轮啮合拖动曲轴开始，启动期历经拖动、初爆、完全爆发、升速等阶段。发动机启动后，需经过温升期达到带负荷运行，全过程才告完成。对于采用启动辅助装置或以汽油启动机启动的系统，持续时间还应包括这些装置预热及工作的时间。为了达到快速、可靠的启动质量，必须在尽可能短的持续时间内，完成全过程。

在给定的环境温度下，须使发动机达到着火所需的最低压缩温度，以及所需的着火延迟，关键是启动机应能保证拖动发动机，并使曲轴转动角速度达到最低启动转速。在此转速下，不超过三次启动试验应保证能启动发动机。启动机每次启动必须执行短时定额工作制，每次启动试验的延续时间，一般为 3～5s，汽油机不应超过 10s，柴油机不应超过 15s，两次启动的间隔时间应大于 2min。

车用汽油发动机在温度为 0℃～20℃时，最低启动转速一般为 30～40r/min。为了使发动机能在更低的温度下迅速启动，要求启动转速不低于 50～70r/min。若启动转速过低，压缩行程内的热量损失过多，气流的流速过低，将使汽油雾化不良，导致汽缸内的混合气不易着火。

而为了防止汽缸漏气和热量散失过多，保证喷油泵能建立起足够的喷油压力，使汽缸内形成足够强的空气涡流，车用柴油发动机的启动转速则要求较高，一般在 100～200r/min，甚至达 250～300r/min，否则柴油雾化不良，混合气质量不好，发动机启动困难。此外，柴油发动机的压缩比较汽油机大，因此启动转矩也大，所以启动柴油发动机所需要的启动机功率也比汽油机大。

表 10－1 列出国外资料中由不同类型发动机试验数据归纳得出的最低启动转速（环境温度为－20℃时）。

表 10－1　最低启动转速（－20℃）

发动机类型		所需最低启动转速（r/min）
往复式汽油机		60～90
转子式汽油机		150～180
直喷式柴油机	无辅助启动装置	80～200
	有辅助启动装置（电热塞）	80～140
预燃室和涡流室式柴油机	无辅助启动装置	100～200
	有辅助启动装置（电热塞）	60～100

由表 10－1 可知，柴油机的压缩比较高，相应的主轴承和连杆轴承较大，润滑系统流量也增加，加之电热塞和供油系统对电力和机械功的消耗，柴油机所需的最低启动转速高于汽

油机。

三、环境温度对发动机启动的影响

环境温度对发动机的启动性能影响很大。在冬季,尤其在严寒地区,由于环境温度较低因而进入汽缸的空气温度也较低,致使压缩终了的温度难以使喷入的燃料自燃;另外,在低温下机油黏度也会增加,这将使启动阻力变大。因此冬季发动机启动比较困难,一般要采取低温启动措施。

四、启动方式

根据所采用的外来能源不同,汽车发动机常用的启动方式有人力启动、电动机启动和辅助汽油机启动等多种形式。

1. *人力启动*

一般是手摇或绳拉启动,结构最为简单。启动时,只需将启动手柄端头的横销嵌入发动机曲轴前端的启动爪内,以人力转动曲轴,使发动机启动。这种启动方式操作不便,且加大了驾驶人员的劳动强度。目前仅在一些装用中、小功率汽油机的汽车上采用。

2. *电动机启动*

以电动机作为动力源,当电动机轴上的驱动齿轮与发动机飞轮周缘上的环齿啮合时,电动机旋转而产生的动力,通过飞轮传递给发动机曲轴,使曲轴旋转带动发动机启动。电动机以蓄电池为电源,结构简单、操作方便、启动迅速可靠。目前,几乎所有的汽车发动机都采用电力启动机启动。

3. *辅助汽油机启动*

由于汽油机启动性能好,能在较低温度下使柴油机可靠启动,且可以长时间带动柴油机运转(可连续带动长达 15min),还可以利用汽油机加热的冷却水和排出的废气来预热主机,减少启动阻力。但其启动装置体积大,结构复杂,造价高,启动操作复杂,只用于大功率柴油机的启动。

除了以上几种启动方式之外,发动机还可通过气力或液压马达启动,或借助于加在活塞上的外力推动活塞运动使曲轴转动(如压缩空气启动,常用于大中型柴油机)。

第二节　电动机启动系统

电动机启动以蓄电池为电源,结构简单、操作方便、启动迅速可靠,几乎是现代汽车唯一的启动方式。

一、概述

电动机启动系统如图 10－1 所示,包括蓄电池、启动机、飞轮等,其中启动机是关键部件。

启动机一般由直流电动机、传动机构(也称离合机构、啮合机构)、电磁控制机构等组成(如图 10－2 所示)。其功用是在控制装置的控制下,以蓄电池为动力电源,通过离合器将电动机的电磁转矩传递给飞轮使发动机启动。

启动机在发动机停止和正常运转时是不与飞轮连接的,只有当需要启动时才使启动电机的驱动小齿轮与飞轮环齿啮合,启动成功后两者脱离。这就需要有一套启动机传动机构和控制装置。

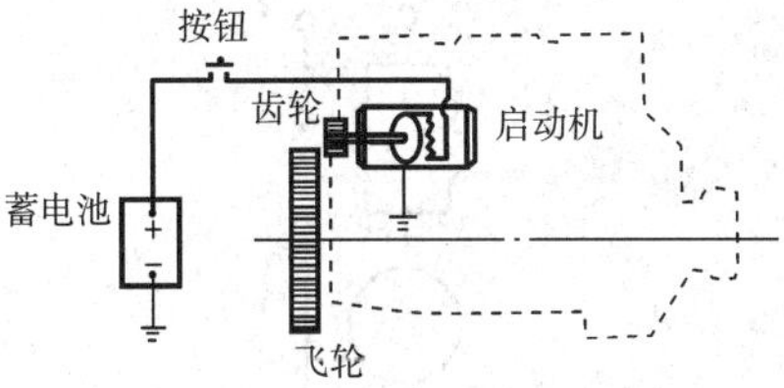

图 10-1 电动机启动系统

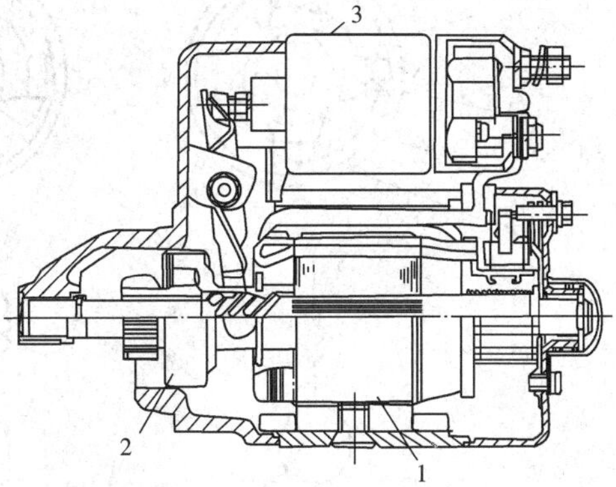

图 10-2 启动机的组成及外观图

1—直流电动机；2—传动机构；3—控制机构

二、直流电动机

电动机一般为直流串激式电动机，其特点是低速时转矩很大，随转速上升，转矩下降，这一特征非常适合发动机启动的要求。直流电动机在直流电压的作用下，产生旋转力矩。接通启动开关启动发动机时，电动机轴旋转，并通过驱动齿轮和飞轮的环齿驱动发动机曲轴旋转，使发动机启动。磁极是直流电动机的定子部分，用来产生电动机运转所必需的磁场，它由磁极铁芯、安装在铁芯上的励磁绕组及机壳等组成（如图 10-3 所示）。

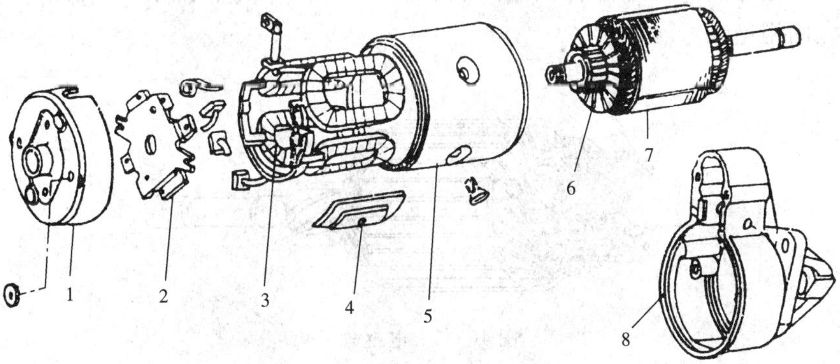

图 10-3 直流电动机

1—前端盖；2—电刷和电刷架；3—励磁绕组；4—磁极铁芯；

5—机壳；6—整流子；7—电枢；8—后端盖

磁极铁芯用硅钢片叠加而成，并用螺钉固定在机壳内壁上（如图 10-4 所示），为增强磁场、增大转矩，车用启动机通常采用 4 个磁极，少数大功率启动机采用 6 个磁极，每个磁极铁芯上都缠有励磁绕组，并通过外壳构成磁回路。励磁绕组通常是用较粗的矩形截面的裸铜线绕制，匝间用绝缘纸绝缘，外部用玻璃纤维带包扎后套在磁极铁芯上。当直流电压作用于励磁绕组的两端时，励磁绕组的周围产生磁场并使磁极铁芯磁化，成为具有一定极性的磁极，且 4 个磁极的 N 极与 S 极相间排列，形成启动机的磁场。

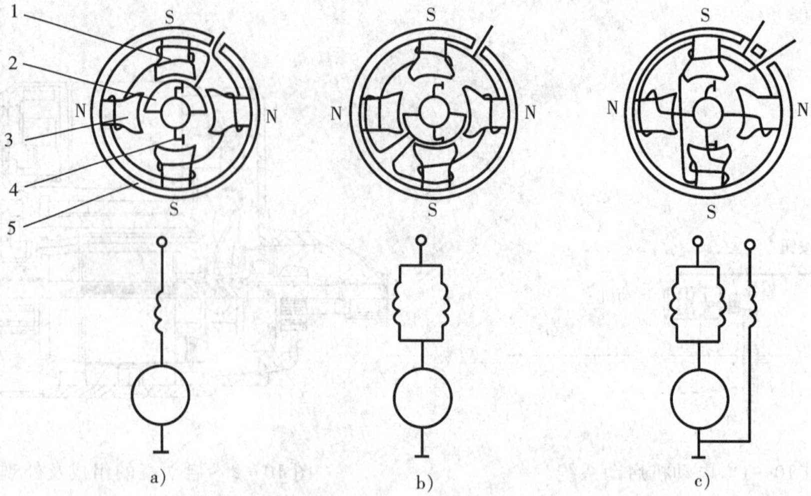

图 10-4　励磁绕组与电枢绕组的联接方式

1—励磁绕组;2—换向器;3—磁极铁芯;4—电刷;5—外壳;

(a)各励磁绕组串联后与电枢绕组串联;(b)两个串联的励磁绕组并联后与电枢绕组串联;

(c)主励磁绕组与电枢绕组串联,辅助励磁绕组与电枢并联

电枢是直流电动机的转子部分,用来将电能转变为机械能,即在启动机通电时,与磁场相互作用而产生电磁转矩。它由换向器1、铁芯2、绕组3和电枢轴4组成(如图10-5所示)。电枢铁芯由外圆带槽的硅钢片叠成,压装在电枢轴上;铁芯的外槽内绕有绕组,绕组用粗大的矩形截面裸铜线绕制而成,并且多采用波绕法,以便结构紧凑,并可通过较大的电流,获得较大的电磁力矩。为防止电枢绕组搭铁和匝间短路,在电枢绕组与铁芯之间,以及电枢绕组各匝之间用绝缘纸隔开。

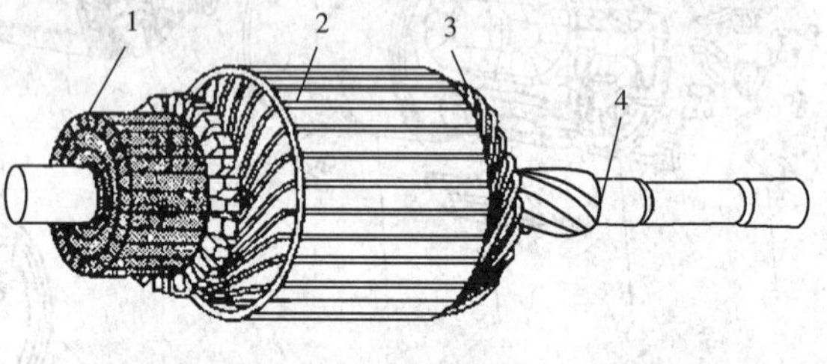

图 10-5　电枢总成

1—换向器;2—铁芯;3—绕组;4—电枢轴

换向器用来连接励磁绕组与电枢绕组的电路,并使处于同一磁极下的电枢导体中流过的电流保持固定方向(如图10-6所示)。它由一定数量的燕尾形铜片1组成,并用轴套2和压环3组装成一个整体,压装在电枢轴上,各铜片之间以及铜片与轴套、压环之间均用云母或硬塑料片绝缘。电枢绕组各线圈的两端焊接在相应铜片的接线凸缘4上,经过绝缘电刷和搭铁电刷分别与启动机磁场绕组一端和启动机壳体连接。电枢轴除了铁芯和换向器外,还制有螺旋槽或花键槽,以便安装传动装置,电枢轴两端通过轴承支承在启动机前后端盖上。

电刷用铜和石墨粉压制而成,一般含铜80%～90%,石墨10%～20%,以减小电刷电阻并增加其耐磨性。一般启动机电刷个数等于磁极个数,也有的大功率启动机电刷个数等于磁极个数的两倍，以便减小电刷上的电流密度。有些小功率高速启动机的电刷弹簧采用螺旋弹簧，多数启动机采用碟形弹簧。电刷弹簧的压力一般为 11.7～14.7N。电刷架采用箱式结构，铆装于前端盖上。电刷装于架内，并用弹簧压紧在换向器的外圆表面；电刷与换向器有较大的接触面积，以尽量减小电刷与换向器之间的接触电阻，并延长电刷使用寿命。

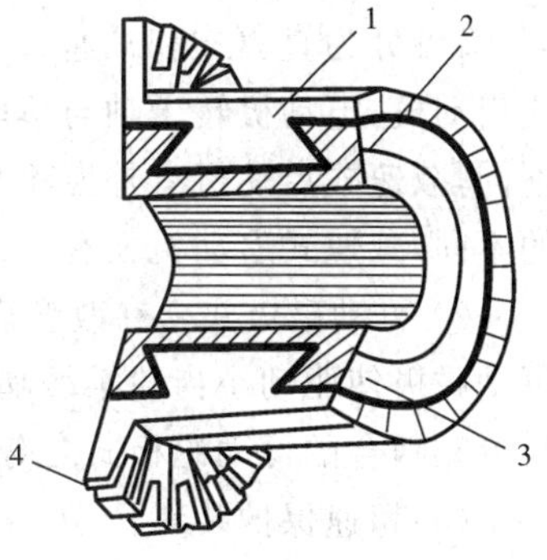

图 10－6　换向器
1－铜片；2－轴套；
3－压环；4－接线凸缘

启动机有前后两个端盖，起支承轴承作用。前端盖一般用钢板压制成，后端盖用灰铸铁铸造，在它们的中心压装着青铜石墨或铁基含油滑动轴承。因电枢轴较长，故在其中加一中间支承轴承，该轴承压装在中间支承板上，中间支承板固定在后端盖上，它与后端盖形成一个较大空腔，用于安装传动机构。在端盖的外围，一般有两个组装用螺孔，启动机装配时，由两个较长的组装螺柱将前后端盖及外壳联接为一个整体。

当直流串激电动机接上直流电源时，在定子上的磁场绕组通电，产生较强的磁场强度，同时转子上的电枢绕组也有电流通过，因此载流导体在磁场中受到磁场力的作用，产生电磁转矩使电枢旋转。直流串激电动机的电磁转矩与电枢电流平方成正比。在发动机启动瞬间，由于阻力矩很大，启动机处于完全制动状态，电枢电流等于最大制动电流，产生转矩最大，因此易于启动。同时，由于直流串激电动机重载转速低、转矩大，可以保证发动机可靠启动和启动安全，因此汽车上使用的启动机均是串激式直流电动机。但由于串激式直流电动机在轻载时，电动机转速会很高，容易造成飞车事故，因此对功率较大的直流串激电动机不允许在轻载或空载下长时间运行。

汽油机所用的启动机功率一般在 1.5kW 以下，电压一般为 12V，柴油机启动机的功率较大，可达 5kW 以上，为使电枢电流不致过大，其电压一般采用 24V。

2. 传动机构

(1)传动机构的功用

启动机的传动机构安装在电动机电枢的延长轴上，启动发动机时，它可将驱动齿轮与电枢轴连成一体，并沿电枢轴移动驱动齿轮，使驱动齿轮与飞轮环齿啮合，将启动机产生的电磁转矩传递给发动机曲轴，启动发动机。驱动齿轮转速超过电枢轴转速时，驱动齿轮应与电枢轴脱开，防止电动机超速。

(2)传动机构的类型

传动机构又称啮合机构，有如下类型：

① 惯性传动啮合式　启动机旋转时，其离合器驱动小齿轮借惯性力自动啮入发动机飞轮的环齿。

② 电枢移动啮合式　靠启动机磁极磁通的电磁吸力，使电枢沿轴向移动而使其离合器驱动小齿轮啮合入发动机飞轮的环齿。

③ 齿轮移动啮合式　靠电磁开关推动安装在电枢轴孔内的啮合杆来使驱动小齿轮与发动机飞轮环齿啮合。

④ 强制啮合式　电磁开关通过拨叉，强制拨动离合器使驱动小齿轮啮入发动机飞轮环

齿。由于工作可靠,强制啮合式在启动机上获得普遍应用,按其啮入方式和启动机结构的不同,又可分为直驱式和减速式。直流电动机转子轴与单向离合器采用直接驱动结构,为直驱式启动机;电动机转子轴与单向离合器之间带有减速装置,为减速式启动机。按减速方式的不同,减速式启动机有外齿轮减速式、内齿轮减速式和行星齿轮减速式之分。根据励磁方式的不同,减速式启动机又有电磁励磁式和永磁励磁式之分。

⑤ 可动磁极式　在改变启动机可动磁极与电枢之间的气隙大小的过程中,靠启动机的可动磁极使驱动小齿轮柔缓啮入发动机飞轮环齿。可动磁极式又有惯性啮合的可动磁极式与电磁啮合的可动磁极式之分。

(3)超速保护装置

它是启动机的离合机构,称为单向离合器。单向离合器的作用是单方向传递转矩,即启动发动机时将启动机的转矩传给飞轮齿圈,而当发动机启动后,它又能自动打滑,不使飞轮齿圈带动启动机电枢旋转,以免损坏启动机。因为飞轮齿圈与启动机驱动齿轮的传动比为1∶10～1∶15,发动机发动后,如果不及时将启动机与发动机分离,则启动机的电枢就会被曲轴带动以10000～15000r/min的高速旋转,导致电枢绕组从电枢槽中甩出,造成所谓"飞散"事故,而使电枢损坏。

常用的单向离合器有滚柱式、弹簧式、摩擦片式等多种形式。

① 滚柱式单向离合器

滚柱式单向离合器由于具有工作噪声小,结构工艺性好,能减弱冲击性负载,传递转矩大等优点,所以在传动啮合机构中得到广泛应用。如图10-7所示为普通滚柱式单向离合器的外形。

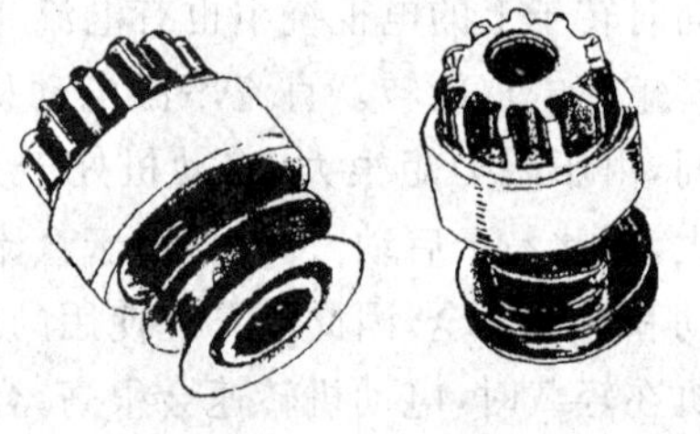

图10-7　普通滚柱式单向离合器的外形

如图10-8所示为用于CA1091型汽车启动机的滚柱式单向离合器组成与工作示意图。它由外座圈2、开有楔形缺口的内座圈3、滚柱4以及装在内座圈孔中的柱塞和弹簧等组成。驱动齿轮与外座圈2连成一体,花键套筒6与内座圈3连成一体,并通过花键套装在启动机电枢的延长轴上。

接通启动开关启动发动机时,启动机的电枢轴连同内座圈按图10-8a中所示的箭头方向旋转,由于摩擦力和弹簧张力的作用,滚柱4被带到内、外座圈之间楔形槽窄的一端,将内、外座圈联成一体,于是电枢轴上的转矩通过内座圈、楔紧的滚柱传递到外座圈和驱动齿轮1,驱动齿轮与电枢轴一起旋转使发动机启动。

发动机启动后,曲轴转速升高,飞轮齿圈将带着驱动齿轮高速旋转。虽然驱动齿轮的旋转方向没有改变,但它由主动轮变为从动轮。当驱动齿轮和外座圈的转速超过内座圈和电枢轴的转速时,在摩擦力的作用下,滚柱克服弹簧张力的作用滚向楔形槽宽的一端,使内、外座圈脱离联系而可以自由地相对运动,高速旋转的驱动齿轮与电枢轴脱开,防止电动机超速。

如图10-8d所示滚柱式单向离合器的楔形缺口开在外座圈上,其工作原理与上述单向离合器相同。

② 弹簧式单向离合器

在有些启动机上采用结构十分简单的弹簧式单向离合器,其结构如图10-9所示。

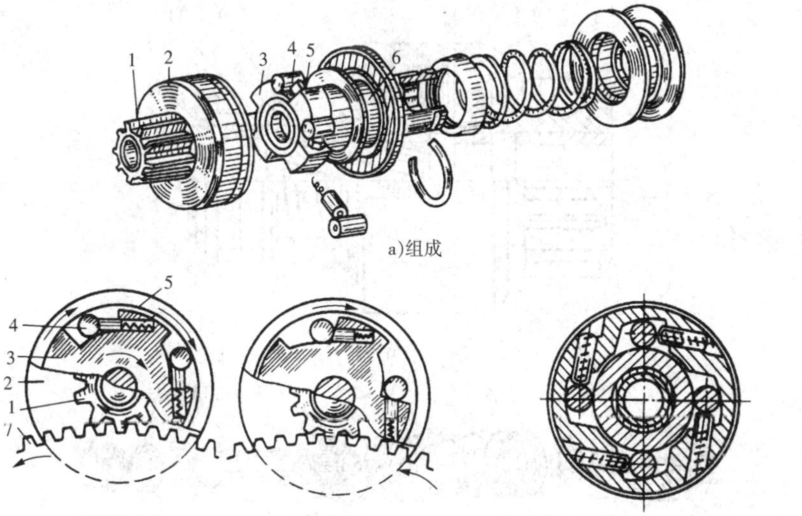

a)组成 b)开始啮合 c)脱离啮合 d)楔形缺口开在外座圈上的单向离合器

图 10-8 CA1091 型汽车启动机滚柱式单向离合器组成与工作示意图

1—启动机驱动齿轮;2—外座圈;3—内座圈;4—滚柱;5—柱塞;6—花键套筒;7—飞轮齿圈

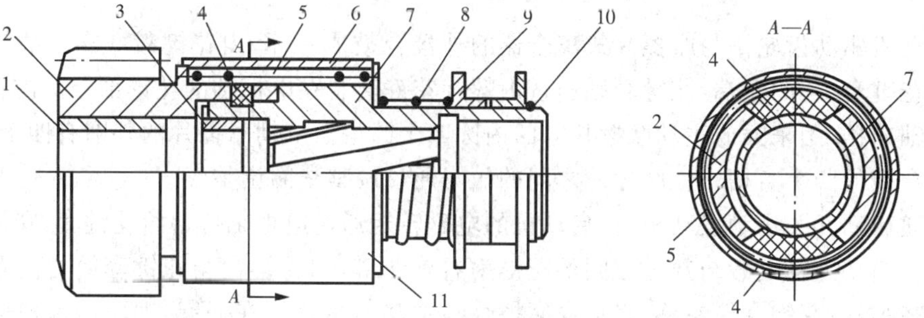

图 10-9 弹簧式单向离合器

1—衬套;2—启动机驱动齿轮;3—限位套;4—扇形块;5—离合弹簧;6—护套;
7—花键套筒;8—缓冲弹簧;9—滑套;10—卡环;11—电枢延长轴

弹簧式单向离合器安装在电枢的延长轴上,启动机驱动齿轮 2 的右端空套在花键套筒 7 左端的外圆面上,两个扇形块 4 装入驱动齿轮右端的相应缺口中,并伸入花键套筒 7 左端的环槽内,使驱动齿轮与花键套筒之间既可以一起做轴向移动,又可以相对滑转。离合弹簧 5 在自由状态下的内径小于齿轮 2 和花键套筒 7 相应外圆面的外径,在安装状态下弹簧紧套在外圆面上,离合弹簧 5 与护套 6 之间有间隙。启动时,启动机的电枢轴带动花键套筒旋转,有使离合弹簧 5 收缩的趋势,弹簧被箍紧在相应外圆面上。于是,启动机的转矩靠弹簧与外圆面之间的摩擦作用传递给驱动齿轮,通过飞轮环齿带动曲轴旋转,使发动机启动。发动机一旦启动,驱动齿轮的转速超过花键套筒的转速,离合弹簧 5 张开,驱动齿轮 2 在花键套筒 7 上滑转,与电枢轴脱开,防止电机超速。

③ 摩擦片式单向离合器

摩擦片式单向离合器可以传递较大的转矩,常用于大功率启动机上,其结构如图 10-10 所示。

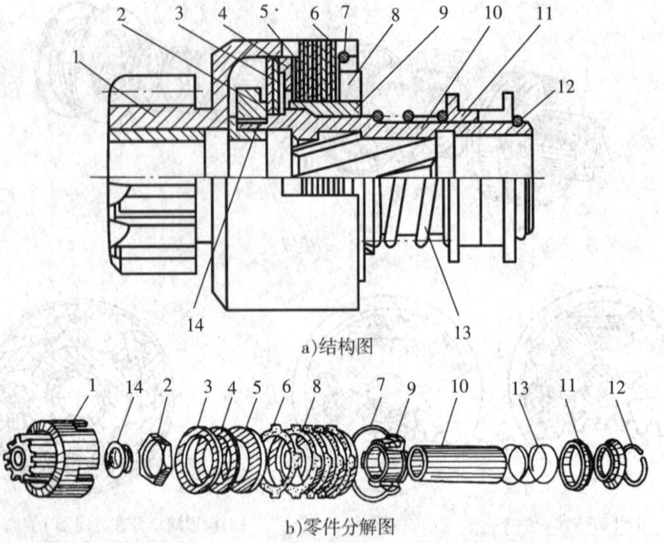

图 10-10　摩擦片式单向离合器

1—启动机驱动齿轮;2—螺母;3—弹性垫圈;4—压环;5—调整垫圈;6—从动摩擦片;7—卡环;8—主动摩擦片;9—内花键毂;10—花键套;11—滑套;12—卡环;13—弹簧;14—限位块

启动机驱动齿轮 1 与摩擦片式离合器的外接合鼓成一体,内花键毂 9 靠三线螺旋花键套装在花键套 10 的左端,花键套则通过内螺旋花键套装在电枢轴的花键部分。内花键毂上有四个轴向槽,用来插放主动摩擦片 8 的内圆四个凸齿。从动摩擦片的外圆有四个凸齿,嵌入外接合鼓的四个直槽中。摩擦片之间的压力通过调整垫圈调整。

接通启动开关启动发动机时,启动机的电磁转矩通过电枢轴传递给花键套,花键套顺时针转动。由于内花键毂与花键套间的花键为右旋花键,内花键毂与花键套筒之间存在转速差,内花键毂沿花键套筒左移,将从动摩擦片与主动摩擦片压在一起,即驱动齿轮与电枢轴连成一体,启动机的转矩通过驱动齿轮和飞轮传递给发动机的曲轴,使发动机启动。

发动机启动后,飞轮带着驱动齿轮和外接合鼓高速旋转,外接合鼓的转速超过电枢轴和花键套筒的转速,于是内花键毂又沿花键套上的螺旋线右移,从动摩擦片与主动摩擦片分开,使驱动齿轮与电枢轴脱开,防止电机超速。

启动机超载(发动机烧瓦或卡死)时,弹性垫圈 3 便在压环 4 的压力下弯曲,当弯曲到与内花键毂的左端面相碰时,内花键毂停止左移,主、从摩擦片间开始打滑,从而限制了启动机的最大输出转矩,防止启动机过载。增减调整垫圈 5 的片数,可以改变内花键毂左端面与弹性垫圈之间的间隙,调节启动机的最大输出转矩。

3. 控制机构

启动机的控制机构也称为操纵机构(即开关),它的作用是控制启动机主电路的通、断和驱动齿轮的移出和退回。在有些汽车上,还具有接入和隔除点火线圈附加电阻的作用。

启动机的控制机构分为直接操纵式和电磁操纵式两种。直接操纵式控制机构由驾驶员通过启动踏板和杠杆机构,直接操纵启动开关接通启动机的主电路,并使驱动齿轮移出与飞轮环齿啮合。这种方式检修方便,且不消耗电能,有利于提高启动转速。但驾驶人员的劳动强度大,不易远距离操纵,所以目前已很少应用。

电磁操纵式控制机构，俗称电磁开关，由驾驶员通过启动开关操纵启动机的电磁开关，或通过启动继电器操纵启动机的电磁开关，接通启动机的主电路，并将驱动齿轮推出与飞轮啮合。其使用方便，工作可靠，并适合远距离操纵，所以目前应用广泛。其结构如图 10－11 所示。

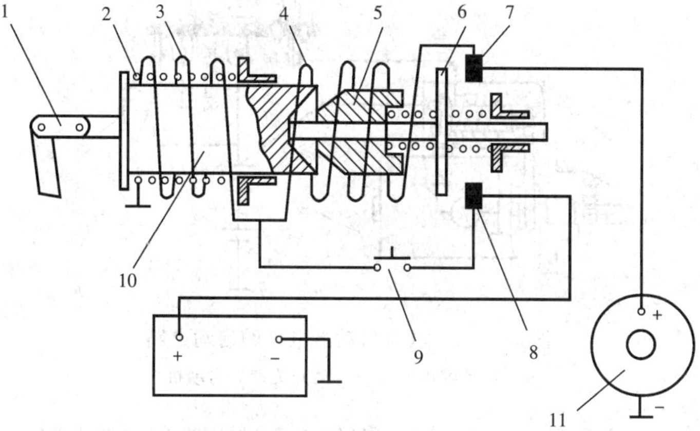

图 10－11 电磁操纵式控制机构结构示意图

1—拉杆；2—回位弹簧；3—保持线圈；4—吸动线圈；5—活动铁芯；6—接触片；7—接线柱；8—蓄电池接线柱；9—启动按钮；10—衔铁；11—启动电机

它的继电器安装在启动电机 11 的外壳上。继电器的活动铁芯 5 通过拉杆 1 与拨动启动齿轮的拨叉上端铰接，而活动铁芯 5 浮装在继电器线圈的骨架(铜质衬套)内，并可沿轴向移动；活动铁芯 5 的另一端装有推杆，推杆上装有继电器开关的活动触片 6。继电器的线圈绕在铜质衬套上，线圈有吸动线圈 4 与保持线圈 3 之分。吸动线圈的导线较粗，匝数较少，且与启动电动机的激磁绕组串联；保持线圈的导线较细，匝数较多，与电动机的激磁绕组并联，其一端接在继电器开关的固定触点上，另一端搭铁。

启动时，按下启动按钮 9，一路电流流经顺序为：蓄电池正极→启动按钮→吸动线圈→激磁绕组→电枢绕组→负电刷→搭铁→蓄电池负极。另一路电流流经顺序为：蓄电池正极→启动按钮→保持线圈→搭铁→蓄电池负极。

由于吸动线圈和保持线圈通电后产生很强的磁场，吸动活动铁芯右移，使启动齿轮与飞轮齿圈啮合。此时，由于电枢绕组和激磁绕组均已通电，但因吸动线圈被串入电路，电阻较大，电流较小，故启动电动机缓慢转动，使驱动齿轮与飞轮齿圈较柔和地啮合。当活动铁芯继续右移使继电器的活动触片和固定触点接通时，吸动线圈被短路，失去作用，但继电器触点已接通，保持线圈仍然工作，且保持活动铁芯的位置不动，使启动电机输出最大功率带动发动机曲轴旋转，直至启动结束。

发动机启动后，断开启动开关，保持线圈断电，活动铁芯在回位弹簧的作用下，退回原位。此时，继电器触点断开，启动电机停止工作，驱动齿轮也退出啮合。

许多汽油机启动机的控制装置中，还装有短路点火线圈附加电阻的接触片，控制装置外壳上对应的接线柱通过导线与点火线圈初级绕组相连。主开关接通时，短路点火线圈附加电阻的接触片与蓄电池正极直接接通，将点火线圈附加电阻短路，改善启动时的点火性能。电磁操纵式控制机构的启动开关通常与点火开关制成一体，为了减小流过点火开关的电流，防止点火开关的早期损坏,有些启动机的控制电路中接有继电器。如图 10-12 所示为具有启动继电器的启动电路。

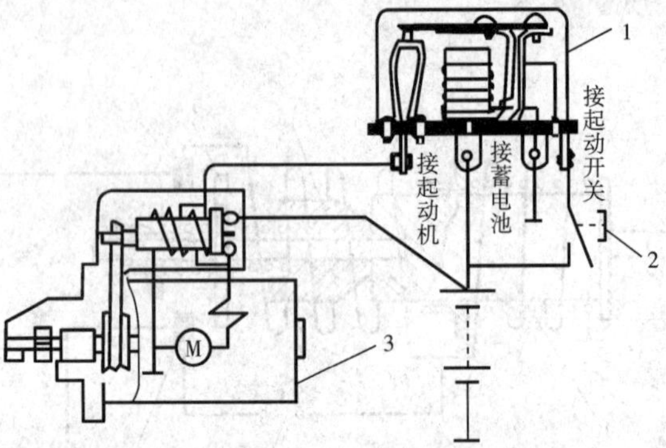

图 10-12　具有启动继电器的启动电路

1—启动继电器;2—启动开关;3—启动机

如图 10-13 所示为 CA1091 型载货汽车的组合继电器和启动电路。组合继电器由启动继电器和充电继电器组成,它利用发电机的中性点电压,在发动机启动后,自动停止启动机的工作。

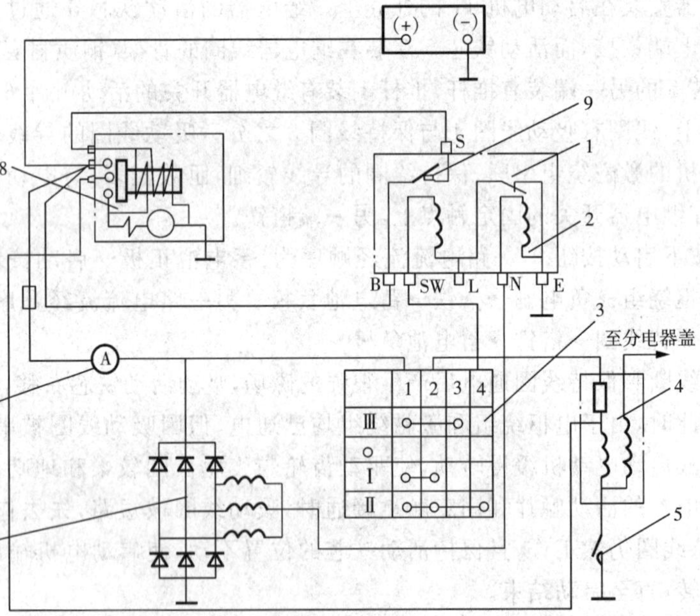

图 10-13　CA10091 型载货汽车的组合继电器的启动电路

1—充电继电器触点;2—充电继电器;3—点火开关;4—点火线圈;5—断电器;

6—发电机;7—电流表;8—启动机;9—启动继电器常开触点

为了在启动发动机时曲轴能获得足够的启动转矩和必要的启动转速,使发动机迅速可靠地启动,除选用足够功率的启动机和简单可靠的控制电路外,还必须注意驱动齿轮及飞轮齿圈齿数的选择，以获得适当的传动比。在一般发动机上，该传动比约为 11～15。

第三节 减速启动机和永磁启动机

为满足舒适、安全、可靠、高速、节能等要求，汽车结构向小、巧、轻方向发展，且电子设备数量也在不断增加，使发动机的可供使用空间越来越小，因此需要对传统的启动机进行改进。减速式启动机就是在此背景下出现的一种新型启动机，自 20 世纪 80 年代以来得到迅猛的发展。

一、减速启动机

在启动机的电枢轴与驱动齿轮之间装有齿轮减速器的启动机，称为减速启动机。减速启动机与电磁操纵式启动机没有本质的区别，只是在启动机电枢和驱动齿轮间增加了一对减速齿轮（一般减速比为 3～4），因此可将启动机电枢的工作转速设计得较高，然后通过减速机构使驱动齿轮的转速降低，并使转矩增加。装用减速齿轮后，可采用小型、高速、低转矩电动机，从而使启动机的质量与体积减小。

由于串激式直流电动机的功率与其转矩和转速成正比，因此，提高电动机转速的同时降低其转矩，可以保持启动机功率不变。当采用高速、低转矩的串激式直流电动机作为启动机时，在功率相同的情况下，可以使启动机的体积和质量大大减小。但是，启动机的转矩过低，不能满足启动发动机的要求。为此，在启动机中采用高速、低转矩的直流电动机时，在电动机的电枢轴与驱动齿轮之间安装齿轮减速器，可以在降低电动机转速的同时提高其转矩。

减速启动机的齿轮减速器有外啮合式、内啮合式、行星齿轮式（同轴式）等三种不同形式，如图 10－14 所示。

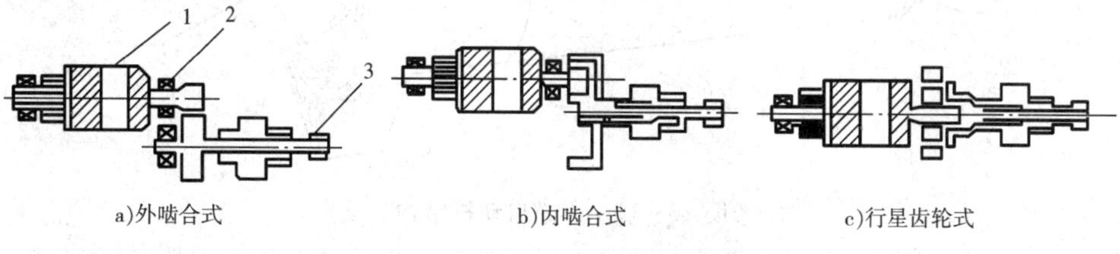

图 10－14 减速启动机减速器的三种型式

1—电动机；2—齿轮减速器；3—驱动齿轮

外啮合式减速启动机的减速机构在电枢轴和启动机驱动齿轮之间，利用惰轮做中间传动，且电磁开关铁芯与驱动齿轮同轴心，直接推动驱动齿轮进入啮合，无须拨叉。因此，启动机的外形与普通启动机有较大差别。外啮合齿轮式的主动齿轮轴与从动齿轮轴平行，但两轴中心距较大。优点是结构简单、工作可靠、噪音小、便于维修；缺点是增加了启动机的径向尺寸。通常分为有惰轮外啮合式减速启动机和无惰轮外啮合式减速启动机。外啮合式减速机构的传动中心距较大，因此受启动机构的限制，其减速比不能太大，一般不大于 5，多用在小功率的启动机上。

内啮合式减速启动机的减速机构传动中心距小,工作可靠,可有较大的减速比,适用于较大功率的启动机。但内啮合式减速机构的噪声较大,驱动齿轮仍需拨叉拨动进入啮合。这种启动机的外形与普通启动机相似。

行星齿轮式减速启动机的减速机构结构紧凑、传动比大、效率高。由于输出轴与电枢轴同轴线、同旋向,电枢轴无径向载荷,振动轻,整机尺寸减小,有利于启动机的安装。因扭力负载平均分布在几个行星齿轮上,故可采用塑料内齿圈和粉末冶金的行星齿轮,既减轻了重量又抑制了噪声,是应用最广泛的一种。丰田系列轿车和部分奥迪轿车都采用了行星齿轮式减速启动机。

二、永磁启动机

以永磁材料作为磁极的启动机,称为永磁启动机。它取消了传统启动机中的励磁绕组和磁极铁芯,使启动机的结构简化,体积和质量大大减小,可靠性提高,并节省了金属材料。永磁式启动机一般都配有行星齿轮式减速器,适合安装在空间较小的车辆上。

如图 10-15 所示是红旗 CA7220 型和奥迪 100 型轿车使用的永磁启动机的结构。

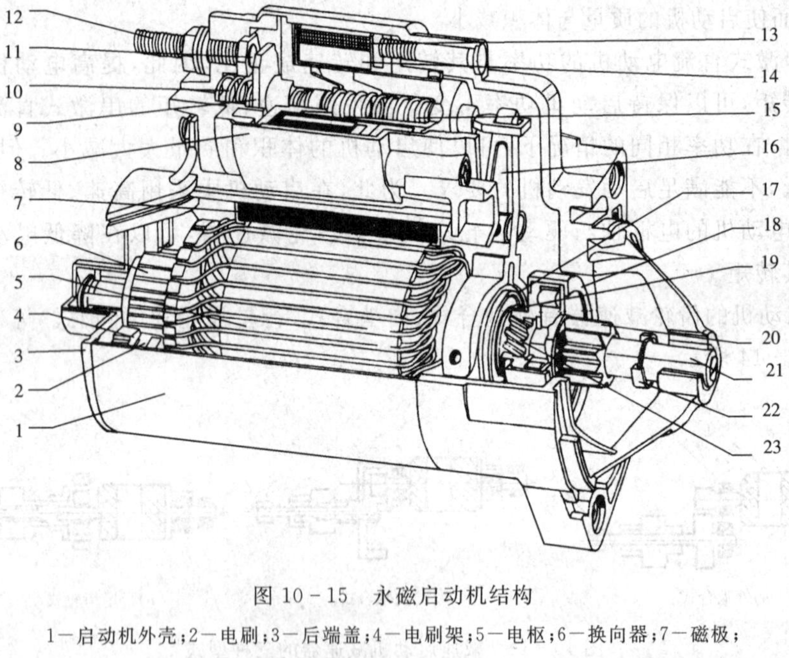

图 10-15　永磁启动机结构

1—启动机外壳;2—电刷;3—后端盖;4—电刷架;5—电枢;6—换向器;7—磁极;8—电磁开关外壳;9—电磁开关接触盘;10、15—回位弹簧;11—触点;12—接线螺栓;13—保持线圈;14—吸引线圈;16—传动叉;17—导环;18—滚柱式单向离合器;19—啮合弹簧;20—驱动齿轮;21—电枢轴;22—止推垫圈;23—螺旋花键

三、永磁减速启动机

采用高速低转矩的永磁电动机,并在驱动齿轮与电枢轴之间安装齿轮减速器的启动机,称为永磁减速启动机。永磁减速启动机的体积和质量可以进一步减小,目前已得到广泛应用。如图 10-16 所示为永磁减速启动机示意图。

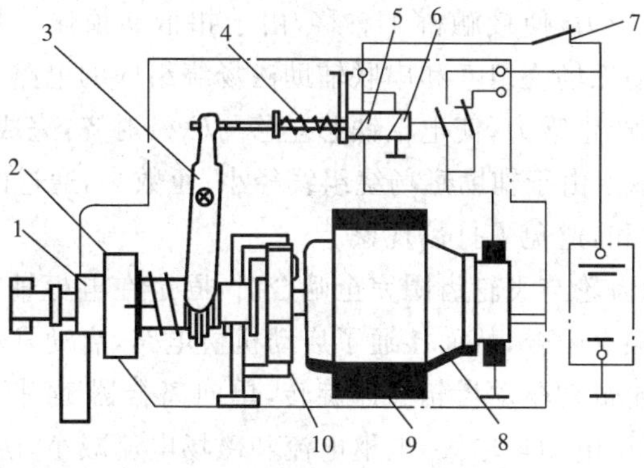

图 10-16　永磁减速启动机

1—驱动齿轮；2—单向离合器；3—传动叉；4—复位弹簧；5—吸引线圈；6—保持线圈；7—启动开关；8—电枢；9—磁极；10—行星齿轮减速器

四、电枢移动式启动机

电枢移动式启动机是利用磁极磁通的吸力，使整个电枢轴向移动来实现驱动齿轮与飞轮齿圈的啮合过程。

电枢移动式启动机工作过程如图 10-17 所示。该启动机有一个主磁场绕组 7 和两个辅助磁场绕组 5、6。当启动机不工作时，在回位弹簧 10 的作用下，电枢铁芯与磁极 13 在轴向错开一定距离，使驱动齿轮与飞轮脱离啮合，如图 10-17a 所示。启动时，接通启动开关

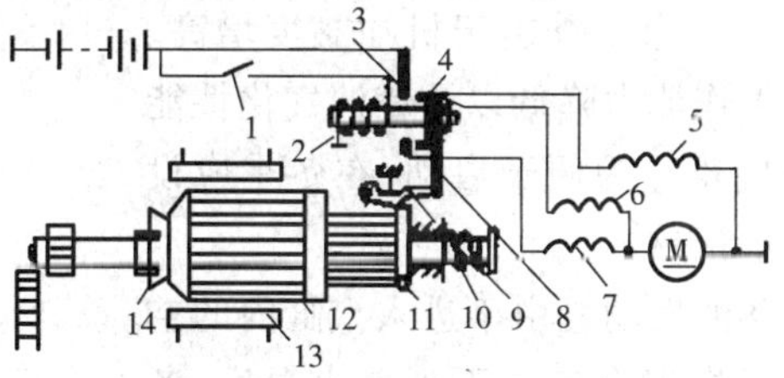

a)未啮合

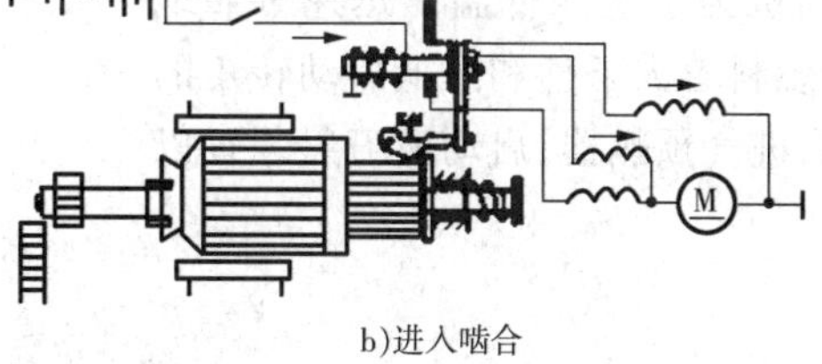

b)进入啮合

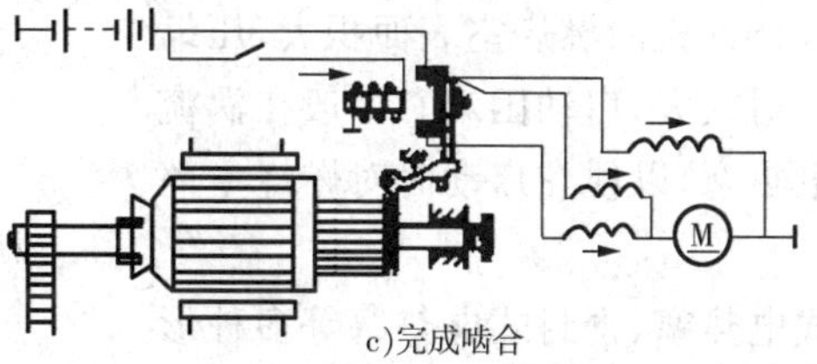

c)完成啮合

图 10-17　电枢移动式启动机工作示意

1—启动开关；2—磁化线圈；3—触点；4—接触桥；5—并联辅助磁场绕组；6—串联辅助磁场绕组；7—主磁场绕组；8—挡片；9—扣爪；10—回位弹簧；11—圆盘；12—电枢；13—磁极；14—摩擦片式单向离合器

1,磁化线圈 2 通电产生吸力,使接触桥 4 右移,由于扣爪 9 顶住挡片 8,接触桥只能上端闭合,从而接通了并联辅助磁场绕组 5 和串联辅助磁场绕组 6 的电路,如图 10－17b 所示。两个辅助磁场绕组通电后产生吸力,使电枢铁芯左移与磁极对齐,完成驱动齿轮与飞轮齿圈的啮合,如图 10－17c 所示。由于辅助磁场绕组线径小、匝数多,通过的电流小,使驱动齿轮与飞轮齿圈的啮合比较柔和,避免了打齿现象。

当电枢移动使驱动齿轮与飞轮齿圈完全啮合时,固定在电枢轴右端的圆盘 11 将扣爪 9 顶起,使接触桥下端的触点闭合,从而接通了启动机主电路,启动发动机。

发动机启动后,飞轮带动驱动齿轮高速旋转,单向离合器 14 打滑。此时启动机处于空载状态,转速升高,电枢反电动势增大,电枢电流和磁场电流减小,磁极磁场削弱。当磁场削弱到不能克服回位弹簧的弹力时,电枢又回到原位,驱动齿轮与飞轮齿圈脱开,扣爪回到锁止位置,断开启动开关后,启动机便停止转动。

串联辅助磁场绕组主要在进入啮合过程时工作,完全啮合时由于它与主磁场绕组并联而几乎被短路。并联辅助磁场绕组在进入啮合和完全啮合两个阶段中均工作,不但可以增大吸引电枢的磁力,又起着限制空载转速的作用。

第四节　柴油机的启动辅助装置

为了提高发动机的启动性能,启动系统中可装备专用的启动辅助装置。例如,在严寒冬季由于机油黏度增高、启动阻力矩增大、蓄电池工作能力降低以及燃油气化性能变坏等缘故,发动机启动困难。为便于启动,在冬季应设法将进气、润滑油和冷却水预热。

相对于汽油机而言,柴油发动机由于进入汽缸内的空气温度低,致使压缩后的可燃混合气达不到着火温度,冬季启动更困难。车用柴油机为了能在低温下迅速可靠地启动,常采用一些能改善燃料着火条件和降低启动转矩的启动辅助装置,如电热塞、进气预热器、启动液喷射装置以及减压装置等。

一、电热塞

涡流室式或预燃室式柴油机的燃烧室表面积大,压缩行程的热量损失较直接喷射式大,启动困难。一般在涡流室式或预燃室式中装设电热塞,以便在启动时对燃烧室内的空气进行预热。

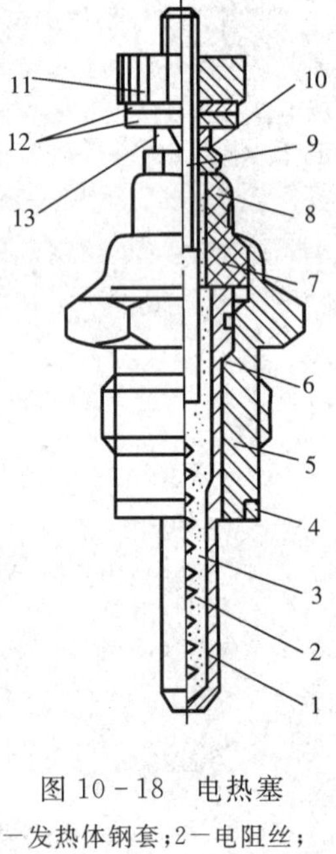

图 10－18　电热塞

1—发热体钢套;2—电阻丝;3—氧化铝填充剂;4、6—密封垫圈;5—外壳;7—绝缘体;8—高铝水泥胶合剂;9—中心螺杆;10—固定螺母;11—压紧螺母;12—压紧垫圈;13—弹簧垫圈

常用的电热塞有开式电热塞、密封式电热塞等多种形式。如图 10－18 所示为内装阻丝式电热塞结构图,每缸一个电热塞,螺旋形的电阻丝 2 一端焊于中心螺杆 9 上,另一端焊在耐高温不锈钢制造的发热体钢套 1 底部,中心

螺杆与外壳5之间有瓷质绝缘体7。高铝水泥胶合剂8将中心螺杆固定于绝缘体上。外壳上端翻边,将绝缘体、发热体钢套、密封垫圈6和外壳相互压紧。在发热体钢套内填充具有绝缘性能、导热好、耐高温的氧化铝填充剂3。

电热丝的接线方式一般为并联,其电路图如图10-19所示。各电热塞中心螺杆用导线并联,并连接到蓄电池上。在冬季启动发动机时,启动开关拨至Ⅰ位,预热塞电路接通,预热指示灯2亮,同时预热电阻丝通电加热,很快红热的发热钢套使汽缸内空气温度升高,从而提高了压缩终了时的空气温度,使喷入汽缸的柴油容易着火。一般预热时间为30～50s,不要超过1min,然后将开关置于Ⅱ位,即可启动发动机。若启动失败,应停歇1min,再将电热塞通电,做第二次启动,否则将减少电热塞的使用寿命。

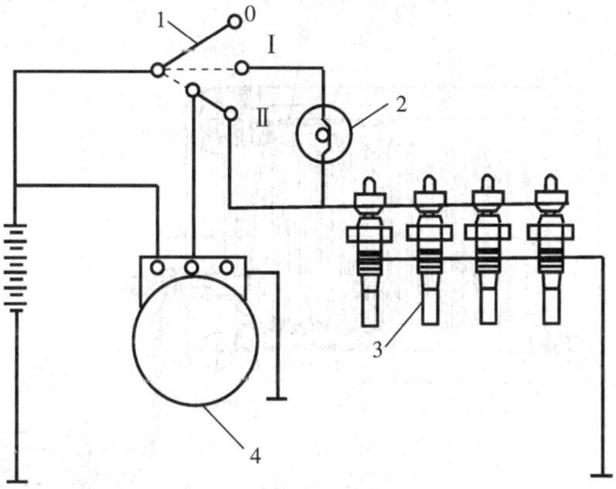

图10-19 电热塞的并联连接电路

1—开关;2—指示灯;3—电热塞;4—启动机

预热指示灯用来监视电热塞的工作状况,接通预热开关,如预热指示灯在20～30s内达到红热状态,说明预热线路正常。若指示灯不红热,说明线路中有断路或指示灯电阻烧断,若指示灯达到红热时间过短,说明线路中有短路或个别电热塞短路。

上述电热塞,其电阻丝装在金属套内,结构牢固,寿命长,目前广泛使用。有的电热塞,其电阻丝裸露于外,称为外露阻丝式电热塞。由于发热电阻露在外面,容易腐蚀,寿命短,性能不如内装阻丝式电热塞好。

二、进气预热器

在中、小功率柴油机上常采用进气预热器作为冷启动的辅助装置,其构造如图10-20所示。

空心阀体2由膨胀系数较大的金属材料制成。其一端与进油管接头5相连,另一端有内螺纹与一端带有外螺纹的阀芯相连。阀芯的锥形端在预热器不工作时将油管接头的进油口堵塞。阀体外绕有外表面绝缘的电热丝1。

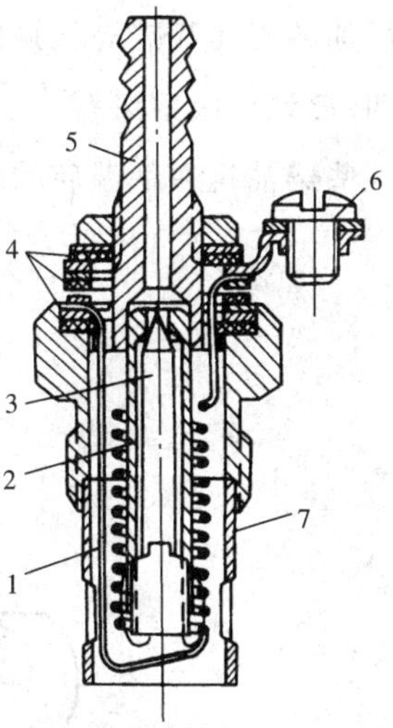

图10-20 进气预热器

1—外壳绝缘的电热丝;2—空心阀体;3—阀芯;4—绝缘垫圈;5—油管接头;6—预热开关接线螺钉;7—稳焰罩

柴油机启动时,接通预热器电路后,电热丝发热,同时加热阀体,阀体受热伸长,带动阀芯移动,使阀芯的锥形端离开进油孔。燃油流进阀体内腔受热气化,从阀体的内腔喷出,并被炽热的电热丝点燃生成火焰喷入进气管,使进气得以预热。关闭预热开关,电路切断,电热丝变冷,阀体冷却收缩,其锥形端又堵住进油孔而截止燃油的流入,于是火焰熄灭,预热停止。

进气管空气加热器除了电加热元件外,还有采用液(气)体燃料燃烧型加热器。电加热器的优点在于不消耗空气中的氧,但要消耗较多的电能。它可将启动温度增加 10℃左右。燃烧型加热器的关键要求是要控制好供油量和燃料进入燃烧器的时刻。

三、块状电热塞

安装在发动机进气歧管的进气口上,其形状和尺寸与进气歧管相同,结构如图 10-21 所示。

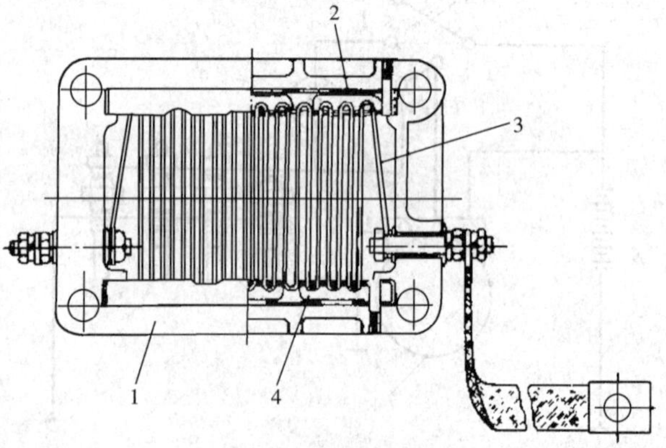

图 10-21 块状电热塞

1—外壳;2—弹簧;3—电阻丝;4—绝缘体

它的加热电阻丝绕成网状,当发动机启动时,电阻丝 3 通电,对进入汽缸的空气加热,以改善燃油的雾化和提高汽缸内可燃混合气温度,从而改善发动机的启动性能。

四、启动液喷射装置

某些柴油机在低温启动时,可根据需要装用启动液喷射装置,结构如图 10-22 所示。

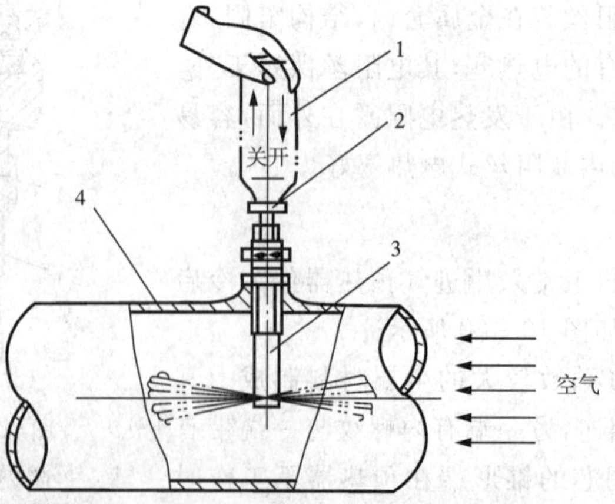

图 10-22 启动液喷射装置

1—启动液喷射罐;2—单向阀;3—喷嘴;4—发动机进气管

在柴油机进气管内安装一个喷嘴3，启动液压力喷射罐内充有压缩气体（氮气）和易燃燃料（乙醚、丙酮、石油醚等）。当低温启动柴油机时，将喷射罐倒立，罐口对准喷嘴上端的管口。轻压启动液喷射罐，即打开喷射罐口处的单向阀，则启动液通过单向阀、喷嘴喷入柴油机进气管，并随同进气管内的空气一起被吸入燃烧室。因为启动液是易燃燃料，故可在较低的温度和压力下迅速着火，从而点燃喷入燃烧室的柴油。

采用以乙醚为基础的启动液，可以在低达－50℃的条件下使柴油机应急启动，却容易引起爆燃，具有一定的危险性。为克服这个不利因素，现在的研发工作主要集中在如何精确控制其喷射量，采用全自动装置来促进最初的着火，支持和稳定燃烧，以控制全过程。

五、启动减压装置

为了降低启动力矩，提高发动机转速，在某些车用柴油机上采用减压装置，如图10－23所示。发动机启动时，首先将手柄扳至减压位置（如图10－23b所示）驱使调整螺钉旋转，并略微顶开气门（气门一般下降1～1.25mm），以降低初始压缩阻力。这样在柴油机启动前启动机转动曲轴比较容易。当曲轴转动起来后，各零件工作表面温度升高，润滑油黏度降低，摩擦阻力减小，从而降低了启动阻力矩。这时将手柄扳回原来位置，柴油机即可顺利启动。多缸柴油机各减压气门间设有联动机构。对于中、小功率的柴油机的联动机构一般为同步式，即各减压气门同时打开，同时关闭。对于功率较大的柴油机，联动机构为分级式，即启动前各减压气门同时打开，启动时减压气门分级关闭，部分汽缸先进入正常工作，预热发动机后，其余各缸再转入正常工作。

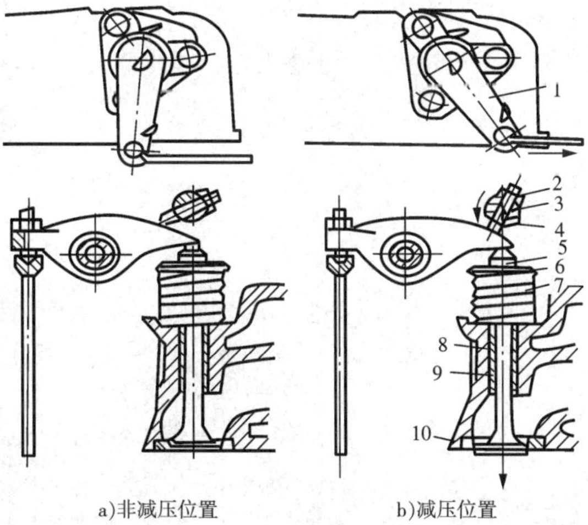

a)非减压位置　　b)减压位置

图10－23　启动减压装置工作原理

1－手柄；2－锁紧螺母；3－调整螺钉；4－减压轴；5－气门顶帽；6－气门弹簧座；7－气门弹簧；8－气门导管；9－气门；10－气门座

减压气门可以是进气门，也可以是排气门，但一般多用进气门减压，因为用排气门实现减压往往会使炭粒吸入汽缸，造成汽缸的加速磨损。

为了利于发动机的启动，除上述启动辅助装置外，有些重型汽车使用启动预热锅炉作为启动预热装置，对冷却水和机油预热。另外，发动机罩、散热器保温装置及蓄电池保温器等保温装置也得到了广泛的应用。

思考题

10-1 什么是发动机的启动?启动必须满足什么条件?车用发动机一般采用哪种启动方式?

10-2 启动机有何作用?由哪几部分组成?

10-3 启动齿轮与飞轮齿圈的传动比一般为多少?

10-4 车用启动机为什么采用串激直流电动机?串激直流电动机由哪些基本部分构成?

10-5 为什么必须在启动机中安装离合机构?常用的启动机离合机构有哪几种?各有何特点?说明滚柱式单向离合器的结构和工作原理。

10-6 电磁操纵式启动机的电磁开关作用是什么?为什么电磁操纵式启动机的电磁开关必须有吸引和保持两个线圈?启动机是怎样启动发动机的?

10-7 减速启动机和永磁启动机结构上有何特点?外啮合式、内啮合式、行星齿轮式减速启动机各有何优点和缺点?

10-8 怎样合理使用启动机?

10-9 为什么发动机在低温下启动困难?为使发动机在低温下迅速可靠地启动,常采用哪些辅助启动装置?

10-10 常用启动预热装置有哪些?它们是怎样起预热作用的?

第十一章　进气、排气系统和有害排放物控制装置

本章主要介绍进气系统的功用，滤清器的种类，阐述进气歧管的作用以及进气歧管的加热方法和各种可变进气技术，排气系统的组成以及排气消声器的结构和工作原理，发动机的主要排放物和各种控制措施。

第一节　进气系统

进气系统的功用是尽可能多地且均匀地向各汽缸供给可燃混合气或纯净空气。

一般进气系统主要包括空气滤清器和进气歧管。在化油器式和节气门体燃油喷射式汽油机上通常还装有进气预热装置。为了增加进气效果，有的进气系统还装有谐振器。在燃油喷射式汽油机和电控柴油机中，进气系统还包括空气流量计或进气歧管压力传感器，以便对进入汽缸的空气量进行计量。

一、空气滤清器

1. 空气滤清器的功用

燃油燃烧需要大量的空气，以普通轿车为例，每消耗 1L 汽油需要消耗 5000～10000L 空气。如此大量的空气进入汽缸，若不将其中的杂质或灰尘滤除，必然加速汽缸的磨损，缩短发动机使用寿命。实践证明，发动机不安装空气滤清器，其寿命将缩短 2/3。

空气滤清器的功用主要是滤除空气中的杂质或灰尘，让洁净的空气进入汽缸，也有消减进气噪声的作用。

2. 空气滤清器的结构

空气滤清器一般由进气导流管、空气滤清器盖、空气滤清器外壳和滤芯等组成。空气滤清器有多种结构形式。

(1)纸滤芯空气滤清器

纸滤芯空气滤清器被广泛用于各类汽车发动机上，其结构如图 11－1 所示。微孔滤纸制成的滤芯 1 安装在滤清器外壳 2 中。滤芯的上、下表面是密封面，当拧紧蝶形螺母 4 把滤清器盖 3 紧固在滤清器上时，下密封面 8 和上密封面 9 分别与滤清器盖及滤清器外壳底部的配合面贴紧密合。滤纸 7 打褶，以增加滤芯的过滤面积和减小滤芯阻力。滤芯外面是多孔金属网 6，用来保护滤芯在运输和保管过程中不使滤纸破损。在发动机工作时，空气从滤

芯的四周穿过滤纸进入滤芯中心,随后流入进气管。杂质被滤芯阻留在滤芯外面。

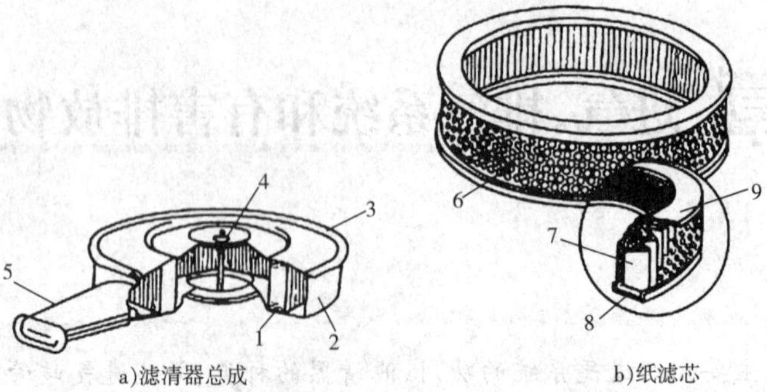

图 11-1 纸滤芯空气滤清器

1—滤芯;2—滤清器外壳;3—滤清器盖;4—蝶形螺母;5—进气导流管;
6—多孔金属网;7—打褶滤纸;8—滤芯下密封面;9—滤芯上密封面

纸滤芯空气滤清器有质量小、成本低和滤清效果好等优点。纸滤芯有干式和湿式两种。干式纸滤芯可以反复使用。纸滤芯经过浸油处理后即为湿式纸滤芯,其主要优点是使用寿命长、吸附杂质的能力强和滤清效率高,但不能反复使用,需定期更换。

(2)油浴式空气滤清器

油浴式空气滤清器用于在多尘环境下工作的发动机,如越野汽车发动机。如图 11-2 所示为油浴式空气滤清器实物分解图和结构图。它包括滤清器外壳 1、滤芯 2、密封圈 3 和滤清器盖 4 等。外壳底部是储油池,盛有一定数量的润滑油。当发动机工作时,环境空气经外壳与滤清器盖之间的狭缝进入滤清器,并沿着滤芯与外壳之间的环形通道向下流到滤芯底部,再折向上通过滤芯后进入进气管。当气流转弯时,空气中粗大的杂质被甩入润滑油中被润滑油黏附,细小的杂质被滤芯滤除。黏附在滤芯上的杂质被气流溅起的润滑油所冲洗,并随润滑油一起流回储油池。

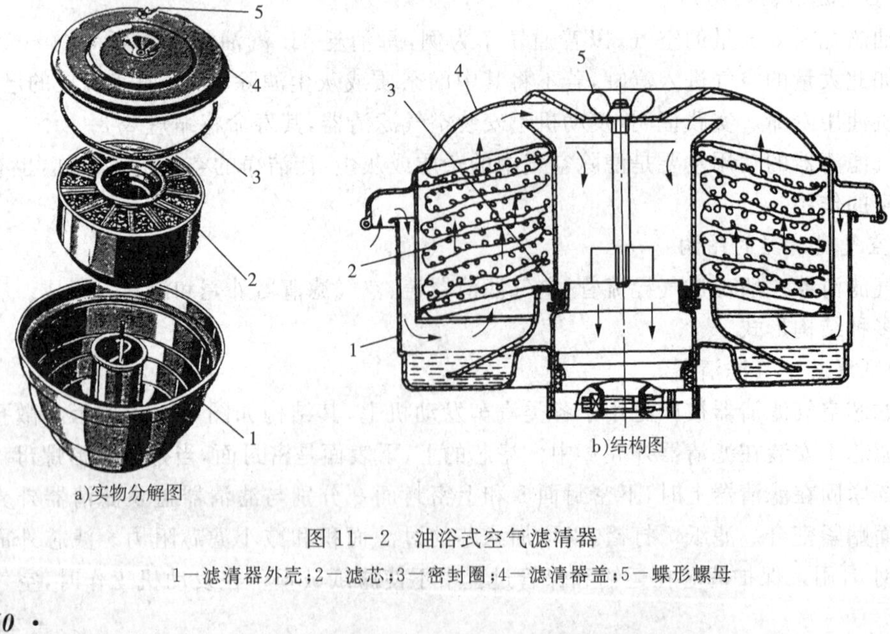

图 11-2 油浴式空气滤清器

1—滤清器外壳;2—滤芯;3—密封圈;4—滤清器盖;5—蝶形螺母

油浴式空气滤清器的优点是滤芯清洗后可以重复使用。

(3)离心式及复合式空气滤清器

离心式空气滤清器多用于大型货车上。在许多自卸车或矿山用汽车上还使用离心式与纸滤芯式相结合的双级复合式空气滤清器(如图 11－3 所示)。双级复合式空气滤清器的上体是纸滤芯空气滤清器,下体是离心式空气滤清器。空气首先从滤清器下体 14 周围的进气孔 16 进入离心式空气滤清器内的旋流管 21。由于空气切向地进入旋流管,因此在旋流管内产生高速旋转运动。在离心力的作用下,空气中的大部分灰尘被甩向旋流管壁,空气则从旋流管顶部的出口经接管 22 进入纸滤芯空气滤清器。空气中残存的细微杂质经纸滤芯 8 滤除。

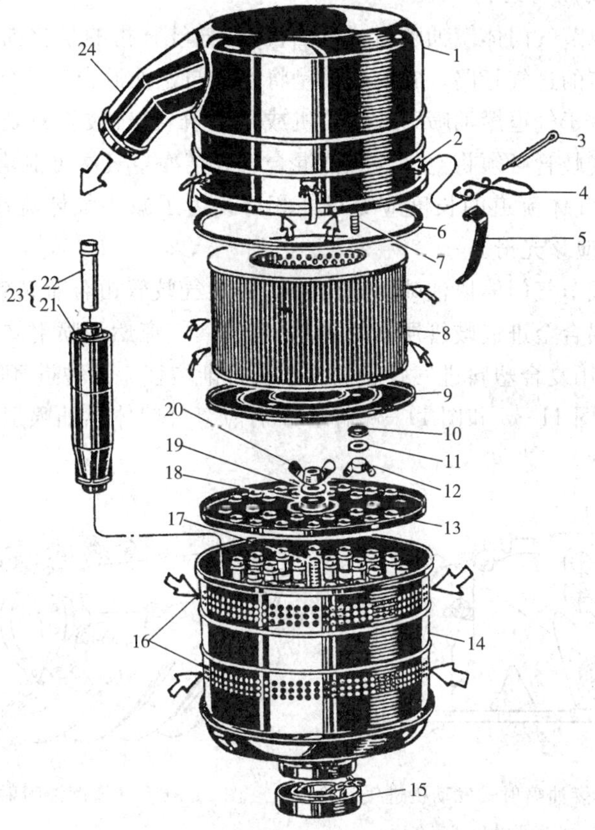

图 11－3　双级复合式空气滤清器

1－滤清器上体;2－卡环座;3－开口销;4－卡环;5－卡簧;6－密封圈;7－螺栓;8－纸滤芯;9－托板;10、18－橡胶垫圈;11、19－平垫圈;12、20－蝶形螺母;13－旋流管支持板;14－滤清器下体;15－灰盘盖;16－进气孔;17－中心螺栓;21－旋流管;22－接管;23－旋流管组件;24－进气管

3. 空气滤清器进气导流管

现代轿车为了增强发动机的谐振进气效果,空气滤清器的进气导流管需要有较大容积。但是导流管不能太粗,以保证空气在导流管内有一定的流速。因此,进气导流管一般都做得很长,以利于实现从车外吸气,如图 11－4 所示。

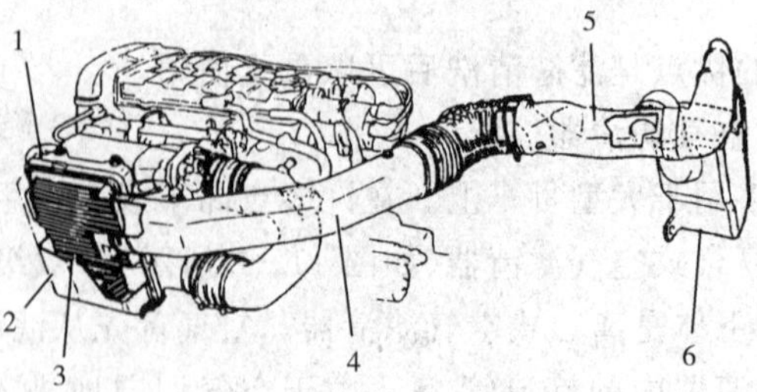

图 11-4　空气滤清器进气导流管

1—空气滤清器外壳;2—空气滤清器盖;3—滤芯;4—后进气导流管;5—前进气导流管;6—谐振室

二、进气歧管

1. 进气歧管的功用与结构

对于化油器式或节气门体燃油喷射式汽油机,进气歧管指的是化油器或节气门体之后到汽缸盖进气道之前的进气管路。它的功用是将空气与燃油混合气从化油器或节气门体分配到各缸进气道。对于气道燃油喷射式汽油机或柴油机,进气歧管只是将洁净的空气分配到各缸进气道。进气歧管必须将空气与燃油混合气或洁净空气尽可能均匀地分配到各个汽缸,为此进气歧管内气体流道的长度应尽可能相等。为了减小气体流动阻力,提高进气能力,进气歧管的内壁应该光滑。

一般化油器式或节气门体燃油喷射式汽油机的进气歧管由合金铸铁制造,轿车发动机多用铝合金制造。铝合金进气歧管质量轻、导热性好。气道燃油喷射式汽油机除用铝合金进气歧管外,近来采用复合塑料进气歧管的发动机日渐增多。这种进气歧管质量极轻,内壁光滑,无须加工。如图 11-5 和图 11-6 所示分别为节气门体燃油喷射式和气道燃油喷射式汽油机的进气歧管。

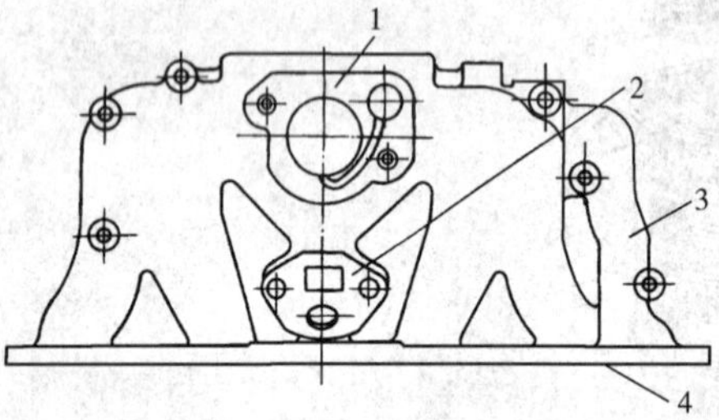

图 11-5　节气门体燃油喷射式发动机进气歧管

1—节气门体安装面;2—废气再循环阀安装面;
3—循环冷却液管;4—进气歧管安装面

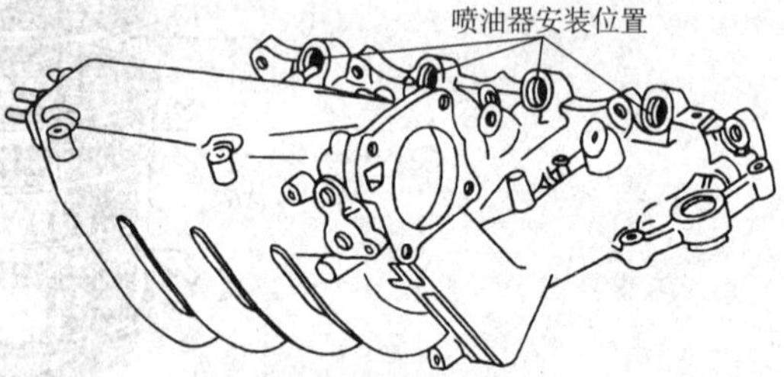

图 11-6　气道燃油喷射式发动机进气歧管

2. 进气歧管的加热

对于化油器式汽油机或单点电控燃油喷射式汽油机,进气歧管的温度很重要。温度太低,汽油将在管壁上凝结,造成混合气雾化不良。因此,对这类发动机的进气歧管应进行适当的加热,以促进汽油的蒸发。但是加热不能过度,否则会减少进入汽缸的混合气数量,使发动机功率下降。通常的加热方式有以下几种:

(1)排气加热

当发动机工作时,高温排气流过进气歧管底部并对其加热。在排气歧管内装有热控阀,根据季节的不同，改变热控阀的位置，可以调节流过进气歧管底部的废气量，即调节对进气歧管的加热程度，其结构如图 11－7 所示。

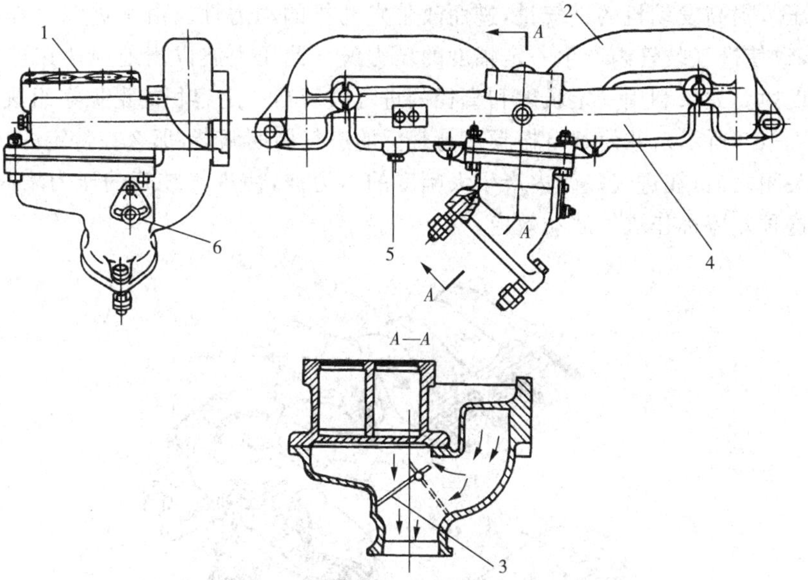

图 11－7　利用发动机排气加热进气歧管

1－化油器安装面；2－排气歧管；3－热控阀；4－进气歧管；5－放油螺塞；6－热控阀调节手柄

(2)电加热器加热

在进气歧管 4 内装有陶瓷热敏电阻加热器 1。在发动机冷启动前，打开陶瓷加热器电源，加热器通电加热；当温度升高后，加热器电阻加大；当温度升高到 180℃时，其电阻变得无穷大，切断电流，停止加热，其结构如图 11－8 所示。

(3)循环冷却液加热

进气歧管内设有水套，并与冷却系连通，让冷却液在进气歧管水套内循环。这种加热形式的加热时间比排气加热时间长，但热机时，发动机的性能好，其结构如图 11－9 所示。

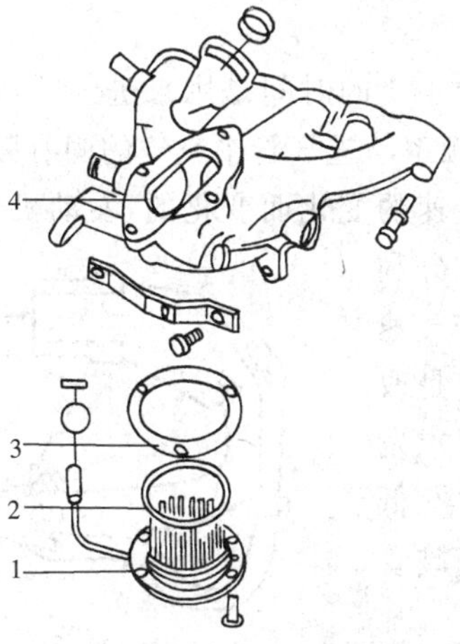

图 11－8　陶瓷热敏电阻加热

1－陶瓷热敏电阻加热器；2－密封圈；3－密封垫；4－进气歧管

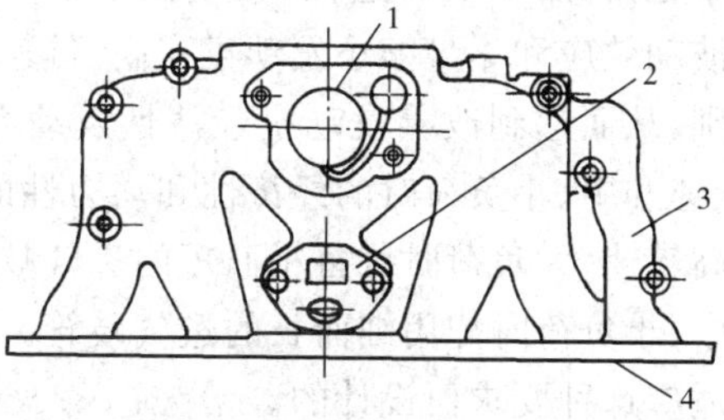

图 11－9　利用循环冷却液加热

1－节气门体安装面；2－排气再循环阀安装面；3－循环冷却液管；4－进气歧管安装面

3. 谐振进气系统

利用发动机的进气脉动,使进入发动机的空气在进气门开启时的压力为正压,实现“气体动力增压”,提高发动机的进气量,进而改善发动机的动力性。由于进气过程具有间歇性和周期性,致使进气歧管内产生一定幅度的压力波。此压力波以当地声速在进气系统内传播和往复反射。如果利用一定长度和直径的进气歧管与一定容积的谐振室组成谐振进气系统(如图 11-10 所示),并使其自振频率与气门的进气周期调谐,那么在特定的转速下,就会在进气门关闭之前,在进气歧管内产生大幅度的压力波,使进气歧管的压力增高,从而增加进气量。这种效应称作进气波动效应。

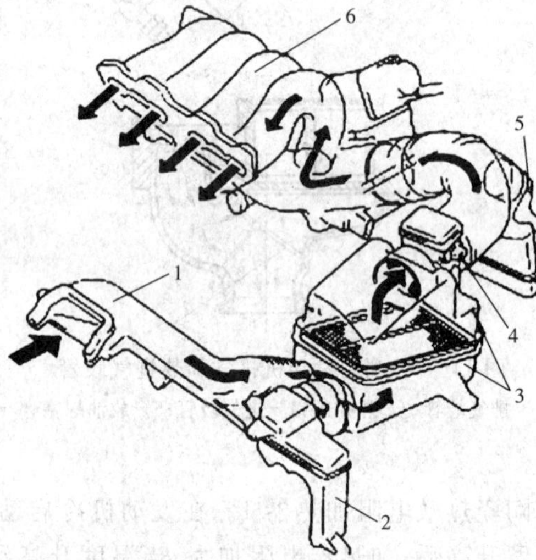

图 11-10 谐振进气系统

1—进气导流管;2—副谐振室;3—空气滤清器;4—空气流量传感器;5—主谐振室;6—进气歧管

谐振进气系统的优点是没有运动件,工作可靠,成本低,但只能增加特定转速下的进气量和发动机转矩。

4. 可变进气歧管

四冲程发动机是曲轴每旋转两圈为一个周期,其中 1/4 的时间是用来进气的,因此,进气管内的空气存在一定的进气频率。若发动机的吸气频率与进气管中空气的固有频率相同时,进气能量最大。但发动机的吸气频率是随发动机转速的变化而变化的,发动机转速高,吸气频率也高;发动机转速低,吸气频率就低。为了充分利用进气波动效应和尽量缩小发动机在高、低速运转时进气速度的差别,从而达到改善发动机经济性及动力性,特别是改善中、低速和中、小负荷时的经济性和动力性的目的,要求发动机在高转速、大负荷时装备粗而短的进气歧管;而在中、低转速和中、小负荷时配用细而长的进气歧管。可变进气歧管就是为适应这种要求而设计的。

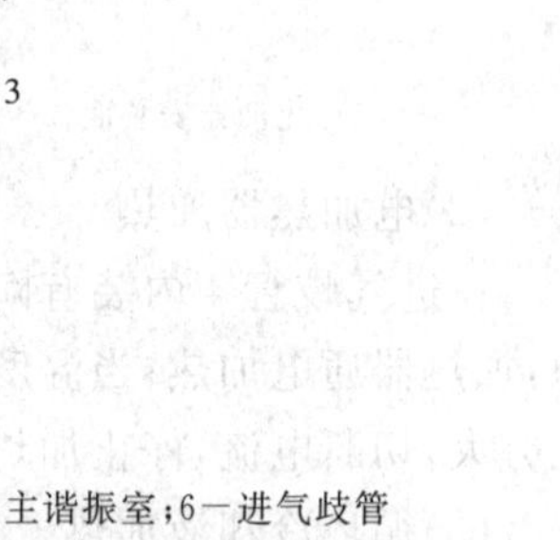

图 11-11 进气管长度及面积可变的进气系统

如图 11-11 所示为进气管长度及面积可变的进气系统。发动机在中小负荷、低速工作时,使用长而细的进气管,保证其经济性及低速的工作稳定性；而在高速、大负荷工况时，采用短而粗的进气管，提高了发动机的动力性。

如图 11－12 所示为一种能根据发动机转速和负荷的变化而自动改变有效长度的进气歧管。当发动机低速运转时，发动机电子控制装置 5 指令转换阀控制机构 4 关闭转换阀 3，这时空气经空气滤清器 1 和节气门 2 沿着弯曲而又细长的进气歧管流进汽缸。细长的进气歧管提高了进气速度，增强了气流的惯性，使进气量增多。当发动机高速运转时，转换阀开启，空气经空气滤清器和节气门直接进入粗短的进气歧管。粗短的进气歧管进气阻力小，也使进气量增多。可变长度进气歧管不仅可以提高发动机的动力性，还由于它提高了发动机在中、低速运转时的进气速度而增强了汽缸内的气流强度，从而改善了燃烧过程，使发动机中、低速的燃油经济性有所提高。

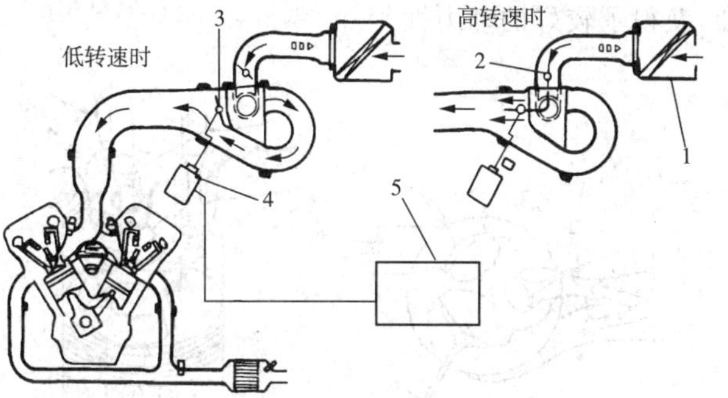

图 11－12　可变长度进气歧管

1－空气滤清器；2－节气门；3－转换阀；4－转换阀控制机构；5－发动机电子控制装置

另一种双通道可变进气歧管如图 11－13 所示。每个歧管都有两个进气通道，一长一短。根据发动机转速的高低，由旋转阀控制空气经哪一个通道流进汽缸。当发动机在中、低速运转时，旋转阀将短进气通道封闭，空气沿长进气通道经进气道、进气门进入汽缸。当发动机高速运转时，旋转阀使长进气通道一部分短路，将长进气通道也变为短进气通道。这时空气同时经两个短进气通道进入汽缸。

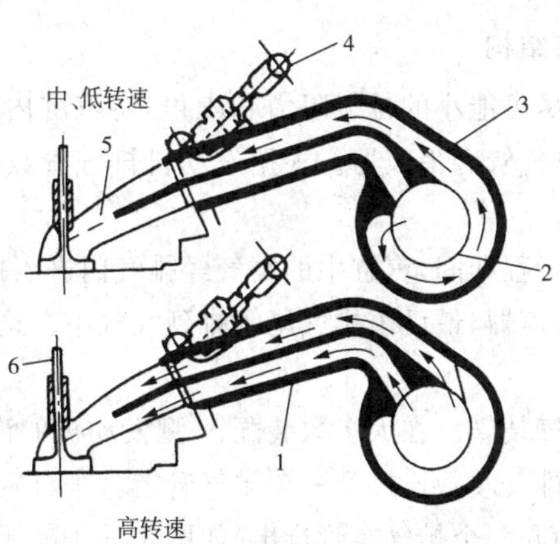

图 11－13　双通道可变进气歧管

1－短进气通道；2－旋转阀；3－长进气通道；4－喷油器；5－进气道；6－进气门

三、可变进气系统

现代车用发动机的可变进气系统,除前文介绍的可变气门正时技术和可变进气歧管技术外,还有其他一些技术。

多气门分段工作进气系统也属于可变进气技术。该系统的工作原理如图 11-14 所示。凸轮轴顶置并驱动三个气门(两个进气门,一个排气门),两个进气门有主、副之分,在主进气门处设置了螺旋进气道 4。

发动机在低速、中小负荷工作时,凸轮仅打开主进气门,配合螺旋进气道使气流产生强烈的旋转涡流,有利于燃料的雾化,并提高了与空气混合的质量,改善了可燃混合气的燃烧状况,获得了很好的经济性。

当发动机在高速、大负荷下工作时,主、副进气门同时打开,进气通过面积增大,进气阻力减小,充气量增加,获得了较好的动力性。

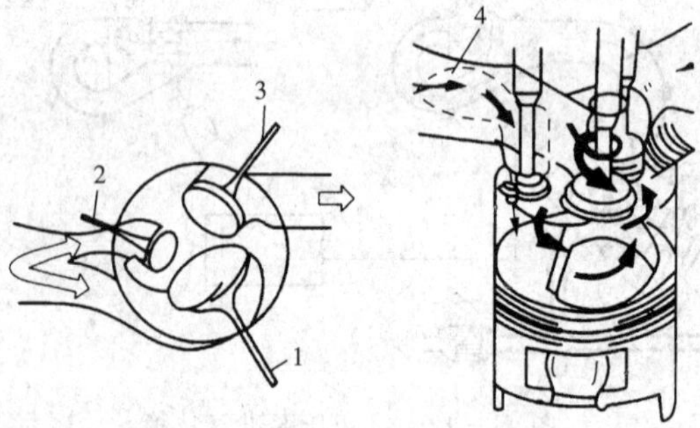

图 11-14　多气门分段工作原理

1—主进气门;2—副进气门;3—排气门;4—螺旋进气道

第二节　排气系统

一、排气系统的功用与结构

排气系统的功用是以尽可能小的排气阻力和噪声,将汽缸内的废气排到大气中。排气系统主要包括排气歧管、排气管和消声器。根据发动机排气管数可将排气系统分为单排气系统和双排气系统。

直列型发动机在排气行程期间,汽缸中的废气经排气门进入排气歧管,再由排气歧管进入排气管、催化转换器和消声器,最后由排气尾管排到大气中。这种排气系统称为单排气系统,如图 11-15 所示。

V 型发动机有两个排气歧管。在大多数装配 V 型发动机的汽车上仍采用单排气系统,即通过一个叉形管将两个排气歧管连接到一个排气管上。来自两个排气歧管的废气经同一个排气管、同一个消声器和同一个排气尾管排出(如图 11-16a 所示)。但有些 V 型发动机采用两个单排气系统,即每个排气歧管各自都连接一套排气管、催化转换器、消声器和排气尾管(如图 11-16b 所示)。这种布置形式称为双排气系统。

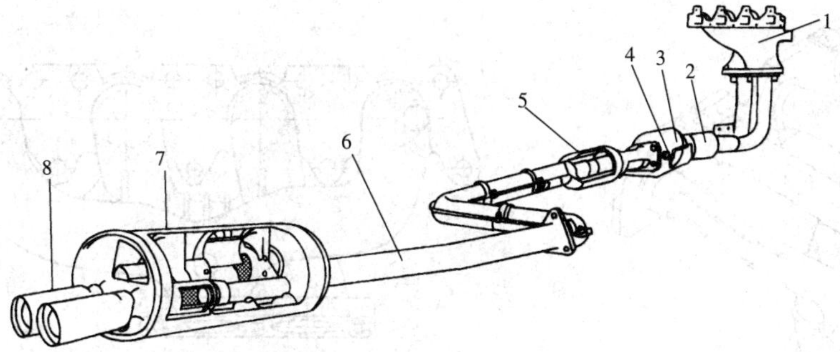

图 11－15 单排气系统的组成

1－排气歧管；2－前排气管；3－催化转换器；4－废气温度传感器；
5－副消声器；6－后排气管；7－主消声器；8－排气尾管

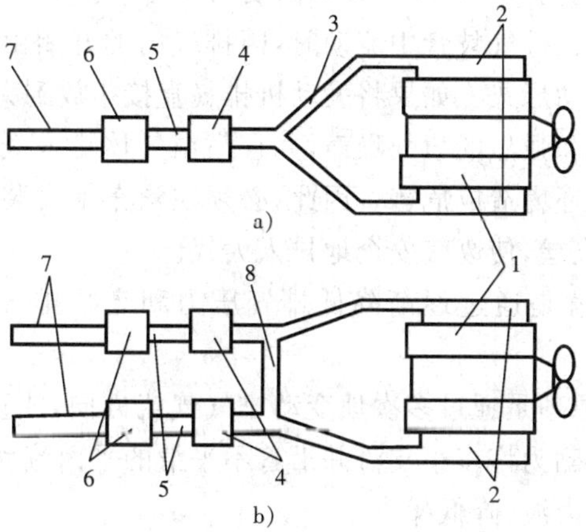

图 11－16 V 型发动机排气系统示意图

1－发动机；2－排气歧管；3－叉形管；4－催化转换器；5－排气管；6－消声器；7－排气尾管；8－连通管

双排气系统降低了排气系统内的压力，使发动机排气更为顺畅，汽缸中残余的废气较少，因而可以充入更多的空气与燃油混合气或洁净的空气，发动机的功率和转矩都相应地有所提高。

二、排气歧管

排气歧管通常由铸铁或球墨铸铁制造，近年来采用不锈钢排气歧管的汽车越来越多，其原因是不锈钢排气歧管质量轻，耐久性好，同时内壁光滑，排气阻力小。排气歧管的形状十分重要。为了不使各缸排气相互干扰及不出现排气倒流现象，并尽可能地利用惯性排气，应该将排气歧管做得尽可能长，而且各缸歧管应该相互独立，长度相等。

如图 11－17 所示为丰田汽车的排气歧管，采用的是不锈钢排气歧管，较好地满足了上述要求，相互独立的各个歧管都很长，而且一、四缸排气歧管汇合在一起，二、三缸汇合在一起，可以完全消除排气干扰现象。如图 11－18 所示为捷达轿车的排气歧管，采用的是铸铁排气歧管。

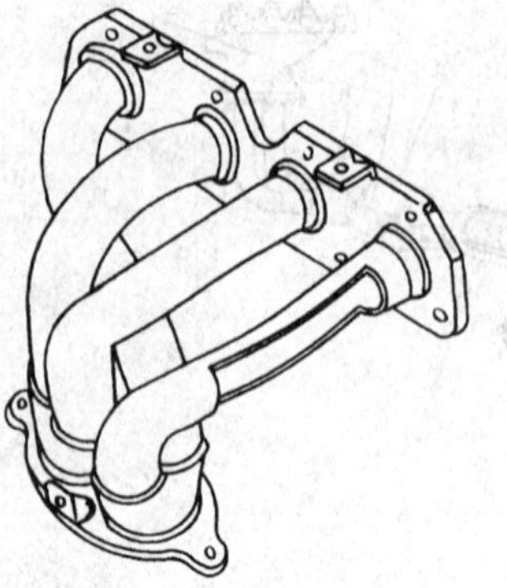

图 11-17　不锈钢排气歧管

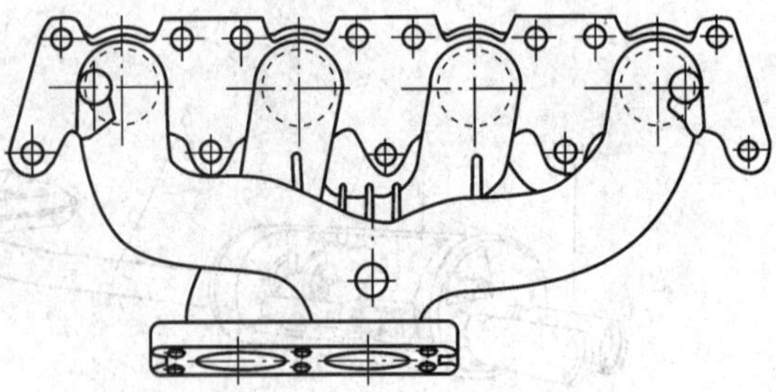

图 11-18　铸铁排气歧管

三、排气消声器

发动机的排气压力约为 0.3～0.5MPa，温度约 500℃～700℃，这表明排气有一定的能量。同时，发动机的废气在排气歧管中流动时，因排气门的开闭由配气机构控制，与活塞往复运动有关，使气流呈脉动形式。如果将发动机排气直接排放到大气中，废气高速流出喷入大气时，将发出脉动噪声和强烈的喷气噪声，并且高温气体排入大气，有时还带有未燃烧完全的火焰或火星，也会对环境造成危害。因此，必须在汽车上安装消声器，以减小排气噪声和消除废气中的火焰或火星，使废气安全地排入大气。

排气消声器的功用就是通过逐渐降低排气压力和衰减排气压力的脉动来消减排气噪声。

消声器的基本工作原理是通过多次地变动排气气流方向，或重复地使气流通过收缩又扩张的断面，或将气流分割为许多小支流并沿着不平滑的平面流动等方法，来消耗废气中的能量，衰减排气气流的压力波，降低噪声。

消声器用镀铝钢板或不锈钢板制造。通常消声器由共振室、膨胀室和一组多孔的管子构成。有的还在消声器内充填耐热的吸声材料，吸声材料多为玻璃纤维或石棉。排气经多孔的管子流入膨胀室和共振室，在此过程中排气不断改变流动方向，逐渐降低和衰减其压力和压力脉动，消耗其能量，最终使排气噪声得到消减。

典型的排气消声器构造如图 11-19 所示，消声器两端各有一入口和出口，中间有隔板 4，将其分隔成几个不同的消声室，各消声室间用多孔管 3 连接。

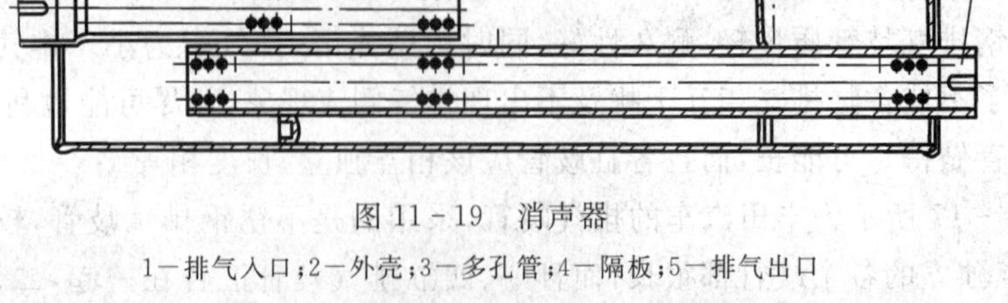

图 11-19　消声器

1—排气入口；2—外壳；3—多孔管；4—隔板；5—排气出口

加装排气消声器，不可避免地增加了气流的阻力，使发动机功率下降。为了减小排气消声器的阻力，通常采用多种消声方法的组合式消声器，如图 11-20 所示。

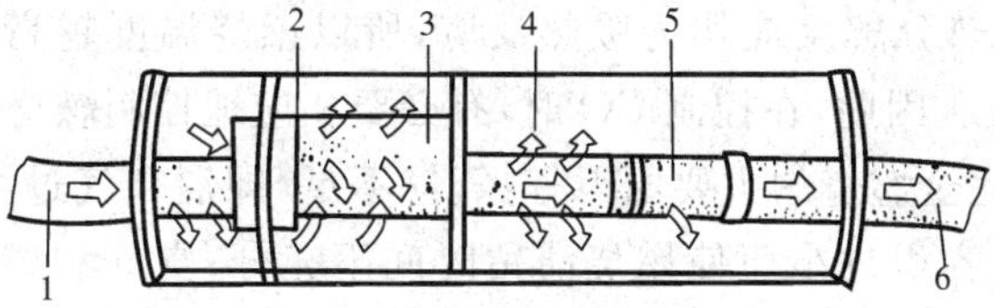

图 11-20　组合式消声器

1—排气管；2—节流管；3—反射管；4—吸声材料；5—干涉管；6—尾管

第三节　有害排放物控制装置

在大气污染中，汽车排放所造成的污染占有相当比重，随着汽车工业的发展和汽车保有量的增加，其尾气排放对大气环境的污染日趋严重。因此，世界各国都制定了相应的汽车排放控制法规和标准，而且随着节能和环保意识的提高，对汽车排放控制的法规和标准日趋强化。为了适应这种日趋严格的排放法规，必须对发动机排气进行净化。近年来，开发和研制出的汽车有害物排放控制新技术和新装置，已成为目前汽车发动机不可缺少的装置。

一、汽车发动机的有害排放物

汽车发动机的有害排放物主要有一氧化碳(CO)、碳氢化合物(HC)、氮氧化物(NO_x)和微粒等，其主要危害见表 11-1 所列。

表 11-1　发动机主要有害排放物及危害

有害排放物	有害物特征	危　害
CO	无色、无臭、有毒气体	使人出现恶心、头晕、疲劳等缺氧症状，严重时窒息死亡
NO_x	赤褐色带刺激性的气体	伤害心、肝、肾，与光发生化学反应形成臭氧和醛等
HC	刺激性气体	破坏造血机能，造成贫血、神经衰弱，降低肺对传染病的抵抗力，与光发生化学反应形成臭氧和醛等
微粒	碳烟等	伤害肺组织

1. CO

CO 是烃燃料在局部缺氧或高温下不完全燃烧的产物。理论上讲，燃料完全燃烧时，将生成 CO_2 和 H_2O；当空气不足时，则有部分燃料不完全燃烧生成 CO。但是在发动机中，空气充足时燃烧产物也含有 CO，其原因是燃烧生成物中的稳定分子 CO_2 和 H_2O 的一部分，按以下反应式被高温分解为 CO、NO 以及 H^+、O^{2-}、OH^- 等活性分子，并在 CO_2、H_2O、CO、NO、H^+、O^{2-}、OH^- 的共存状态下达到平衡。即

$$\begin{cases} 2CO_2 \rightleftharpoons 2CO + O_2 \\ 2H_2O \rightleftharpoons 2H_2 + O_2 \\ 2H_2O \rightleftharpoons H_2 + 2OH^- \end{cases} \tag{11-1}$$

式(11－1)的右向热分解反应均为吸热反应，所以燃烧温度越高，热分解度越大，形成CO的可能性也就越大。因此，在控制CO时，有必要相应地控制燃烧温度。

造成碳氢燃料不完全燃烧的主要原因有：氧气不足，即混合气过浓或局部混合气过浓；燃烧温度过低；燃烧室容积过小而使燃烧滞留时间不充分；空气和燃料混合不充分等。因此，促进混合气的形成，有效控制燃烧温度，都可以减少CO的生成。

2. HC

HC是未燃的燃料、不完全燃烧或裂解反应的碳氢化合物及少量的氧化反应的中间产物(如醛、酮等)。在汽油机中，缸壁激冷是排气中HC的主要来源。当火焰传播到接近汽缸壁面附近时，由于壁面的冷却作用，火焰不能完全传播到缸壁表面，使大约0.05～0.4mm厚度上的混合气未能燃烧，通常把这层未能燃烧的混合气叫作激冷层。另外，汽缸体和汽缸盖接合面之间的缝隙、活塞顶部与第一道气环之间的空隙、火花塞磁心周围的空隙等，火焰都不能传播过去。激冷层和气隙中的混合气没有燃烧就随废气排出。

发动机工作时，如果混合气过浓，由于空气不足，燃烧不完全，未燃燃料或燃烧过程中生成的HC增多，HC排放的体积分数增加。而当混合气过稀或缸内废气过多时，也可能引起火焰不充分甚至完全断火，致使排气中的HC含量显著增加。

HC化合物的控制方法主要有采用C含量少的代用燃料；采用电控技术改善燃烧；保证混合气的浓度和燃烧温度最佳等。

3. NO_x

NO_x是空气在燃烧室的高温条件下，由氧和氮的反应所形成的。和其他废气成分不同，NO_x不是来自燃料。发动机所排出的NO_x含有少量的NO_2，大部分是NO。排气中的NO在大气中氧化成NO_2，通常把NO_2和NO统称为NO_x。

在发动机工作中，无论是进行完全燃烧反应，还是不完全燃烧反应，其最初燃烧反应所产生的热必将使空气中的氧分子裂解为氧原子，并与空气中的氮分子发生反应而生成NO和氮原子，而氮原子又与空气中氧分子发生反应生成NO和氧原子，这部分氧原子又可与空气中氮分子重新反应，产生NO，其反应式为

$$\begin{cases} O_2 \rightleftharpoons 2O \\ N_2 + O \rightleftharpoons NO + N \\ N + O_2 \rightleftharpoons NO + O \end{cases} \tag{11-2}$$

在这些反应中，燃烧温度越高，燃烧过程中氧气的含量越大，高温下的持续时间越长，NO_x的生成量就越多。

控制NO_x产生的主要方法有：降低混合气中氧的浓度，降低燃烧温度，缩短在高温燃烧带内的滞留时间以及改善混合气的形成等。

4. 微粒

微粒是柴油机的主要有害排放物之一，由可溶性有机成分(SOF)和不可溶成分组成。柴油机排气中的微粒尺寸比较小，可长期悬浮在大气中，不仅会降低大气的可见度，而且易于被人吸入肺部，同时微粒中的SOF成分具有致癌物。

碳烟是碳氢系列燃料的燃烧产物，其产生与碳氢系列燃料的燃烧状态直接有关。对预

混合火焰，在燃料过多的浓混合气下，混合气接近火焰带时受到火焰面的高温热辐射而热分解成碳烟。产生碳烟的另一个条件就是温度场。对预混合火焰，当温度在2100～2400K时碳烟生成量最大，火焰温度进一步升高时，碳烟生成量反而减少。在扩散火焰区内，产生碳烟的主要原因是缺氧。

柴油机的燃烧过程一般包括预混合燃烧和扩散燃烧。由于在柴油机燃烧室内混合气极不均匀，尽管总体上是富氧燃烧，但局部缺氧，特别是燃烧后半期随活塞的下移，缸内温度和压力降低，使燃烧过程不稳定，不能保证碳烟的充分氧化时间，最终导致碳烟的生成。

控制碳烟的方法主要有两条基本途径：其一就是提高火焰温度，但这种方法与控制NO_x排放量互相矛盾；其二就是控制火焰领域内的混合气浓度，避免过浓状态。为此，需要组织燃烧室内的气流运动，促进紊流混合，同时促进喷雾的微粒化。具体措施有：提高喷射速率或进行高压喷射，由此促进喷雾的微粒化；改进燃烧室结构，有效组织燃烧室内的气流运动，保证燃烧室内一定的涡流强度。

二、恒温进气系统

恒温进气系统也称进气温度自动调节系统。其功用就是在发动机冷启动后，向发动机供给热空气，促使汽油充分汽化和燃烧，从而减少CO和HC排放，改善发动机低温运转性能。当发动机温度升高后，恒温进气系统向发动机供给未经加热的环境空气。它由空气加热装置（热炉）和安装在空气滤清器进气导流管上的控制装置构成（如图11－21所示）。

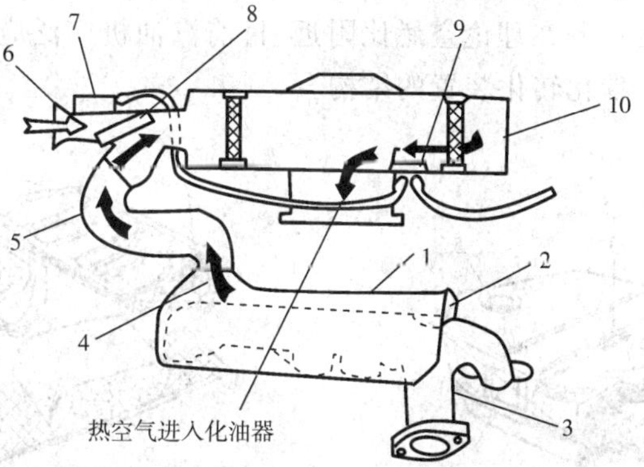

图11－21　恒温进气系统示意图

1—热炉；2—冷空气入口；3—排气支管；4—热空气出口；5—热空气管；6—进气导流管；7—真空控制膜盒；8—控制阀；9—温控开关；10—空气滤清器

恒温进气控制装置的工作原理如图11－22所示。当发动机冷启动后汽车前罩下的环境温度低于30℃时，双金属片式温控开关4将通气阀5开启。进气管真空度经真空软管6作用到真空控制膜盒1，并吸引膜片2向上，膜片通过连接杆带动控制阀9将进气导流管10关闭。这时热空气从热炉经热空气管7进入空气滤清器（如图11－22a所示）。温度在30℃～53℃时，温控开关根据温度的高低部分地开启通气阀，使进气管真空度只有一部分传送到控制膜盒。在此真空度的作用下，控制阀部分地开启导流管。这时将有部分热空气和部分环境空气进入发动机（如图11－22b所示），使进气温度基本恒定。当进气温度超过53℃之后，双金属片式温控开关使通气阀全闭，真空软管与膜盒隔断，在这种情况下没有真空度传到膜盒，膜片在膜片弹簧3的推压下向下移动。这时控制阀将进气导流管全部打开，而将热空气管完全封闭，于是进入空气滤清器的空气全部是环境空气(如图 11-22c 所示)。气道燃油喷射式汽油机不采用恒温进气系统。

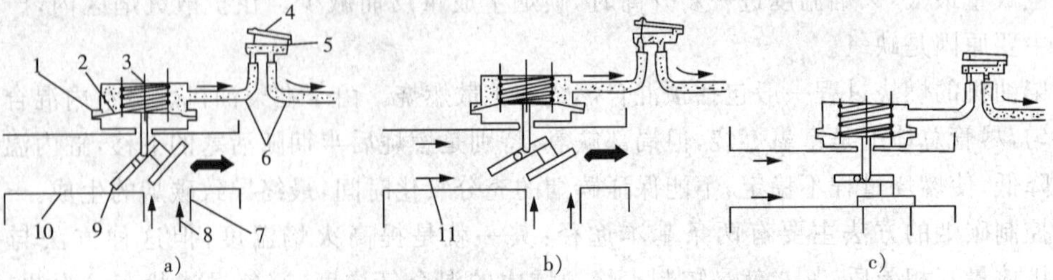

图 11-22　恒温进气控制装置工作原理示意图

1—真空控制膜盒；2—膜片；3—膜片弹簧；4—温控开关；5—通气阀；6—真空软管；7—热空气管；8—热空气；9—控制阀；10—进气导流管；11—环境空气

三、催化转化装置

催化转化装置是利用催化剂的催化作用，将排气中的 CO、HC 和 NO_x 转化为无害气体的一种排气净化装置，也称作催化净化转化装置。

三元催化转化装置是能同时净化汽车尾气排放中的 CO、HC 和 NO_x 的后处理装置。但是这种催化转化装置的有效净化作用受空燃比的影响，只有在理论空燃比附近才具备较好的净化效果，因此使用中要求精确控制空燃比。随着氧传感器和电控燃料喷射技术的应用，汽油机空燃比可严格控制在理论空燃比附近，目前汽油机广泛应用三元催化转化装置。如图 11-23 所示为三元催化转化装置的结构。

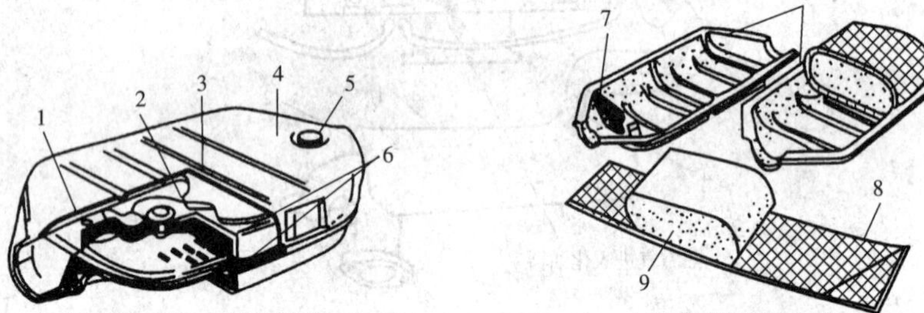

a)颗粒型催化转化器　　b)整体型催化转化器

图 11-23　三元催化转换器结构

1—转换器外壳；2—隔热层；3—转换器内壳；4—挡板；5—螺塞；6—陶瓷小球；7—陶瓷块；8—密封；9—金属网

三元催化转化装置主要由催化剂、载体、垫层和壳体等组成。其中，催化剂由活性成分(又称主催化剂)和助催化剂组成，将催化剂固化在载体上构成催化反应床。常用主催化剂有铂(Pt)、钯(Pd)、铑(Rh)等贵金属，其价格昂贵，是催化剂中起催化作用的主要成分；但 Pd 易受 Pb 的侵蚀，而 Pt 易受热劣化，实际应用时多以 Pt/Pd 组合形式使用。车用催化剂的催化反应是在催化剂表面上进行的，为了提高主催化剂的有效利用率，采用 Ni、Cu、V、Cr 等软金属作为添加剂使用。在催化转化装置中采用助催化剂的目的是改善催化剂的催化性能，提高主催化剂的选择性和耐久性。具有代表性的助催化剂是二氧化铈，它具有在氧化(稀薄)侧吸藏氧气、在还原(浓)侧放出氧气的特性；还具有扩大高效率净化 HC、CO、NO_x

的空燃比范围的效果。

四、废气再循环装置

废气再循环 EGR(Exhaust Gas Recirculation)是净化排气中 NO_x 的主要方法。废气再循环是指把发动机排出的部分废气回送到进气歧管,与新鲜混合气一起再次进入汽缸。由于废气中含有大量的 CO_2,可以使汽缸中混合气的燃烧温度降低,从而减少 NO_x 的生成量。为了在减少 NO_x 排放的同时,又能保持发动机的动力性,必须根据发动机的工况对再循环的废气量加以控制。NO_x 的生成量随发动机负荷的增大而增多,因此,再循环的废气量也应随负荷而增加。在暖机期间或怠速时,NO_x 生成量不多,为了保持发动机运转的稳定性,不进行废气再循环。在全负荷或高转速下工作时,为了使发动机有足够的动力性,也不进行废气再循环。

再循环的废气量由 EGR 阀自动控制。EGR 阀安装在废气再循环通道上(如图 11-24 所示),废气再循环通道的一端连接排气门,另一端连接进气歧管。当 EGR 阀开启时,部分废气将从排气门经废气再循环通道进入进气歧管。控制 EGR 阀开闭的方法很多,主要有真空控制、正背压控制和电子控制。电子控制 EGR 阀的控制精度高,目前得到了广泛应用。如图 11-25 所示为一种电子控制 EGR 系统。电磁阀 6 根据发动机 ECU 的控制信号,适时开启真空通路,在进气管道真空度作用下,EGR 阀 8 上的膜片被吸起,使 EGR 阀打开,将来自排气管的废气引入汽缸。

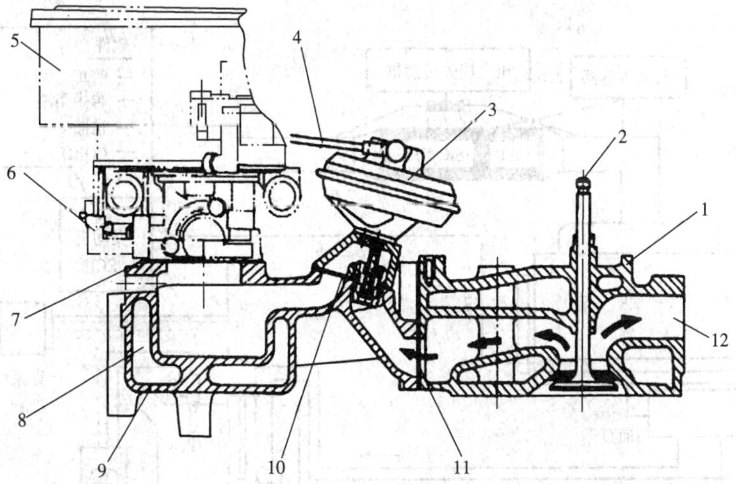

图 11-24 EGR 阀的安装位置

1—汽缸盖;2—排气门;3—EGR 阀;4—真空软管;5—空气滤清器;6—节气门体;7、10、11—衬垫;8—循环水套;9—进气歧管;12—排气道

五、微粒捕集器

微粒排放是柴油机排放的主要问题。对车用柴油机排气微粒的处理,主要采用过滤法。微粒捕集器(DPF)已有 20 余年的开发历史,不论是陶瓷壁流式、陶瓷纤维、金属或泡沫陶瓷均有很高的过滤效率。排气穿过多孔陶瓷滤芯进入排气管,而微粒则滞留在滤芯上。过滤器工作一段时间后,需及时清除积存在滤芯上的微粒,以恢复过滤器的工作能力和减小排气阻力,这个过程称为再生。

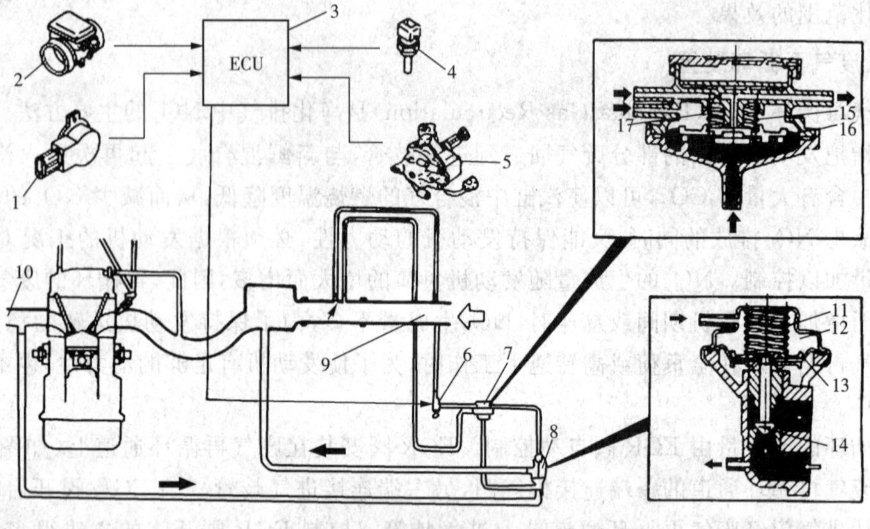

图 11-25 电子控制排气再循环系统

1—节气门位置传感器;2—空气流量计;3—ECU;4—冷却液温度传感器;
5—转速传感器;6—电磁阀;7—真空调节阀;8—EGR 阀;9—进气管;10—排气管;
11、15—弹簧;12、17—真空膜片室;13、16—膜片;14—锥形阀

如图 11-26 所示为法国雪铁龙共轨喷油系统轿车用直喷柴油机上的 DPF 系统。

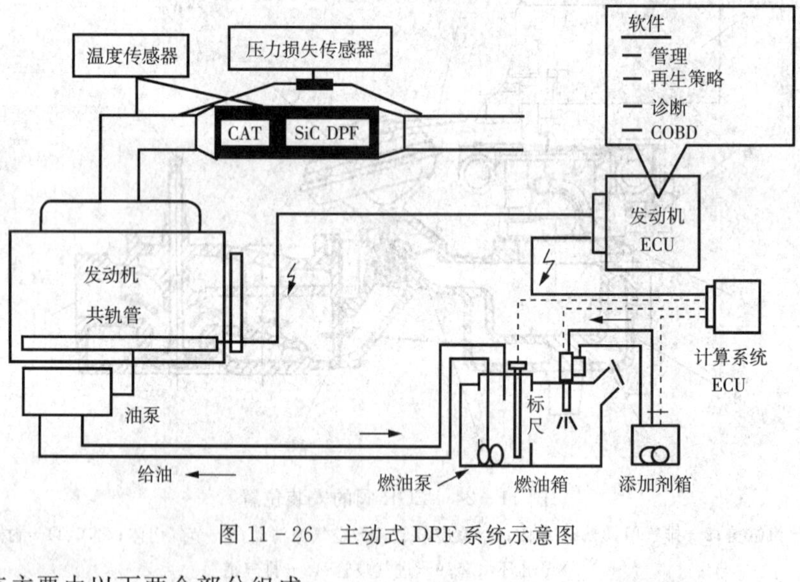

图 11-26 主动式 DPF 系统示意图

该系统主要由以下两个部分组成：

1. 专用控制软件和传感器

包括滤清器前后压力损失传感器,氧化催化器的上、下游温度传感器,ECU 根据这些信号决定再生的最佳时刻和再生时间长短。

2. 添加剂附加系统

为了降低碳粒的起燃温度,在柴油中加入铈基添加剂、铂/铈、铁/锶混合物,其加入量亦由发动机 ECU 控制。

共轨式喷油系统可实现多次喷油技术，当 DPF 需要再生时，ECU 可以通过调节喷射的时间和数量来满足 DPF 再生的需要。

六、曲轴箱强制通风系统

发动机工作时，有部分可燃混合气和燃烧产物会经汽缸壁与活塞环之间缝隙窜入曲轴箱内。这些气体含有未燃 HC 等有害气体，不能排向大气，需要净化。目前多用闭式曲轴箱强制通风系统(也称 PCV 装置)来防止曲轴箱气体排入大气，它由 PCV 阀及进排气管路组成(如图 11－27 所示)。发动机工作时，新鲜空气自空气滤清器 1、进气管 4 和闭式通风口 6 进入曲轴箱，并与曲轴箱内窜气混合，再从汽缸盖罩通气管 9，经 PCV 阀 3，被吸入进气管，最后进入汽缸被燃烧掉。当发动机在高速大负荷运转时，窜气量多，超过 PCV 阀通路的最大通过流量时，部分窜气会从曲轴箱经闭式通气口倒流入空气滤清器，通过节气门 2 被吸入进气管。

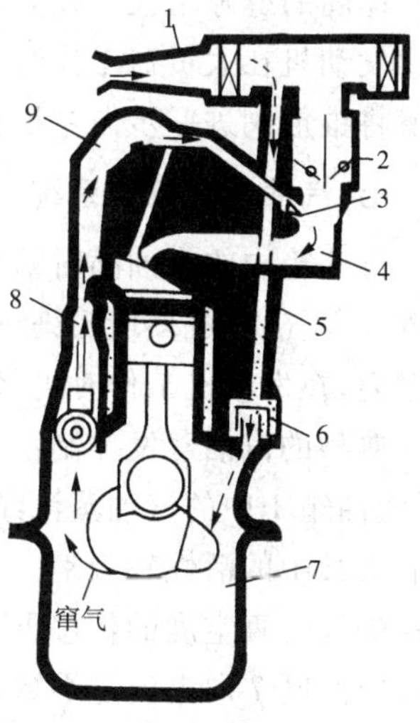

图 11－27 闭式曲轴箱强制通风装置

1—空气滤清器；2—节气门；3—PCV 阀；4—进气管；5—通风管；6—闭式通风口；7—曲轴箱；8—机体通气道；9—汽缸盖罩通气管

PCV 阀可根据发动机运转状况自动调节吸入汽缸的窜气量，其结构和原理如图 11－28 所示。

发动机不工作时(如图 11－28a 所示)，PCV 阀中的弹簧 3 将锥形阀 2 压在阀座 1 上，关闭了曲轴箱与进气歧管的通路。

发动机怠速或减速时(如图 11－28b 所示)，进气管真空度很大，真空度克服弹簧力把锥形阀吸向右端，锥形阀和 PCV 阀体之间只有很小的间隙。此时，曲轴箱中的窜气量也很少。

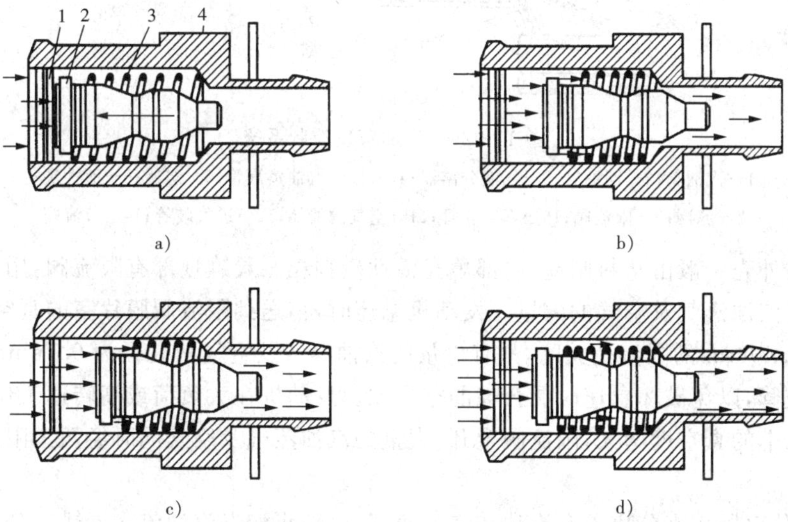

图 11－28 PCV 阀工作原理示意图

1—阀座；2—锥形阀；3—弹簧；4—PCV 阀体

部分负荷时(如图 11－28c 所示)，进气管的真空度比怠速时小，在弹簧的作用下锥形阀与阀体间的缝隙增大。较大的 PCV 阀开度,可以使较多的窜气被吸入进气管。

发动机在大负荷工作时(如图 11－28d 所示),发动机节气门开度大,进气管真空度小,弹簧将锥形阀进一步向左推移,使 PCV 阀的开度更大。

七、汽油蒸发控制系统

汽油箱中的汽油随时都在蒸发汽化,若不加以控制或回收,当发动机停机时,汽油蒸气将散入大气,造成环境污染。汽油蒸发控制系统的功用便是将这些汽油蒸气收集和储存在炭罐内,在发动机工作时再将其送入汽缸烧掉。

典型的汽油蒸发控制系统如图 11－29 所示。炭罐 5 内填满活性炭 6。当发动机停机后,汽油箱 1 中的汽油蒸汽经气液分离器 3 和汽油蒸汽管 4 进入炭罐 5。汽油蒸汽进入炭罐后被其中的活性炭吸附。当发动机启动之后,进气管真空度经真空软管 10 传送到限流阀 8,在进气管真空度的作用下,限流阀膜片上移并将限流孔开启。与此同时,新鲜空气自炭罐底部经滤网 7 向上流过炭罐,并携带吸附在活性炭表面的汽油蒸汽,经限流孔和汽油蒸汽管 9 进入进气歧管。

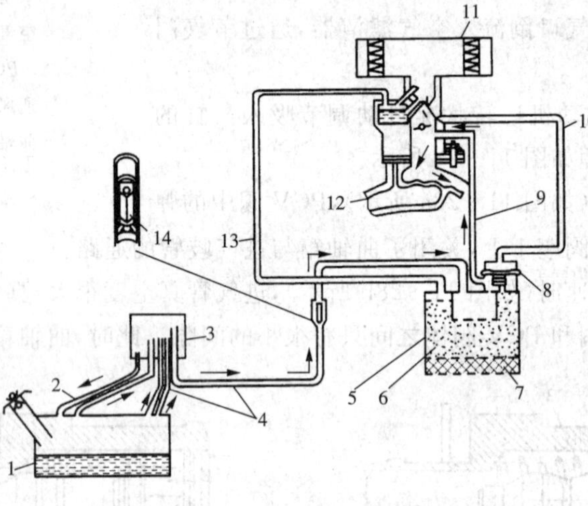

图 11－29　汽油蒸发控制系统

1－汽油箱;2－回油管;3－气液分离器;4、9、13－汽油蒸汽管;5－炭罐;6－活性炭;
7－滤网;8－限流阀;10－真空软管;11－空气滤清器;12－进气歧管;14－节流阀

炭罐的外壳一般由塑料制造,内部填充活性炭颗粒。炭罐顶部有限流阀,用来控制进入进气歧管的汽油蒸气及空气的数量。发动机怠速时,传送到限流阀膜片室的真空度很小,致使孔径为 1.40mm 的限流孔关闭,只有少量的汽油蒸气及空气从孔径为 0.76mm 的限流孔流入进气歧管,以免破坏怠速时混合气的空燃比。发动机在大负荷或高转速工作时,作用在限流阀膜片上的真空度增大,限流阀全开,大量的汽油蒸气及空气同时经两个限流孔流入进气歧管。

气、液分离器用来分离液态汽油和汽油蒸气,以防止液态汽油流入炭罐。分离器安装在汽油箱顶部,主要由一组出口朝上的管子组成,其中三根通气管分别接在汽油箱的中央和两侧。这样,无论汽车如何倾斜,至少会有一根通气管高于汽油的液面,使汽油蒸气得以经汽油蒸气管进入炭罐。分离出来的液态汽油从回油管 2 流回汽油箱。

思考题

11－1　空气滤清器的作用是什么？它有几种类型？常用的有哪几种类型？

11－2　为什么发动机在大负荷、高转速时应装备粗短的进气歧管，而在中、小负荷和低转速时应装备细长的进气歧管？

11－3　为什么汽车发动机要安装排气消声器？排气消声器的原理是什么？排气消声器采用什么方法来实现它的工作原理？

11－4　一台六缸发动机，哪几个汽缸的排气歧管汇合在一起才能较好地消除排气干扰现象？

11－5　发动机的有害排放物有哪些？简述其危害及产生的原因。

11－6　为什么说恒温进气系统是一种排气净化装置？

11－7　什么叫三元催化转化装置？主要由哪几部分组成？其工作原理如何？

11－8　什么叫废气再循环？为什么要采用废气再循环？

11－9　发动机实施曲轴箱强制通风有何意义？

第十二章 发动机增压

本章主要介绍汽车发动机增压的作用及类型,介绍了机械增压器的特点、主要组成和工作原理,介绍了机械增压器、废气涡轮增压器的基本组成和工作原理,阐述了柴油机和汽油机增压的不同特点。

第一节 概 述

一、增压的功用

增大发动机的有效功率是提高车辆机动性的重要措施之一。但在发动机外部尺寸受到严格限制的情况下,不能依靠增大汽缸尺寸和数目来提高有效功率。发动机最大输出功率主要由汽缸内燃料燃烧所释放的热量来决定,而这与每循环吸入汽缸内的空气数量有关。如果空气在进入汽缸前得到压缩,空气密度增大,则在同样汽缸工作容积的条件下,可以有更多的新鲜空气进入汽缸,因而可以增加每循环的供油量,提高发动机的功率。同时还能改善燃油经济性,降低有害气体排放量。因此在发动机外部尺寸受到限制情况下,提高发动机功率的最有效方法是提高进气密度。

将空气预先压缩然后再供入汽缸,以提高空气密度、增加进气量的技术称为增压。实现空气增压的装置称为增压器。随着增压压力的增加,进入汽缸的空气温度也升高,相应地减缓了空气密度的增加幅度,影响了增压的效果。因此,增压压力较高时,通常要采取进气冷却措施,即所谓中冷,将压气机出口的增压空气先经过冷却器降温后再输入汽缸。中冷除可提高充气密度外,还可降低发动机排气温度,并有利于降低发动机的热负荷。

采用增压技术对于在高原地区条件下使用的发动机有重要意义。因为高原地区气压低、空气稀薄,导致功率下降、油耗增加(一般为海拔高度每升高 1000m,功率下降 8%~10%,油耗率增加 3.8%~5.5%),而装用增压器后,可以恢复功率、减小油耗。

增压器的一个主要性能指标是压力升高比,简称压比 π_k。它是指压气机的出口压力 p_k 与进口气压 p_0之比值,即

$$\pi_k = p_k / p_0$$

增压器按压比可分为低、中、高三种类型。低增压的压比 π_k小于 1.4;中增压的压比 π_k

为 1.4～2.0；高增压的压比 π_k 大于 2.0。

现代柴油机多采用高压比增压器。

二、增压类型

根据驱动增压器所用能量来源的不同，增压方法主要有四种。

1. 机械增压系统

机械增压系统的增压器由发动机通过齿轮、皮带、链条等传动装置驱动，将空气压缩后送入汽缸，结构如图 12-1 所示。增压器采用离心式或罗茨式压气机。机械增压系统的特点是：不增加发动机的排气背压，需要在发动机上安装一套传动装置，还要消耗发动机的有效功率，使发动机的经济性有所下降。但是，它可以改善发动机的低速转矩特性，低速增压效果好。另外，机械增压器与发动机容易匹配，结构紧凑，机械的响应也比较快。机械增压系统在四冲程和二冲程发动机上均得到应用，但一般只在增压压力不高时（一般不超过 0.15～0.17MPa），或在某些特殊情况（如为了适应潜艇主机的高背压工况，快艇主机的加速和低负荷工况等）下被采用。当增压压力提高时，驱动压气机耗功过大，会使机械效率明显下降，经济性降低。

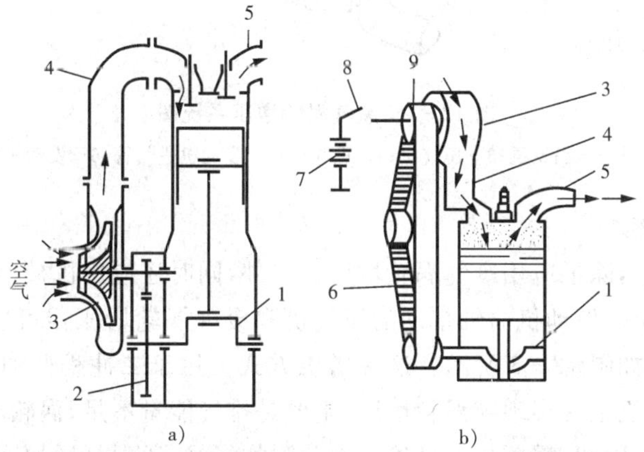

图 12-1　机械增压示意图

1—曲轴；2—齿轮增速器；3—增压器；4—进气管；5—排气管；
6—齿形传动带；7—蓄电池；8—开关；9—电磁离合器

2. 废气涡轮增压系统

废气涡轮增压器由涡轮机和压气机组成，结构如图 12-2 所示。将发动机排出的废气引入涡轮机，利用废气所包含的能量推动涡轮机叶轮旋转，并带动与其同轴安装的压气机叶轮工作，新鲜空气在压气机内增压后进入汽缸。废气涡轮增压器与发动机没有机械联系，结构简单，工作可靠。

发动机采用废气涡轮增压器后，热效率和机械效率提高，燃油消耗率下降，发动机的经济性得到改善，同时发动机重量的增加比功率的增加小得多，发动机的单位功率重量降低，使比重量减轻、升功率增加；另外，发动机工作在较大的过量空气系数情况下，燃烧较完全，排气污染得到改善。因此，废气涡轮增压系统得到了广泛的应用。废气涡轮增压的缺点是低速时转矩增加不多，在发动机工况发生变化时，瞬态响应差，致使汽车加速性，尤其是低速加速性较差。

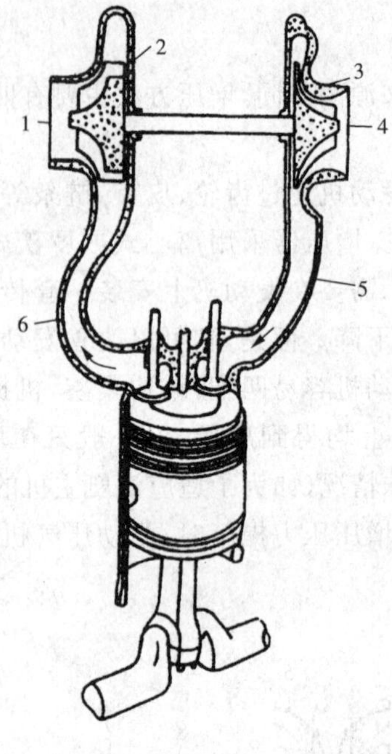

图 12-2　废气涡轮增压系统图

1—排气口;2—涡轮机;3—压气机;4—进气口;5—发动机进气管;6—发动机排气管

3. 复合增压系统

在一些发动机上,除了应用废气涡轮增压器以外,同时还应用机械增压器。这种增压系统称为复合增压系统。发动机曲轴带动的压气机和废气涡轮增压器可以组成串联系统,也可以组成并联系统,如图 12-3 所示。这种增压方式多用于二冲程柴油机。与四冲程柴油机相比,二冲程柴油机很难实现纯涡轮增压,主要是排气能量不足,涡轮功率较小,难以满足压气机所需的功率。因此,需要另外供给一部分附加能量,通常是增加一级机械传动的压气机以弥补其不足。

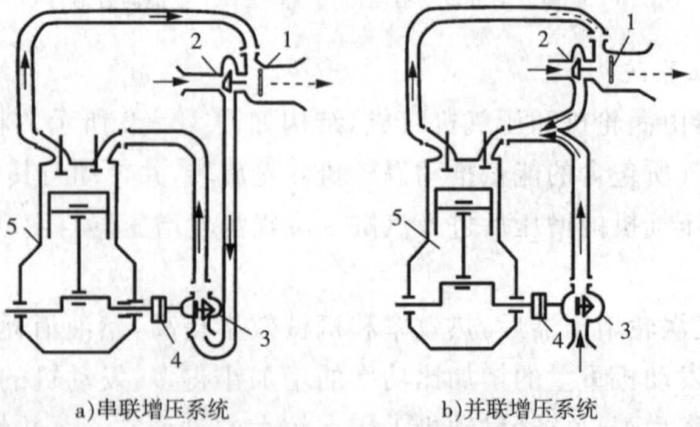

图 12-3　复合式增压系统动

1—涡轮增压器涡轮;2—涡轮增压器压气机;3—机械驱动增压器压气机;4—传动机构;5—柴油机

4. 气波增压器

气波增压器是20世纪50年代开始发展起来的,开始用于卡车、拖拉机和工程机械的发动机,后来又逐渐用于小轿车柴油机上。

如图12-4所示是气波增压器示意图。它主要由转子、空气定子和燃气定子组成。转子上装有许多直叶片,形成许多梯形截面的叶道。转子支承在轴承上,与定子都不接触。柴油机曲轴通过三角皮带驱动转子。气波增压是根据压力波的气动原理,利用柴油机排气能量来压缩空气的。空气的压缩过程和排气的膨胀过程在转子叶道内分别以压缩波和膨胀波的形式完成。

气波增压器具有结构较简单,适应工况变动范围较大,加速性和低速扭矩特性较好等优点。但由于尺寸、重量较大,效率不高,且难于良好匹配,所以迄今应用不广。

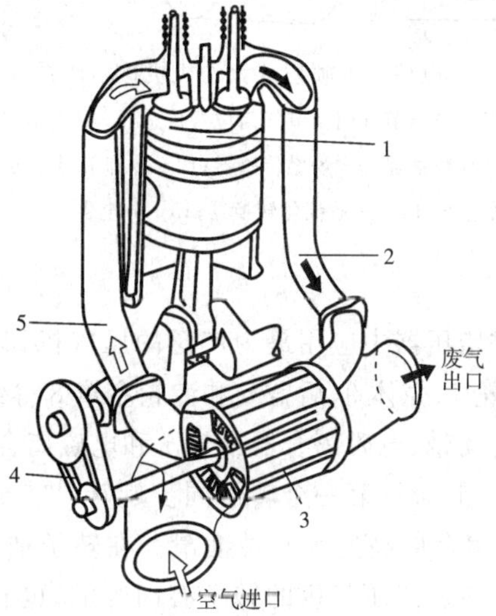

图12-4 气波增压示意图

1—活塞;2—排气管;3—气波增压器转子;4—传动带;5—发动机进气管

第二节 机械增压

一、机械增压系统

如图12-5所示为电控汽油喷射式汽油机上所采用的一种机械增压系统。图中机械增压器6为罗茨式压气机,由曲轴带轮12经传动带和电磁离合器带轮11驱动工作。当汽油机在小负荷下运转时不需要增压。这时电控单元(ECU)根据节气门位置传感器3的信号使电磁离合器断电,增压器停止工作。与此同时,电控单元17向进气旁通阀5通电使其开启,即在不增压的情况下,空气经进气旁通阀5即旁通管路进入汽缸。在进入汽缸之前,空气先经中冷器7降温。爆燃传感器9安装在汽油机机体上。它将汽油机发生爆燃的信号传输给电控单元17,电控单元则发出相应的指令减小点火提前角,即可消除爆燃。

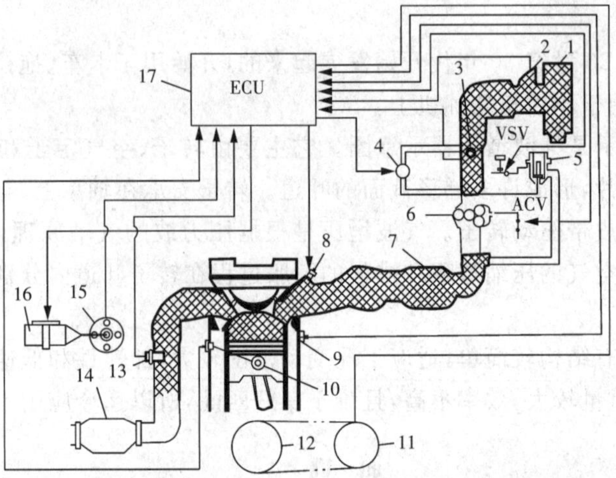

图 12-5　电控汽油喷射式汽油机机械增压系统示意图

1—空气滤清器；2—空气流量计；3—节气门及节气门位置传感器；4—怠速空气控制阀；5—进气旁通阀；6—机械增压器；7—中冷器；8—喷油器；9—爆燃传感器；10—冷却液温度传感器；11—电磁离合器带轮；12—曲轴带轮；13—氧传感器；14—三效催化转换器；15—分电器；16—点火线圈；17—电控单元

二、机械增压器

罗茨式压气机是机械式增压器中应用最为广泛的压气机，其结构如图 12-6 所示。它由转子 3、转子轴 4、传动齿轮 7、壳体 9、后盖 5 和齿轮室罩 8 等组成。罗茨式压气机有两个转子。汽油机曲轴带轮经传动带、电磁离合器带轮 1 和电磁离合器 2 驱动其中的一个转子，另一个转子则由传动齿轮 7 带动与第一个转子同步旋转。转子的前后端支承在滚子轴承 10 上，滚子轴承和传动齿轮用合成高速齿轮油润滑。在转子轴的前后端装置油封，以防止润滑油漏入压气机壳体内。罗茨式压气机的转子有两叶的，也有三叶的。通常两叶转子为

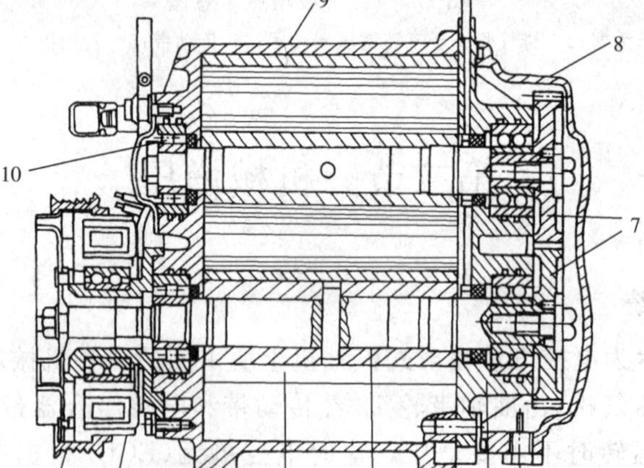

图 12-6　罗茨式压气机

1—电磁离合器带轮；2—电磁离合器；3—转子；4—转子轴；5—后盖；6—放油螺栓；7—传动齿轮；8—齿轮室罩；9—壳体；10—滚子轴承

直线形，而三叶转子为螺旋形。三叶螺旋形转子有较低的工作噪声和较好的增压器特性。在相互啮合的转子之间以及在转子与壳体之间都有很小的间隙，应在转子表面涂敷树脂，以保证转子之间以及转子与壳体之间有较好的气密性。转子通常用铝合金制造。

罗茨式压气机的工作原理如图 12－7 所示。当转子旋转时，空气从压气机入口进入，在转子叶片的推动下空气被加速，然后从压气机出口压出。出口与进口压力比可达 1.8。

罗茨式压气机结构简单、工作可靠、寿命长，供气量与转速成正比。

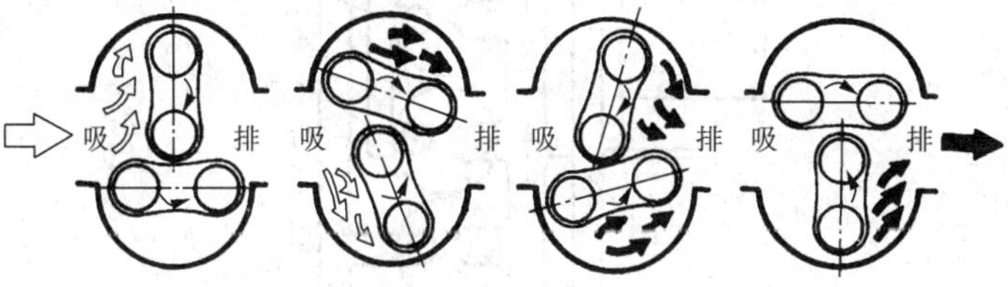

图 12－7　罗茨式压气机工作原理示意图

第三节　涡轮增压

四冲程柴油机的增压多采用废气涡轮增压，目的是尽可能地利用废气的能量。因为柴油机燃烧终了排气中带走的能量相当于燃油所发出能量的 35％～40％，如果使这些能量在涡轮机中进一步膨胀并加以利用，等于对燃料消耗的回收利用。另外，废气经涡轮增压器利用后，排气噪声相对降低，而且柴油机采用废气涡轮增压后，其有害排放量也有所减少。

一、涡轮增压系统

涡轮增压系统分为单涡轮增压系统和双涡轮增压系统。单涡轮增压系统中只有一个涡轮增压器，双涡轮增压系统中则含有两个涡轮增压器。如图 12－8 所示是六缸柴油机的单涡轮增压系统。它将进入增压器的排气管做成分置式，如对发火顺序为 1—5—3—6—2—4 六缸机，一般 1、2、3 缸共用一根排气管，沿着涡轮壳上的一条进气道通向半圈喷嘴环；4、5、6 缸共用另一根排气管，沿着涡轮壳的另一条进气道通向另半圈喷嘴环。这样，每根排气管里的排气间隔为 240°，大于一个冲程，使排气互不干扰，可以充分利用废气的脉冲能量驱动涡轮，并且压力高峰后的瞬时真空也有助于汽缸扫气。

要使充气密度提高，可以增大压气机的压比 π_k。但是，由于空气温度也随着压比的升高而升高，当 π_k 大于 1.8 时，空气密度会减小，会加大柴油机零件的热负荷，增加排气污染。因此，需要采用降低进气温度来提高其密度。为此，有些增压柴油机安装有中间冷却器。试验证明，进入汽缸的空气温度每下降 10K，功率可提高 2.5％～3％，增压压力越高，中间冷却器的效果越显著。

二、废气涡轮增压器的工作原理

废气涡轮增压器由涡轮、中间壳和压气机等组成，它的工作原理示意图如图 12－9 所示。

柴油机排出的具有 800～1000K 高温和一定压力的废气经排气管 1 进入涡轮壳 4 里的喷嘴环 2。由于喷嘴环通过面积是逐渐收缩的，废气的压力和温度下降，速度提高，它的动能增加。这股高速的废气流，按一定的方向冲击涡轮 3，使涡轮高速运转。废气的压力、温度和速度越高，涡轮转得就越快，通过涡轮的废气最后排入大气。

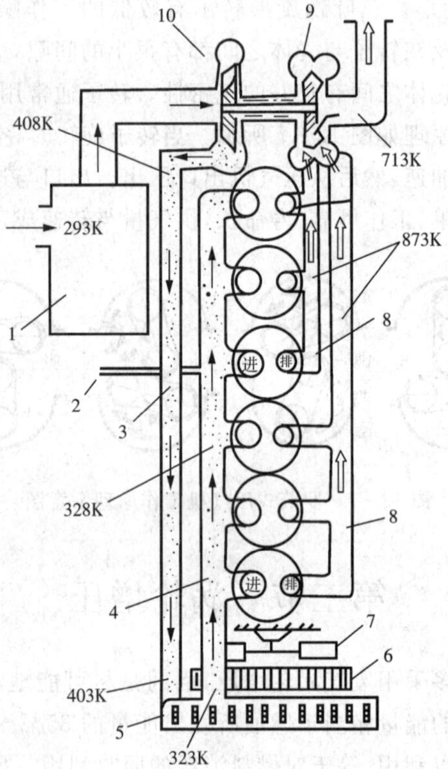

图 12-8　六缸柴油机单涡轮增压系统简图

1—空气滤清器；2—防冒烟限位器通气管；3—连接管；4—进气管；5—中间冷却器；6—水箱；7—风扇；8—排气管；9—涡轮；10—压气机

涡轮 3 和离心式压气机叶轮 8 固装在同一转子轴 5 上，因此两者同速旋转。这样，就将经过空气滤清器的空气吸入压气机壳，高速旋转的压气机叶轮 8 把空气甩向叶轮的外缘，使其速度和压力增加，并进入扩压器 7。扩压器做成进口小出口大的形状，因此气流的流速下降、压力升高，再通过断面由小到大的环形压气机壳 9 使空气流的压力继续提高，这些经过压缩的空气通过柴油机进气管 10 进入汽缸。

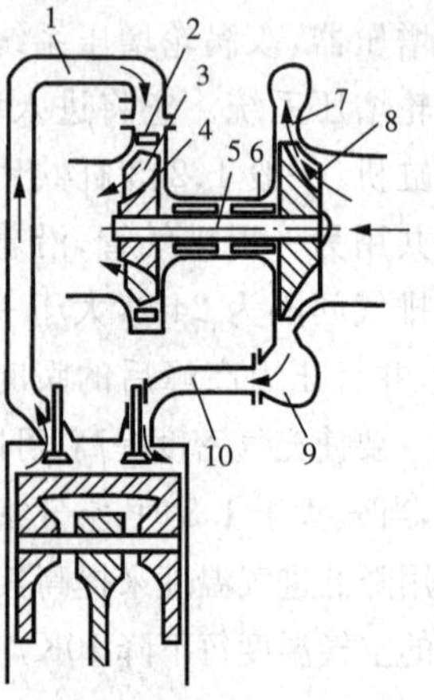

图 12-9　废气涡轮增压器工作原理示意图

1—排气管；2—喷嘴环；3—涡轮；4—涡轮壳；5—转子轴；6—轴承；7—扩压器；8—压气机叶轮；9—压气机壳；10—进气管

三、废气涡轮增压器的结构

如图 12-10 所示为废气涡轮增压器的结构。它由涡轮壳 4、中间壳 14、压气机壳 9、转子体及浮动轴承 16 等主要零件组成。涡轮壳 4 与发动机排气管连接。压气机壳 9 的进口与空气滤清器的空气道相连，而其出口则通往进气管。压气机叶轮 11 和涡轮 2 支承在浮动轴承 16 上做高速旋转。中间壳内有润滑和冷却轴承的油道，还有防止机油漏入压气机或涡轮的密封装置。

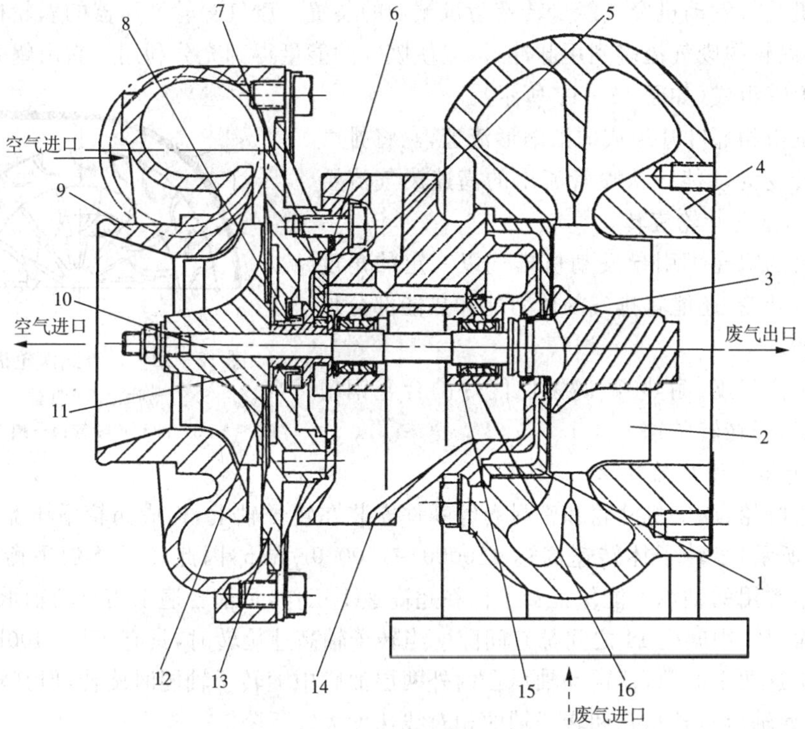

图 12-10 废气涡轮增压器

1—隔热板；2—涡轮；3—密封环；4—涡轮壳；5—推力轴承；6—O形密封圈；
7—膜片弹簧；8—密封套；9—压气机壳；10—转子轴；11—压气机叶轮；12—密封环；
13—压气机后盖板；14—中间壳；15—卡环；16—浮动轴承

1. 离心式压气机

废气涡轮增压器用的压气机多采用离心式，它的出口压力可达 140～300kPa，甚至可达到 500kPa。离心式压气机由压气机叶轮 2、叶片式扩压器 3 及压气机蜗壳 4 等组成（如图 12-11 所示）。

扩压器为渐扩形流道，空气在扩压器中会将大部分动能转变为压力能。扩压器分叶片式和无叶式两种。无叶式扩压器实际上是由蜗壳和中间壳侧壁所形成的环形空间。无叶式扩压器结构简单，工况变化对压气机效率的影响很小，适用于车用增压器。叶片式扩压器是由相邻叶片构成的流道，扩压比大，效率高，但结构复杂，工况变化对压气机效率有较大的影响。

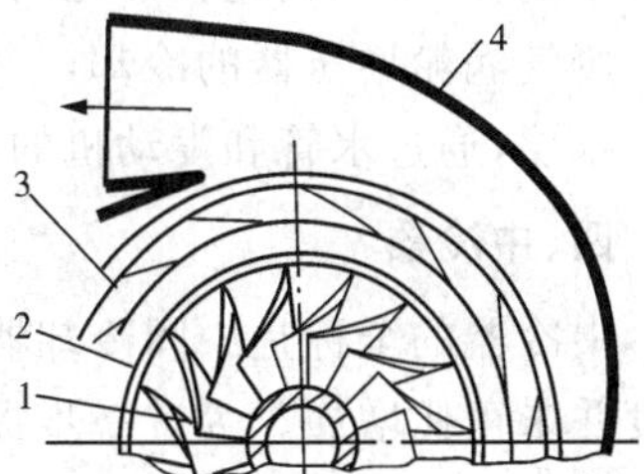

图 12-11 离心式压气机示意图

1—压气机叶片；2—叶轮；
3—叶片式扩压器；4—压气机蜗壳

蜗壳的作用是收集从扩压器流出的空气，并将其引向压气机出口。空气在蜗壳中继续减速增压，完成由动能向压力能转变的过程。

压气机叶轮为铝合金铸件，用螺母固定在转子轴上。

2. 径流式涡轮机

涡轮机是将发动机废气能量转变为机械功的装置。废气涡轮增压器的涡轮机多采用径流式,进入涡轮的废气流多利用脉冲式,以使废气的能量得到充分利用。它由蜗壳、喷管、叶轮和出气道等组成(如图 12-12 所示)。

喷管是由相邻叶片组成的渐缩形流道,它将排气的压力能转变为动能。从喷管流出的高速废气流会冲击叶轮 1,推动叶轮旋转。

涡轮机的蜗壳可引导发动机排气以一定的角度进入涡轮机叶轮,还能将排气的压力能和热能部分地转变为动能。

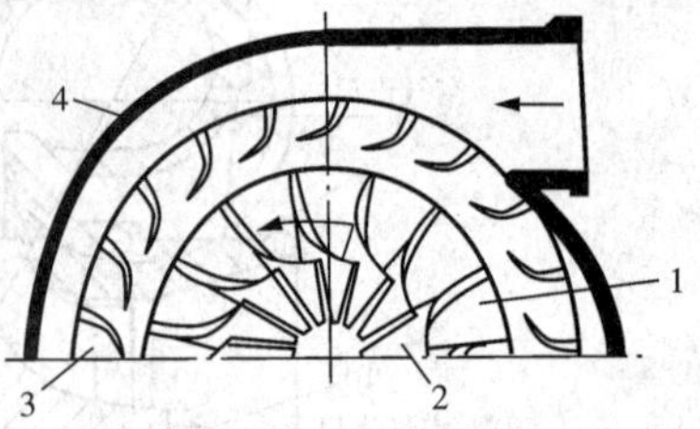

图 12-12　径流式涡轮机示意图

1—叶轮;2—叶片;

3—叶片式喷管;4—蜗壳

涡轮用高强度、耐热、耐腐蚀性能好的合金钢精密铸造而成,焊在转子轴上。

3. 转子体和增压器轴承

涡轮机叶轮、压气机叶轮和密封套等零件安装在转子轴上,构成涡轮增压器转子体(如图 12-10 所示)。转子体转速高达 110000～130000r/min,因此转子体的平衡非常重要。一般机械中常用的轴承不能保证转子体在超高速下工作,目前普遍采用浮动轴承,浮动轴承 16 与转子轴 10、中间壳 14 之间都有间隙。当转子轴高速旋转时,具有 250～400kPa 压力的润滑油充满这两个间隙,使浮动轴承在内外两层油膜中随转子轴同时旋转,但其转速比转子轴低,从而使轴承对轴承孔和转子轴的相对线速度大大下降。

4. 涡轮增压器的润滑与冷却

增压器所需要的润滑油来自发动机主油道,通过细滤器再次滤清后,进入增压器的中间壳,经其下部出油口流回曲轴箱,形成一条循环润滑油路。

为了防止压气机端的压缩空气和涡轮端的废气漏入中间壳,造成增压效果下降和涡轮机功率降低,以及高温废气对轴承寿命的影响,在中间壳中设有密封装置。在压气机叶轮和中间壳之间装有 O 形橡胶密封圈 6 和密封环 12,在转子轴和中间壳之间装有密封环 3。此外,为了防止润滑油进入压气机,在压气机端的转子轴上还装有挡油密封套 8(如图 12-10 所示)。

中间壳 14 和涡轮壳 4 之间装有隔热板 1,以减少高温废气对润滑油的不利影响。

废气涡轮增压器的冷却,一般是采用自然空气冷却。有些涡轮增压器会在中间壳上设置夹水层,通过水管和发动机的冷却系统相连。

四、中冷器

中冷器的全称是中间冷却器。随着涡轮增压器压比的增加,压缩空气温度升高,但空气密度并未正比增加。为进一步提高发动机功率,目前在中、高增压的增压器中一般都采用中间冷却器,以降低压气机出口的空气温度,增加充气密度。

中冷器的工作原理是增压空气在中冷器中受冷却介质作用而冷却。因此,中冷器的实质是热交换器。目前车用发动机都采用板翅式中冷器,材料为铝合金。

按冷却介质可以分为水冷中冷器和空冷中冷器。车辆因受空间和尺寸的限制,一般采用空气冷却。图 12-13 是 SOFIM 发动机空冷中冷器示意图。从压气机一端引出的 5%～10%的高压空气经抽气管 2 流至与风扇制成一体且位于风扇外缘上的空气涡轮,推动涡轮带动风扇将周围空气吹向中冷器的芯部，冷却流入进气管的压缩空气。

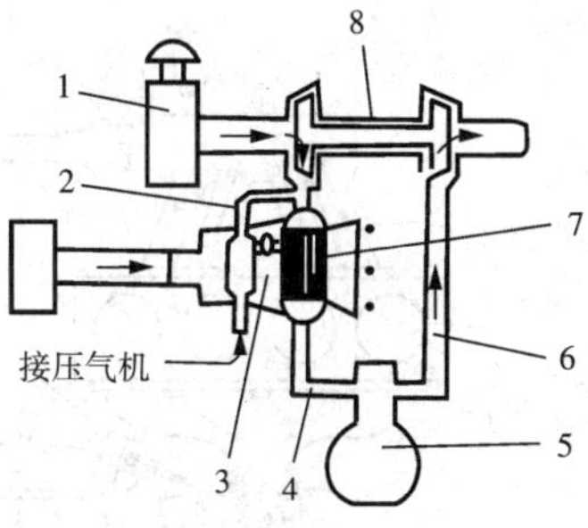

图 12-13 SOFIM 发动机空冷中冷器示意图

1—空气滤清器；2—抽气管；3—空气涡轮风扇；4—进气歧管；5—发动机；6—排气歧管；7—中冷器；8—增压器

驱动空气涡轮(风扇)的能量与压气机的出口压力和温度有关，即与发动机的负荷有关。当发动机负荷小时，压力口开度较小，没有足够的能量供给空气涡轮，因此风扇不转；当发动机达到一定负荷时，中冷器逐渐开始起作用，而且负荷越大，中间冷却的作用越强。增压空气最低可冷却到 50℃～60℃。

这种中冷方式的优点是无须额外消耗动力就可冷却增压空气，增加进气充量，而且能与发动机工作负荷相匹配，从而有效地提高了废气涡轮增压发动机的功率。在不增加热负荷的条件下，功率可提高 15%～20%。另外，采用中间冷却也有利于降低有害排放物生成量。

五、增压压力的调节

增压压力与涡轮增压器的转速有关，而增压器转速又取决于废气能量。发动机在高速、大负荷工作时，废气能量多，增压压力高；在低速、小负荷时，废气能量少，增压压力低。为了在低速时能获得大扭矩和良好的加速特性，并防止高速、大负荷下增压压力过高等问题，涡轮增压器应能对增压压力进行调节。

在涡轮增压系统中设置进、排气旁通阀是调节增压压力最简单、成本最低的方法。如图 12-14 所示为装有排气旁通阀的涡轮增压系统。

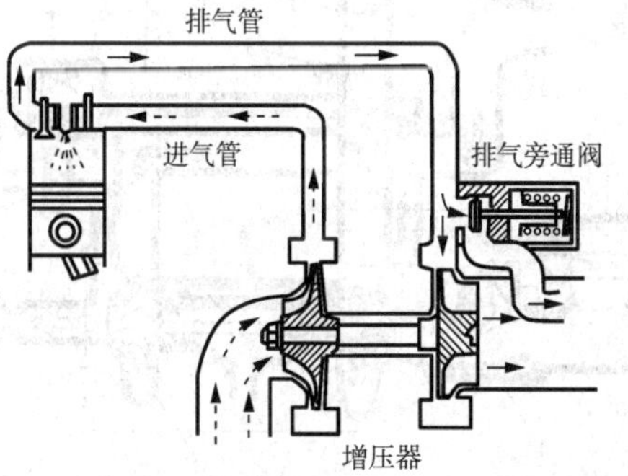

图 12-14 装有排气旁通阀的涡轮增压系统

排气旁通阀的工作原理如图 12-15 所示。控制膜盒 1 中的膜片 2 将膜盒分为上下两室，上室为空气室，经连通管 3 与压气机出口相通，下室为膜片弹簧室，膜片弹簧 4 作用在膜片上，膜片通过联动杆 5 与排气旁通阀 7 连接。当压气机出口压力，也就是增压压力低于限定值时，膜片在膜片弹簧的作用下下移，并带动联动杆将排气旁通阀关闭(如图 12-15a 所示)。当增压压力超过限定值时，增压压力克服膜片弹簧力，推动膜片下移，并带动联动杆将排气旁通阀打开(如图 12-15b 所示)，使部分排气不经过涡轮机直接排放到大气中，从而达到控制增压压力及涡轮机转速的目的。

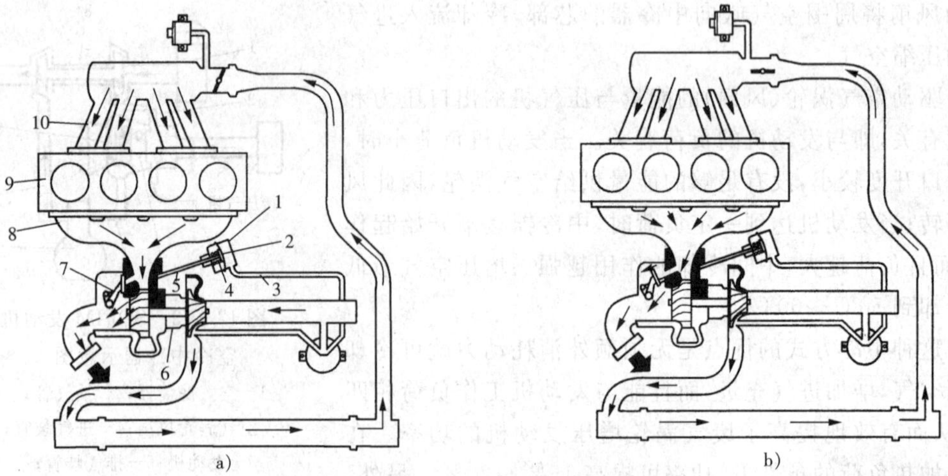

图 12－15　排气旁通阀工作原理示意图

1－控制膜盒；2－膜片；3－连通管；4－膜片弹簧；5－联动杆；6－涡轮增压器；
7－排气旁通阀；8－排气歧管；9－发动机；10－进气歧管

有些发动机上，涡轮增压系统中排气旁通阀的开闭由电控单元控制的电磁阀操纵(如图 12－16 所示)。电控单元根据发动机的工况和预先存储的增压压力脉谱图来确定目标增压压力，并与增压压力传感器检测到的实际增压压力进行比较，然后根据差值来改变电磁阀的开启时间，进而改变排气旁通阀的开度，控制排气旁通量，调节增压压力。

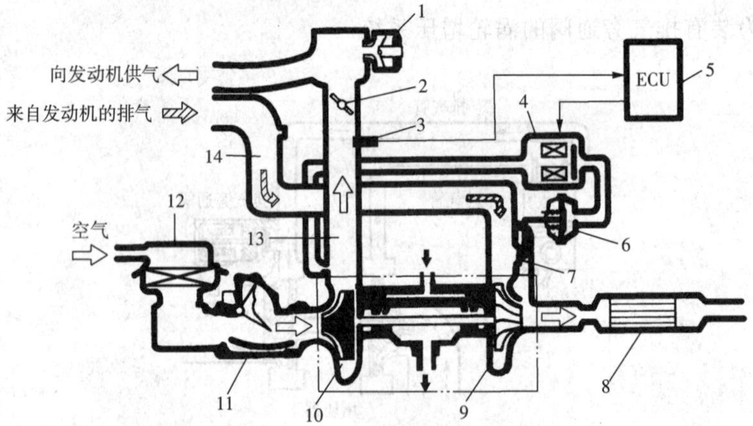

图 12－16　电控排气旁通阀的涡轮增压系统

1－进气旁通阀；2－节气门；3－进气管压力传感器；4－电磁阀；5－电控单元；6－控制膜盒；7－排气旁通阀；
8－催化转换器；9－涡轮机；10－压气机；11－空气流量计；12－空气滤清器；13－进气管；14－排气管

虽然排气旁通阀在调节增压压力方面得到了广泛的应用，但是排气旁通后，排气能量的利用率下降，致使发动机高速大负荷下的经济性变差。因此，在大排量重型车用涡轮增压发动机上多采用涡轮机喷管出口截面可变的涡轮增压器，简称变截面涡轮增压器。当发动机低速运行时，缩小喷管出口截面积，使喷管出口的排气流速增大，涡轮机转速随之升高，增压压力和供气量都相应增加。当发动机高速工作时，增大喷管出口截面积，使喷管出口的排气流速减小，涡轮机的转速相对降低，这样增压器就不会超速，增压压力不至于过高。

在有叶径流式涡轮机中，可以采用转动喷管叶片的方法来改变喷管出口截面积(如图12－17所示)。喷管叶片1与齿轮2相连，齿轮2与齿圈3啮合，当执行机构4往复移动时，齿圈向左或向右转动，带动与其啮合的齿轮转动，并使喷管叶片随其转动，从而使喷管出口截面积改变。

无叶径流式涡轮机可以在喷管出口处安装轴向移动的挡板来调节无叶喷管出口截面积(如图12－18所示)。

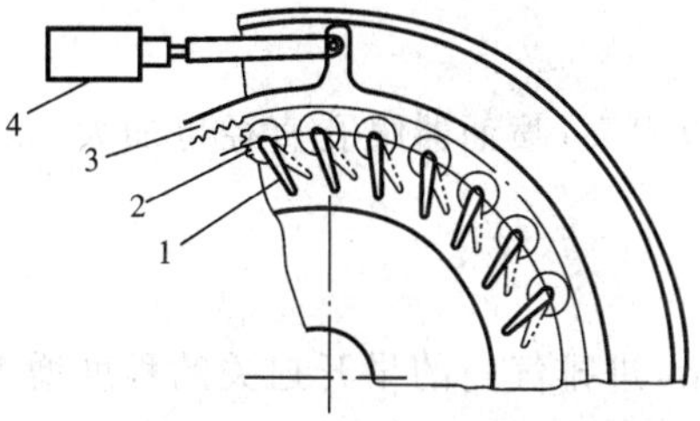

图12－17　转动喷管叶片改变喷管出口截面积

1—喷管叶片；2—齿轮；3—齿圈；4—执行机构

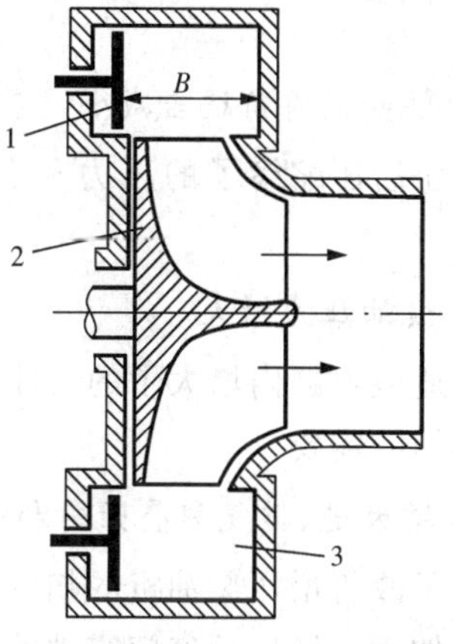

图12－18　挡板改变喷管出口截面积

1—活动挡板；2—涡轮机叶轮；3—无叶喷管

如图12－19所示为一种改变涡轮机进口截面积的方法。在涡轮机的进口处安装一个可摆动27°角的舌片1，可动舌片的转轴固定在涡轮机壳体上，可动舌片的摆动由电控单元根据柴油机的转速信号进行控制。

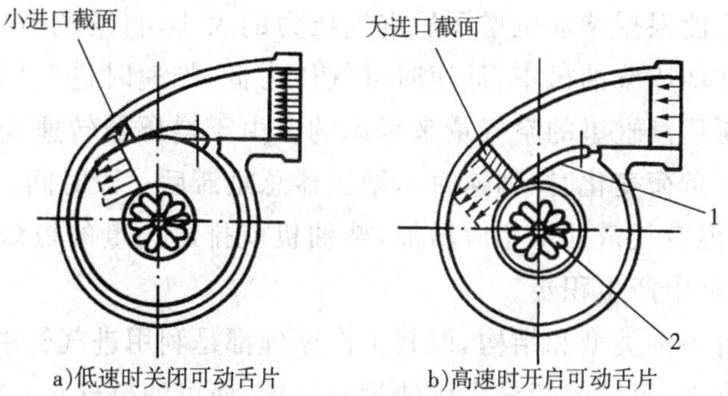

a)低速时关闭可动舌片　　b)高速时开启可动舌片

图12－19　转动舌片改变涡轮进口截面积

1—可动舌片；2—涡轮机叶轮

第四节　汽油机和柴油机增压的特点

一、柴油机增压

柴油机增压后使机械负荷和热负荷都相应地增大，零部件必须随之强化，不少参数也随

之改变,以提高柴油机的使用性能和减少排放污染。这些变化包括:

1. 压缩比适当减小

为了防止增压后最大爆发压力过高,减少机械负荷和热负荷,柴油机的压缩比应适当降低。

2. 供油量适当增加

增压后进气量增加,可供给更多的燃油进行燃烧,因此要求供油量增加,以提高功率和扭矩。

3. 供油提前角适当减小

增压后压缩终了的压力和温度增高,使燃料备燃期缩短,因而应适当地减小供油提前角。

4. 喷油压力增大

为适应汽缸内增大了的气体压力,喷油压力应提高;喷油器喷孔直径也加大,以适应供油量增加的需要。

5. 增大进、排气门叠开角和气门间隙

为了改善增压柴油机的扫气效果,增加充气量,进排气门的早开迟关的程度增大,所以叠开角加大。增压后气门零件的工作温度升高,膨胀量加大,气门间隙也相应加大。

6. 进、排气系统,润滑系及冷却系相应改变

进、排气系统流通面积有所加大,结构形状需适应增压的需要;润滑系和冷却系也要做出必要的改变。

7. 增设防冒烟限制器

喷油泵的调速器上需增设气压控制防冒烟限制器。如图 12-20 所示,装置在喷油泵的前端,进气管相通,它能根据柴油机增压后进气压力的大小,自动调节供油拉杆最大供油量的位置。这是由于在增压柴油机中,低速时进气压力低,加速时进气压力上升有滞后现象。而供油量是根据增压后汽缸里的空气量来考虑的。由于增压器转速变更时存在着惯性,当柴油机由小负荷往大负荷变化时(加速时),增压器总是滞后一段时间。结果在这段时间内,供给的燃油增加了,但空气量并未相应增加,柴油机就排出大量的黑烟。既浪费了燃油,又污染了大气,并使汽缸中产生积炭。

防冒烟限制器有各种类型和结构,但其工作原理都是利用进气管中增压后的压力变化,通过膜片变为机械推力,自动改变最大供油量的位置,使供油拉杆在一定的时刻相应地改变供油量。其工作原理是当增压压力下降到一定值时,膜片 7 在弹簧的作用下向上移动,并带动弯角摇臂 3 按逆时针转动;反之,当增压压力上升时,膜片被压,克服了弹簧力,带动弯角摇臂顺时针转动。从而限位螺钉 4 就在不同位置上限制了供油拉杆不同的最大供油量位置。因此,它既可以保证在低压力下不产生冒黑烟,又可保证在进气压力高时达到规定的功率。

拧动弯角摇臂上的螺钉 4,可以调整低增压时供油拉杆的满负荷行程位置。而拧动壳体上的限位螺钉 5,可以调整高增压时供油拉杆的满负荷行程位置。以保证有不同的最大供油量。导向套筒 10 与壳体用螺纹连接,拧进拧出可调节膜片弹簧的预紧力,从而调节了

防冒烟限制器开始起作用的增压空气压力。

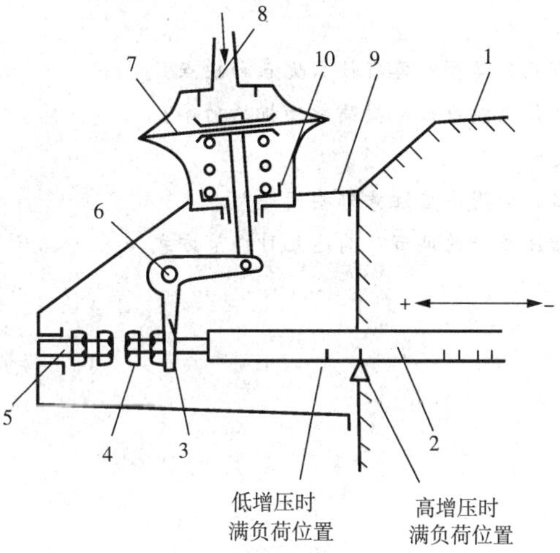

图 12-20　气压控制防冒烟限制器

1—喷油泵前端；2—供油拉杆(齿条)；3—弯角摇臂；4—低增压时的限位螺钉；5—高增压时限位螺钉；6—轴；7—气动膜片；8—进气管；9—壳体；10—导向套筒

二、汽油机增压

汽油机增压要比柴油机困难得多，主要原因是：

(1)汽油机增压后爆燃倾向增加。

(2)汽油机混合气的过量空气系数小，燃烧温度高，再加上不能用加大扫气量来冷却受热机件，增压后汽油机的热负荷高。

(3)车用汽油机工况变换频繁，转速和功率变化范围宽，致使涡轮增压器与汽油机的匹配较难。

(4)涡轮增压汽油机的加速性较差。当节气门突然开大要求混合气量迅速增加时，由于增压器转子体的惯性，增压器加速缓慢。另外，汽油机排气温度较高，对废气涡轮的耐热强度要求较高。

近年来，车用汽油机的涡轮增压得到了较大的普及和发展，一方面是基于车主对汽车高动力性能的追求，另一方面是由于汽车电控喷射技术的发展和小型增压器性能的改善。

在汽油机增压系统中采取了多种措施克服汽油机增压的困难，主要有以下几种：

(1)在电控汽油喷射式发动机上实行增压，摆脱了化油器式发动机与涡轮增压器匹配的困难。电控技术可以有效地对汽油机增压系统进行爆燃、放气和排放控制。

(2)利用爆燃传感器，应用点火提前角自适应控制，克服由于增压而增加的爆燃倾向。

(3)对增压后的空气进行中间冷却，这对提高功率、降低油耗、降低热负荷和减轻爆燃都十分有利。

(4)采用增压压力调节装置。采用进、排气旁通阀或放气阀等增压压力调节装置，控制增压压力，以保证汽油机在低速时具有大转矩和良好的加速特性，高速时增压压力也不会过高，避免热负荷过大和发生爆燃。

思考题

12－1　什么是增压比？

12－2　发动机的增压有几种类型？各有什么优点和缺点？

12－3　废气涡轮增压为什么能有效地提高柴油机的功率？

12－4　中冷器的作用是什么？

12－5　废气涡轮增压器在使用中应注意哪些问题？

12－6　为什么要进行增压压力的调节？简述几种调节方式。

参考文献

[1] 中国标准出版社．汽车国家标准汇编:发动机卷[S]. 北京:中国标准出版社,1999.

[2] 全国汽车标准化技术委员会．汽车和挂车类型的术语和定义:GB/T 3730.1—2001[S]. 北京:中国标准出版社,2002.

[3] 全国汽车标准化技术委员会．机动车及挂车分类:GB/T 15089—2001[S]. 北京:中国标准出版社,2002.

[4] 全国内燃机标准化技术委员会．内燃机产品名称和型号编制规则:GB/T 725—2008[S]. 北京:中国标准出版社,2008.

[5] 关文达．汽车构造(第 2 版). 北京:清华大学出版社,2008.

[6] 臧杰,阎岩．汽车构造:上册[M]. 北京:机械工业出版社,2005.

[7] 蔡兴旺．汽车构造与原理:上册[M]. 北京:机械工业出版社,2004.

[8] 陈家瑞．汽车构造:上册(第 5 版)[M]. 北京:人民交通出版社,2006.

[9] 李军．汽车发动机构造与维修[M]. 重庆:重庆大学出版社,2005.

[10] 杨柏青．汽车发动机构造[M]. 重庆:重庆大学出版社,2009.

[11] 陈家瑞,马天飞．汽车构造[M]. 北京:人民交通出版社,2006.

[12] 葛安林．汽车工程手册设计篇:无级变速器[M]. 北京:人民交通出版社,2001.

[13] 黄金陵．双离合系统变速器[M]. 北京:机械工业出版社,2008.

[14] 黄宗益．现代轿车自动变速器原理与设计[M]. 上海:同济大学出版社,2006.

[15] 冯晋祥,陈德阳,王林超．汽车构造[M]. 北京:人民交通出版社,2007.

[16] 胡光辉,仇雅莉．汽车自动变速器原理与维修[M]. 北京:机械工业出版社,2006.

[17] 张金柱．自动变速器[M]. 北京:化学工业出版社,2005.

[18] 阮忠唐．机械无级变速器[M]. 北京:化学工业出版社,2005.

[19] 唐晓丹．汽车自动变速器构造与检修彩色图册[M]. 北京:人民交通出版社,2009.

[20] 田晋跃．车辆自动变速器构造原理与设计方法[M]. 北京:北京大学出版社,2009.

[21] 程乃士．汽车金属带式无级变速器:CVT 原理和设计[M]. 北京:机械工业出版社,2008.

[22] 黄秋平．汽车无级变速器(CVT)结构原理与维修[M]. 南京:江苏科学技术出版社,2008.
[23] 过学迅．汽车自动变速器:结构·原理[M]. 北京:机械工业出版社,2006.
[24] 林学东．发动机原理[M]. 北京:机械工业出版社,2015.
[25] 于海东．透视图解汽车构造·原理与拆装[M]. 北京:化学工业出版社,2017.
[26] 周晓飞．汽车构造与原理百日通[M]. 北京:化学工业出版社,2017.
[27] 关文达．汽车构造(第四版)[M]. 北京:机械工业出版社,2016.
[28] 许兆棠,黄银娣．汽车构造(上册)(第二版)[M]. 北京:国防工业出版社,2016.
[29] 陈新亚．汽车构造透视图典:发动机与变速器[M]. 北京:机械工业出版社,2017.
[30] 张金柱．图解汽车原理与构造[M]. 北京:化学工业出版社,2016.